PONS

Bildwörterbuch

Arabisch

Deutsch

PONS GmbH
Stuttgart

INHALT

المُحْتَوَيات

14

MENSCHEN
ناس

36

ZU HAUSE
في البَيْت

66

ESSEN UND TRINKEN
الأكْل والشُرْب

104

UNTERWEGS
في الطَّريق

130

IN DER STADT
في المَدينَة

152

BILDUNG UND BERUF
تَعليم وَمِهَن

176

KOMMUNIKATION
اِتِّصالات

192

SPORT UND FITNESS
رِياضَة وَلَياقَة بَدَنيَّة

224

FREIZEIT
وَقْت الفَراغ

250

KÖRPER UND GESUNDHEIT
جِسْم وَصِحَّة

280

NOTFÄLLE
حالات الطَّوارِئ

290

ERDE UND NATUR
الأَرْض وَ الطَّبيعَة

334

ZAHLEN UND MASSE
الأَعْداد وَالأَوْزان

346

INDEX DEUTSCH
فِهْرِس الأَلْماني

369

INDEX ARABISCH
فِهْرِس العَرَبي

MENSCHEN -
ناس **14**

DIE FAMILIE - العائِلَة **16**
Der Stammbaum - شَجَرَةُ العائِلَة 16
BEZIEHUNGEN - عَلاقات **18**
Familie und Lebensphasen -
العائِلَة و مَراحِلُ الحَياة 18
Begrüßen und verabschieden - تَرْحيب وَ تَوْديع 19
EREIGNISSE IM LEBEN - أَحْداثٌ في الحَياة **20**
Feste - إِحْتِفالات 20
Wendepunkte - نُقاطُ تَحَوُّل 21
MENSCHEN BESCHREIBEN - وَصْفُ النّاس **22**
Das Gesicht - الوَجْه 22
Das Haar - الشَّعْر 23
Die äußere Erscheinung - المَظْهَر الخارِجي 24
Gefühle und Persönlichkeit -
المَشاعِر وَ صِفات الشَّخْصِيَّة 25
DIE KLEIDUNG - المَلابِس **27**
Babysachen - حاجاتُ الرَّضيع 27
Unisex-Kleidung - مَلابِس لِكِلا الجِنْسَيْن 28
Herrenkleidung - المَلابِس الرِّجالِيَّة 29
Damenkleidung - المَلابِس النِّسائِيَّة 30
Accessoires - كَمالِيّات 32
Schuhe und Lederwaren - أَحْذِيَّة وَسِلَع جِلْدِيَّة 33
DIE KÖRPERPFLEGE - العِنايَة بالجِسْم **34**
SCHMINKSACHEN - أَدَواتُ التَّجْميل **35**

ZU HAUSE -
في البَيْت **36**

DIE WOHNUNG - الشَّقَة **38**
DAS HAUS - المَنْزِل **40**
Der Eingang - المَدْخَل 41
Das Wohnzimmer - غُرْفَة الجُلوس 42
Das Esszimmer - غُرْفَة الطَّعام 43
Die Küche - المَطْبَخ 44
Küchengeräte - أَجْهِزَة المَطْبَخ 45
Koch- und Backutensilien - وَالخَبْز 46
Das Schlafzimmer - غُرْفَة النَّوم 49
Das Kinderzimmer - غُرْفَة الأَطْفال 50
Das Jugendzimmer - غُرْفَة الشَّباب 51
Das Arbeitszimmer - غُرْفَة المَكْتَب 52
Das Badezimmer - الحَمّام 53
Sanitäre Anlagen - الصَّرْف الصِّحي 54
Im Badezimmer - في الحَمّام 55
Die Waschküche - غُرْفَة الغَسيل 56
Reinigungsartikel - أَدَوات التَّنْظيف 57
Die Heimwerkstatt - وَرْشَة المَنْزِل 58
Renovieren - تَجْديد البَيْت 61
Strom und Heizung - الكَهْرُباء وَ التَّدْفِئَة 62
DER GARTEN - الحَديقَة **63**
Gartengeräte - أَجْهِزَة الحَديقَة 64
Die Gartenarbeit - أَعْمال الحَديقَة 65

ESSEN UND TRINKEN -
الأكْل والشُرْب **66**

TIERISCHE PRODUKTE - مُنْتَجات حَيَوانِيَّة **68**
Fleisch - لَحم 68
Geflügel - دواجِن 69
Fisch - سَمَك 70
Meeresfrüchte - ثِمار البَحْر 71
Milchprodukte und Eier -
مُنْتَجات الأَلْبان والبَيْض 72
GEMÜSE - خُضار **74**
Wurzelgemüse - خُضار جَذْرِيَّة 75
Blattgemüse - خُضار وَرَقِيَّة 76
Fruchtgemüse - خُضار مُثْمِرَة 77
Hülsenfrüchte - بُقول 78
OBST - فاكِهَة **79**
Beeren und Steinobst -
العِنَبِيّات والفاكِهَة ذات النَّواة 79
Exotische Früchte - ثِمار نادِرَة 80
Zitrusfrüchte und Melonen - الحَمْضِيّات والبَطيخ 81
Nüsse und Trockenobst -
المُكَسَّرات والفَواكِه المُجَفَّفَة 82
KRÄUTER UND GEWÜRZE -
الأَعْشاب والتَّوابِل **83**
Kräuter - أَعْشاب 83
Gewürze - تَوابِل 84
Würzmittel und Soßen - تَوابِل وصَلْصات 85
GETREIDE UND MEHL - الحُبوب والدَّقيق **86**
Brot - خُبْز 88
Brotaufstriche - دُهون الخُبْز 89
Kuchen und Gebäck - الكَعْك والمُعَجَّنات 90
DESSERTS UND SÜSSPEISEN - الحَلَوِيّات **91**

GETRÄNKE - المَشْروبات 92
Erfrischungsgetränke - مَشْروبات مُنعِشَة 92
Heißgetränke - مَشْروبات ساخِنَة 93
Alkoholische Getränke - مَشْروبات كُحوليَّة 94

KOCHEN - الطَّبْخ
Zubereitung - التَّحْضير 95

GERICHTE UND MAHLZEITEN - أَصْناف الطَّعام والوَجَبات اليومِيَّة 96
Das Frühstück - الإفْطار 96
Snacks und Knabbereien - التَّسالي والمُقَرْمَشات 98
Das Fastfood - المَأكولات السَّريعَة 99
Hauptmahlzeit - وَجْبَة الطَّعام الرَئيسيَّة 100
Im Restaurant - في المَطْعَم 101
Geschirr und Besteck - الأواني وأدَوات المائِدَة 102

DIE ERNÄHRUNG - التَّغْذِيَة 103

UNTERWEGS - في الطَّريق 104

STRASSEN UND VERKEHR - الشَوارِع وَالمواصَلات 106
Verkehrsschilder - إشارات الطَّريق 108

DAS AUTO - السَّيَّارَة 109
Autotypen - أنْواع السَّيَّارات 109
Das Auto - Außenansicht - مِنَ الخارِج 110
Das Auto - Innenausstattung - مِنَ الدَّاخِل 112
Die Tankstelle - مَحطَّة البِنْزين 113

DER BUS - الحافِلَة 115

DAS MOTORRAD - الدَّراجَة النَّاريَّة 116

DAS FAHRRAD - الدَّراجَة الهَوائِيَّة 118

DAS LASTKRAFTFAHRZEUG - الشَّاحِنات 120

WEITERE FAHRZEUGE - سَيَّاراتٌ أُخْرى 121

DER ZUG - القِطار 122
Am Bahnhof - في مَحطَّة القِطار 123

DAS FLUGZEUG - الطَّائِرَة 124
Im Flugzeug - في الطَّائِرَة 125
Am Flughafen - في المَطار 126

DAS SCHIFF - السَّفينَة 128
Der Hafen - في الميناء 129

IN DER STADT - في المَدينَة 130

DIE INNENSTADT - وَسَط المَدينَة 132
Gebäude in der Innenstadt - أَبْنِيَة في وَسَط المَدينَة 134
Auf der Straße - عَلى الطَّريق 135
Das Hotel - الفُنْدُق 136
Die Bank - البَنْك 138

EINKAUFEN - تَسَوُّق
Läden und Geschäfte - مَحلَّات وَمَتاجِر 140
Das Einkaufszentrum - مَركَز تَسَوُّق 142
Das Kaufhaus - مَتْجَر مَتَعدِّد الأَقْسام 143
Der Supermarkt - السوبَر ماركِت 144
Der Kiosk - الكِشْك 146

CAFÉS UND BARS - مَقاهي وبارات 147

SEHENSWÜRDIGKEITEN - مَعالِم سِياحيَّة 148

DIE ARCHITEKTUR - الهَنْدَسَة المِعْمارِيَّة 149

PARK UND SPIELPLATZ - الحَدائِق العامَّة وَمَلاعِب الأَطْفال 150

BILDUNG UND BERUF - تَعليم وَمِهَن 152

DIE SCHULE - المَدْرَسَة 154
Das Klassenzimmer - في الصَّف 155
Die Schulfächer - مَواد الدِّراسَة 156
Im Labor - في المَخْتَبَر 158
In der Pause - في الإِسْتِراحَة 160
Die Sporthalle - صالَة الرِّياضَة 161

DIE UNIVERSITÄT - الجامِعَة 162

DIE ARBEITSWELT - مَجال العَمَل 165
Die Bewerbung - طَلَب العَمَل 165
Berufe - مِهَن 166
Das Organigramm - مُخَطَّط الهَيْكَل التَّنْظيمي 170

DAS BÜRO - المَكْتَب 172
Büromöbel - أثاث المَكْتَب 172
Der Bürobedarf - لَوازِم المَكْتَب 173
Der Besprechungsraum - غُرْفَة الاِجْتِماعات 174
Der Büroalltag - الحَياة المَكْتَبِيَّة 175

KOMMUNIKATION - اِتِّصالات 176

DER COMPUTER - الكومْبيوتَر 178
- Der Desktop-Computer - سَطْح المَكْتَب 178
- Hardware und Zubehör - الأَجْهِزَة وَالمُلْحَقات 179
- Am Computer arbeiten - العَمَل بالكمْبيوتَر 180
- Das Internet - الانْتَرنِت 182
- Mobile Endgeräte - الأَجْهِزَة المَحْمولَة 183

DAS TELEFON - الهاتِف 184

DIE MEDIEN - وَسائِل الإِعْلام 185
- Das Fernsehen - التِّلْفاز 185
- Das Radio - الرَّاديو 187
- Die Printmedien - وَسائِل الإعلام المَطْبوعَة 188

DIE POST - البَريد 190

SPORT UND FITNESS - رِياضَة وَلياقَة بَدَنيَّة 192

BALLSPORTARTEN - رِياضات الكُرَة
- Der Fußball - كُرَة القَدَم 194
- Der Handball - كُرَة اليَد 197
- Der Volleyball - كُرَة الطَّائِرَة 198
- Der Basketball - كُرَة السَّلَة 199

WEITERE BALLSPORTARTEN - رِياضات كُرَة أُخْرى 200

BALLSPORTARTEN MIT SCHLÄGERN - أَلْعاب المَضْرَب 201
- Das Badminton - كُرَة الرِّيشَة 201
- Das Tennis - التنس 202
- Das Tischtennis - تِنِس الطَّاوِلَة 203

DAS GOLF - الجُولْف 204

DIE LEICHTATHLETIK - أَلْعاب القِوى 206

DAS TURNEN - الجُمْباز 207

DER WASSERSPORT - رِياضات الماء 208
- Das Schwimmen - السِّباحَة 208
- Das Segeln - إِبْحار شِراعي 210
- Das Tauchen - الغَوْص 211
- Das Surfen - رُكوب الأَمْواج 212

DER KAMPFSPORT - فُنون القِتال 213

DER REITSPORT - رُكوب الخَيْل 214

DAS ANGELN - صَيْد السَّمَك 216

DER WINTERSPORT - رِياضات شَتَويَّة 218

SONSTIGE SPORTARTEN - رِياضات أُخْرى 220

DIE FITNESS - اللِّياقَة البَدَنيَّة 222

FREIZEIT - وَقْت الفَراغ 224

DAS THEATER - المَسْرَح 226

DIE MUSIK - الموسيقى
- Das Orchester - الأوركِسْترا 228
- Die Musikinstrumente - الآلات الموسيقيَّة 229
- Das Konzert - الحَفْلَة الموسيقيَّة 232
- Musik hören - سَماع الموسيقى 233

HOBBYS - هِوايات 234
- Kunst und Basteln - الفَن وَ الأَشْغال اليَدَويَّة 235
- Nähen und Stricken - الخِياطَة والحِياكَة 238
- Das Kino - السِّينَما 241
- Fotografieren - التَّصْوير 242
- Spiele - أَلْعاب 244

FERIEN - العُطَل 246
- Am Strand - عَلى الشَّاطِئ 246
- Das Zelten - التَّخْييم 248

KÖRPER UND GESUNDHEIT - جِسْم وَصِحَّة 250

DER KÖRPER - الجِسْم 252
- Die Hand und der Fuß - اليَد والقَدَم 254
- Der Kopf - الرَّأس 255
- Die Muskeln - العَضَلات 256
- Das Skelett - الهَيْكَل العَظْمي 257
- Die inneren Organe - الأَعْضاء الدَّاخِليَّة 258
- Die Körpersysteme - أَجْهِزَة الجِسْم 259
- Die Geschlechtsorgane - الأَعْضاء الجِنْسيَّة 260

SCHWANGERSCHAFT UND GEBURT - الحَمْل والوِلادَة 262

DER ARZTBESUCH - زِيارَة الطَّبيب 264

SYMPTOME UND KRANKHEITEN - الأَعْراض وَ الأَمْراض 265

BEHINDERUNGEN - الإِعاقات 268

VERLETZUNGEN - الإِصابات 269

BEIM ZAHNARZT - عِنْدَ طَبيب الأَسْنان 270

BEIM AUGENOPTIKER - عِنْدَ أخِصَّائي النَّظّارات 272
IM KRANKENHAUS - في المُسْتَشْفى 273
Die Chirurgie - الجِراحَة 274
Die Unfallstation - جَناح الحَوادِث 275
DIE APOTHEKE - الصَّيْدَلِيَّة 276
DIE ALTERNATIVMEDIZIN - الطِّب البَديل 278
WELLNESS - اِسْتِجْمام 279

NOTFÄLLE - حالات الطَّوارِئ 280

ERSTE HILFE - اِسْعافات أولِيَّة 282
DIE POLIZEI - الشُّرْطَة 284
DIE FEUERWEHR - الإِطْفاء 286
IN DEN BERGEN - في الجِبال 287
DAS MEER - البَحْر 288
WEITERE NOTSITUATIONEN - حالات طارِئَة أُخْرى 289

ERDE UND NATUR - الأَرْض وَ الطَّبيعَة 290

DER WELTRAUM - الفَضاء 292
DIE ERDE - الكَوكَب الأَرْضي 295
DIE WELTKARTE - خارِطَة العالَم 297
UN-MITGLIEDSSTAATEN - دوَل الأُمَم المَتَحِدَة 299
Europa - أوروبا 299
Nord- und Mittelamerika - شَمال وَوَسَط أَمْريكا 302
Südamerika - أَمْريكا الجَنوبِيَّة 303
Afrika - أَفريقيا 304
Asien - آسْيا 307
Ozeanien - أوقْيانوسْيا 310
Internationale Organisationen - المُنَظَّمات الدَّوَلِيَّة 311
DAS WETTER - الطَّقس 312
Naturkatastrophen - الكَوارِث الطَّبيعِيَّة 314
DIE LANDSCHAFT - الطَّبيعَة 315

STEINE UND MINERALIEN - الأَحْجار وَالمَعادِن 317
Edel- und Halbedelsteine - الأَحْجار الكَريمَة وَشِبْه الكَريمَة 318
PFLANZEN - نَباتات 319
Bäume - أَشْجار 319
Wildpflanzen - نَباتات بَرِّيَّة 320
Zierblumen - نَباتات الزِّينَة 321
Gartenpflanzen - نَباتات الحَديقَة 323
TIERE - حَيَوانات 324
Säugetiere - ثَدييات 324
Vögel - طُيور 328
Reptilien und Amphibien - زَواحِف وَبَرْمائِيّات 330
Fische - أَسْماك 331
Insekten und Spinnen - حَشَرات وَعَناكِب 332

ZAHLEN UND MASSE - الأَعْداد وَالأَوْزان 334

DIE ZAHLEN - الأَعْداد 336
Die Kardinalzahlen - الأَعْداد الأَساسِيَّة 336
Die Ordinalzahlen - الأَعْداد التَّرْتيبِيَّة 337
Die Bruchzahlen - الكُسور 338
Weitere Zahlwörter - أَسْماء أَعْداد أُخْرى 339
DIE ZEIT - الوَقْت 340
Die Uhrzeit - السَّاعَة 340
Tag und Nacht - النَّهار واللَّيْل 342
Der Kalender - التَّقْويم 343
MAßE - كُتْلَة 344
DAS GEWICHT - الوَزْن 345
DIE WÄHRUNG - العُمْلَة 345

INDEX DEUTSCH - فِهْرِس الأَلْماني 346

INDEX ARABISCH - فِهْرِس العَرَبي 389

LEICHTER LERNEN MIT BILDERN–WARUM IST DAS SO?

Liebe Leserin, lieber Leser,

wie wichtig die Bedeutung von Bildern ist, wenn es um das Merken von Begriffen geht, wissen wir seit Jahren aus der Lernpsychologie. Kennen Sie das? Wenn Sie ein Bild zu einem Wort sehen, bleibt das Wort viel schneller im Gedächtnis haften, als wenn es nur geschrieben dasteht. Und wenn es darum geht, in einer fremden Sprache Wortschatz nicht nur nachzuschlagen, sondern auch zu verstehen und ihn sich zu merken, unterstützen die Bilder Sie dabei, sich die Wörter schneller und besser einzuprägen. Das hat ganz einfache Gründe:

→ ***Bilder wirken schneller und direkter als reiner Text.** Schon als kleine Kinder denken wir in Bildern und können sie ganz intuitiv entschlüsseln, interpretieren und aufnehmen. Sind Bilder mit Wörtern verknüpft, bilden sie eine Einheit, die unser Gehirn mit hoher Effizienz verarbeitet und abspeichert.*

→ ***Bilder erleichtern und unterstützen das Verständnis.** Sie vermitteln Zusammenhänge und liefern uns deutlich mehr Informationen als nur Text alleine.*

→ ***Bilder sind emotional.** Sie wecken unser Interesse, steigern unsere Motivation und bleiben besser im Gedächtnis haften als einzelne Wörter.*

→ ***Bilder machen Freude.** Wo viel Text abschreckt, sorgen Bilder dafür, dass uns das Lernen Spaß macht, und wir bleiben länger bei der Sache.*

Gesehen, verstanden und schon gemerkt – so leicht kann das visuelle Lernen sein. Überzeugen Sie sich selbst!

Ihre

PONS-Redaktion

بِالصُّوَرِ يَسْهُلُ التَّعَلُّم. ما تَعْليلُ ذَلِك؟

عَزيزي القارِئ:

أَهَمِيّةُ الصُّوَرِ عِنْدَما يَتَعَلَقُ الأَمْرُ بِحِفْظِ المُصْطَلَحاتِ هُوَ أَمْرٌ أَثْبَتَتْهُ مِنْذُ سَنَواتٍ سيكولوجْيَة التَّعَلُّم. هَلْ مَرَرْتَ يوماً ما بِمِثْلِ المُوقِفِ التَّالي؟ عِنْدَما تَرَى صُورَةً تُعَبِّرُ عَنْ كَلِمَةٍ ما بِجانِبِ الكَلِمَة، تَبْقى هَذِهِ الكَلِمَةُ بِسُرْعَةٍ أَكْثَر فِي ذاكِرَتِكَ مِمَا لَو كَانَت الكَلِمَة مَكْتوبَةً وَحَسْب. و بِناءَ عَلى ذَلِك إذا كُنْتَ مُهْتَماً لَيسَ فَقَط بِالبَحْثِ عَن مَعاني مُفْرَداتٍ أَجْنَبيَّةٍ جَديدَةٍ وَإنَّما أَيْضاً بِفَهْمِ هَذه الكَلِماتِ الجَديدَةِ وحِفْظِها، فَهُنا سَتُساعِدُكَ الصُّوَرُ كَثيراً عَلى حِفْظِ هَذِهِ الكَلِماتِ بِشَكْلٍ أَسْرَعٍ وَأَفْضَلِ. وَلِهَذا أَسْبابٌ بَسيطَةٌ جِدّاً:

← **الصُّوَرتُوَثِّرُ بِشَكْلٍ أَسرَعِ وَأَكْثَرُ مُباشَرَةً مِن نَصٍّ عادِيّ:** مُنْذُ نُعومَةِ أَظْفارِنا وَنَحْنُ نُفَكِّرُ بِأُسْلوبٍ تَصْويريّ وَنَسْتَطيعُ اِستِقْبال الصُّوَرِ و فَك رُموزِها وَتَفْسيرَها بِشَكْلٍ عَفويّ تَماماً، وَلِذَلِك عِنْدَما تَرْتَبِطُ الصُّوَرُ بِالكَلِمات فِإنَّها تُشَكِّلُ مَعَها وِحْدَةً مُتَجانِسَةً يَسْهُلُ عَلى أَدْمِغَتِنا مُعالَجَتِها وَتَخْزينَها بِكَفاءَةٌ عالِيَة.

← **الصُّوَرتُسَهِّلُ عَمَلِيَةَ التفاهم:** فَهِيَ تنقل لَنَا علاقات وَتُوَفِرُ لَنَا بِلاشَك مَعْلوماتٍ أَكْثَر مِن النَّصِّ لِوَحْدِهِ.

← **الصُّوَرتُحَرِّكُ عَواطِفَنَا:** فَهِيَ تُثيرُ اِهتِمامَنا وَتُشَجِعَنا وتَبقى في ذاكِرَتِنا أكثّر مِن الكَلِماتِ المُجَرَّدَة.

← **الصُّوَرُ تُمْتِعُنا:** بَيْنَما قَد تُصيبُنا النُّصوصُ الطَويلَةُ بِالمَلَل تُسْلينا الصَّوَرُ وَتُساعِدُ عَلى مُتابَعَتِنا لِلمَوضوع لِمُدَّةٍ أَطْوَل.

رُؤْيَة، فَهْم، ومِن ثُمَّ حِفْظ. هَكَذا وَبِكُلِّ سُهولَة يُمْكِنُ أَن يَحْدُثَ التَعَلُّمُ البَصَري. جرِّب بِنَفْسِك!

مَعَ تَحِيَّات

قِسم التَحرير في **PONS**

SO ARBEITEN SIE EFFIZIENT MIT DEM BILDWÖRTERBUCH

die **Erdbeere**
فَراوْلَة
farāwlah

die **Himbeere**
توت أَحْمَر
tūt aḥmar

die **Brombeere**
توت أَسْوَد
tūt aswad

die **Heidelbeere**
عِنَب أَحْراش
ʿinab aḥrāsh

Ganz gleich, ob Sie erst anfangen, eine Fremdsprache zu erlernen, oder ob Sie bereits über gute Sprachkenntnisse verfügen: Dieses Wörterbuch ist Ihr idealer Begleiter. Für jede Sprache decken rund 7.500 Begriffe alle Bereiche des Alltags ab und die Kombination von Wort und Bild ermöglicht Ihnen, Wörter schnell nachzuschlagen, zu übersetzen und sich mühelos einzuprägen. Hier die wichtigsten Tipps, wie Sie den größten Nutzen aus diesem Wörterbuch ziehen:

سَواءً كُنْتَ قَدْ بَدَأْتَ بتَعَلُّم لُغَةٍ أَجْنَبيَّةٍ، أَو كانَت لَدَيك بِالفِعْلِ مَهارات لُغَوِيَّةٌ جَيِّدَةٌ : هَذا القاموس هُوَ رَفيقُكَ المِثاليّ. 7500 مُصْطَلَح في كُل لُغَة تُغَطي جَميع مَجالات الحَياةِ اليَوميَّة . كَما يُتيحُ لَك رَبْطَ الكَلِمات بِالصُّوَرِ سُرْعَةً في البَحْثِ عَنِ الكَلِماتِ وَتَرجَمَتُها وَحِفْظُها بِكُلِ سُهولَةٍ. وَهُنا أَهَم النَّصائِح لِلاِسْتِفادَةِ القُصْوى مِن هَذا القاموس:

Wörter im Zusammenhang lernen

Wörter werden schneller gemerkt, wenn man sie im Kontext lernt. Aus diesem Grund ist dieses Wörterbuch nach Themenfeldern aus dem Alltagsleben gegliedert. Ganz gleich, in welches Thema Sie eintauchen – ob Einkaufen, Kleidung, Lebensmittel oder Familie – betrachten Sie beim Lernen das Thema als Ganzes und versuchen Sie, möglichst viele Wörter aus dem Themenbereich aufzunehmen. Sie werden erstaunt sein, wie viel Wortschatz Sie sich in kürzester Zeit merken können.

تَعَلَّم الكَلِماتِ في سِيَاقِها الموضوعي

يَتِم حِفْظُ الكَلِماتِ بِشَكْلٍ أَسْرَع عِنْدَما يَتِمُّ تَعَلُّمَها في سِياقِ مَوضوعٍ ما. لِهَذا السَّبَب تَمَّ تَرتيب هَذا القاموس حَسَبَ موضوعاتِ الحَياةِ اليَومِيَّة. بِغَضِ النَّظَرِ عَنِ المَوضوعِ الَّذي تَتَناوَلَهُ الآن – سَواء كان التَّسَوُّق، أَو المَلابِس، أَو الطَّعام أَو العائِلَة – تَعامَل مَع المَوضوع كَكُل وَحاوِل أَن تَتَعَلَّمَ أَكْثَر ما يُمكِنُ مِن الكَلِماتِ المُتَعَلِّقَةِ بِالمَوضوع. سَتُدَهَشُ مِن كَمِّ الكَلِماتِ الجَديدَةِ الَّتي اِسْتَطَعْتَ تَعَلُّمَها في فَتْرَةٍ قَصيرَةٍ.

هَكَذا تَسْتَخْدِمُ هَذا القاموس بِكَفاءَة

Herzlichen Glückwunsch!	tahanīyal-qalbīyah!	تَهانيَّ القَلْبيَّة!
Alles Gute zum Geburtstag!	kullu ʿāmin wa-anta bi-khair	كُلَّ عامٍ وَأَنْتَ بِخَيْر
Um wie viel Uhr?	fī ayyati sāʿah?	في أَيَّةِ ساعَة؟
Um sieben Uhr.	fī as-sāʿah as-sābiʿah	في السَّاعَةِ السَّابِعَة.
Guten Appetit!	bi-hanāʾ wash-shifāʾ!	بِالهَناء والشِّفاء!
Zum Wohl!	bi-ṣiḥḥatik!	بِصِحَّتِك!
①	②	

Die wichtigsten Schlüsselsätze auf einen Blick

Ob in der Fremdsprache nach der Uhrzeit fragen, oder zum Geburtstag gratulieren: In den 13 thematisch sortierten Kapiteln finden Sie neben der reinen Wort-Bild-Zuordnung die wichtigsten Sätze für die häufigsten Situationen ①. Prägen Sie sich diese Schlüsselsätze gut ein und schon haben Sie den Grundstein für eine erfolgreiche Kommunikation gelegt.

العِباراتُ الرَّئيسيَّة الأكْثَرُ أَهميَّةً في لَمْحَة

سَواءً أَرَدْتَ السُّؤالَ عَنِ الوَقْتِ باللُّغَةِ الأَجْنَبيَّةِ أو أَرَدْتَ التَّهْنِئَةَ بِعيدِ الميلادِ: في فُصولِ الكِتابِ الثَّلاثَةَ عَشَر المُرَتَّبَةِ بِحَسَبِ مَوضوعاتِها سَتَجِدُ إلى جانِبِ الكَلِماتِ المقْتَرِنَةِ بالصُّوَرِ أَهَمَّ العِباراتِ الرَّئيسيَّةِ لِمَواقِفِ الحَياة اليوميَّة الأَكْثَرِ شُيوعاً ①. اِحْفَظْ هَذِهِ الكَلِماتِ بِشَكْلٍ جَيِّدٍ وبِهَذا تَكونُ قَد وَضَعْتَ عَلى الفورحَجَرَ الأَساسِ لِمُحادَثَةٍ ناجِحَةٍ.

Richtig aussprechen

Damit Sie jedes Wort richtig aussprechen, haben wir alle Wörter und Sätze nach dem Standard der American Library Association (ALA) transkribiert ②. Eine Übersicht über die Umschrift finden Sie bequem auf der letzten Seite des Buches. Für eine leichtere Aussprache sind die so genannten Sonnenbuchstaben beim arabischen Artikel angepasst. Auch bei Wortverbindungen orientiert sich die Transkription an der standardsprachlichen Aussprache. Bei Fremdwörtern sind lange Vokale ausnahmsweise ohne Längenstrich transkribiert, weil die Aussprache der Vokale regional schwankt.

أُنْطُق نُطْقاً صَحيحاً

حَتَّى تَتَمَكَّنَ مِن نُطْقِ كُلِّ كَلِمَةٍ نُطْقاً صَحيحاً، قُمْنا بِكِتابَةِ كُلِّ الكَلِماتِ وَالعِباراتِ وُفْقاً لِطَريقَةِ جمعية المكتبات الأمريكية (ALA) ②. يمكنك أن تجد لمحة عامة عن هَذِهِ الطَّريقَة بِكُل بَساطَة على الصَّفْحَةِ الأخيرَةِ مِنَ الكِتابِ. مُراعاةً لِسُهولَةِ النُّطْقِ تَمت كِتابَةُ الأَحْرُفِ الشَّمْسيَّةِ كَما تُلْفَظُ بَعْدَ (ال) التَعْريف. عِنْدَ كِتابَةِ الكَلِماتِ الأَجْنَبيَّة باللُّغَةِ العَرَبيَّةِ تَمَّ إسْتِسْنائيّاً الاِسْتِغْناء عَنِ الخَط فَوْقَ حُروفِ العِلَّة نَظَراً لِأَنَّ لَفْظَ هَذِه الكَلِمات يَبْقَى أَجْنَبِيّاً.

INDEX DEUTSCH – فِهْرِس الأَلْماني	**346**
INDEX ARABISCH – فِهْرِس العَرَبي	**389**

③

glutenfrei
خالي مِن الغلوتين
khālī min al-ghlūtīn

laktosefrei
خالي مِن اللّاكْتوز
khālī min al-laktūz

④

Schnell übersetzen

Wenn es einfach schnell gehen muss, schlagen Sie im Anhang im Stichwortverzeichnis die richtige Übersetzung nach ③. Dort ist jedes Stichwort in Deutsch und Arabisch in alphabetischer Reihenfolge aufgeführt und im Nu gefunden.

تَرْجَمَةٌ سَريعَةٌ

إذا اِضْطَرَرْتَ لِلتَرْجَمَةِ السَّريعَةِ فَيُمْكِنُكَ أَنْ تَبْحَثَ عَنِ التَّرْجَمَةِ الصَّحيحَةِ لِكَلِمَةٍ ما مُباشَرَةً في فَهْرَسِ الكَلِماتِ في المُلْحَقِ ③، حيْثُ كُتِبَت كُلُّ كَلِمَةٍ بِاللُّغَةِ الأَلْمانيَّةِ وَ بِاللُّغَةِ العَرَبيَّةِ وَبِحَسَبِ تَرْتيبِها الأَبْجَديِّ لِتَجِدَها بِسُرْعَةٍ.

Für den Notfall

Bilder sind eine universelle Sprache, die von allen Kulturen verstanden werden. Sollten Ihnen doch mal die Worte fehlen, zeigen Sie einfach auf das entsprechende Bild ④. Ob im Hotel, Restaurant oder auf der Straße – so können Sie sich überall auf der Welt ganz ohne Sprache verständigen.

في حالَةِ الطَّوارِئ

الصُّوَرُ هِيَ لُغَةٌ عالَميَّةٌ تَفْهَمُها كُلُّ الشُّعوبِ بِمُخْتَلَفِ ثقافاتِها. إذا لَمْ تَخْطُر عَلى بالِكَ في إحْدى المَواقِفِ كَلِمَةً ما، فَما عَليكَ إِلّا أَنْ تُشيرَ إِلى الصُّورَةِ المُناسِبَةِ ④. سَواءً كانَ ذَلِكَ في الفُنْدُقِ، أَو في المَطْعَمِ أَو عَلى الطَّريقِ – وَبِذَلِكَ تَتَمَكَّنُ مِنَ التَّواصُل في أَيِّ مَكانٍ حَوْلَ العالَمِ مِنْ دونِ لُغَةٍ.

die **Bankkauffrau**
مُوَظَّفَة بَنْك
muwaẓẓafat bank

der **Lehrer**
مُعَلِّم
muʿallim

die **Ingenieurin**
مُهَنْدِسَة
muhandisah

der **Kellner**
نادِل
nādil

Das sollten Sie noch wissen

Die Stichwörter in diesem Wörterbuch stehen immer in der Einzahl, es sei denn sie werden in der Regel nur in der Pluralform verwendet.
Die Grundform der arabischen Verben ist die 3. Person Singular Vergangenheit.

مِنَ المُهِم أَنْ تَعْلَم أَيْضاً

أَنَّ الكَلِماتِ في هَذا القاموس هِيَ دائِماً فِي صيغَةِ المُفْرَدِ، إِلّا إِذا كانَت الكَلِمَةُ تُسْتَخْدَم عادَةً في صيغَةِ الجَمْع فَقَط. الأَفْعالُ العَرَبِيَّةُ تُكْتَبُ بِحالَةِ المَصْدَرِ في صيغَةِ الماضي لِلمُفْرَدِ المُذَكَّرِ الغائِبِ.

Es war uns wichtig, bei Funktions- und Berufsbezeichnungen Männer und Frauen gleichermaßen und gleichberechtigt zu berücksichtigen. Da wir aber aus Platzgründen nicht immer beide Geschlechter gleichzeitig abbilden können, haben wir uns immer für eines entscheiden müssen. Dabei orientiert sich das Geschlecht des Wortes immer am Geschlecht der abgebildeten Figur.
Da die arabische Schrift von rechts nach links läuft, beginnt der arabische Index ganz am Ende des Buches.

لَقَد حَرَصْنا فِي هَذا الكِتاب في مَوضوع الوَظائِف وَالمِهَن أَنْ نولِيَ عِنايَتَنا لِلرِّجال وَلِلنِّساءَ عَلى قَدَمِ المُساواة، ولكن نظراً لِضيقِ المَكان تَعَذَّرَ عَلَينا وَضْعُ صورَتين لِكلا الجِنسَين لِلتَعبير عَن كُلِّ مِهْنَةٍ واكْتَفَيْنا بِصورَةٍ واحِدَةٍ لِأَحَدِ الجِنْسَين، وَفي هَذِهِ الحالة يَتْبَعُ جِنْسُ الكَلِمَة لِجِنْسِ الشَّخْصِ في الصُورَة.

بِما أَن اللُّغَةَ العَرَبِيَّة تُكْتَبُ مِنَ اليَمينِ إِلى اليَسار، يَبْدَأ فَهْرَسُ الكَلِماتِ العَرَبِيَّةِ مِن نِهايَةِ الكِتابِ.

MENSCHEN

ناس

DIE FAMILIE - العائِلَة

Der Stammbaum - شَجَرَةُ العائِلَة

der **Schwiegervater**
حَم
ḥam

die **Schwiegermutter**
حَماة
ḥamāh

die **Schwägerin**
زَوْجَة أَخ
zawjat akh

der **Schwager**
أَخو زَوْج
akhū zawj

der **Ehemann**
زَوْج
zawj

die **Ehefrau**
زَوْجَة
zawjah

der **Schwiegersohn**
زَوْجُ اِبْنَة
zawju ibnah

die **Tochter**
اِبْنَة
ibnah

der **Sohn**
اِبْن
ibn

der **Enkel**
حَفيد
ḥafīd

die **Enkelin**
حَفيدَة
ḥafīdah

DIE FAMILIE - العائِلَة

Der Stammbaum - شَجَرَةُ العائِلَة

der **Großvater**
جَد
jad

die **Großmutter**
جَدَّة
jaddah

die **Mutter**
أُم
um

der **Vater**
أَب
ab

die **Tante**
عَمَّة
ʿammah

der **Onkel**
عَم
ʿam

die **Schwester**
أُخْت
ukht

der **Bruder**
أَخ
akh

die **Cousine**
اِبْنَة عَمَّ/ة
ibnat ʿam/ah

die **Nichte**
اِبْنَة أَخ
ibnat akh

der **Neffe**
اِبْن أَخ
ibn akh

der/die **Verwandte**	aqārib	أَقارِب
die **Großeltern**	jad wa jaddah	جَد وَ جَدَّة
die **Eltern**	wālidān	والِدان
das **Ehepaar**	zawjān	زَوْجان
die **Tante**	khālah	(mütterlicherseits) خالَة
ledig	ʿāzib	عازِب
verheiratet	mutazawwij	مُتَزَوِّج
geschieden	muṭallaq	مُطَلَّق
verlobt	makhṭūb	مَخْطوب
verwitwet	armal	أَرْمَل
der **Onkel**	khāl	(mütterlicherseits) خال

BEZIEHUNGEN - عَلاقات

Familie und Lebensphasen - العائِلَة و مَراحِلُ الحَياة

das **Baby**
رَضيع
raḍīʿ

das **Kind**
طِفْل
ṭifl

Herr ...
سَيِّد
sayyid

der **Mann**
رَجُل
rajul

die **Jugendliche**
شابَّة
shābbah

die **Zwillinge**
تَوْأم
taw'am

die **Frau**
اِمْرَأة
imra'ah

Frau ...
سَيِّدَة
sayyidah

der/die **Bekannte**
مَعْرِفَة
maʿrifah

der **Junge**
وَلَد
walad

das **Mädchen**
بِنْت
bint

die **Freunde**
أَصْدِقاء
aṣdiqā'

das **Paar**
زَوْجان
zawjān

die **Freundin**
صَديقَة
ṣadīqah

der **Freund**
صَديق
ṣadīq

der **Erwachsene**	bāligh	بالِغ
der **Patenonkel**	ʿarrāb	عَرَّاب
die **Patentante**	ʿarrāba	عَرَّابَة
der **Stiefvater**	zawj um	زَوْج أم
die **Stiefmutter**	zawjat ab	زَوْجَة أب
der **Stiefbruder**	akh ghair shaqīq	أخ غَيْر شَقيق
die **Stiefschwester**	ukht ghair shaqīqa	أخْت غَيْر شَقيقَة
der **Nachbar**	jār	جار
die **Nachbarin**	jārah	جارَة

BEZIEHUNGEN - عَلاقات

Begrüßen und verabschieden - تَرْحيب وَ تَوْديع

jemanden vorstellen
عَرَّفَ (عَلى)
ʿarrafa (ʿalā)

jemanden begrüßen
رَحَّبَ (بِ)
raḥḥaba (bi)

sich die Hand geben
صافَحَ
ṣāfaḥa

sich verbeugen
اِنْحَنى
inḥanā

sich umarmen
عانَق
ʿānaqa

lachen
ضَحِكَ
ḍaḥika

weinen
بَكَى
bakā

sich verabschieden
وَدَّعَ
waddaʿa

einen Knicks machen
اِنْحَنى
inḥanā

winken
لَوَّحَ
lawwaḥa

jemandem einen Kuss geben
أَعْطى قُبْلَة
aʿṭā qublah

jemanden anrufen
اِتَّصَلَ (بِ)
ittaṣala (bi)

Hallo!	marḥabā!	مَرْحَبا!
Guten Morgen!	ṣabāḥul-khair!	صَباحُ الخَيْر!
Guten Abend!	masāʾul-khair!	مَساءُ الخَيْر!
Wie heißt du?	ma-smuk?	ما اِسْمُكَ؟
Wie heißen Sie?	ma-smu ḥaḍratik?	ما اِسْمُ حَضْرَتِك؟
Ich heiße ...	ismī	اِسْمي
Herzlich willkommen!	ahlan wa-sahlan!	أَهْلاً وَسَهْلاً!
Tschüss!	wadaʿan!	وَداعاً!
Auf Wiedersehen!	ilāl-liqāʾ!	إِلَى اللِّقاء!

das ***kleine Geschenk***
هَدِيَّة صَغيرَة
hadīyah ṣaghīrah

EREIGNISSE IM LEBEN - أَحْداثٌ في الحَياة

Feste - اِحْتِفالات

die **Hochzeit**
زَفاف
zafāf

der **Geburtstag**
يَوْمُ الميلاد
yawmul-mīlād

das **Weihnachten**
عيدُ ميلادِ المَسيح
ʿīdu mīlādil-masīḥ

der **Valentinstag**
عِيدُ الحُب
ʿīdul-ḥub

das **Thanksgiving**
عيدُ الشُّكْر
ʿīdush-shukr

das **Halloween**
عيدُ الهالووين
ʿīdul-hāluwīn

der/das **Silvester**
عيْد رَأْسِ السَّنَة
ʿīd raʾsis-sanah

das **Ostern**
عيدُ الفِصْح
ʿīdul-fiṣḥ

die **Hanukkah**
عيدُ التَّدشين
ʿīdut-tadshīn

das **Wesakfest**
عيدُ ميلاد بوذا
ʿīdu mīlād būdhā

das **Ramadanfest**
عيدُ الفِطْر
ʿīdul-fiṭr

das **chinesische Neujahr**
رَأْسُ السَّنَةِ الصِّينيَّة
raʾsis-sanaṣ-ṣīniyyah

der **Karneval**
كَرْنَفال
karnavāl

das **Passah**	ʿīd alfiṣḥ lil-yahūd	عيدُ الفِصْح لِلْيَهود
die **Feier**	ḥafl	حَفْل
der **Hochzeitstag**	dhikrā yawmuz-zawaj	ذِكْرى يَومُ الزَّواج
der **Feiertag**	yawm ʿuṭlah	يَوْم عُطْلَة
der **Muttertag**	ʿīdul-um	عيدُ الأم
der **Vatertag**	ʿīdul-ab	عيدُ الأَب
die **Taufe**	taʿmīd	تَعميد
Herzlichen Glückwunsch!	tahānīyal-qalbīyah!	تَهانيَّ القَلْبيَّة!
Alles Gute zum Geburtstag!	kullu ʿāmin wa-anta bi-khair	كُلُّ عامٍ وَأَنْتَ بِخَيْر

EREIGNISSE IM LEBEN - أَحْداثُ في الحَياة

Wendepunkte - نُقاطُ تَحَوُّل

die **Geburt**
وِلادَة
wilādah

der **Kindergarten**
رَوْضَةُ أَطْفال
rawḍatul-aṭfāl

die **Einschulung**
دُخول إلى المَدْرَسَة
dukhūl ilāl-madrasah

der **Schulabschlussball**
حَفْلَة تَخَرُّج مِنَ المَدْرَسَة
ḥaflatu takharruj minal-madrasah

der **Studienabschluss**
تَخَرُّج مِنَ الجامِعَة
takharruj minal-jāmiʿah

der **Berufseinstieg**
دُخول في مَجال العَمل
dukhūl fī majālil-ʿamal

sich verlieben
وَقَعَ في الحُب
waqaʿa fil-ḥub

sich verloben
خَطَبَ
khaṭaba

heiraten
تَزَوَّجَ
tazawwaja

die **Schwangerschaft**
حَمْل
ḥaml

umziehen
اِنْتَقَلَ
intaqala

in Rente gehen
تَقاعَدَ
taqāʿada

die **Beerdigung**
دَفْن
dafn

volljährig werden	balagha	بَلَغَ
jemandem einen Heiratsantrag machen	ṭalabal-yad	طَلَبَ اليَد
das ***Brautkleid***	fustān zafāf	فُسْتان زَفاف
die ***Braut***	ʿarūs	عَروس
der ***Bräutigam***	ʿarīs	عَريس
eine Familie gründen	kawwana ʿāʾilah	كَوَّنَ عائِلَة
die ***Scheidung***	ṭalāq	طَلاق
sich scheiden lassen	ṭallaqa	طَلَّقَ
sterben	māta	ماتَ

MENSCHEN BESCHREIBEN - وَصْفُ النَّاس

Das Gesicht - الوَجْه

die Haar – شَعْر – shaʿr

die Stirn – جَبْهَة – jabhah

die Schläfe – صَدْغ – ṣadgh

das Ohr – أُذْن – udhn

die Wange – خَد – khad

der Unterkiefer – فَك سُفْلي – fak suflī

das Kinn – ذَقْن – dhaqn

der Mund – فَم – fam

die Lippe – شَفَة – shafah

die Augenbraue – حاجِب – ḥājib

die Wimper – رِمْش – rimsh

das Auge – عَيْن – ʿayn

die Nase – أَنْف – anf

das Nasenloch – فُتْحَةُ الأَنْف – futḥatul-anf

der Zahn – سِن – sin

eine Grimasse schneiden
قَلَّصَ وَجْهَهُ
qallaṣa wajhahu

die **Haut**	jild	جِلْد
die **Falte**	tajʿīdah	تَجْعيدَة
das **Muttermal**	shāmah	شامَة
das **Grübchen**	ghammāzah	غَمازَة
die **Sommersprossen**	namash	نَمَش
der **Pickel**	batharah	بَثْرَة

MENSCHEN BESCHREIBEN - وَصْفُ النَّاس

Das Haar - الشَّعْر

gewellt
مُمَوَّج
mumawwaj

rothaarig
أَحْمَرُ الشَّعْر
aḥmarush-shaʿr

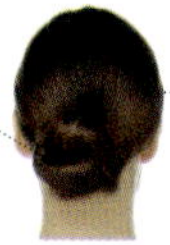

der **Dutt**
كَعْكَة شَعْر
kaʿkatu shaʿr

brünett
بُنِيُّ الشَّعْر
bunīyush-shaʿr

der **Kurzhaarschnitt**
قَصَّة شَعْر قَصيرَة
qaṣat shaʿr qaṣīrah

grau meliert
مُخْتَلِط بالشَّيْب
mukhtaliṭ bish-shayb

die **Perücke**
شَعْر مُسْتَعار
shaʿr mustaʿār

der **Stufenschnitt**
قَصَّة شَعْر مُتَدَرِّجَة
qaṣat shaʿr mutadarrijah

der **Pony**
غُرَّة
ghurrah

die **Strähnchen**
خُصَل
khuṣal

die **Bobfrisur**
قَصَّةُ بوب
qaṣatu bub

glatt
أَمْلَس
amlas

blond
أَشْقَر
ashqar

dunkel
غامِق
ghāmiq

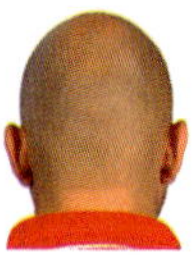

die **Glatze**
صَلْعَة
ṣalʿah

der **Pferdeschwanz**
زَيْل حِصان
zayl ḥiṣān

lockig
مُجَعَّد
mujaʿʿad

der **Zopf**
ضَفيرَة
ḍafīrah

MENSCHEN BESCHREIBEN - وَصْفُ النَّاس

Die äußere Erscheinung - المَظْهَر الخارِجي

der **Bart**
لِحْيَة
liḥyah

der **Schnurrbart**
شارب
shārib

jung
صَغير السِّن
ṣaghīrus-sin

alt
مُسِن
musin

muskulös
مَفْتولُ العَضَلات
maftūlul-ʿaḍalāt

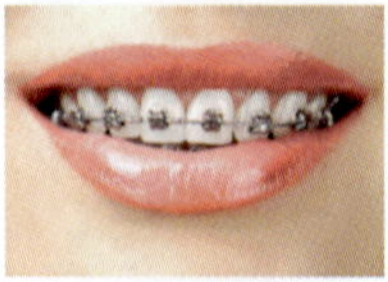

die **Zahnspange**
تَقْويم أَسْنان
taqwīm asnān

blass
شاحِب
shāḥib

sonnengebräunt
مُسْمَر بالشَّمس
musmar bish-shams

die ***grünen Augen***
عُيون خَضْراء
ʿuyūn khaḍrāʾ

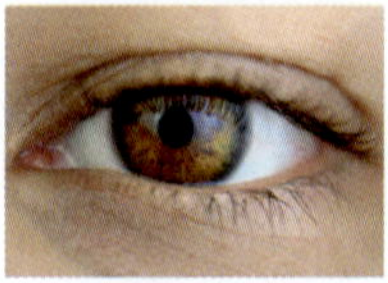

die ***braunen Augen***
عُيون بُنيَّة
ʿuyūn bunnīyah

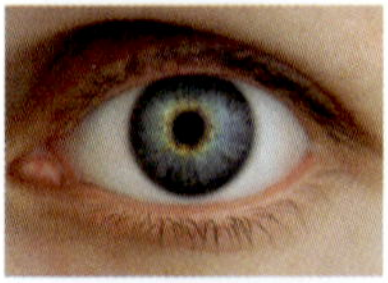

die ***grauen Augen***
عُيون رَماديَّة
ʿuyūn ramādīyah

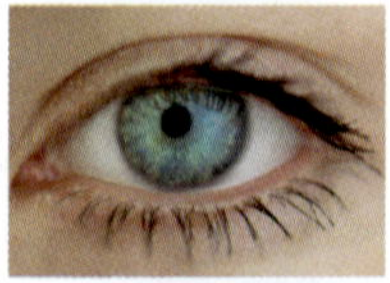

die ***blauen Augen***
عُيون زَرْقاء
ʿuyūn zarqāʾ

attraktiv	jadhdhāb	جَذّاب
hübsch	jamīl	جَميل
hässlich	qabīḥ	قَبيح
schön	jamīl	جَميل
schlank	naḥīf	نَحيف
dick	samīn	سَمين
groß	ṭawīl	طَويل
klein	qaṣīr	قَصير
die **Narbe**	nadabah	نَدَبَة

MENSCHEN BESCHREIBEN - وَصْفُ النَّاس

Gefühle und Persönlichkeit - المَشاعِر وَ صِفات الشَّخْصِيَّة

glücklich
سَعيد
saʿīd

stolz
فَخور
fakhūr

überrascht
مُنْدَهِش
mundahish

aufgeregt
مَنْفَعِل
munfaʿil

verlegen
مُحْرَج
muḥraj

verwirrt
مُرْتَبِك
murtabik

schüchtern
خَجول
khajūl

nachdenklich
مَشْغولُ الفِكْر
mashghūlul-fikr

neugierig
فُضولي
fuḍūlī

niedlich
ظَريف
ẓarīf

verliebt
عاشِق
ʿāshiq

selbstbewusst
واثِق مِن نَفْسِه
wathiq min nafsih

offen	munfatiḥ	مُنْفَتِح
tolerant	mutasāmiḥ	مُتْسامِح
geduldig	ṣabūr	صَبور
freundlich	wadūd	وَدود
sympathisch	khafīfuẓ-ẓil	خَفيف الظِل
nett	laṭīf	لَطيف
lächeln	ibtasama	إِبْتَسَمَ
Ich bin verärgert/froh/traurig.	anā mutaḍāyiq/fariḥ/ḥazīn	أنا مَتَضايِق/فَرِح/حَزين

MENSCHEN BESCHREIBEN - وَصْفُ النَّاس

Gefühle und Persönlichkeit - المَشاعِر وَ صِفات الشَّخْصِيَّة

traurig
حَزين
ḥazīn

gestresst
مُجْهَد
mujhad

verärgert
مُتَضايِق
mutaḍāyiq

wütend
غاضِب
ghāḍib

eifersüchtig
غَيُّور
ghayyūr

verängstigt
خائِف
khāʿif

nervös
مُتَوَتِّر
mutawattir

müde
مُتْعَب
mutʿab

angeekelt
مُشْمَئِز
mushma'iz

dickköpfig
عَنيد
ʿanīd

gelangweilt
ضَجِر
ḍajir

sauer
غاضِب
ghāḍib

die Stirn runzeln	qaṭṭabal-jabīn	قَطَّبَ الجَبين
unsympathisch	thaqīluẓ-ẓil	ثَقيلُ الظِل
verzweifelt	ya'is	يائِس
neidisch	ḥasūd	حَسود
ungeduldig	ʿajūl	عَجول
arrogant	mutakabbir	مُتَكَبِّر
intolerant	ghayr mutasamiḥ	غَيْر مُتَسامِح
sensibel	ḥassas	حَسَّاس

DIE KLEIDUNG - المَلابِس

Babysachen - حاجاتُ الرَّضيع

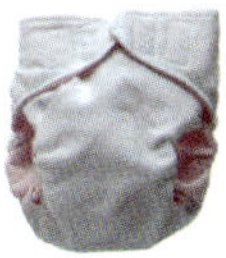
die **Stoffwindel**
حِفاض قُماشي
ḥifāḍ qumāshi

die **Wegwerfwindel**
حِفاض لِمَرَّة واحِدَة
ḥifaḍ li-marrah waḥidah

der **Body**
قَميص داخِلي
qamīṣ dākhilī

der **Schneeanzug**
لِباس ثَلْج
libās thalj

der **Babyschlafsack**
لِحاف بشَكْل كيس
liḥāf bishakl kīs

die **Rassel**
خَشْخاشَة
khashkhāshah

der **Strampler**
لِباس رَضيع
libās raḍīʿ

der **Babyfäustling**
قُفاز رَضيع
qufāz raḍīʿ

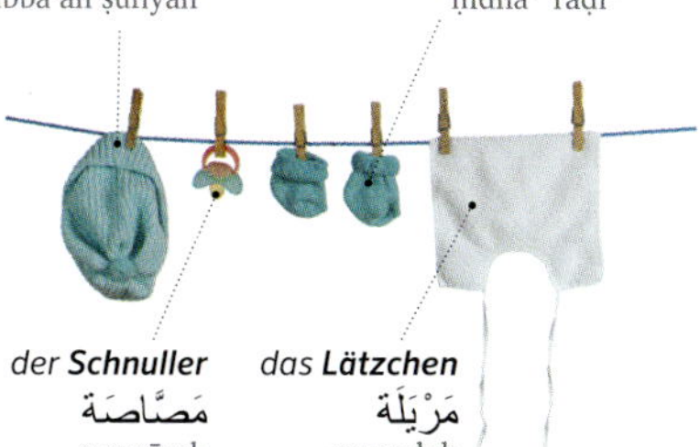
die **Mütze**
قُبَّعة صوفيَّة
qubbaʿah ṣūfīyah

das **Babyschühchen**
حِذاء رَضيع
ḥidhaʾ raḍīʿ

der **Schnuller**
مَصّاصَة
maṣṣāṣah

das **Lätzchen**
مَرْيَلَة
maryalah

der **Sonnenhut**
قُبَعة شَمْس
qubbaʿat shams

das **Söckchen**
جَوارب صَغيرَة
jawārib ṣaghīrah

das **Latzhöschen**
بَنْطَلون بحَمّالات
banṭalūn bi-ḥammālāt

die **Babydecke**
غِطاء رَضيع
ghiṭāʾ raḍīʿ

die **Biobaumwolle**	qutun ṭabīʿī	قُطن طَبيعي
aus Kunstfaser	alyāf ṣināʿīyah	أَلياف صِناعِيَّة

DIE KLEIDUNG - المَلابِس

Unisex-Kleidung - مَلابِس لِكِلا الجِنْسَيْن

der **Trainingsanzug**
بَدلَة تَدريب
badlat tadrīb

der **Kapuzenpullover**
كَنْزَة بِقُبَّعَة
kanzah bi-qubbaʿah

der **Turnschuh**
حِذاء رِياضي
ḥiẓāʾ riyaḍī

der **Schlafanzug**
بيجامَة
bijāmah

der **Hausschuh**
شِبْشِب
shibshib

der **Bademantel**
بُرْنُس حَمَّام
burnus ḥammām

der **Wintermantel**
مِعْطَف شَتَوي
miʿṭaf shatawī

die **Regenjacke**
سُترَة مَطَر
sutrat maṭar

die **Schneehose**
بَنْطَلون ثَلْج
banṭalūn thalj

Könnte ich das mal anprobieren?	hal yumkinunī an ujariba hādhā ?	هِل يُمْكِنُني أَن أُجَرِّبَ هَذا؟
Haben Sie das auch eine Nummer größer/kleiner?	hal ladayka hādhā bi-maqāsin akbar/aṣghar?	هَلْ لَدَيْكَ هَذا بِمَقاسٍ أَكْبَر/أَصْغَر ؟
eng/weit	ḍayyiq/wāsiʿ	ضَيِّق/واسِع
kurz/lang	qaṣīr/ṭawīl	قَصير/طَويل
klein/groß	ṣaghīr/kabīr	صَغير/كَبير
Das passt gut, ich nehme es.	hādhā maqāsuhu munasib, saʾākhudhuh	هَذا مَقاسُهُ مُناسِب، سَآخُذُه
mit kurzen/langen Ärmeln	bi-ʾakmām qaṣīrah/ṭawīlah	بِأَكْمام قَصيرَة/طَويلَة
der **Knopf**	zir	زِر
das **Knopfloch**	ʿurwah	عُرْوَة

DIE KLEIDUNG - المَلابِس

Herrenkleidung - المَلابِس الرِّجالِيَّة

das **T-Shirt**
تي شيرت
tī shirt

das **Polohemd**
كَنْزَة بِقَبَّة
kanzah bi-qabbah

der **Rollkragenpullover**
كَنْزَة بِقَبَّة عالِيَة
kanzah bi-qabbah ʿāliyah

die **Weste**
صِدْرِيَّة
ṣidrīyah

der **Pullunder**
كَنْزَة
kanzah

die **Fliege**
بابيُون
babiyūn

der **Anzug**
بَدْلَة
badlah

der **Kragen**
ياقَة
yāqah

die **Krawatte**
رِباط عُنُق
ribāṭ ʿunuq

das **Hemd**
قَميص
qamīṣ

der/das **Sakko**
جاكيت
jākīt

die **Hose**
بِنْطَلون
banṭalūn

die **kurze Hose**
شورْت
shurt

die **Boxershorts**
شورْت داخِلي
shurt dākhilī

die **Unterhose**
لِباس داخِلي
libās dākhilī

die **Badehose**
شورْت سِباحَة
shurt sibāḥah

DIE KLEIDUNG - المَلابِس

Damenkleidung - المَلابِس النِّسائِيَّة

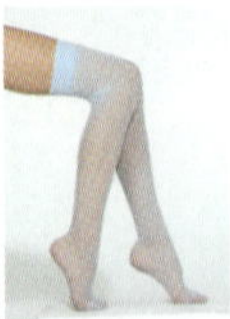

der **Strumpf**
جَوْرَب
jawrab

die **Strumpfhose**
بَنْطَلون جَوْرَبي
banṭalūn jawrabī

die **Leggings**
بنْطَلون مطَّاطي
banṭalūn maṭṭāṭī

der **Slip**
لِباس داخِلي لِلْنِساء
libās dākhilī lin-nisā'

der **Bikini**
بيكيني
bikīnī

der **Badeanzug**
لِباس سِباحَة
libās sibāḥah

der **Sport-BH**
حَمالَة صَدْر رِياضيَّة
ḥammālat ṣadr riyāḍīyah

der **Büstenhalter/der BH**
حَمالَة صَدْر
hammālat ṣadr

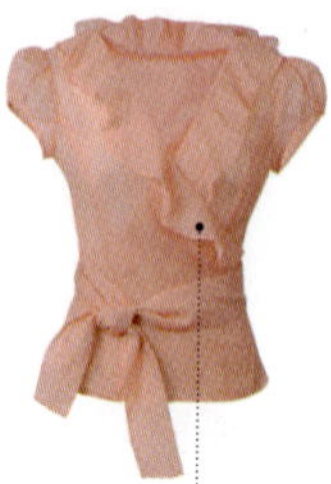

die **Rüsche**
كَشْكَشِة
kashkashah

die **Umstandsmode**	muḍah lil-ḥawāmil	موضَة لِلحَوامِل
die **Naht**	darza	دَرْزَة
der **Ärmel**	kum	كُم
die **Seide**	ḥarīr	حَرير
die **Spitze**	tantanah	تَنْتَنَة
die **Größe**	maqās	مَقاس
der **Ausschnitt**	fatḥatur-raqabah	فَتْحَة الرَّقَبة
trägerlos	bilā ḥammālāt	بِلا حَمَّالات
tailliert	mukassam	مُكَسَّم
leger	ʿamalī	عَمَلي
schick	anīq	أنيق
bequem	murīḥ	مُريح
mit Stretchanteil	yaḥtawī juz' maṭṭāṭī	يَحْتوي جُزْء مَطاطي
modisch	ʿalāl-muḍah	عَلى الموضَة

DIE KLEIDUNG - المَلابِس

Damenkleidung - المَلابِس النِّسائِيَّة

die **Schleife**
عَقْدَة
ʿuqdah

das **Kleid**
فُسْتان
fustān

das **Trägertop**
كَنْزَة بِحَمّالات
kanzah biḥammālāt

die **Bluse**
بُلوزَة
bulūzah

die **Strickjacke**
سُتْرَة صُوْفِيَّة
sutrah ṣūfīyah

der **Rock**
تَنُّورَة
tannūrah

das **Schulterpolster**
كَتّافِيَّة
kattāfīyah

der **Blazer**
جاكيت
jākīt

das **Oberteil**
كَنْزَة بِلا أَكْمام
kanzah bilā akmām

die **Jeans**
جينْز
jīnz

die **Stiefelette**
جَزْمَة قَصيرَة
jazmah qaṣīrah

die **Shorts**
شورْت
shurt

die **Röhrenhose**
بَنْطَلون أُسْطواني
banṭalūn usṭuwānī

die **Schlaghose**
بَنْطَلون واسِعُ القَدَمَيْن
banṭalūn wāsiʿul-qadamayn

die **leicht ausgestellte Hose**
بَنْطَلون واسِع قَليلاً
banṭalūn wāsiʿ qalīlan

DIE KLEIDUNG - المَلابِس

Accessoires - كَمالِيَّات

der **Sonnenhut**
قُبَّعَة شَمْسِيَّة
qubbaʿah shamsīyah

der **Hut**
قُبَّعَة
qubbaʿah

die **Brille**
نَظَّارَة
naẓẓārah

die **Sonnenbrille**
نَظَّارَة شَمْسِيَّة
naẓẓārah shamsīyah

der **Rucksack**
حَقيبَةُ ظَهْر
ḥaqībat ẓahr

die **Krawattennadel**
مِشْبَك رباطُ العُنُق
mishbak ribāṭ al-ʿunuq

der **Regenschirm**
مِظَلَّة
miẓalla

die **Uhr**
ساعَة
sāʿa

die **Hosenträger**
حَمَّالَة بَنْطَلون
ḥammālat banṭalūn

der **Ring**
خاتِم
khātim

der **Handschuh**
قُفَّاز
quffāz

die **Mütze**
قُبَّعَة صوفِيَّة
qubbaʿah ṣūfīyah

der **Schal**
وشاح
wishāḥ

der **Ohrring**
حَلَق
ḥalaq

die **Halskette**
عِقْد
ʿiqd

der **Manschettenknopf**
زِر كُم مَعْدَني
zir kum maʿdanī

der **Reißverschluss**	saḥḥāb	سَحَّاب
die **Handytasche**	ḥaqībat mubāyl	حَقيبَة موبايل
die **Reisetasche**	ḥaqībat safar	حَقيبَة سَفَر
der **Koffer**	shanṭat safar	شَنْطَة سَفَر

DIE KLEIDUNG - المَلابِس

Schuhe und Lederwaren - أَحْذِيَّة وَسِلَع جِلْدِيَّة

der **Pumps**
حِذاء بِكَعْب عالِي
ḥidhāʾ bi-kaʿb ʿālī

die **Sandale**
صَنْدَل
ṣandal

der **Ballerina**
حِذاء ذو كَعْب مُسَطَّح
ḥidhāʾ thū kaʿb musaṭṭaḥ

der **Gummistiefel**
جَزْمَة مَطّاطِيَّة
jazma maṭṭāṭyyah

der **Flip-Flop®**
شِبْشِب شاطِئ
shibshib shāṭiʾ

der **hohe Stiefel**
جَزْمَة عالِيَّة
jazmah ʿālīyah

die **Handtasche**
حَقيبَة يَد
ḥaqībat yad

das **Portemonnaie**
مِحْفَظَة نُقود
miḥfaẓat nuqūd

die **Brieftasche**
مِحْفَظَة
miḥfaẓah

die **Aktentasche**
حَقيبَة وَثائِق
ḥaqībat wathāʾiq

der **Gürtel**
حِزام
ḥizām

die **Lederjacke**
سُتْرَة جِلْدِيَّة
sutrah jildīyah

der **Schnürschuh**
حِذاء بِرِباط
ḥidhāʾ bi-ribāṭ

der **Wanderstiefel**
حِذاء مَشي
ḥidhāʾ mashī

die **Socke**
جَوْرَب
jawrab

der **Schnürsenkel**	ribāṭ ḥidhāʾ	رِباط حِذاء
der **Keilabsatz**	kaʿb ʿarīḍ	كَعْب عَريض
der **Absatz**	kaʿb	كَعْب
die **Sohle**	naʿl	نَعْل
der **Riemen**	ḥizām	حِزام
die **Schnalle**	baklah	بَكْلَة

die **Trekkingsandale**
صَنْدَل رِحْلات
ṣandal riḥlāt

der **Turnschuh**
حِذاء رِياضي
ḥidhāʾ riyāḍī

DIE KÖRPERPFLEGE - العِنايَة بالجِسْم

die **Zahnpasta**
مَعْجون أَسْنان
maʿjūn asnān

das **Parfüm**
عُطْر
ʿuṭr

das **Deo**
مُزيل عَرَق
muzīlu ʿaraq

die **Gesichtscreme**
كريم وَجْه
krīm wajh

der **Kamm**
مِشْط
mishṭ

das **Duschgel**
شامْبو الجِسم
shāmbūl-jism

das **Shampoo**
شامْبو
shāmbū

die **Spülung**
بَلْسَم
balsam

die **Seife**
صابون
ṣābūn

die **Haarbürste**
فُرْشاة شَعْر
furshāt shaʿr

die **Sonnencreme**
كْريم واقي مِن الشَّمْس
krīm waqī min-ash-shams

der **Kulturbeutel**
حَقيبَة أَدَوات
ḥaqībat adawāt

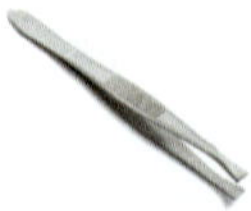
die **Pinzette**
مِلْقَط
milqaṭ

die **Nagelschere**
مِقَص أَظافِر
miqaṣ aẓāfir

die **Nagelfeile**
مِبْرَد أَظافِر
mibrad aẓāfir

die **Haarspange**
مِشْبَك شَعْر
mishbak shaʿr

die **Feuchtigkeitscreme**	krīm tarṭīb	كريم تَرْطيب
sich die Augenbrauen zupfen	azāla shaʿr al-ḥājib	أزال شَعْر الحَاجِب
die **Enthaarung**	izālat ash-shaʿr	إزالَة الشَّعْر
der **Nagellackentferner**	muzīl ṭilāʾ al-aẓāfir	مُزيل طِلاء الأظافِر
das **Haarprodukt**	muntaj lish-shaʿr	مُنْتَج لِلْشَّعْر
sich die Haare föhnen	jaffafa shaʿrahu	جَفَّفَ شَعْرَهُ
sich die Haare glätten	mallasa shaʿrahu	مَلَّسَ شَعْرَهُ
der/das **Haargummi**	maṭāṭat shaʿr	مَطاطَة شَعْر

SCHMINKSACHEN - أَدَوَاتُ التَّجْميل

der **Kajalstift**	qalam kuḥl	قَلَم كُحْل
der/das **Lipgloss**	mulammiʿ shifāh	مُلَمِّع شِفاه
die **Wimpernzange**	makbas rumūsh	مَكْبَس رُموش

ZU HAUSE

فِي البَيْت

DIE WOHNUNG – الشَّقَة

der **Hausschlüssel**
مِفْتاح البَيْت
miftāḥ al-bayt

die **Sprechanlage**
هاتِف داخِلي
hātif dākhilī

die **Hausnummer**
رَقَم البَيْت
raqam al-bayt

die **Türklingel**
جَرَس الباب
jaras al-bāb

das **Türschloss**
قِفْل الباب
qifl al-bāb

der **Fußabtreter**
سِجّادَة الباب
sijjādat al-bāb

der **Briefkasten**
صَنْدوق بَريد
ṣandūq barīd

das **Einfamilienhaus**
مَنْزِل لِعائِلَة واحِدَة
manzil liʿāʾilah wāḥiđah

das **Doppelhaus**
مَنْزِل لِعائِلَتَيْن
manzil liʿāʾilatayn

das **Reihenhaus**
مَنْزِل مُلْتَصِق
manzil multaṣiq

das **Mehrfamilienhaus**
عِمارَة
ʿimārah

der **Bungalow**
مَنْزِل مِن طابِق واحِد
manzil min ṭābiq wāḥid

der **Schirmständer**
حامِل مِظَلّات
ḥāmil miẓallāt

die **Eigentumswohnung**	shaqqah tamlīk	شَقَّة تَمليك
die **Mietwohnung**	shaqqah ajār	شَقَّة أجار
der **Hof**	bahū	بَهو
das **Eigentum**	mulkīyah	مُلْكِيَّة
das **Grundstück**	arḍ ʿiqār	أَرْض عِقار
der **Anbau**	bināʾ mulḥaq	بِناء مُلحَق
zu verkaufen	lil-bayʿ	لِلْبَيْع

DIE WOHNUNG - الشَّقَة

der **Dachboden**
سَقيفَة
saqīfah

der **Keller**
قَبو
qabū

der **Flur**
مَمَر
mamar

der **Aufzug**
مِصْعَد
miṣʿad

der **Grundriss**
مُخَطَّط
mukhaṭṭaṭ

die **Garage**
مِرآب
mirʾāb

der **Carport**
مَوقِف سَيَّارَة
mawqif sayyarah

der **Altbau**
بناء قَديم
bināʾ kadīm

der **Hausmeister**
بَوَّاب
bawwāb

die **Wendeltreppe**
دَرَج لَوْلَبي
daraj lawlabī

der **Rauchmelder**
كاشِف دُخان
kashif dukhān

das **Treppenhaus**
بَيْت الدَّرَج
bayt ad-daraj

mieten	istaʾjara	إسْتَأجَرَ
die **Miete**	ījār	إيجار
vermieten	ajjara	أجَّرَ
der **Vermieter**	muʾajjir	مؤَجِّر
der **Mieter**	mustaʾjir	مُسْتَأجِر
die **Mieterin**	mustaʾjirah	مُسْتَأجِرة
die **Kaution**	mablagh ḍamān	مَبْلَغ ضَمان

der **Mietvertrag**
عَقْد أجار
ʿaqd ajār

DAS HAUS - المَنْزِل

das **Dachfenster**
نافِذة سَقْف
nāfidhat saqf

der **Schornstein**
مَدْخَنَة
madkhana

die **Dachrinne**
مِزْراب
mizrāb

der **Dachziegel**
قَرْميد
qarmīd

die **Dachgaube**
نافِذة بارِزَة من سَقْف مائِل
nāfidhah bārizah min-sáqf mā'il

der **erste Stock**
طابق أَوَّل
ṭābiq awẃal

das **Dach**
سَقْف
saqf

der **Balkon**
شُرْفَة
shurfah

die **Türschwelle**
عَتَبة البَيْت
ʿatabat al-bayt

die **Haustür**
باب البَيْت
bāb al-bayt

das **Fenster**
نافِذَة
nāfidha

das **Erdgeschoss**
طابِق أَرْضي
ṭābiq árḍī

die **Terrasse**
تِرّاس
tirrās

das **Einzelhaus**	bayt munfarid	بَيْت مُنْفَرِد
der **Neubau**	binā' jadīd	بِناء جَديد
die **Dreizimmerwohnung**	shaqqa thalāth ghuraf	شَقَة ثَلاث غُرَف
möbliert	mafrūsh	مَفْروش
das **Stockwerk**	ṭābiq	طابِق
der **Eigentümer**	mālik	مالِك
die **Eigentümerin**	mālika	مالِكَة

DAS HAUS - المَنْزِل

Der Eingang - المَدْخَل

die **Diele**
رواق رُدْهَة
riwāq rudhah

der **Spiegel**
مِرْآة
mir'āh

der **Sessel**
كَنَبَة مُفْرَدَة
kanabah mufradah

der **Ablagetisch**
طاولَة جانِبِيَّة
ṭāwilah jānibīyah

die **Wohnungstür**
باب الشَّقَّة
bāb ash-shaqqah

der **Garderoben-ständer**
شَمَّاعَة
shammā'ah

der **Schirmständer**
حامِل مِظَلَّات
ḥāmil miẓallāt

das **Treppengeländer**
دَرابْزِين الدَّرَج
darābzīn ad-daraj

die **Treppe**
دَرَج
daraj

der **Treppenabsatz**
بَسْطَة دَرَج
basṭat daraj

die **Treppenstufe**
دَرَجات
darajāt

das **Schlüsselbrett**
عَلاقَة مَفاتيح
'allāqat mafātīḥ

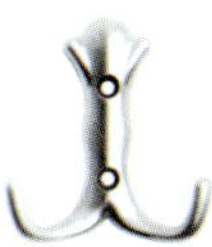

der **Kleiderhaken**
مِشْجَب
mishjab

der **Kleiderbügel**
عَلاقَة ثِياب
'allāqat thiyāb

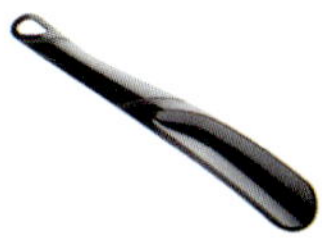

der **Schuhlöffel**
لَبِّيسَة حِذاء
labbīsat ḥidhā'

DAS HAUS - المَنْزِل

Das Wohnzimmer - غُرْفَة الجُلوس

der **Spiegel** مِرْآة mir'āh

der **Ventilator** مِرْوَحَة mirwaḥah

der **Bilderrahmen** إطار صوَّر iṭār ṣuwwar

der **Vorhang** سِتارة sitārah

die **Decke** سَقْف saqf

das **Gemälde** لَوْحَة فَنيَّة lawḥah fanīyah

das **Sofa** أَريكَة arīkah

die **Lampe** مِصْباح miṣbāḥ

das **Sofakissen** مِخَدَّة mikhaddah

der **Beistellschrank** كومودينة جانِبية kūmūdīnah jānibīyah

der **Kaminsims** رَف مِدْفَئِة الحَطَب raf midfa'at al-ḥaṭab

der **gepolsterte Hocker** مَقْعَد صَغير مُنَجَّد maqʿad ṣaghīr munajjad

der **Teppichboden** سِجَّادَة sijjādah

der **Kamin** مِدْفَئِة حَطَب murāsilah ṣaḥafīyah

der **Sessel** كَنَبَة مُفْرَدَة kanabah mufradah

der **Couchtisch** طاولَة غُرَفَة الجُلوس ṭāwilat ghurfat al-julūs

die **Schlafcouch** أَريكَة سَرير arīkat sarīr

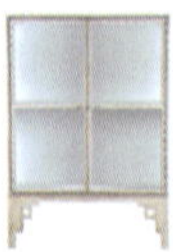

die **Vitrine** خِزانَة بِواجِهَة زُجاجيَّة khizānah bi-wājihah zujājīyah

die **Fernsehbank** طاولَة تِلفاز ṭāwilat tilfāz

das **Bücherregal** مَكْتَبَة maktabah

DAS HAUS - المَنْزِل

Das Esszimmer - غُرْفَةَ الطَّعام

das **Rollo**
سِتار على بَكَرَة
sitār ʿalā bakarah

der **Kronleuchter**
ثُرَيّا
thurayyā

die **Vitrine**
خِزانَة بواجِهَة زُجاجيَّة
khizānah bi-wājihah zujājīyah

die **Zimmerpflanze**
نَبْتَة مَنْزِليَّة
nabtah manzilīyah

das **Fensterbrett**
حافَة نافِذة
ḥāfat nāfidhah

der **Tischläufer**
غطاء طاوِلَة
ghiṭāʾ ṭāwilah

die **Kerze**
شَمْعَة
shamʿah

der **Stuhl**
كُرسي
kursī

der **Esstisch**
طاوِلَة طَعام
ṭāwilat ṭaʿām

die **Tischdekoration**
زينَة الطاوِلَة
zīnat aṭ-ṭāwilah

der **Holzboden**
أرْضيَّة خَشْبية
arḍīyah khashabīyah

die **Blumenvase**
مَزْهَريَّة
mazharīyah

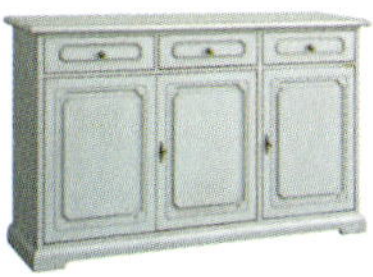

die **Anrichte**
كومودينة جانِبية
kumudīnah jānibīyah

die **Wanduhr**
ساعَة حائِط
sāʿah ḥāʾiṭ

der **Hochstuhl**
كُرسي طَعام لِلأَطْفال
kursī ṭaʿām lilʾaṭfāl

DAS HAUS - المَنْزِل

Die Küche - المَطْبَخ

die **Einbauküche**
مَطْبَخ مُجَهَّز
maṭbakh mujahhaz

die **Einbauleuchte**
مِصْباح مَرَكَّب
miṣbāḥ murakkab

die **Dunstabzugshaube**
شَفَّاط رَائِحَة
shaffāṭ rāʾiḥah

die **Arbeitsplatte**
مَكان تَحْضير الطَّعام
makān taḥdīr aṭṭaʿām

der **Hängeschrank**
خِزانَة مُعَلَّقَة
khizāna muʿallaqah

der **Backofenschalter**
مُفْتاح المَوقِد
miftāḥ al-mawqid

der **Herd**
مَوقِد
mawqid

der **Backofen**
فُرْن
furn

das **Spülbecken**
حَوْض
ḥawḍ

die **Frühstückstheke**
طاولَة فُطور
ṭāwilat-fuṭūr

der **Küchenhocker**
مِقْعَد مَطْبَخ
miqʿad maṭbakh

die **Spülmaschine**
غَسَّالَة صُحون
ghassālat ṣuḥūn

die **Schublade**
دُرْج
durj

der **Gefrierschrank**
مُجَمِّد
mujammid

der **Kühlschrank**
ثَلَّاجَة
thallājah

das **Geschirrtuch**
فوطَة مَطبَخ
fūṭat maṭbakh

der **Mülleimer**	sallat qumāmah	سَلَّة قُمامَة
die **Mülltrennung**	faṣl al-qumāmah	فَصْل القُمامَة
die **Verpackung**	tahglīf	تَغليف
das **Altglas**	zujāj qadīm	زُجاج قَديم
den Ofen vorheizen	ḥammā al-furn musbaqan	حَمَّى الفُرن مُسْبَقاً
die Spülmaschine laufen lassen	shaghghala ghassālat as-ṣuḥūn	شَغَّل غَسَّالَة الصُّحون
das Essen auftauen	fakka tajmīd aṭ-ṭaʿām	فَكَّ تَجميد الطَّعام

DAS HAUS - المَنْزِل

Küchengeräte - أَجْهِزَة المَطْبَخ

der **Pürierstab**
هَرَّاسَة كَهْرُبائِيَّة
harrāsah kahrubāʾīyah

der **Mixer**
خَلَّاط
khallāṭ

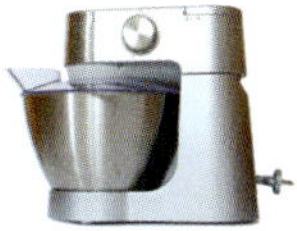

die **Küchenmaschine**
ماكينَة المَطْبَخ
mākīnat al-maṭbakh

die **Mikrowelle**
فُرْن ميكروويف
furn mikrūwyf

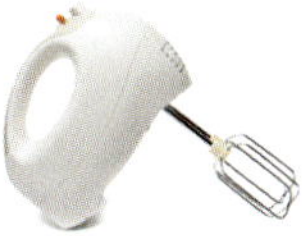

das **Handrührgerät**
خَفَّاق كَهْرُبائي
khaffāq kahrubāʾī

der **Wasserkocher**
غَلَّايَة ماء
ghallāyat māʾ

das **Waffeleisen**
شَوَّايَة وافِل
shawwāyat wāfil

der **Elektrogrill**
شَوَّايَة كَهْرُبائِيَّة
shawwāyah kahrubāʾīyah

der **Toaster**
مَحْمَصِة خُبْز
maḥmaṣat khubz

die **Küchenwaage**
ميزان مَطْبَخ
mīzān maṭbakh

der **Schnellkochtopf**
قِدْر ضَغْط
qidr ḍaghṭ

der **Sandwichgrill**
شَوَّايَة سَنْدويْش
shawwāyat sandwīsh

die **Kaffeemaschine**
ماكينَة قَهْوَة
mākīnat qahwah

der **Dampfgarer**
طاهي طَعام بالبُخار
ṭāhī ṭaʿām bilbukhār

der **Raclettegrill**
شَوَّايَة راكْليت
shawwāyat raklīt

der **Reiskocher**
طاهي أَرُز
ṭāhī aruz

DAS HAUS - المَنْزِل

Koch- und Backutensilien - أَدواتُ الطَّبْخ وَالخَبْز

der **Küchenwecker**
مُنَبِّه مَطْبَخ
munabbih maṭbakh

das **Ausstechförmchen**
قَوالِب تَقْطيع كَعْك
qawālib taqṭīʿ kaʿk

das **Küchenpapier**
مَناديل مَطبَخ
manādīl maṭbakh

die **Schürze**
مَرْيَلَة
maryalah

das **Muffinförmchen**
قَوالِب خَبْز المافينز
qawālib khabz al-māfīnz

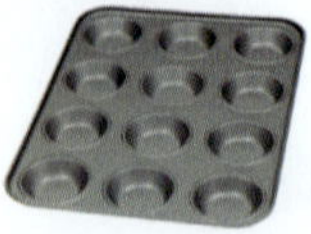
die **Törtchenform**
صينيَّة قَوالِب الكَعْك
ṣīnīyat qawālib al-kaʿk

die **Springform**
صينيَّة كَعْك
ṣīnīyat kaʿk

das **Backblech**
صينيَّة خَبْز
ṣīnīyat khabz

der **Messerschärfer**
مِبرَد سَكاكين
mibrad sakākīn

das **Teigrad**
دَرَّاجَة عَجين
darrājat al-ʿajīn

der **Topfhandschuh**
قُفَّاز فُرْن
quffāz furn

das **Tablett**
صينِيَّة
ṣīnīyah

die **Sanduhr**
ساعَة رَمْلِيَّة
sāʿah ramlīyah

der **Gefrierbeutel**	kīs tajmīd aṭ-ṭaʿām	كيس تَجْميد الطَّعام
der **Spritzbeutel**	kīs tazyīn al-muʿajjanāt	كيس تَزْيين المُعَجَّنات
das **Backpapier**	waraq khabz	وَرَق خَبْز
die **Frischhaltefolie**	nāylun ḥifẓ al-maʾkūlāt	نايْلون حِفْظ المأكولات
der **Putzlappen**	mamsaḥah	مَمْسَحَة
die **Alufolie**	waraq alaminyūm	وَرَق أَلَمِنْيوم
die **Rührschüssel**	wiʿāʾ khalṭ	وِعاء خَلْط

DAS HAUS - المَنْزِل

Koch- und Backutensilien - أَدَواتُ الطَبْخ وَالخَبْز

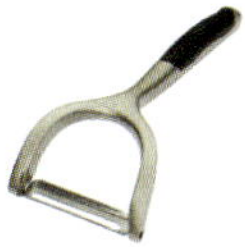

der **Schäler**
قَشّارَة
qashshārah

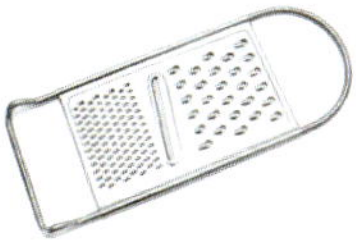

die **Reibe**
مِبْشَرَة
mibsharah

das **Hackmesser**
ساطور
sāṭūr

das **Küchenmesser**
سِكين مَطْبَخ
sikīn maṭbakh

das **Küchensieb**
مُنْخُل
munkhul

das **Abtropfsieb**
مِصْفاة
miṣfāh

der **Kartoffelstampfer**
هَرّاسَة بَطاطا
harrāsat baṭāṭā

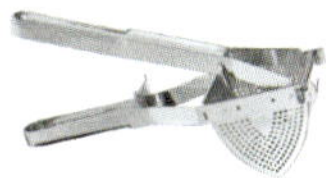

die **Knoblauchpresse**
هَرّاسَة ثُوم
harrāsat thūm

die **Schöpfkelle**
مِغْرَفَة
mighrafah

der **Schneebesen**
خَفّاقَة
khaffāqah

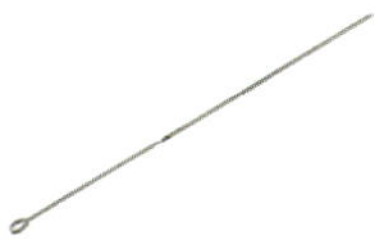

der **Spieß**
سيخ
sīkh

der **Dosenöffner**
فَتّاحَة عُلَب
fattāḥat ʿulab

der **Mörser**	hāwin	هاوِن
der **Stößel**	yad al-hāwin	يَد الهاوِن
der **Fleischklopfer**	miṭraqat laḥm	مِطْرَقَة لَحْم
der **Eierschneider**	qaṭṭāʿat bayḍ	قَطّاعَة بَيْض
der **Eisportionierer**	mihgrafat āys krīm	مِغْرَفَة آيس كريم
die **Thermoskanne®**	tirmus	تِرْمُس
der **Spüllappen**	mimsaḥat jalī	مِمسَحَة جَلي

das **Schneidebrett**
لَوْح تَقْطيع
lawḥ taqṭīʿ

DAS HAUS - المَنْزِل

Koch- und Backutensilien - أَدَواتُ الطَبْخ وَالخَبْز

der **Korkenzieher**
فَتّاحَة سَدّادات
fattāḥat saddādāt

der **Backpinsel**
فُرْشاة مُعَجَّنات
furshāt muʿajjanāt

das **Nudelholz**
مِرْقاق عَجين
mirqāq ʿajīn

der **Pfannenwender**
مِلْعَقَة تَقْليب
milʿaqat taqlīb

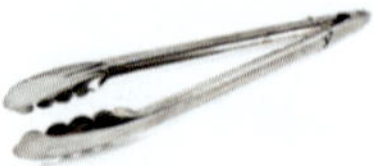

die **Küchenzange**
مِلْقَط
milqaṭ

der **Teigschaber**
مِقْشَطَة مَطاطِيَّة
miqshaṭah maṭṭāṭīyah

der **Servierlöffel**
مِلْعَقَة تَقديم
milʿqat taqdīm

der **Kochlöffel**
مِلْعَقَة خَشَبِيَّة
milʿaqa khashabīyah

die **Bratpfanne**
مِقْلاة
miqlāh

der **Wok**
مِقْلاة ووك
miqlāt wuk

der **Kochtopf**
قِدْر طَهي
qidr ṭahī

der **Schmortopf**
قِدْر طَهي
qidr ṭahī

das **Auflaufförmchen**
وِعاء فُرْن صَغير
wiʿāʾ furn ṣaghīr

die **Bratengabel**	shawkat ṭahī	شَوكَة طَهي
der **Untersetzer**	qāʿidat qidr	قاعِدَة قِدْر
die **Grillpfanne**	miqlāt lish-shiwāʾ	مِقْلاة لِلشِواء
der **Messbecher**	kūb qiyās	كوب قِياس
der **Trichter**	qimʿ	قِمْع
der **Messlöffel**	milʿaqat qiyās	مِلْعَقَة قِياس
der **Flaschenöffner**	fattāḥat zujājāt	فَتّاحَة زُجاجات

DAS HAUS - المَنْزِل

Das Schlafzimmer - غُرْفَةَ النَّوم

der **Bettbezug**
بَياضات سَرير
bayāḍāt sarīr

die **Bettdecke**
غِطاء سَرير
ghiṭā' sarīr

das **Kopfteil**
مِسْنَد لِلرَّأس
misnad lil-ra's

das **Doppelbett**
سَرير مُزْدَوَج
sarīr muzdawaj

das **Kopfkissen**
مِخَدَّة
mikhaddah

der **Kissenbezug**
غِطاء مِخَدَّة
ghiṭā' mikhaddah

die **Nachttischlampe**
مِصْباح سَرير
miṣbāḥ sarīr

die **Kommode**
مَجْموعَة أَدْراج
majmū'at adrāj

das **Bettgestell**
هَيْكَل سَرير
haykal sarīr

das **Laken**
شَرْشَف
sharshaf

der **Teppich**
سِجّادَة
sijjādah

der **Hocker**
مِقْعَد
miq'ad

die **Matratze**
فِراش
firash

der **Nachttisch**
طاوِلَة سَرير جانِبِيَّة
ṭāwilat sarīr jānibiyyah

der **Kleiderschrank**	khizānat malābis	خِزانَة مَلابِس
der **Wecker**	munabbih	مُنَبِّه
den Wecker stellen	ḍabaṭa al-munabbih	ضَبَطَ المُنَبِّه
die **Wärmflasche**	qirbat mā' sākhin	قِرْبَة ماء ساخِن
die **Heizdecke**	baṭṭānīyah kahrubā'īyah	بَطّانِيَّة كَهْرُبائِيَّة
die **Tagesdecke**	ghiṭā' khafīf	غِطاء خَفيف
die **Schlafbrille**	naẓẓārat nawm	نَظّارَة نَوْم

DAS HAUS - المَنْزِل

Das Kinderzimmer - غُرْفَة الأَطْفال

der **Ball**
كُرَة
kurah

die **Puppe**
دَمْيَة
dumya

die **Wickeltasche**
حَقيبَة تَغْيير
ḥaqībat taghīr

der **Kinderwagen**
عَرَبَة اَطْفال
ʿarabat aṭfāl

das **Babyfon®**
جهاز مُراقَبَة الطِّفْل
jihāz murāqabat aṭ-ṭifl

der **Laufstall**
مَلْعَب بِقُضْبان مُتَنَقِّل
malʿab bi-quḍbān mutanaqqil

das **Gitterbettchen**
سَرير رَضيع بِقُضْبان
sarīr raḍīʿ bi-quḍbān

die **Flauschdecke**
بَطَّانيَّة صوفيَّة ناعِمَة
baṭṭānīyah ṣūfīyah nāʿimah

das **Mobile**
لَعْبَة مُتَحَرِّكَة
luʿbah mutaḥarrikah

der **Gitterstab**
قَضيب
qaḍīb

der **Teddy**
دُمْيَة دُب
dumyat dub

der **Wickeltisch**
طاولَة تَغْيير
ṭāwilat taghyīr

das **Kuscheltier**
لُعْبَة مُحَبَّبَة
luʿba muḥabbabah

das **Spielzeug**
لُعْبَة
luʿbah

die **Wickelauflage**
وسادَة تَغْيير
wisādat taghyīr

das **Töpfchen**
مَبْوَلَة
mabwalah

die **Babytragetasche**
مَهْد
mahd

der **Schulranzen**
حَقيبَة مَدْرَسَة
ḥaqībat madrasah

das **Bauklötzchen**
مُكَعَّبات
mukaʿʿabāt

DAS HAUS - المَنْزِل

Das Jugendzimmer - غُرْفَةَ الشَّباب

das **Einzelbett**
سَرير مُفْرَد
sarīr mufrad

die **Hängelampe**
مِصْباح
miṣbāḥ

der **Schreibtisch**
مَكْتَب
maktab

das **Bücherregal**
رَف كُتُب
raf kutub

die **Schreibtischlampe**
مِصْباح مَكْتَب
miṣbāḥ maktab

die **Schublade**
دُرْج
durj

der **Teppichboden**
سِجَّادَة
sijjādah

die **Fensterbank**
حافَّة نافِذَة
ḥāfat al-nāfidha

der **Stuhl**
كُرْسي
kursī

das **Etagenbett**	sarīr bi-ṭābiqayn	سَرير بِطابِقَين
der **Albtraum**	kābūs	كابوس
tief schlafen	nāma biʿumq	نامَ بِعُمْق
wach sein	mustayqiẓ	مُسْتَيْقِظ
träumen	ḥalama	حَلَمَ
aufstehen	qāma	قامَ

schlafen	nāma	نامَ
einschlafen	ʿafā	غَفَا
schnarchen	shakhkhara	شَخَّرَ
aufwachen	istayqaẓa	إِسْتَيْقَظَ
ausschlafen	shabiʿa nawman	شَبعَ نَوْماً
das Bett machen	rattaba as-sarīr	رَتَّبَ السَّرير
ins Bett gehen	dhahaba ʾilā-as-sarīr	ذَهَبَ إلى السَّرير

DAS HAUS - المَنْزِل

Das Arbeitszimmer - غُرْفَة المَكْتَب

der **Bilderrahmen**
إطار
iṭār

die **Verandatür**
باب الشُرْفَة
bābush-shurfah

der **Bücherschrank**
مَكْتَبَة
maktabah

die **Zimmerpflanze**
نَبْتَة مَنْزِلِيَّة
nabtah manzilīyah

das **Foto**
صورَة
ṣūrah

das **Tageslicht**
ضَوْء نَهار
ḍaw' nahār

der **Laptop**
لاب توب
lāb twb

die **Rückenlehne**
مِسنَد ظَهْر
misnad ẓahr

der **Sessel**
مَقْعَد بِزِراعَيْن
maqʿad bizirāʿayn

der **Schreibtisch**
مَكْتَب
maktab

der **Rollcontainer**
وِحْدَة أَدْراج على عَجَلات
wiḥdat adrāj ʿalā ʿajalāt

der **Drehstuhl**
كُرْسي دَوّار
kursī dawwār

die **Armlehne**
مِسنَد ذِراع
misnad dhirāʿ

die ***Unterlage***	wathīqah	وَثيقَة
die ***Steuererklärung***	bayān ḍarībī	بَيان ضَريبي
arbeiten	ʿamila	عَمِلَ
sich konzentrieren	rakkaza	رَكَّزَ
die ***Überstunde***	waqt iḍāfī	وَقْت إضافي
eine Pause machen	akhadha istirāḥah	أَخَذَ إسْتِراحَة
selbstständig sein	mustaqil biʿamalih	مُسْتَقِل بِعَمَلِه

DAS HAUS - المَنْزِل

Das Badezimmer - الحَمَّام

der **Spiegel**
مِرْآة
mirʾāh

das **Waschbecken**
حَوْض غَسْل
ḥawḍ ghasl

der **Seifenspender**
مُوَزِّع صابون
mūwazziʿ ṣābūn

der **Waschbecken-unterschrank**
خِزانَة تَحْت الحَوض
khizānah taḥt al-ḥawḍ

die **Duschkabine**
كابينَة دُش
kabīnat dush

die **Dusche**
دُش
dush

der **Handtuchhalter**
حامِل المِنْشَفَة
ḥāmil al-minshafa

das **Handtuch**
مِنْشَفَة يَد
minshafat yad

der **Wasserhahn**
حَنَفِيَّة
ḥanafiyyah

die **Badewanne**
حَوض اِسْتِحْمام
ḥawḍ istiḥmām

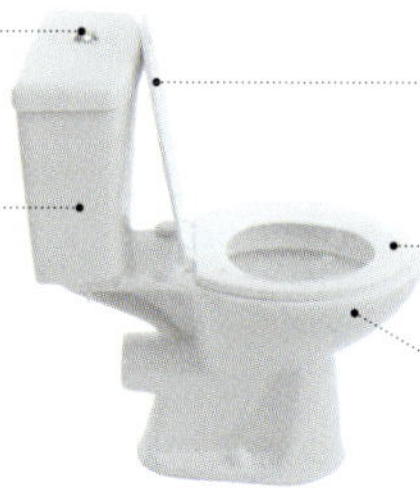

die **Toilette**
مِرْحاض
mirḥāḍ

die **Toilettenspülung**
شَطْف المِرْحاض
shaṭf al-mirḥāḍ

der **Spülkasten**
خَزان ماءالشَّطْف
kazān māʾ ash-shaṭf

auf die Toilette gehen
ذَهَبَ إلى المِرْحاض
dhahaba ʾilāl-mirḥāḍ

der **Toilettendeckel**
غِطاء المِرْحاض
ghiṭāʾ al-mirḥāḍ

die **Toilettenbrille**
مَقْعَدُ المِرْحاض
maqʿd al-mirḥāḍ

die **Kloschüssel**
حَوْض المِرْحاض
ḥawḍ al-mirḥāḍ

die **Klobürste**
فُرْشاة مِرْحاض
furshāt mirḥāḍ

das **Toilettenpapier**
وَرق مِرْحاض
waraq mirḥāḍ

der **Raumduft**
مُعَطِّر جو
muʿaṭṭir jaw

der **Klostein**
مُنَظِّف مِرْحاض
munaẓẓif mirḥāḍ

DAS HAUS - المَنْزِل

Sanitäre Anlagen - الصَّرْف الصِّحي

der **Elektroboiler**
سَخَّان كَهْرُبائِي
sakhkhān kahrubā'ī

der **Behälter**
خَزَّان
khazzān

das **Thermostat**
تِرموسْتات
tirmūstāt

der **Warmwasser-ablauf**
مَخْرَج الماء السَّاخِن
makhraj al-mā' as-sākhin

der **Kaltwasserzulauf**
مَدخَل الماء البارِد
madkhal al-mā' al-bārid

das **Gas-Wandheizgerät**
سَخَّان غاز حائِطي
sakhkhān Ghāz ḥā'ṭī

das **Sicherheitsventil**
صَمام أمان
ṣammām amān

der **Regler**
مُنَظِّم
munaẓẓim

der **Überlauf**
مَخْرَج الفائِض
makhraj al-fā'iḍ

das **Waschbecken**
حَوْض غَسْل
ḥawḍ ghasl

die **Zuleitung**
ماسورَة إمْداد
māsūrat imdād

der **Absperrhahn**
صَمام إيقاف
ṣammām 'iqāf

der **Abfluss**
مَصْرف
maṣrif

der **Siphon**
كوع
kūʿ

der **Spülkasten**
خَزان ماءالشَّطْف
khazzān mā'ush-shaṭf

die **Heberglocke**
رافِعَة
rāfiʿah

der **Überlauf**
مَخْرَج الفائِض
makhraj al-fā'iḍ

DAS HAUS - المَنْزِل

Im Badezimmer - في الَحَمَّام

das **Wattepad**
قُطْن طِبِّي
quṭn ṭibī

der **Duschschwamm**
ليفَة اِسْتِحْمام
līfat istiḥmām

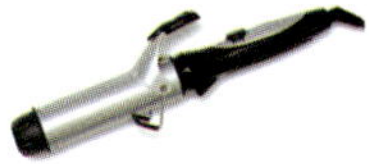

der **Lockenstab**
مُمَوج شَعْر
mumawij shaʿr

das **Glätteisen**
مُمَلِس شَعْر
mumalis shaʿr

der **Rasierapparat**
ماكينَة حِلاقَة كَهْرُبائِيَّة
makīnat ḥilāqah kahrubāʾiyya

das **Schwammtuch**
قِطْعَة قِماش اِسْفَنْجِيَّة
qiṭʿat qumāsh ʾisfanjīyah

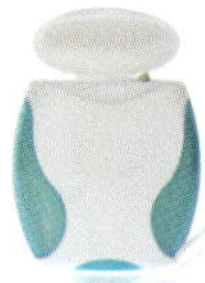

die **Zahnseide**
خَيْط تَنْظيف الأَسْنان
khayṭ tanẓīf al-asnān

die **Zahnbürste**
فُرْشاة أَسْنان
furshāt asnān

das **Taschentuch**
مَنْديل وَرقي
mindīl waraqī

das **Wattestäbchen**
نكَّاشات تَنْظيف الآذان
nakkāshāt tanẓīf al-ādhān

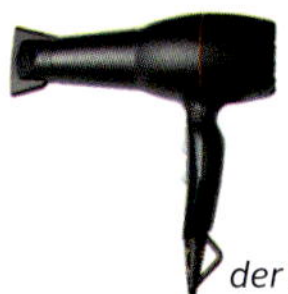

der **Föhn**
مُجَفِّف شَعْر
mujaffif shaʿr

der **Rasierschaum**
رَغْوَة حِلاقَة
raghwat ḥilāqah

der **Rasierer**
ماكيْنَة حِلاقَة يَدَوِيَّة
makīnat ḥilāqah yadawīyah

der **Waschlappen**	qimāshah lil-ghasl	قِماشَة لِلْغَسْل
das **Mundwasser**	ghusūl al-fam	غُسول الفَم
sich rasieren	ḥalaqa	حَلَقَ
sich schminken	waḍʿa mākyāj ʿalā wajhih	وَضَعَ ماكْياج على وَجْهه
sich die Zähne putzen	farshā asnānah	فَرْشى أَسْنانَه
das **Rasierwasser**	kūlūnya	كُولونْيا
der **Duschkopf**	ra's ad-dush	رَأس الدُّش
der **Duschvorhang**	sitārat ad-dush	سِتارَة الدُّش
die **Bademätte**	sijjādat ḥammām	سِجّادَة حَمّام
sich waschen	ightasala	اِغْتَسَلَ
baden	taḥamma	تَحَمَّمَ
den Hahn auf-/zudrehen	fataḥa/aghlaqa al-ḥanafīya	فَتَحَ/أَغْلَقَ الحَنَفيَّة
duschen	akhadha dush	أَخَذَ دُش

DAS HAUS - المَنْزِل

Die Waschküche - غُرْفَة الغَسيلَ

der **Wäschekorb**
سَلَّة غَسيل
sallat ghasīl

die **zusammengelegte Wäsche**
غَسيل مَطْوي
ghasīl maṭwī

die **Waschmaschine**
غَسَّالَة
ghassālah

die **Waschmittelkammer**
حُجْرة مَسْحوق الغَسيل
ḥujrat masḥūq al-ghasīl

der **Frontlader**
باب غَسَّالَة أَمامي
bāb ghassālah amāmī

die **Wäscheleine**
حَبْل غَسيل
ḥabl ghasīl

die **Wäscheklammer**
مَلْقَط غَسيل
milqaṭ ghasīl

der **Fleckenentferner**
مُزيل بُقَع
muzīl albuqaʿ

der **Weichspüler**
مُطَرّي غَسيل
muṭrrī ghasīl

das **Bleichmittel**
مُبَيِّض
mubayyiḍ

das **Waschpulver**
مَسْحوق غَسيل
masḥūq ghasīl

das **Bügeleisen**
مِكْواة
mikwāh

das **Bügelbrett**
طاوِلَة كَوي
ṭāwilat kawī

die Waschmaschine füllen	mala'a al-ghassālah	مَلَأَ الغَسَّالَة
die Wäsche waschen	ghasala al-ghasīl	غَسَلَ الغَسيل
der **Wäscheständer**	manṣab ghasīl	مَنْصَب غَسيل
der **Wäschetrockner**	mujaffifat ghasīl	مُجَفِّفَة غَسيل
der **Schmutzwäschekorb**	salat ghasīl muttasikh	سَلَّة غَسيل مُتَّسِخ
die Wäsche zum Trocknen aufhängen	nashara al-ghasīl	نَشَرَ الغَسيل
bügeln	kawa	كَوى

DAS HAUS - المَنْزِل

Reinigungsartikel - أَدَواتَ التَّنْظيف

das **Reinigungsmittel**
مُنَظِّف
munaẓẓif

das **Spülmittel**
سائِل جَلي
sāʾil jalī

die **Bürste**
فُرشاة مِرْحاض
furshāt mirḥāḍ

die **Sprühflasche**
بَخاخَة
bakhkhākhah

der **Gummiwischer**
مِمْسَحَة زُجاج
mimsaḥat zujāj

die **Kehrschaufel**
مِجْرَفَة
mijrafah

der **Handfeger**
فُرْشاة
furshāh

der **Wischmopp**
مِمْسَحَة أَرْض
mimsaḥat arḍ

der **Schwamm**
اِسْفَنْجَة
isfanjah

der **Gummihandschuh**
قُفّاز مَطاطي
quffāz maṭṭāṭī

der **Eimer**
دَلو
dalū

der **WC-Reiniger**
مُنَظِّف مِرْحاض
munaẓẓif mirḥāḍ

schrubben	faraka	فَرَكَ
fegen	kannasa	كَنَّسَ
polieren	lammaʿa	لَمَّعَ
putzen	naẓẓafa	نَظَّفَ
abwischen	masaḥa	مَسَحَ
der **Staubsauger**	miknasah kahrubāʾīyah	مِكْنَسَة كَهْرُبائِيَّة
der **Staubwedel**	minfaḍat ghubār	مِنْفَضَة غُبار

die **Wurzelbürste**
فُرْشاة لِفَرْك الأَرْض
furshāt lifark al-arḍ

DAS HAUS - المَنْزِل

Die Heimwerkstatt - وَرْشَة المَنْزِل

die **Handsäge**
مِنْشار يَدَوي
minshār yadawī

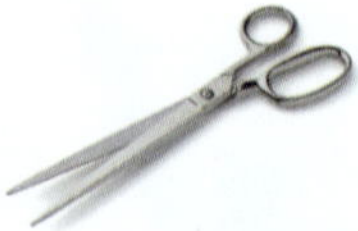

die **Schere**
مِقَص
miqaṣ

die **Schraube**
بُرْغي
burghī

die **Mutter**
عَزَقَة
ʿazaqah

der **Schrauben-schlüssel**
مِفْتاح بَراغي
miftāḥ barāghī

der **Holzhammer**
مِطْرَقَة خَشَبيَّة
miṭraqah khashabīyah

die **Rohrzange**
كَماشَة أَنابيب
kammāshat anabīb

das **Maßband**
شَريط قِياس
sharīṭ qiyās

der **Nagel**
مِسمار
mismār

der **Hammer**
مِطْرَقَة
miṭraqah

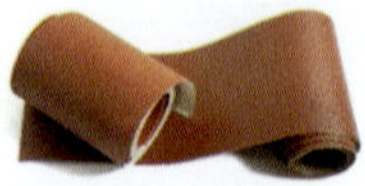

das **Schleifpapier**
وَرَق زُجاج
waraq zujāj

die **Wasserwaage**
ميزان زِئْبَقي
mizān taswīya mā'ī

die **Kombizange**
بينْسَة
bīnsah

der **Schraubenzieher**
مِفَك بَراغي
mifak barāghī

die **Bügelsäge**
مِنْشار مُقَوَّص
minshār muqawwaṣ

das **Teppichmesser**
مِشْرَط سِجَّاد
mishraṭ sajjād

DAS HAUS - المَنْزِل

Die Heimwerkstatt - وَرْشَة المَنْزِل

der **Akkubohrer**
مِثْقاب بَطّارِيَّة
mithqāb bi-baṭṭārīah

der **Akku**
بَطّارِيَّة
baṭṭārīyah

der **Bohrer**
مِثْقاب
mithqāb

der **Elektrobohrer**
مِثْقاب كَهْرُبائي
mithqāb kahrubāʾī

das **Stemmeisen**	izmīl khashab	إِزْميل خَشَب
die **Nietenzange**	kammashat barāshīm	كَماشَة بَراشِيم
der **Seitenschneider**	qāṭiʿat aslāk	قاطِعَة أَسْلاك
das **Sägeblatt**	naṣl minshār	نَصْل مِنشار
schrauben	shadda al-burghī	شَدَّ البُرْغي
löten	lahama	لَحَمَ
messen	qāsa	قاسَ
sägen	nashara	نَشَرَ
schneiden	qaṭṭaʿa	قَطَّعَ
bohren	thaqaba	ثَقَبَ
hämmern	daqqa	دَقَّ
feilen	barada	بَرَدَ
ausstemmen	ḥafara	حَفَرَ بالإِزْميل
nieten	barshama	بَرْشَمَ
streichen	ṭalā	طَلى
hobeln	najara	نَجَرَ

die **Klebepistole**
مُسَدَّس غِراء
musaddas ghirāʾ

die **Stichsäge**
مِنْشار تَخْريم
minshār takhrīm

der **Bandschleifer**
مُصَنْفِرَة
muṣanfarah

die **Kreissäge**
مِنْشار دائِري
minshār dāʾirī

DAS HAUS - المَنْزِل

Die Heimwerkstatt - وَرْشَة المَنْزِل

der **Müllbeutel**
كيس قِمامَة
kīs qumāmah

das **Mikrofasertuch**
قُماشَة مِيكروفازَر
qumāsha mikrū fāzar

der **Dichtstoff**
مادَّة مانِعَة لِلتَّسَرُّب
mādah mānicʿa lit-tasarrub

die **Kartuschenpistole**
مُسَدَّس خَرطوش
musaddas kharṭūsh

das **Taschenmesser**
سِكِّين جَيْب
sikkīn jayb

der **Werkzeugkasten**
صُنْدوق العُدَّة
ṣundūq adawāt al-ʿuddah

die **Werkbank**
طاوِلَة عُدَّة
ṭāwilat ʿuddah

der **Inbusschlüssel**
مِفْتاح مُسَدَّسي
miftāḥ musaddasī

der **Besen**
مِكْنَسَة
miknasah

die **Schutzbrille**
نَظّارَة واقِيَّة
naẓẓārah wāqīyah

der **Lötkolben**
جهاز لَحْم كَهْرُبائي
jihāz laḥm kahrubāʾī

das **Lötzinn**
قَضيب قَصدير لِلِحام
qaḍīb qaṣdīr lil-liḥām

die **Spanplatte**	khashab maḍghūṭ	خَشَب مَضْغوط
der **Lack**	warnīsh	وَرْنيش
das **Metall**	maʿdan	مَعْدَن
der **rostfreie Stahl**	stanlis stīl	ستانلِس سْتيل
der **Kunststoff**	blāstīk	بلاسْتيك
der **Draht**	silk	سِلْك
das **Holzbrett**	lawḥ khashabī	لَوْح خَشَبي

DAS HAUS - المَنْزِل

Renovieren - تَجْدِيدَ البَيْت

der **Acryllack**
طِلاء زَيَّاتي
ṭilā' zayyātī

der **Flachpinsel**
فُرْشاة مُسَطَّحَة
furshāt musaṭṭḥah

die **Farbwanne**
صينِيَّة طِّلاء
ṣīnīyat ṭilā'

das **Verdünnungsmittel**
مَادَّة مُمَيِّعَة
mādah mumayyiʿah

der/die **Spachtel**
مِكْشَطَة
mikshaṭah

der **Farbroller**
بَكَرَة طِلاء
bakarat ṭilā'

der **Handwerker**
حِرَفي
ḥirafī

die **Leiter**
سَلَّم
sullam

die **Latzhose**
أفارول عَمَل
afārūl ʿamal

die **Farbdose**
عُلْبَة طِلاء
ʿulbat ṭilā'

tapezieren
أَلْصَق وَرَق الحائِط
alṣaqa waraq al-ḥā'iṭ

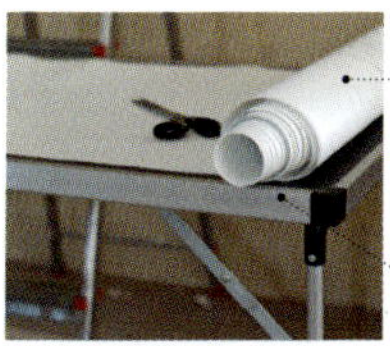

die **Tapetenrolle**
لُفافَة مِن وَرَق الحائِط
lufāfa min- waraq al-ḥā'iṭ

der **Tapeziertisch**
طاولَة لَصْق وَرَق الحائِط
ṭāwilat laṣq waraq al-ḥā'iṭ

die **Farbe**
لَوْن
lawn

das **Abdeckband**
شَريط واقي
sharīṭ wāqī

kacheln	rakaba balāṭ	رَكَبَ بَلاط
verputzen	ṭayyana	طَيَّن
spachteln	maʿjana	مَعْجَنَ
die Tapete entfernen	nazaʿa waraq al- ḥā'iṭ	نَزَعَ وَرْق الحائط
die **Abdeckfolie**	ghiṭā' wāqī	غِطاء واقي
das **Lösungsmittel**	mādda muzībah	مادَّة مُذيبَة
das **Versiegelungsmittel**	mādda ʿāzila	مادَّة عازِلة

das **Farbmuster**
عَيِّنَة مِن الأَلْوان
ʿaiyyinah min al-alwān

DAS HAUS - المَنْزِل

Strom und Heizung - الكَهْرُباء وَالتَّدْفِئَة

der **Stromzähler**
عَدَّاد كَهْرُباء
ʿaddād kahrubāʾ

die **Sicherung**
مِفْتاح أَمان
miftāḥ amān

der **Heizkörper**
مِشْعاع
mishʿāʿ

der **Kaminofen**
مِدْفَئَة حَطَب
midfaʾat ḥaṭab

der **Stecker**
قابس
qābis

die **Steckdose**
مِقْبَس
miqbas

die **Energiesparlampe**
مِصْباح
miṣbāḥ

die **Glühbirne**
لَمْبَة
lambah

der **Lampensockel**
قاعِدَة المِصْباح
qāʿidat al-miṣbāḥ

der **Glühfaden**
فَتيلَة
fatīlah

das **Verlängerungskabel**
كابل تَمْديد
kābil tamdīd

der **Schalter**
مِفْتاح
miftāḥ

die **Mehrfachsteckdose**
مِقْبَس مُتَعَدِّد
miqbas mutaʿaddid

der **Luftkanal**	unbūb hawāʾ	أُنْبوب هَواء
die **Heizung anschalten/ausschalten**	fataḥa/aghlaqa al-tadfiʾah	فَتَحَ/أَغْلَقَ التَّدفِئَة
das **Stromnetz**	shabakah kahrubāʾīyah	شَبَكَة كَهْرُبائِيَّة
die **Stromstärke**	shiddat at-tayyār	شِدَّة التَّيَّار
die **Spannung**	juhd at-tayyār	جُهْد التَّيَّار
die **Solarheizung**	tadfiʾah biṭ-ṭāqah ash-shamsīyah	تَدْفِئَة بِالطّاقَة الشَّمسِيَّة
die **Zentralheizung**	tadfiʾa markazīyah	تَدْفِئَة مَرْكَزِيَّة
die **Fußbodenheizung**	tadfiʾah taḥt al-balāṭ	تَدْفِئَة تَحْت البَلاط
der **Sicherungskasten**	ṣundūq al-mafātīḥ	صُنْدوق المَفاتيح
die **Leitung**	khaṭ kahrubāʾī	خَط كَهْرُبائي
das **Ampere**	ambyr	أَمْبير
das **Watt**	waṭ	واط
das **Volt**	fūlt	فولْت
der **Adapter**	waṣlah	وَصْلَة
die **Erdung**	taʾrīḍ	تأْريض

DER GARTEN - الحَديقَة

die **Terrasse**
تِرَّاس
tirrās

der **Gartenteich**
بِرْكَة ماء
birkat mā'

der **Gartenweg**
مَمَر
mamar

der **Gemüsegarten**
حَديقَة خُضْراوات
ḥadīqat khuḍrāwāt

die **Küchenkräuter**
أَعْشاب مَنْزِليَّة
aʿshāb manzilīyah

das **Gewächshaus**
بَيْت بلاستيكي
bayt blāstīkī

das **Gartenhaus**
بَيْت خَشَبي صَغير
bayt khashabī ṣaghīr

das **Blumenbeet**
حَوْض زُهور
ḥawḍ zuhūr

die **Gartenbank**
مَقْعَد حَديقَة
maqʿad ḥadīqah

die **Gartenmöbel**
أَثاث حَديقَة
athāth ḥadīqah

die **Gartenmauer**
حائِط حَديقَة
ḥā'iṭ ḥadīqah

der **Dachgarten**
حَديقَة على السَّطح
ḥadīqah ʿalā-aṣ-saṭḥ

der **Komposter**
سَماد
samād

der **Steingarten**
حَديقَة حَجَريَّة
ḥadīqah ḥajarīyah

der **Gartenzaun**
سور حَديقَة
sūr ḥadīqah

die **Hecke**
سِياج عُشْبي
siyāj ʿushbī

DER GARTEN - الحَديقَة

Gartengeräte - أَجْهِزَة الحَديقَة

die **Rosenschere**
مِقَص زُهور
miqaṣ zuhūr

der **Gartenschlauch**
خُرْطوم رَي
khurṭūm ray

die **Topfpflanze**
نَبتَة إصِّيص
nabt at iṣīṣ

der **Handrechen**
مِشْط يَدَوي
mishṭ yadawī

die **Blumenkelle**
مِجْرَفَة زُهور
mijafat zuhūr

der **Laubrechen**
مِشْط لَم الوَرَق
mishṭ lam al-waraq

der **Spaten**
مِجْراف
mijrāf

die **Gießkanne**
مِرَش سَقي
mirash saqī

der **Gartenhandschuh**
قُفّاز حَديقَة
quffāz ḥadīqah

der **Rasenmäher**
جَزّازَة عُشْب
jazzāt ʿushb

der **Rasentrimmer**
آلِة جَز عُشْب
āla jaz ʿushb

der **Rechen**
مِشْط
mishṭ

die **Mistgabel**
مِذْراة
midhrāh

die **Schubkarre**
نَقّالَة
naqqālah

die **Heckenschere**
مِقَص سَّياج
miqaṣ siyāj

die **Hacke**
مِجْرَفَة
mijrafah

der **Rasensprenger**
مِرَش
mirash

DER GARTEN - الحَديقَة

Die Gartenarbeit - أَعْمال الحَديقَة

Rollrasen verlegen
مَدَّ بِساط العُشْب
madda bisāṭ al-ʿushb

den ***Rasen sprengen***
سَقَى العُشْب
saqā al-ʿushb

das ***Laub rechen***
لَمَّ وَرَق الشَّجَر
lamma waraq ash-shajar

pflanzen
زَرَعَ
zaraʿa

stutzen
شَذَّبَ
shadhdhaba

den ***Rasen mähen***
جَزَّ العُشْب
jazza al-ʿushb

Unkraut jäten
أَزال الأَعْشاب الضَّارَّة
azāla al-ʾaʿshāb aḍ-ḍārah

umgraben
حَرَثَ
ḥaratha

zurückschneiden
قَلَّمَ
qallama

pflücken
قَطَفَ ثِمار
qaṭfa thimār

säen
بَذَرَ
badhara

spritzen
رَشَّ
rashsha

düngen	sammada	سَمَّدَ
ernten	janā	جَنَى
züchten	rabbā	رَبَّى
gießen	saqā	سَقَى
der ***Sämling***	shatlah	شَتْلَة
der ***Dünger***	samād	سَماد
der ***Unkrautvernichter***	mubīd al-aʿshāb ad-ḍārah	مُبيد الأَعْشاب الضَّارَة

eintopfen
زَرَعَ في أَصيص
zaraʿa fī- ʾaṣīṣ

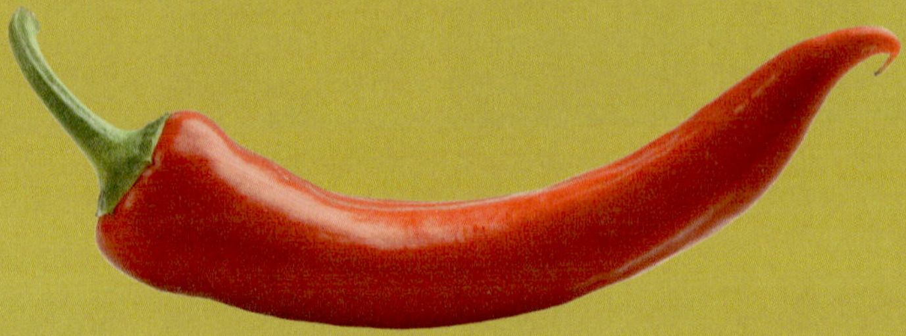

ESSEN UND TRINKEN

الأَكْل والشُرْب

TIERISCHE PRODUKTE - مُنْتَجات حَيَوانِيَّة

Fleisch - لَحَم

das **Lammfleisch**
لَحْم غَنَم
laḥm ghanam

das **Rindfleisch**
لَحْم بَقَر
laḥm baqar

das **Steak**
شَريحَة لَحْم
sharīḥat laḥm

das **Schweinefleisch**
لَحْم خِنْزير
laḥm khinzīr

das **Filet**
فيليه
fīlyh

das **Kalbfleisch**
لَحْم عِجْل
laḥm ʿijl

die **Keule**
فَخْذ
fakhdh

das **Kotelett**
شَريحَة كوتْليت
sharīḥah kutlyt

die **Leber**
كَبد
kabid

die **Niere**
كِلْيَة
kilyah

das **Kaninchen**
أَرْنَب
arnab

der **Schinken**
لَحْم فَخْذ خِنْزير
laḥm fakhdh khinzīr

das **Hackfleisch**
لَحْم مَفْروم
laḥm mafrūm

die **Wurst**
سِجْق
sijq

der **Aufschnitt**
لَحْم مَطْبوخ
laḥm maṭbūkh

die **Salami**
سِجْق مُدَخَّن
sijq mudakhkhan

TIERISCHE PRODUKTE - مُنْتَجات حَيَوانِيَّة

Geflügel - دواجِن

die **Hähnchenkeule**
فَخْذ
fakhdh

die **Ente**
بَطَّة
baṭṭah

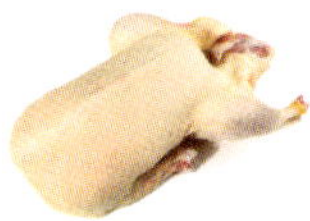

die **rohe Ente**
بَطَّة نَيِّئَة
baṭṭah nayīʾah

die **Gans**
وَزَّة
wazzah

die **rohe Gans**
وَزَّة نَيِّئَة
wazzah nayīʾah

die **Wachtel**
سَمَّان
sammān

die **rohe Wachtel**
سَمَّان نَيِّئ
sammān nayīʾ

die **Pute**
ديك رومي
dīk rūmī

das **Putenfleisch**
لَحْم ديك رومي
laḥm dīk rūmī

das **Bioprodukt**	muntaj ʿuḍwī	مُنْتَج عُضْوي
die **Innereien**	mukhallafāt	مُخَلَّفات
mariniert	mutabbal	مُتَبَّل
geräuchert	mudakhkhan	مُدَخَّن
braten	qalā	قَلى
schmoren	ḥammara	حَمَّرَ
grillen	shawā	شَوا

aus Freilandhaltung
طَليق في المَراعي
ṭalīq fī al-marāʿī

TIERISCHE PRODUKTE - مُنْتَجات حَيَوانِيَّة

Fisch - سَمَك

die **Forelle**
سَلَمون مُرَقَّط
salamūn muraqqaṭ

der **Karpfen**
سَمَك شَبُّوط
samak shabbūṭ

der **Zander**
سَمَك زَنْدَر
samak zandar

der **Seeteufel**
سَمَك الضَّفادِع
samak al-ḍafādiʿ

die **Makrele**
سَمَك إِسْقُمْري
samak isqumrī

die **Seezunge**
سَمَك موسى
samak mūsā

die **Sardine**
سَرْدين
sardīn

die **Scholle**
سَمَك موسى
samak mūsā

der **Aal**
سَمَك ثُعْبان الماء
samak thuʿbān almāʾ

der **Tunfisch**
طون
ṭūn

der **Kabeljau**
سَمَك البَكَلاه
samak al-baklāh

der **Seebarsch**
سَمَك البَكَلاه
samak al-baklāh

der **Lachs**
سَلَمون
salamūn

der **Heilbutt**
سَمَك مُفَلْطَح
samak mufalṭaḥ

der **Fischrogen**
بَيْض سَّمَك
bayḍ samak

das **Fischsteak**
شَريحَة سَمَك
sharīḥat samak

TIERISCHE PRODUKTE - مُنْتَجات حَيَوانِيَّة

Meeresfrüchte - ثِمار البَحْر

die **Garnele**
جَمْبَري
jambarī

der **Hummer**
جَراد البَحْر
jarād al-baḥr

der **Krebs**
سَرَطان
saraṭān

der **Flusskrebs**
سَرَطان النَّهْر
saraṭān an-nahr

die **Miesmuschel**
بَلَح البَحْر
balaḥ al-baḥr

die **Kammmuschel**
مَحار مَرْوَحي
maḥār marwaḥī

die **Venusmuschel**
حَلَزون صَدَفي
ḥalazūn ṣadafī

die **Herzmuschel**
دَحْريج
daḥrīj

die **Auster**
مَحار
maḥār

der **Tintenfisch**
حَبَّار
ḥabbār

der **Krake**
أَخْطَبوط
akhṭabūṭ

der **Räucherfisch**
سَمَك مُدَخَّن
samak mudakhkhan

geräuchert	mudakhkhan	مُدَخَّن
einen Fisch entgräten	azāla ḥasak as-samak	أَزال حَسَك السَّمَك
die **Gräte**	ḥasakah	حَسَكَة
die **Schuppe**	ḥarāshif	حَراشِف
abschuppen	azāla al-ḥarāshif	أَزال الحَراشِف
tiefgefroren	mujammad	مُجَمَّد
frisch	ṭāzaj	طازَج

der **Dosenfisch**
سَمَك مُعَلَّب
samak muʿallab

TIERISCHE PRODUKTE - مُنْتَجات حَيَوانِيَّة

Milchprodukte und Eier - مُنْتَجات الألْبان والبَيْض

TIERISCHE PRODUKTE - مُنْتَجات حَيَوانِيَّة

Milchprodukte und Eier - مُنْتَجات الألْبان والبَيْض

der **Eierkarton**
صَفَد بَيْض
ṣafad bayḍ

die **Butter**
زُبْدَة
zubdah

der **Parmesan**
جُبْنَة بَرمازان
jubnat barmāzān

der **Emmentaler**
جُبْنَة إيمِنتالار
jubnat ʾīmntālār

der **Cheddar**
جُبْنَة شيدَر
jubnat shidar

der **Raclettekäse**
جُبْنَة راكْليت
jubnat rāklīt

der **Camembert**
جُبْنَة كاميمبيرت
jubnat kāmīmbyrt

der **Gouda**
جُبْنَة غاودا
jubnat ghāwdā

der **Mozzarella**
جُبْنَة موزاريلا
jubnat mūzārīlā

der **geriebene Käse**
جُبْن مَبْشور
jubn mabshūr

die **Buttermilch**
حَليب بالزُبْدَة
ḥalīb biz-zubda

der **Frischkäse**
جَبْن طازَج
jubn ṭāzaj

die **Kuhmilch**	ḥalīb baqar	حَليب بَقَر
die **Ziegenmilch**	ḥalīb māʿiz	حَليب ماعِز
die **Sojamilch**	ḥalīb ṣūyā	حَليب صويا
homogenisiert	mutajānis	مُتَجانِس
pasteurisiert	mubastar	مُبَسْتَر
fettarm	qalīl ad-dasam	قَليل الدَّسَم
die **Vollmilch**	kāmil ad-dasam	كامِل الدَّسَم

die **Kondensmilch**
حَليب مُكَثَّف
ḥalīb mukaththaf

GEMÜSE - خُضار

die/der **Trüffel**
كَمأَة
kam'a

der **Champignon**
فِطْر
fiṭr

der **Steinpilz**
فِطْر حَجَري
fiṭr ḥajarī

der **Pfifferling**
فِطْر
fiṭr

der **Spargel**
هَلْيون
halyūn

der **Kohlrabi**
كُرُنْب
kurunb

der **Rhabarber**
راوَنْد
rāwand

der **Mangold**
سِلْق
silq

der **Fenchel**
شومَر
shūmar

der/die **Stangensellerie**
كَرَفْس
karafs

die **Artischocke**
أرضي شوكي
arḍī shawkī

die **Kresse**
رَشاد
rashād

die **Brunnenkresse**
جَرجير الماء
jarjīr al-mā'

das **Blatt**	waraqah	وَرَقَة
der **Strunk**	sāq	ساق
das **Herz**	qalb	قَلْب
die **Spitze**	ra's	رَأس
das **gedämpfte Gemüse**	khuḍār maṭbūkha bil-bukhār	خُضار مَطْبوخَة بالبُخار
aus biologischem Anbau	mazrūʿ ʿuḍwīyan	مَزْروع عُضْوِيّاً
aus heimischer Produktion	maḥallī al-intāj	مَحَلّي الإِنْتاج

GEMÜSE - خُضار

Wurzelgemüse - خُضار جَذْرِيَّة

die **Süßkartoffel**
بَطاطا حُلْوَة
baṭāṭā ḥulwah

die **Karotte**
جَزَر
jazar

die **Kartoffel**
بَطاطا
baṭāṭā

die **Schalotte**
كُرَّاث أَنْدَلُسي
kurāth andalusī

die **rote Zwiebel**
بَصَل أَحْمَر
baṣal aḥmar

die **Pastinake**
فِجْل أَبْيَض
fijl abyaḍ

der **Knoblauch**
ثوم
thūm

die **Rübe**
لِفْت
lift

die **Zwiebel**
بَصَل
baṣal

das **Radieschen**
فِجْل
fijl

die **Frühlingszwiebel**
بَصَل أَخْضَر
baṣal akhḍar

die **Rote Bete**
شَوَنْدَر
shawandar

die **Knoblauchzehe**	sin thūm	سِن ثوم
die **Knoblauchknolle**	ra's thūm	رَأس ثوم
die **Wurzel**	jadhr	جَذْر
bitter	mur	مُر
roh	nayī'	نَيِّئ
scharf	ḥār	حار
festkochend	baṭāṭā lis-salq	بَطاطا لِلسَّلْق

der **Lauch**
كُرَّاث
kurāth

GEMÜSE - خُضار

Blattgemüse - خُضار وَرَقيَّة

der **Brokkoli**
بروكولي
brūkūlī

der **Rotkohl**
مَلْفوف أَحْمَر
malfūf aḥmar

der **Wirsing**
كُرُنْب مَلْفوف
kurunb malfūf

der **Rosenkohl**
كُرُنْب بروكْسل
kurunb brūksl

der **Blumenkohl**
زَهْرَة
zahrah

der **Weißkohl**
مَلْفوف
malfūf

der **Kopfsalat**
خَس أَفْرَنجي
khas afranjī

der **Eisbergsalat**
خَس ايزْبيرغ
khas īzbyrgh

der **Römersalat**
خَس روماني
khas rūmāmī

der/die **Chicorée**
هِنْدِباء
hindibā'

der **Feldsalat**
بَقْلَة
baqlah

der **Spinat**
سَبانِخ
sabānikh

der **Rucola**
جَرْجير
jarjīr

der **Endiviensalat**
خَس الهِنْدَب
khas al-hindab

GEMÜSE - خُضار

Fruchtgemüse - خُضار مُثْمِرَة

der/die **Paprika**
فُلَيْفُلَة
fulayfulah

die **Zucchini**
كوسا
kūsā

die **Aubergine**
باذِنْجان
bādhinjān

die **Tomate**
طَماطِم
ṭamāṭim

die **Kirschtomate**
طَماطِم صَغيرة
ṭamāṭim ṣaghīrah

die **Olive**
زَيْتونَة
zaytūnah

die **Okraschote**
بامِيَة
bāmyah

die **Chilischote**
فُلْفُل حار
fulful ḥār

die **Avocado**
أفوكادو
afūkādū

die **Gurke**
خِيار
khiyār

der **Kürbis**
قَرْع عَسَلي
qarʿ ʿasalī

der **Butternusskürbis**
قَرْع جَوْز
qarʿ jawz

schälen	qashshara	قَشَّرَ
schneiden	qaṭṭaʿa	قَطَّعَ
roh	nayīʾ	نَيِّئ
gekocht	maṭbūkh	مَطْبوخ
das **Püree**	harsa	هَرْس
püriert	mahrūs	مَهْروس
braten	ḥammara	حَمَّرَ

der **Mais**
ذُرَة
dhurah

GEMÜSE - خُضار

Hülsenfrüchte - بُقول

die **grüne Linse**
عَدَس أَخْضَر
ʿadas akhḍar

die **Ackerbohne**
فاصوليّاء بَيْضاء عَريضَة
fāṣūlyāʾ bayḍāʾ ʿarīḍah

die **schwarze Bohne**
فاصولْياء سَوداء
fāṣūlyāʾ sawdāʾ

die **Gartenerbse**
بازِلّاء خَضْراء
bāzillāʾ khaḍrāʾ

die **Kichererbse**
حُمُّص
ḥummuṣ

die **rote Linse**
عَدَس أَحْمَر
ʿadas aḥmar

die **grüne Bohne**
فاصولْياء خَضْراء
fāṣūlyāʾ khaḍrāʾ

die **Zuckererbse**
بازِلّاء خَضْراء حُلْوَة
bāzillāʾ khaḍrāʾ hulwah

die **Kidneybohne**
فاصولْياء حَمْراء
faṣūlyāʾ ḥamrāʾ

die **Limabohne**
فاصولْياء بَيْضاء صَغيرَة
faṣūlyāʾ bayḍāʾ ṣaghīrah

die **Tellerlinse**
عَدَس بُنّي
ʿadas bunnī

die **Hülse**	qishrah	قِشْرَة
der **Kern**	lub	لُب
die **Schote**	qarn	قَرْن
der **Samen**	buzūr	بُذور
die **Sojasprossen**	barāʿim ṣūyā	بَراعِم صويا
die **Sojabohne**	fūl ṣūyā	فول صويا
die **Schwarzaugenbohne**	lūbyā	لوبْيا

OBST - فاكِهَة

Beeren und Steinobst - العِنَبيَّات والفَاكِهَة ذات النَّواة

die **Erdbeere**
فَراوْلَة
farāwlah

die **Brombeere**
توت اَسْوَد
tūt aswad

die **Himbeere**
توت أَحْمَر
tūt aḥmar

die **Heidelbeere**
عِنَب أَحْراش
ʿinab aḥrāsh

die **roten Johannisbeeren**
كِشْمِش أَحْمَر
kishmish aḥmar

die **schwarzen Johannisbeeren**
كِشْمِش أَسوَد
kishmish aswad

die **Weintraube**
عِنَب
ʿinab

die **Stachelbeere**
كِشْمِش شائِك
kishmish shāʾk

die **Preiselbeere**
عِنَب الثَّوْر
ʿinab ath-thawr

die **Kirsche**
كَرَز
karaz

die **Holunderbeere**
خَمان
khamān

der **Pfirsich**
دُرَّاق
durrāq

die **Nektarine**
دُرَّاق أَمْلَس
durrāq amlas

die **Pflaume**
خَوخ
khawkh

die **Aprikose**
مِشْمِش
mishmish

der **Apfel**
تُفاح
tufāḥ

die **Birne**
إجاص
ijāṣ

die **Quitte**
سَفَرْجَل
safarjal

OBST - فاكِهَة

Exotische Früchte - ثِمار نادِرَة

die **Feige**
تِيْن
tīn

die **Birnenmelone**
بَطيخَة الإجاص
baṭṭīkhat al-ijāṣ

die **Physalis**
حَرَنْكَش
ḥarankash

die **Litschi**
ليتْشي
litshī

die **Sternfrucht**
فاكِهَة النَّجْمَة
fākihat an-najmah

die **Ananasguave**
جَوَّافَة الأناناس
jawwāfat al-'anānās

die **Papaya**
بابايا
bābāyā

die **Cherimoya**
شيريمويا
shīrimūyā

die **Passionsfrucht**
ثَمَرَة الآلام
thamarat al-'ālām

die **Mangostanfrucht**
مانْغوستين
mānghūstīn

der **Granatapfel**
رُمَّان
rummān

die **Kiwano**
كيوانو
kīwānū

die **Rambutan**
رامبوتان
rāmbūtān

die **Pitahaya**
فاكِهَة التِّنين
fākihat at-tinīn

die **Ananas**
أناناس
anānās

die **Guave**
جَوَّافَة
jawwāfah

die **Banane**
مَوز
mawz

die **Kiwi**
كِيوي
kīwī

die **Mango**
مانْجا
mānjā

die **Kokosnuss**
جَوز هِنْد
jawz hind

OBST - فاكِهَة

Zitrusfrüchte und Melonen - الحَمْضِيَّات والبَطيخ

die **Orange**
بُرْتُقال
burtuqāl

die **Limette**
لَيْمون أَخْضَر
laymūn akhḍar

geschält
مُقَشَّر
muqashshar

die **Clementine**
كَرَمَنْتينَة
karamantīna

die **Grapefruit**
كْريْب فْروْت
kryb frūt

die **Zitrone**
لَيمون
laymūn

der **Schnitz**
حُز
ḥuz

die **Schale**
قِشْرَة
qishrah

die **Zuckermelone**
شَمَّام
shammām

die **Honigmelone**
شَمام عَسَلي
shammām ʿasalī

die **Wassermelone**
بَطيخ أَحْمَر
baṭṭīkh aḥmar

die **Blutorange**
بُرْتُقال أَحْمَر
burtuqāl aḥmar

kernlos	bilā buzūr	بِلا بُذور
saftig	malīʾ bil-ʿaṣīr	مَليئ بِالعَصير
knackig	muqarmashah	مُقَرْمَشَة
sauer	ḥāmiḍ	حامِض
reif	nāḍij	ناضِج
frisch	ṭāzaj	طازَج
faulig	mutaʿaffin	مُتَعَفِّن

die **Kumquat**
كومكْوات
kūmkwāt

OBST - فاكِهَة

Nüsse und Trockenobst - المُكَسَّرات والفَواكِه المُجَفَّفة

der **Cashewkern**
كاجو
kājw

die **Mandel**
لَوز
lawz

die **Kastanie**
كَسْتَناء
kastanā'

die **Walnuss**
جَوز
jawz

die **Haselnuss**
بُنْدُق
bunduq

die **Erdnuss**
فول سوداني
fūl sūdānī

die **Pekannuss**
جَوز بيكان
jawz bīkān

die **Macadamianuss**
بُنْدُق المَكادامْيا
bunduq al-makādāmyā

der **Pinienkern**
صَنَوبَر
ṣanawbar

die **Rosine**
زَبيب
zabīb

die **Sultanine**
كِشْمِش
kishmish

die **Backpflaume**
خَوخ مُجَفَّف
khawkh mujaffaf

die **Dattel**
بَلَح
balaḥ

die **Paranuss**	bunduq barāzīlī	بُنْدُق برازيلي
die **Pistazie**	fustuq ḥalabī	فُسْتُق حَلَبي
geröstet	muḥammaṣ	مُحَمَّص
gesalzen	mumallaḥ	مُمَلَّح
der **Nussknacker**	kassārat jawz	كَسَّارَة جَوز
die **Nussschale**	qishrah	قِشْرَة
eine Nuss knacken	kassara	كَسَّرَ

KRÄUTER UND GEWÜRZE - الأَعْشاب والتَّوابِل

Kräuter - أَعْشاب

der **Lavendel**
خُزامى
khuzāmā

der **Estragon**
طَرْخون
ṭarkhūn

der **Oregano**
زَعْتَر بَرِّي
zaʿtar barrī

das/der **Liebstöckel**
كاشِم
kāshim

der **Salbei**
مَرْيَمِيَّة
maryamīyah

die **Minze**
نَعْناع
naʿnāʿ

der **Majoran**
مَرْدَقوش
mardaqūsh

der **Rosmarin**
إكْليل الجَبَل
iklīl al-jabal

das **Basilikum**
رَيْحان
rayḥān

die **Petersilie**
بَقْدونِس
baqdūnis

der **Thymian**
زَعْتَر
zaʿtar

der **Koriander**
كِزْبَرَة
kizbara

der **Schnittlauch**
ثوم مُعَمِّر
thūm muʿammir

der **Fenchel**
شومَر
shūmar

der **Dill**
شَبَت
shabat

die **Zitronenmelisse**
مَلِّيسَة
mallīsah

KRÄUTER UND GEWÜRZE - الأَعْشاب والتَّوابِل

Gewürze - تَوابِل

der **Sternanis**
يانْسون نَجْمي
yānsūn najmī

das **Lorbeerblatt**
وَرَق غار
waraq ghār

der **Koriander**
كِزْبَرَة يابسَة
kizbarah yābisah

die **Zimtrinde**
أَعْواد قِرفَة
aʿwād qifah

die **Kurkuma**
كُرْكُم
kurkum

das **Currypulver**
كاري
kārī

der **Paprika**
فُلْفُل حُلو
fulful ḥulū

der **Pfeffer**
فُلْفُل أَسْوَد
fulful aswad

die **Muskatnuss**
جَوز الطِّيب
jawz aṭ-ṭīb

der/das **Kardamom**
حَب هال
ḥab hāl

die **Nelken**
قُرُنْفُل
qurunful

der **Ingwer**
زَنْجَبيل
zanjabīl

die **Chiliflocken**
رَقائِق فُلْفُل حار
raqāʾiq fulful ḥār

die **Chilischote**
قَرْن فُلْفُل حار
qarn fulful ḥār

der **Fenchel**
شومَر
shūmar

das ***Garam masala***
غارام ماسالا
ghārām māsālā

KRÄUTER UND GEWÜRZE - الأَعْشاب والتَّوابِل

Würzmittel und Soßen - تَوابِل وصَلْصات

der **Essig**
خَل
khal

das **Olivenöl**
زَيْت زَيْتون
zayt zaytūn

der **Pfeffer**
فُلْفُل
fulful

das **Salz**
مِلْح
milḥ

die **Pfeffermühle**
طاحونَة فُلْفُل
ṭāḥūnat fulful

die **Salsa**
صَلْصَة
ṣalṣah

der/das **Ketchup**
كَتْشَب
katshab

der **Senf**
خَرْدَل
khardal

die **Mayonnaise**
مايونيز
māyūnīz

zerstoßen	saḥaqa	سَحَقَ
gemahlen	maṭḥūn	مَطْحون
geraspelt	mabrūsh	مَبْروش
der ***Salzstreuer***	mamlaḥah	مَمْلَحَة
die ***Salatsoße***	ṣalṣat salaṭah	صَلْصَة سَلَطَة
würzen	tabbala	تَبَّلَ
marinieren	tabbala biṣ-ṣalṣah	تَبَّل بالصَّلْصَة

die **Sojasoße**
صَلْصَة صَويا
ṣalṣat ṣūyā

GETREIDE UND MEHL - الحُبوب والدَّقيق

der **Dinkel**
حِنْطَة
ḥinṭah

die **Kürbiskerne**
بُزور قَرْع
buzūr qarʿ

die **Sonnenblumen-kerne**
بُزور عَباد الشَّمس
buzūr ʿabbād ash-shams

die **Quinoa**
كينْوا
kīnwā

der **Wildreis**
أَرُز بَرِّي
aruz barrī

der **Hafer**
شوفان
shūfān

die **Gerste**
شَعير
shaʿīr

der **Naturreis**
أَرُز بُنِّي
aruz bunnī

der **Mais**
ذُرَة
dhurah

die **Hirse**
دُخْن
dukhn

der **Weizen**
قَمْح
qamḥ

der/das **Couscous**
كُسْكُس
kuskus

der **Buchweizen**
حِنْطَة سَوْداء
ḥinṭah sawdāʾ

der **Basmatireis**
أَرُز باسْماتي
aruz bāsmātī

der **Bulgur**
بُرْغُل
burghul

der **Reis**
أَرُز
aruz

GETREIDE UND MEHL - الحُبوب والدَّقيق

die **Penne**
مَعْكَرونَة بيني
maʿkarūnah bīnī

die **Tagliatelle**
مَعْكَرونَة تاغليافيلا
maʿkarūnah tāghlīyāfīlā

die **Spaghetti**
سْباغيتي
sbāghīttī

die **Ravioli**
رافْيولي
rāfyūlī

die **Fusilli**
مَعْكَرونَة فوسيلي
maʿkarūnah fūsīlī

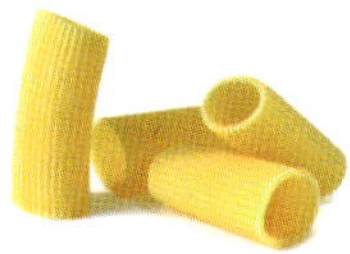

die **Rigatoni**
مَعْكَرونَة ريجاتوني
maʿkarūnah rījātūnī

die **Tortellini**
تورتوليني
tūrtūlīnī

das **Weizenmehl**
دَقيق أَبْيَض
daqīq abyaḍ

das **Maismehl**
دَقيق ذُرَة
daqīq dhurah

die **Hefe**
خَميرَة
khamīrah

der **Teig**
عَجين
ʿajīn

das **Backpulver**	khamīrahat al-khubz	خَميرَة الخُبْز
das **Roggenmehl**	daqīq al-jāwdār	دَقيق الجاودار
das **Vollkornmehl**	daqīq min ḥubūb kāmilah	دَقيق مِن حُبوب كامِلَة
sieben	gharbala	غَرْبَلَ
kneten	ʿajana	عَجَنَ
verrühren	khalaṭa	خَلَطَ
backen	khabaza	خَبَزَ

die **Reisnudeln**
مَعْكَرونَة الأَرُز
maʿkarūnah al-aruz

GETREIDE UND MEHL - الحُبوب والدَّقيق

Brot - خُبْز

die **Brezel**
خُبْز مُمَلَّح
khubz mumallaḥ

das **Croissant**
كرواسان
kruwassān

das/die **Baguette**
خُبْز بكيت
khubz bakīt

das **Schwarzbrot**
خُبْز أَسْوَد
khubz aswad

das **Weißbrot**
خُبْز أَبْيَض
khubz abyaḍ

das **Vollkornbrot**
خُبْز مِن حُبوب كامِلَة
khubz min ḥubūb kāmilah

das **Mehrkornbrot**
خُبْز بحبوب مُتَعَدِّدَة
khubz biḥubūb mutaʿaddidah

das **Graubrot**
خُبْز أَسْمَر
khubz asmar

das **Fladenbrot**
خُبْز عَرَبي
khubz ʿarabī

die **Tortilla**
خُبْز تورتيلا
khubz tūrtīlā

das **Toastbrot**
خُبْز توست
khubz tust

das **Sauerteigbrot**
خُبْز عَجين مَخَمَّر
khubz ʿajīn mukhammar

das **Brötchen**
خُبز سَنْدويش صَغير
khubz sandwīsh ṣaghīr

der **Bagel**
خُبْز عِبْري
khubz ʿibrī

das **belegte Brötchen**
سَنْدويش صَغير
sandwīsh ṣaghīr

das **Knäckebrot**
خُبْز مَجَفَّف سويدي
khubz mujaffaf suwydī

GETREIDE UND MEHL - الحُبوب والدَّقيق

Brotaufstriche - دُهون الخُبْز

das **Glas**
إناء
inā'

der **Honig**
عَسَل
ʿasal

der **Waldhonig**
عَسَل بَرِّي
ʿasal barrī

der **flüssige Honig**
عَسَل سائِل
ʿasal sā'il

der **Zitronenaufstrich**
دَهْنَة لَيْمون
dahnat laymūn

die **Konfitüre**
مُرَبَّى
murabbā

die **Marmelade**
مُرَبَّى
murabbā

der **Ahornsirup**
شَراب قَيْقَب
shrāb qayqab

die **Erdnussbutter**
زُبْدَة فُسْتُق العَبيد
zubdat fustuq al-ʿabīd

der **Schokoladenaufstrich**
دَهْنَة شوكولاتَة
dahnat shūkūlātah

die **Margarine**
سَمْن صِناعي نَباتي
samn ṣināʿī nabātīn

der **Laib**
خُبْز كامِل
khubz kāmil

die **Scheibe**
شَريحَة
sharīḥah

das **Paniermehl**
دَقيق بُقْسُمات
daqīq basqmāt

das **Sandwich**
سَنْدويش
sandwīsh

GETREIDE UND MEHL - الحُبوب والدَّقيق

Kuchen und Gebäck - الكَعْك والمُعَجَّنات

der **Käsekuchen**
كَعْكَة جُبْن
kaʿkat jubn

die **Schokoladentorte**
كَعْكَة شوكولاتَة
kaʿkat shūkūlātah

der **Muffin**
كَعْكَة مافِن
kaʿkat māfin

die **Makrone**
حَلْوى باللَّوز
ḥalwā bil-lawz

der **Lebkuchen**
حَلْوى زَنْجَبيل
ḥalwā zanjabīl

das **Biskuit**
أَصابع بَسْكُويت إسْفَنْجِيَّة
aṣābiʿ baskwīt isfanjīyah

der **Berliner**
حَلْوى بِرْلينَر
ḥalwā brlīnar

der **Gugelhupf**
كَعْكَة
kaʿkah

die **Obsttorte**
فَطيرَة فَاكِهَة
faṭīrat fākihah

die **Schwarzwälder Kirschtorte**
كَعْكَة الغابات السَّوداء
kaʿkat al-ghābāt as-sawdāʾ

der **Zwetschgenkuchen**
فَطيرَة خَوْخ
faṭīrat khawkh

die **Linzer Torte**
فَطيرَة لينز
faṭīrat līnz

das **Marmeladen-törtchen**
فطائِر مُرَبَّى صَغيرَة
faṭāʾir murabbā ṣaghīrah

das **Marzipan**	ḥalwā lwz	حَلْوى لَوْز
der **Geburtstagskuchen**	kaʿkat ʿīd mīlād	كَعْكَة عيد ميلاد
die **Geburtstagskerze**	shamʿat ʿīd mīlād	شَمْعَة عيد ميلاد
die **Kuchendekoration**	zīnat al-kaʿkah	زينَة الكَعْكَة
das **Gebäck**	muʿajjanāt	مُعَجَّنات
das **Eclair**	ḥalwā iklīr	حَلْوى إكلير
das **Baiser**	marīnj	مَرينج

DESSERTS UND SÜẞSPEISEN - الحَلَوِيَّات

der **Apfelstrudel**
فَطيرَة تُفَّاح
faṭīrat tuffāḥ

das **Tiramisu**
حَلْوى تيراميسو
ḥalwā tīrāmīsū

die **Eiscreme**
آيس كريم
āys krīm

die **Eiskugel**
كُرَة آيس كريم
kurat āys krīm

die **Eiswaffel**
بوري آيس كريم
būrī āys krīm

der **Pfannkuchen**
فَطيرَة
faṭīrah

die **Crêpe**
حَلْوى كْرب
ḥalwa krib

der **Eisbecher**
كَأْس آيس كريم
ka's āys krīm

der **Karamellpudding**
كريم كارامِل
krīm kārāmil

die **Mousse**
كريمَة موس
krymah mūs

die **Schlagsahne**
كْريمَة مَخْفوقَة
krymah makhfūqah

die **Crème brûlée**
حَلْوى برولِه
ḥalwā brūlih

die **Panna cotta**
حَلْوى باناكوتا
ḥalwā bānākūtā

der **Wackelpudding**
جيلِه
jīlih

der **Obstsalat**
سَلَطَة فاكِهَة
salaṭat fākihah

GETRÄNKE - المَشْروبات

Erfrischungsgetränke - مَشْروبات مُنْعِشَة

das **Wasser**
ماء
mā'

das **Tonicwater**
ماء تونِك
mā' tūnik

der **Orangensaft**
عَصير بُرْتُقال
ʿṣīr burtuqāl

der **Tomatensaft**
عَصير طَماطِم
ʿṣīr ṭamāṭim

das **alkoholfreie Bier**
بيرَة خالِيَة مِن الكُحول
bīrah khālīyah min al-kuḥūl

der **Karottensaft**
عَصير جَزَر
ʿṣīr jazar

die **Cola**
كولا
kulā

die **Limonade**
ليمونادَة
līmūnāḍah

der **Eiskaffee**
ايس كوفيه قَهْوَة مُثَلَّجَة
āys kufyeh qahwah muthallajah

die **Eisschokolade**
شَراب شوكولاتَة بارِدَة
sharāb shūkūlātah bāridah

der **Eistee**
ايس تي شاي مُثَلَّج
āys tī shāy muthallaj

die **Apfelschorle**
عَصير تُفّاح مع صودا
ʿṣīr tufāḥ maʿ ṣūdā

der **Milchshake**
كوكتيل حَليب
kuktyl ḥalīb

die **Saftpresse**	ʿaṣṣārah	عَصّارَة
der **frisch gepresste Grapefruitsaft**	ʿaṣīr jryb frūt ṭāzaj	عَصير جريب فروت طازَج
das **Tafelwasser**	mā' muʿabba'	ماء مُعَبّأ
das **Leitungswasser**	mā' min a-ṣṣunbūr	ماء مِن الصُّنْبور
das **Mineralwasser mit Kohlensäure**	mā' maʿdanī maʿ ṣūdā	ماء مَعْدَني مع صودا
das **stille Mineralwasser**	mā' maʿdanī bidūn ṣūdā	ماء مَعْدَني بِدون صودا
der **Apfelsaft**	ʿaṣīr tuffāḥ	عَصير تُفّاح

GETRÄNKE - المَشْروبات

Heißgetränke - مَشْروبات ساخِنَة

der **Espresso**
قَهْوَة اِسْبْريسو
qahwah isbrisu

die **Kaffeebohnen**
حُبوب قَهْوَة
ḥubūb qahwah

der **Amaretto**
بِسْكْويت أَماريتو
biskwīt amārītū

der **Kaffee zum Mitnehmen**
قَهْوَة عالماشي
qahwah ʿalmāshī

der **Deckel**
غِطاء
ghiṭāʾ

der **Becher**
كوب
kūb

der **Milchschaum**
رَغْوَة حَليب
raghwat ḥalīb

der **Teebeutel**
ظَرْف شاي
ẓarf shāy

die **Teeblätter**
أَوْراق شاي
awrāq shāy

die **Teekanne**
إبْريق شاي
ibrīq shāī

der **Schwarztee**
شاي أَسْوَد
shāy aswad

der/die **Latte macchiato**
لاته ميشياتو
lātih mīshīyātū

der **Kaffee**
قَهْوَة
qahwah

der **Cappuccino**
كابَتْشينو
kābatshīnū

der **Milchkaffee**
قَهْوَة بالحَليب
qahwah bil-ḥalīb

der **Minztee**
شاي نَعْناع
shāy naʿnāʿ

der **Kamillentee**
شاي بابونِج
shāy bābūnij

der **Kräutertee**
شاي أَعْشاب
shāy aʿshāb

der **Glühwein**
نَبيذ ساخِن
nabīdh sākhin

GETRÄNKE - المَشْروبات

Alkoholische Getränke - مَشْروبات كُحولِيَّة

der **Cocktail**
كوتيل
kuktīl

die **Sangria**
نَبيذ سانجريا
nabīdh sānjirīyā

mit Eis
مَع ثَلْج
ma' thalj

der **Whisky**
ويسْكي
wiskī

der **Gin Tonic**
جِن تونِك
jin tūnik

der **Rum**
رُم
rum

das **Bier**
بيرَة
bīrah

das **Pils**
بلز
bilz

das **dunkle Bier**
بيرَة داكِنَة
bīrah dākinah

der **Wodka**
فودكا
fūdkā

der **Roséwein**
نَبيذ وَرْدي
nabīdh wardī

der **Weißwein**
نَبيذ أَبْيَض
nabīdh abyaḍ

der **Rotwein**
نَبيذ أَحْمَر
nabīdh aḥmar

der **Sekt**
مَشْروب كُحولي
mashrūb kuḥūlī

der **Tequila**
تيكيلا
tīkīlā

der **Weinbrand**	brāndī	بْرانْدي
der **Schnaps**	shnābs	شنابْس
der **Sherry**	shirī	شيري
der **Likör**	līkūr	ليكور
der **Cidre**	nabīdh tuffāḥ	نَبيذ تُفَّاح
die **Weinschorle**	nabīdh ma' ṣudā	نَبيذ مَع صودا
das **Hefeweizen**	bīrat qamḥ	بيرَة قَمْح
der **Champagner**	shāmbānyā	شامْبانْيا

KOCHEN - الطَبْخ

Zubereitung - التَّحْضير

schälen
قَشَّرَ
qashshara

schneiden
قَطَّعَ
qaṭṭaʿa

schlagen
خَفَقَ
khafaqa

reiben
بَشَرَ
bashara

zerstoßen
سَحَقَ
saḥaqa

glasieren
دَهَنَ
dahana

sieben
غَرْبَلَ
gharbala

stampfen
هَرَسَ
harasa

klopfen
دَقَّ
daqqa

ausrollen
فَرَدَ
farada

salzen
مَلَّحَ
mallaḥa

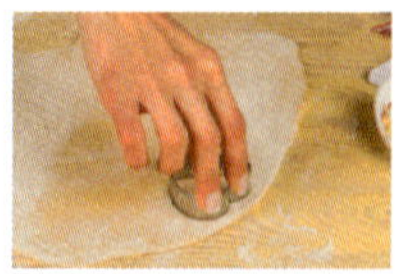

ausstechen
قَطَّعَ بالقالِب
qaṭṭaʿa bil-qālib

rösten	ḥammaṣṣa	حَمَّصَ
kochen	ṭabakha	طَبَخَ
köcheln lassen	ṭahā ʿalā nār hādi'ah	طَها على نار هادِئَة
grillen	shawā	شَوى
anbraten	ḥammara	حَمَّرَ
braten	ḥammara	حَمَّرَ
frittieren	qalā	قَلى

streuen
رَشَّ
rashsha

GERICHTE UND MAHLZEITEN - أَصْناف الطَّعام والوَجَبات اليَومِيَّة

Das Frühstück - الإِفْطار

das **Brot**
خُبْز
khubz

der **Orangensaft**
عَصير بُرْتُقال
ʿaṣīr burtuqāl

das **Brötchen**
خُبْز أَفْرَنْجي
khubz afranjī

die **Milch**
حَليب
ḥalīb

der **Käse**
جُبْن
jubn

die **Marmelade**
مُرَبَّى
murabbā

der **Cappuccino**
كابَتْشينو
kābatshīnw

das **gekochte Ei**
بَيْضَة مَسْلوقَة
bayḍah maslūqah

das **Müsli**
موسْلي
mūslī

die **Melone**
شَمَّام
shammām

der **Schinken**
لَحْم فَخْذ خِنْزير
laḥm fakhdh khinzīr

die **Butter**
زُبْدَة
zubdah

die **Frühstücksflocken**
كُورْن فلِيْكس
kurn fliks

das **Croissant**
كرواسان
kruwassān

die **Cornflakes**
كُورْن فلِيْكس
kurn fliks

der **Früchtejoghurt**
لَبَن بالفَواكِه
laban bil-fawākih

das **frische Obst**
فاكِهَة طازَجَة
fākihah ṭazajah

der **Müsliriegel**
أَصابِع موسْلي
aṣābiʿ mūslī

die **Weizenkeime**
بُذور قَمْح
budhūr qamḥ

GERICHTE UND MAHLZEITEN - أَصْناف الطَّعام والوَجَبات اليَومِيَّة

Das Frühstück - الإِفْطار

das **Toastbrot**
خُبْز توست
khubz tust

die **gegrillte Tomate**
طَماطِم مَشْوِيَّة
ṭamāṭim mashwīyah

die **gebackenen Bohnen**
فاصولْياء مَطْهوَّة بالفُرْن
fāṣūlyāʾ maṭhūwah bil-furn

die **Rösti**
روستي
rūstī

die **Blutwurst**
سُجُق الدَّم
sujq ad-dam

der **Speck**
لَحْم خَنْزير مُمَلَّح
laḥm khinzīr mumallaḥ

die **Pilze**
فُطْر
fuṭr

die **Wurst**
سُجْق
sujq

das **Spiegelei**
بيْضَة مَقْلِيَّة
bayḍah maqlīyah

das **Rührei**
بَيْض مَخْفوق
bayḍ makhfūq

das **Omelett**
عِجَة بَيْض
ʿijjat bayḍ

armer Ritter
خُبْز فَرَنْسي مُحَمَّص
khubz faransī muḥammaṣ

die **Waffel**
وافِل
wāfil

der **Pfannkuchen**
فَطيرَة بان كيك
faṭīrat bān kyk

der **Haferbrei**
شوفان مَطْبوخ
shūfān maṭbūkh

der **Fruchtshake**
كوكتيل فاكِهَة
kuktyl fākihah

die **heiße Schokolade**
شوكولاتَة ساخِنَة
shūkūlātah sākhinah

GERICHTE UND MAHLZEITEN - أَصْناف الطَّعام والوَجَبات اليَومِيَّة

Snacks und Knabbereien - التَّسالي والمُقَرْمَشات

die **Chips**
شيبْس
shībs

die **Salzbrezel**
بَسْكوت مالِح
baskūt māliḥ

das **Popcorn**
فوشار
fushār

das **Bonbon**
سَكاكِر
sakākir

das **Gummibärchen**
حَلوى جيلاتين
ḥalwā jīlātīn

die **Lakritze**
عِرْق سوس
ʿirq sūs

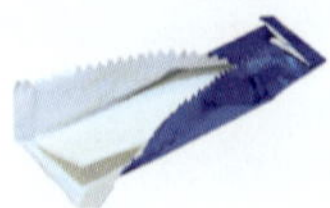

der/das **Kaugummi**
لِبان
libān

der **Lutscher**
مَصّاصَة
maṣṣāṣah

die **weiße Schokolade**
شوكولاتَة بَيْضاء
shūkūlātah bayḍāʾ

der **Schokoriegel**
إِصْبَع شوكولاتَة
iṣbʿ shūkūlātah

die **Zartbitter-schokolade**
شوكولاتَة مُرَّة
shūkūlātah murrah

die **Milchschokolade**
شوكولاتَة بِالحَليب
shūkūlātah bil-ḥalīb

der **Eislutscher**
مَصّاصَة مُثَلَّجَة
maṣṣāṣah muthallajah

der **Frozen Yogurt**
لَبَن مُثَلَّج
laban muthallaj

der **Keks**
بِسْكويت
biskwīt

die **Praline**
قِطْعَة شوكولاتَة
qiṭʿat shūkūlātah

GERICHTE UND MAHLZEITEN - أَصْناف الطَّعام والوَجَبات اليَومِيَّة

Das Fastfood - المَأْكولات السَّريعَة

das **Stück Pizza**
قِطْعَة بيتْزا
qiṭʿat bītzā

die **Pizza**
بيتْزا
bītzā

der **Hamburger**
هَمْبُرْغَر
hamburghar

die **Pommes frites**
بَطاطا مَقْلِيَّة
baṭāṭā maqlīyah

die **Tortilla-Chips**
رَقائِق تورْتيلا
raqā'iq tūrtīlā

der **Taco**
تاكو
tākū

die **gebratenen Nudeln**
مَعْكَرونَة مَقْلِيَّة
maʿkarūnah maqlīyah

das **Sushi**
سُوشي
sūshī

der/das **Hot Dog**
سَنْدويشَة سُجُق
sandwīshat sujq

der **Döner**
شاورما
shawirmā

der **Wrap**
سَنْدويش بِخُبْز مَكْسيكي
sandwīsh bi-khubz maksīkī

der **Fisch mit Pommes**
سَمَك مَع بَطاطا مَقْلِيَّة
samak maʿ baṭāṭā maqlīyah

Eine Portion Pommes rot-weiß, bitte.	wajbat baṭāṭā maʿ katshab wa-mayūnīz, min faḍlik	وَجْبَة بَطاطا مَعَ كَتْشَب ومايونيز، مِن فَضْلِك.
klein/mittelgroß/groß	ṣaghīr/mutawassiṭ/kabīr	صَغير/مُتَوَسِّط/كَبير
süß	ḥulū	حُلو
salzig	māliḥ	مالِح
der *Lieferservice*	khidmat tawaṣīl	خِدْمَة تَوصيل
bestellen	ṭalaba	طَلَبَ
liefern	waṣṣala	وَصَّل

das **Nugget**
قِطَع دَجاج مَقْلِيَّة
qiṭaʿ dajāj maqlīyah

GERICHTE UND MAHLZEITEN - أَصْناف الطَّعام والوَجَبات اليَومِيَّة

Hauptmahlzeit - وَجْبَة الطَّعام الرَئيسِيَّة

die **Suppe**
حِساء
ḥisāʾ

die **Frikadelle**
كُفْتَة
kuftah

das **Steak**
شَريحَة لَحْم
sharīḥat laḥm

der **Beilagensalat**
سَلَطَة مَع الطَّعام
ṣalṣah maʿaṭ-ṭaʿām

die **Kartoffelspalten**
بَطاطا مَقْلِيَّة
baṭāṭā maqlīyah

die **Lasagne**
لازانِيَه
lāzaniyah

die **Spaghetti Bolognese**
سْباكيتي بِصَلْصَة بولونيز
sbākytī bi-ṣalṣat bulunīz

das **Brathähnchen**
دَجاج مَقْلي
dajāj maqlī

das **panierte Schnitzel**
اِسْكالوب
iskālūb

die **Bratkartoffeln**
بَطاطا مُحَمَّرَة
baṭāṭā muḥmmarah

der **Eintopf**
طَعام مَطْهو بِالمَرَق
taʿām maṭhū bil-maraq

der **Auflauf**
طَعام مَطْهو بِالفُرْن
ṭaʿām maṭhū bil-furn

die **Pastete**
فَطيرَة
faṭīrah

die **Quiche**
فَطيرَة فَرَنْسِيَّة
faṭīrah faransīyah

das **Curry**
كاري
kārī

GERICHTE UND MAHLZEITEN - أَصْناف الطَّعام والوَجَبات اليَومِيَّة

Im Restaurant - في المَطْعَم

① der **Gast**
ضَيْف
ḍayf

② der **Kellner**
نادِل
nādil

③ der **Tisch für zwei Personen**
طاوِلَة لِشَخْصَيْن
ṭāwilah li-shakhṣayn

die **Vorspeise**
مُقَبِّلات
muqabbilāt

der **Nachtisch**
طَبَق تَحْلِيَة
ṭabaq taḥlīyah

④ das **Rotweinglas**
كأس نَبيذ أَحْمَر
ka'ʾs nabīth aḥmar

⑤ die **Speisekarte**
قائِمَة الطَّعام
qā'mat aṭ-ṭaʿām

⑥ die **Bestellung**
طَلَب
ṭalab

die **Beilage**
طَبَق جانِبِي
ṭabaq jānibī

das **Hauptgericht**
طَبَق رَئيسي
ṭabaq ra'īsī

die **Suppe**
حِساء
ḥisā'

der **Aperitif**
شَراب فاتِح شَهِيَّة
sharāb fatiḥ shahīyah

der/das **Sorbet**
مُثَلَّج سوربيه
muthallaj surbyh

der **Salat**
سَلَطَة
salaṭah

der **Käseteller**
صَحْن جُبْن
saḥn jubn

der **Kaffee**
قَهْوَة
qahwah

der **Likör**
ليكور
līkūr

das **Käsemesser**
سِكينَة جُبْن
sikkīnat jubn

das **Stäbchen**
أَعْواد الطَعام
aʿwad ṭaʿām

GERICHTE UND MAHLZEITEN - أَصْناف الطَّعام والوَجَبات اليَومِيَّة

Geschirr und Besteck - الأواني وأَدَوات المائِدَة

die **Serviette**
مِنْديل مائِدَة
mindīl mā'idah

der **Brotteller**
صَحْن خُبْز
ṣaḥn khubz

die **Gabel**
شَوكَة
shawkah

die **Tischdecke**
غِطاء مائِدَة
ghiṭā' mā'idah

der **Essteller**
صَحْن
ṣaḥn

das **Wasserglas**
كَأْس ماء
ka's mā'

das **Weinglas**
كَأس نَبيذ
ka's nābīz

der **Dessertlöffel**
مِلْعَقَة حَلْوى
milʿaqat ḥalwā

der **Suppenlöffel**
مِلْعَقَة حِساء
milʿaqat ḥisā'

das **Messer**
سِكِّين
sikkīn

die **Schüssel**
زِبْدِيَّة
zibdīyah

die **Karaffe**
إبْريق
ibrīq

das **Steakmesser**
سِكِّين تَقْطيع اللَّحْم
sikkīn taqṭīʿ al-laḥm

der **Zahnstocher**
نَكّاشَة أَسْنان
nakkāshat asnān

Könnten Sie uns bitte die Weinkarte bringen?	aḥḍir lana qā'imat an-nabīth, min faḍlik	أَحْضِر لَنا قائِمَة النَّبيذ، مِن فَضْلِك
Guten Appetit!	bi-hanā' wash-shifā'!	بِالهَناء والشِّفاء!
Zum Wohl!	bi-ṣiḥḥatik!	بِصِحَّتِك!
Als Vorspeise/Hauptgericht/Nachtisch nehme ich ...	kaṭabaq muqabbilāt/kaṭabaq ra'īsī/ kaṭbaq taḥlīyah sa'ākhuz…	كَطَبَق مُقَبِّلات/كَطَبَق رَئيسي/ كَطَبَق تَحْلِيَة، سَآخُذ...
Ich hätte gerne die Rechnung, bitte.	urīd an adfaʿ, min faḍlik.	أُريد أن أَدْفع، مِن فَضْلِك
die **Bezahlung**	dafaʿa	دَفْع
das **Trinkgeld**	baqshīsh	بَقْشيش

DIE ERNÄHRUNG – التَّغْذِيَة

das **Fett**
دُهْن
duhn

der **Zucker**
سُكَّر
sukkar

das **Kohlenhydrat**
كَرْبوهيدْرات
karbuhīdrāt

das **Eiweiß**
بْروتين
brutīn

ohne Eier
خالي مِن البَيْض
khālī min al-bayḍ

zuckerfrei
خالي مِن السُكَّر
khālī min as-sukkar

glutenfrei
خالي مِن الغلوتين
khālī min al-ghlūtīn

laktosefrei
خالي مِن اللّاكْتوز
khālī min al-laktūz

die **Ballaststoffe**
أَلْياف غِذائِيَّة
alyāf ghizā'īyah

das **Cholesterin**
كولِسترول
kulistrūl

vegetarisch
نَباتِي
nabatī

vegan
نَباتي صَرْف
nabatī ṣarf

die **Lebensmittelintoleranz**	ḥasāsīyah min al-aṭ'imah	حَساسِيَّة مِن الأَطْعِمَة
die **Fruktose**	sukkar al-fākihah	سُكَّر الفاكِهَة
die **Glukose**	sukkar al-'inab	سُكَّر العِنَب
das **Natrium**	sudyum	صوديوم
die **Kalorien**	su'rāt ḥarārīyah	سُعْرات حَرارِيَّة
die **gesunde Ernährung**	taghthīyah ṣiḥīyah	تَغْذِيَة صِحِّيَّة
fasten	sāma	صامَ

die **Diät**
حِمْيَة
ḥimyah

UNTERWEGS

في الطَّريق

STRASSEN UND VERKEHR – الشَوارِع وَالمواصَلات

① die **Straßenlaterne**
مِصْباح طَريق
miṣbāḥ ṭarīq

② die **Einbahnstraße**
شارِع باتِّجاه واحِد
shāriʿ bit-tijāh wāḥid

③ die **Fußgängerampel**
إشارَة مُرور لِلْمُشاة
ishārat murūr lil-mushāh

④ der **Bürgersteig**
رَصيف
raṣīf

⑤ der **Bordstein**
أحْجار حافَة الرَّصيف
aḥjār ḥāfat ar-raṣīf

⑥ die **Ampel**
إشارَة مُرور
ishārat murūr

⑦ das **geparkte Auto**
سيَّارَة مَصْفوفَة
sayyārah maṣfūfah

⑧ die **Fahrspur**
حارَة
ḥārah

⑨ die **Straßen-markierung**
عَلامات الطَّريق
ʿalāmāt aṭ-ṭarīq

⑩ der **Rinnstein**
مِزْراب
mizrāb

der **Tunnel**
نَفَق
nafaq

der **Parkschein-automat**
جِهاز تَذاكِر الصَّف الآلي
jihāz tathākir aṣ-ṣaf al-ālī

der **Fahrradweg**
طَريق دَرَّاجات
ṭarīq darrājāt

der **Behinderten-parkplatz**
مَوقِف مُعاقين
mawqif muʿāqīn

die **Brücke**
جِسْر
jisr

der **Kreisverkehr**
دَوَّار
dawwār

der **Zebrastreifen**
مَعْبَر مُشاة
maʿbar mushāh

die **Notrufsäule**
هاتِف طَوارِئ
hātif ṭawāriʾ

STRASSEN UND VERKEHR - الشَوارِع وَالمواصَلات

das **Autobahnkreuz**
تَقاطُع طُرُق
taqāṭuʿ ṭuruq

die **Autobahn**
طَريق سَريع
ṭarīq sarīʿ

der **Berufsverkehr**
اِزْدِحام الْعَمَل
izdiḥām al-ʿamal

① der **Mittelstreifen**
حارَة وُسْطى
ḥārah wusṭā

② die **Überholspur**
حارَة تَجاوُز
ḥārah tajāwuz

③ die **Überführung**
طَريق عُلْوي
ṭarīq ʿulwī

④ die **Kurve**
مُنْعَطَف
munʿaṭaf

⑤ die **Unterführung**
مَمَر سُفْلي
mamar suflī

⑥ die **Einfahrt**
مَدْخَل
madkhal

⑦ die **Ausfahrt**
مَخْرَج
makhraj

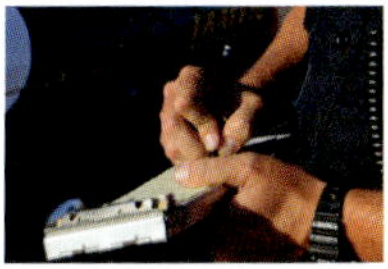

der **Verkehrspolizist**
شُرْطي مُرور
shurṭī murūr

der **Strafzettel**
مُخالَفَة سَيْر
mukhālafat sayr

die **Mautstelle**
بَوّابَة الرُّسوم
bawwābat ar-rusūm

abschleppen
سَحَبَ سَيّارَة
saḥaba sayyārah

die **Kreuzung**	taqāṭuʿ	تَقاطُع
die **Vorfahrt**	afḍalīyat murūr	أَفْضَلِيَّة مُرور
die **Geschwindigkeitsüberschreitung**	tajāwuz surʿah	تَجاوُز سُرْعَة
anhalten	tawaqqafa	تَوَقَّفَ
der **Standstreifen**	ḥārah tawaqquf	حارَة تَوَقُّف
die **Raststätte**	istirāḥah	اِسْتِراحَة
die **Entfernungstafel**	lawḥat masāfāt	لَوْحَة مَسافات

der **Stau**
اِزْدِحام
izdiḥām

STRASSEN UND VERKEHR - الشَوارِع وَالمواصَلات

Verkehrsschilder - إشارات الطَّريق

Einfahrt verboten
مَمْنوع الدَّخول
mamnūʿ ad-dukhūl

das **Halteverbot**
مَمْنوع التَّوَقُّف
mamnūʿ at-tawaqquf

die **Baustelle**
أَعْمال إِصلاح
aʿmāl iṣlāḥ

der **Tunnel**
نَفَق
nafaq

das **Parkverbot**
مَمْنوع صَف السَّيَّارات
mamnūʿ ṣaf as-sayyārāt

der **Stau**
اِزْدِحام
izdiḥām

das **Gefälle**
اِنْحِدار
inḥidār

der **Kreisverkehr**
دَوَّار
dawwār

die **Geschwindigkeitsbegrenzung**
حَد السُّرْعَة
ḥad as-surʿah

Vorfahrt gewähren!
ضَمان أَفْضَلِيَّة المُرور!
ḍamān afḍalīyyat al-murūr!

die **Einbahnstraße**
شارِع باتِّجاه واحِد
shāriʿ bit-tijāh wāḥid

der **Gegenverkehr**
سَيْر مُعاكِس
sayr muʿākis

Einbiegen nach rechts verboten
مَمْنوع الاِنْعِطاف لِلْيَمين
mamnūʿ al-inʿiṭāf lil-yamīn

Einbiegen nach links verboten
مَمْنوع الاِنْعِطاف لِلْيَسار
mamnūʿ al-inʿiṭāf lil-yasār

wenden verboten
مَمْنوع الدَّوَران
mamnūʿ ad-dawarān

die **Schnee- oder Eisglätte**
ثَلْج وَ صَقيع
thalj wa ṣaqīʿ

DAS AUTO - السَّيَّارَة

Autotypen - أَنْواع السَّيَّارات

die **Stretchlimousine**
ليموزين
līmūzīn

das **Cabrio**
سَيَّارَة مَكْشوفَة
sayyārah makshūfah

die **Fließhecklimousine**
سَيَّارَة بدون صُنْدوق
sayyārat bidūn ṣandūq

der **Sportwagen**
سَيَّارَة رِياضيَّة
sayyārah riyāḍīyah

der **Kleinstwagen**
سَيَّارَة صَغيرَة جِدّاً
sayyārah ṣaghīrah jiddan

der **Kleinwagen**
سَيَّارَة صَغيرَة
sayyārah ṣaghīrah

der **Oldtimer**
سَيَّارَة عَتيقَة
sayyārah ʿatīqah

die **Limousine**
سَيَّارَة صالون
sayyārat ṣālūn

der **Kombiwagen**
سَيَّارَة إِسْتَيْشِن
sayyārah istayshin

der **Pick-up**
شاحِنَة بيك آب
shāḥinat bīk āb

der **Kleintransporter**
سَيَّارَة نَقْل صَغيرَة
sayyārat naqil ṣaghīrah

die **Klimaanlage**	mukayyif hawāʾ	مُكَيِّف هَواء
die **Automatikschaltung**	autūmātīk	أوتوماتيك
die **Handschaltung**	taghyīr yadawī	تَغْيير يَدَوي
die **Zündung**	tashghīl	تَشْغيل
zweitürig	bi-bābayn	بِبابَيْن
dreitürig	bi-thalāthat abwāb	بِثَلاثَة أَبْواب
viertürig	bi-arbaʿat abwāb	بِأَرْبَعَة أَبْواب

der **Geländewagen**
سَيَّارَة جَبَلِيَّة
sayyārat jabalīah

DAS AUTO - السَّيَّارَة

Das Auto – Außenansicht - مِنَ الخارِج

die **Beifahrerseite**
جِهَة المُرافِق
jihat al-murāfiq

das **Dach**
سَقْف
saqf

die **Windschutzscheibe**
زُجاج أَمامي
zujāj amāmī

die **Fahrerseite**
جِهَة السَّائِق
jihat as-sā'iq

die **Begrenzungsleuchte**
ضَوْء جانِبي
ḍaw' jānibī

der **Rückspiegel**
مِرْآة رُؤْيَة خَلْفيَّة
mir'āt ru'yah khalfīyah

die **Blinkleuchte**
ضَوْء غَمَّاز
ḍaw' ghammāz

das **Rad**
عَجَلَة
ʿajalah

der **Scheibenwischer**
مَسَّاحَة زُجاج
massāḥat zujāj

der **Kühlergrill**
مُبَرِّد
mubarrid

die **Stoßstange**
مَصْد
maṣad

das **Nummernschild**
لَوْحَة رَقَم السَّيَّارَة
lawḥat raqam as-sayyārah

das **Markenemblem**
شِعار ماركَة السَّيَّارَة
shiʿār markat as-sayyārah

der **Nebelscheinwerfer**
ضَوْء ضَباب
ḍaw' ḍabāb

das **Reifenprofil**
تضاريس الإطار
taḍārīs al-'iṭār

der **Ölmessstab**	miqyās az-zayt	مِقْياس الزَّيْت
der **Luftfilter**	filtar hawā'	فِلْتَر هَواء
der **Bremsflüssigkeitsbehälter**	wiʿā' sā'il al-farmalah	وِعاء سائِل الفَرْمَلَة
die **Antenne**	hawa'ī	هَوائي
die **Radaufhängung**	ḥāmil darrājah	حامِل دَرَّاجَة
das **Abblendlicht**	ḍaw' khāfit	ضَوْء خافِت
das **Fernlicht**	ḍaw' ʿālī	ضَوْء عالي

DAS AUTO - السَّيَّارَة

Das Auto – Außenansicht - مِنَ الخارِج

① der **Seitenspiegel**
مِرْآة جانِبِيَّة
mir'āt jānibīyah

② die **B-Säule**
دَعامَة وُسْطى
daʿāmah wusṭā

③ der **Kofferraum**
مَكان الأَمْتِعَة
makān al-amtiʿah

④ die **Heckscheibe**
زُجاج خَلْفي
zujāj khalfī

⑤ die **Motorhaube**
غِطاء مُحَرِّك
ghiṭā' muḥarrik

⑥ das **Seitenfenster**
نافِذَة جانِبِيَّة
nāfidhah jānibīyah

⑦ die **Autotür**
باب سَيَّارَة
bāb sayyārah

⑧ die **Radkappe**
غِطاء عَجَلَة
ghiṭā' ʿajalah

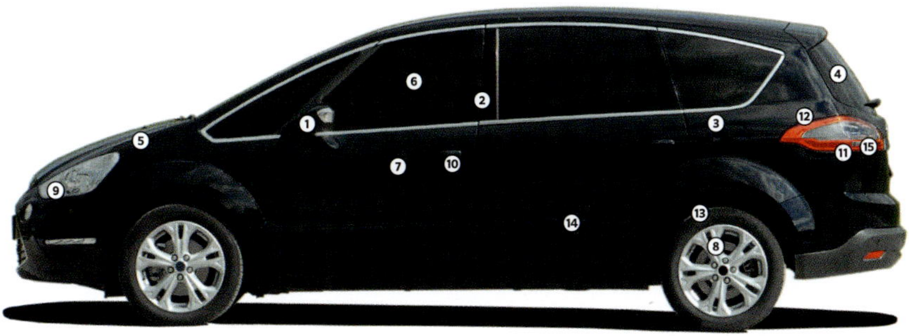

⑨ der **Scheinwerfer**
كَشَّاف
kashshāf

⑩ der **Türgriff**
مِقْبَض باب
miqbaḍ bāb

⑪ die **Bremsleuchte**
ضَوْء الفَرْمَلَة
ḍaw' al-farmalah

⑫ die **Rückleuchte**
ضَوْء خَلْفي
ḍaw' khalfī

⑬ der **Reifen**
إطار مَطَّاطي
iṭār maṭṭāṭī

⑭ die **Seitenschutzleiste**
شَريط حِمايَة جانِبِيَّة
sharīṭ ḥimāya jānibīyyah

⑮ der **Rückfahrscheinwerfer**
كَشَّاف الرَّجوع لِلْخَلْف
kashshāf ar-rujūʿ lil-khalf

der **Motor**	muḥarrik	مُحَرِّك
der **Benzintank**	khazzān waqūd	خَزَّان وَقود
das **Getriebe**	ṣandūq at-turūs	صَنْدوق التُروس
der **Kühler**	mubarrid khazzān mā'	جِهاز تَبْريد
der **Ventilator**	mirwaḥah	مِرْوَحَة
die **Batterie**	baṭṭārīyah	بَطّارِيَّة
das **Auspuffrohr**	māsūrat ʿādim	ماسورَة عادِم

die **Felge**
طَوْق مَعْدَني
ṭawq maʿdanī

DAS AUTO - السَّيَّارَة

Das Auto – Innenausstattung – مِنَ الدَّاخِل

① der **Seitenspiegel**
مِرْآة جانِبيَّة
mir'āt jānibīyah

② das **Lenkrad**
عَجَلَة قيادَة
ʿajalat qiyādah

③ das **Armaturenbrett**
لَوْحَة قِيادَة
lawḥat qijādah

④ der **Türöffner**
مِقْبَض الباب
miqbaḍ al-bāb

⑤ der **Fahrersitz**
مَقْعَدالسَّائِق
maqʿad as-sā'iq

⑥ die **Mittelkonsole**
حامِلَة مَرْكَزِيَّة
ḥāmilah markazījah

⑦ die **Handbremse**
فَرامِل اليَد
farāmil al-yad

⑧ der **Heizungsregler**
مُنَظِّم تَدْفِئَة
munaẓẓim tadfi'ah

⑨ das **Handschuhfach**
صُنْدوق التابْلوه
ṣundūq at-tāblūh

⑩ der **Schalthebel**
ذِراع تَعْشيق
dhirāʿ taʿshīq

⑪ der **Beifahrersitz**
مَقْعَد المُرافِق
maqʿad al-murāfiq

der **Warnblinkschalter**
مِفْتاح ضَوْء التَّحْذير
miftāḥ ḍaw' at-taḥdhīr

die **Stereoanlage**
جِهازسْتيريو
jihāẓ stīryo

der **Blinkerhebel**
ذِراع الضَّوْء الغَمَّاز
dhirāʿ aḍ-ḍaw' al-ghammāz

der **Zigaretten-anzünder**
وَلاّعَة سَجائِر
wallaʿat sajā'ir

das **Navigationsgerät**
جِهاز مِلاحَة
jihāẓ milāḥah

die **Fußstütze**	masnad al-qadamayn	مَسْنَد القَدَمين
das **Kupplungspedal**	dawwāsat dibiryāj	دَوّاسَة دِبْرِياج
das **Bremspedal**	dawwāsat farāmil	دَوّاسَة فَرامِل
das **Gaspedal**	dawwāsat surʿah	دَوّاسَة سُرْعَة
der **Sicherheitsgurt**	ḥizām amān	حِزام أمان
die **Kopfstütze**	masnad ra's	مَسْنَد رَأس
der **Airbag**	kīs hawā'	كيس هَواء

DAS AUTO - السَّيَّارَة

Die Tankstelle - مَحَطَّة البِنْزين

die **Preisanzeige**
مؤَشِّر السِّعْر
mu'ashshir as-si'r

die **Literanzeige**
مؤَشِّر كَمِّيَّة الوَقود
u'ashshir kammīyat al-waqūd

der **Feuerlöscher**
طَفَّايَة حَريق
ṭaffāyat ḥarīq

die **Zapfsäule**
مِضَخَّة بِنْزين
miḍakhat binzīn

das **Reifenfüllgerät**
جهاز نَفْخ الإطارات
jihāz nafkh al-'iṭārāt

das **Rauchverbot**
مَمْنوع التَّدْخين
mamnū' at-tadkhīn

das **Benzin**
بنزين
binzīn

der **Diesel**
ديزل
dīzil

bleifrei
خالي مِن الرَّصاص
khālī min ar-raṣāṣ

verbleit
مُحْتَوي عَلى الرَّصاص
muḥtawī 'lār-raṣāṣ

der **Zapfschlauch**
خَرْطوم تَعْبِئَة
kharūm ta'bi'ah

die **Zapfpistole**
مُسَدَّس تَعْبِئَة
musaddas ta'bi'ah

der **Tankdeckel**
غِطاء خَزان الوَقود
ghiṭā' khazān al-waqūd

der **Wagenheber**
رافِعَة
rāfi'ah

(das) Öl wechseln	baddala az-zayt	بَدَّلَ الزَّيْت
der **Reifendruck**	ḍaghṭ al-iṭār	ضَغْط الإطار
der **Keilriemen**	ḥizām mirwaḥah	حزام مِرْوَحَة
die **Lichtmaschine**	muwallid	مولِّد
der **Sommerreifen**	'ajalāt ṣayfīyah	عَجَلات صَيْفِيَّة
der **Winterreifen**	'ajalāt shatawīyah	عَجَلات شَتَوِيَّة
der **Allwetterreifen**	'ajalāt li-kul ṭaqs	عَجَلات لِكُل طَقْس
die **Schneekette**	silsilat thalj	سِلْسِلَة ثَلْج

tanken
عَبأ بَنْزين
'abba'a binzīn

DAS AUTO - السَّيَّارَة
Die Tankstelle - مَحَطَّة البِنزين

① die **Tankanzeige**
مؤَشِّر وَقود
mu'ashshir waqūd

② die **Tankleuchte**
ضَوْء خَزَّان الوَقود
ḍaw' hkazzān al-waqūd

③ der/das **Tachometer**
ʿaddād surʿah عَدَّاد سُرْعَة

④ die **Geschwindigkeit**
surʿah سُرْعَة

⑤ der **Kilometerstand**
miqyās masāfāt مِقْياس مَسافات

⑥ der **Drehzahlmesser**
عَدَّاد الدَّورات
ʿaddād ad-dawrāt

⑦ die **Kühlmitteltemperaturanzeige**
مؤَشِّر حَرارة المُبَرِّد
mu'ashshir ḥarārat al-mubarrid

den Reifen wechseln
غَيَّرَ العَجَلَة
ghayyara al-ʿajalah

der **Radmutternschlüssel**
مِفْتاح عَزَقات العَجَلَة
miftāḥ ʿazaqāt al-ʿajalah

das **Reserverad**
عَجَلَة اِحْتِيَاطِيَّة
ʿajalah iḥttiyāṭīyah

die **Reifenpanne**
عُطْل بِالعَجَلَة
ʿuṭul bil-ʿajalah

der **Verkehrsunfall**	ḥādith sayyārah	حادِث سَيَّارَة
Ich habe eine Panne.	ḥadatha ʿuṭul lisayyāratī	حَدَثَ عُطْل لِسَيَّارَتي
Könnten Sie bitte den Pannendienst anrufen?	hal tastaṭīʿu al-'itiṣāl bi-khidmat aṣ-ṣiyānah?	هَل تَسْتَطيعُ الاِتِّصال بِخِدْمَة الصِيانَة؟
Der Motor springt nicht an.	muḥarrik as-sayyārah lā yaʿmal.	مُحَرِّك السَّيارَة لا يَعْمَل.
das **Starthilfekabel**	kabl musāʿadat tashghīl	كَبْل مُساعَدَة تَشْغيل
der **Ersatzreifen**	ʿajalah badīlah	عَجَلَة بَديلَة
Könnten Sie mir beim Reifenwechseln helfen?	hal yumkin an tusāʿidunī fī taghyir al-ʿajalah?	هَل تَسْتَطيع مُساعَدَتي في تَغْيير العَجَلَة؟

DER BUS - الحافِلَة

der **Doppeldecker**
حافِلَة مِن طابِقَيْن
ḥāfilah min ṭābiqīn

die **Liniennummer**
رَقَم خَط السَّيْر
raqam khaṭ as-sayr

das **Fahrziel**
وُجْهَة السَّفَر
wujhat as-safar

der **Reisebus**
حافِلَة سَفَر
ḥāfilat safar

die **Automatiktür**
باب أوتوماتيكي
bāb awtūmātīkī

der **Gepäckraum**
مَخْزَن الأَمْتِعَة
makhzan al-amtiʿah

die **Bushaltestelle**
مَوْقِف حافِلَة
mawqif ḥāfilah

der **Fahrplan**
جَدْوَل المَواعيد
jadwal al-mawāʿīd

das **Wartehäuschen**
مأوى الحافِلات
maʾwā al-ḥāfilāt

der **Schulbus**
حافِلَة مَدْرَسيَّة
ḥāfilah madrasīyah

der **Halteknopf**
زِر
zir

der **Busbahnhof**	maḥaṭṭat ḥāfilāt	مَحَطَّة حافِلات
der **Linienbus**	ḥāfilat naql	حافِلَة نَقْل
der **Kleinbus**	ḥāfilah ṣaghīrah	حافِلَة صَغيرَة
die **Monatskarte**	tadhkarah shahrīyah	تَذْكَرَة شَهْرِيَّة
der **Fahrpreis**	ujrat rukūb al-ḥāfilah	أُجْرَة رُكوب الحافِلَة
die **Fahrkarte**	tadhkarat rukūb al-ḥāfilah	تَذْكَرَة رُكوب الحافِلَة
der **Fahrkartenautomat**	jihāz tadhākir ālī	جِهاز تَذاكِر آلي

die **Halteschlaufe**
شَريطَة تَمَسُّك
sharīṭat tamassuk

DAS MOTORRAD – الدَّراجَة النَّاريَّة

die **Rennmaschine**
دَرَّاجة سِباق
darrājaht sibāq

das **Cockpit**
قَمَرَة القيَّادَة
qamarat al-qiyyādah

der **Kupplungshebel**
ذِراع دِبرياج
dhirāʿ dibiryāj

der **Lenkergriff**
مِقْبَض القِيادَة
miqbaḍ al-qiyādah

der **Fahrersitz**
مِقْعَد السَّائِق
miqʿad as-sāʾiq

der **Rückspiegel**
دَرَّاجَة سِباق
mirʾāt khalfīyah

der **Soziussitz**
مِقْعَد إضافي
miqʿad iḍāfiī

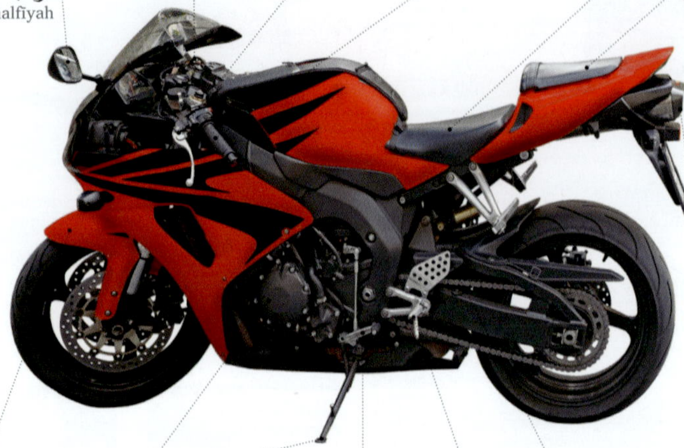

das **Schutzblech**
واقي مِن الطِّين
wāqī min aṭ-ṭīn

der **Seitenständer**
مَسْنَد جانِبي
masnad jānibī

die **Fußraste**
مَسْنَد قَدَمَيْن
masnad qadamayn

die **Rückleuchte**
ضَوْء خَلْفي
ḍawʾ khalfī

das **Getriebe**
صُنْدوق تُروس
ṣundūq turūs

der **Fußschalthebel**
دَوَّاسَة تَشْغيل
dawwāsat tashghīl

die **Radaufhängung**
آليَّة تَعْليق
ālīyat taʿlīq

der **Motorroller**
سكوتَر
skūtar

das **Quad**
دَرَّاجة بِأَرْبَع عَجَلات
darrājah bi-arbaʿ ʿajalāt

das **Geländemotorrad**
دَرَّاجة لِلطُّرُق الوَعِرَة
darrājah liṭ-ṭuruq al-waʿirah

der **Chopper**
تشوبَر
tshūbar

DAS MOTORRAD - الدَّراجَة النَّاريَّة

der **Motorradhelm**
خوذَة دَرَّاجَة
khūdhat darrājah

die **Lederjacke**
سُتْرَة جِلْديَّة
sutrah jildīyah

die **Motorradkombi**
مَلابِس جِلْديَّة
malābis jildīyah

der **Lederhandschuh**
قُفازات جِلْديَّة
quffāzāt jildīyah

das **Visier**
قِناع واقي
qinā‘ wāqī

der **Lufteinlass**
مَدْخَل هَواء
madkhal hawā'

der **Reflektorstreifen**
شَريط عاكِس
sharīṭ ‘ākis

der **Tachometer**
عَدَّاد سُرْعَة
‘addād sur‘ah

der **Lenker**
مِقْوَد
miqwad

der **Tankdeckel**
غِطاء الخَزَّان
ghiṭā' al-khazzān

der **Benzintank**
خَزَّان بِنْزين
khazzān binzīn

der **Blinker**
ضَوء غَمَّاز
ḍaw' ghammaz

der **Bremshebel für die Vorderradbremse**
ذِراع فَرامِل العَجَلات الأَماميَّة
dhirā‘ farāmil ah-‘ajalāt al-amāmīyah

der **Gasdrehgriff**
قَبْضَة الوَقود
qabḍat al-waqūd

das **Motorradgespann**
دَرَاجَة ناريَّة بِمَقْطورَة
darrājah nārīyah bi-maqṭūrah

der **Tourer**
دَرَاجَة ناريَّة سِياحيَّة
darrājah nārīyah siyāḥīyah

der **Beiwagen**
عَرَبَة إضافيَّة
‘arabah iḍāfīyah

DAS FAHRRAD – الدَّراجَة الهَوائِيَّة

der **Schalthebel**	dhirāʿ taghyyir at-taʿshīq	ذِراع تَغْيير التَعشيق
der **Bremshebel**	dhirāʿ al-farāmil	ذِراع الفَرامِل
die **Luftpumpe**	miḍakhkhat hawā'	مِضَخَّة هَواء
der **Fahrradhelm**	khūdhat darrājah	خوذَة دَرَّاجَة
der **Dynamo**	muwallid kahrubā'ī	مُوَلِّد كَهْرُبائي
in die Pedale treten	dawwasa ad-dawwāsāt	دَوَّسَ الدَّواسات
bremsen	farmala	فَرْمَلَ
in einen höheren/niedrigeren Gang schalten	ghayyara litirs aʿlā\adnā	غَيَّرَ لِتِرْس أَعْلى/أَدْنَى
Radfahren lernen	taʿallama rukūb ad-darājah	تَعَلَّمَ رُكوب الدَّراجَة
einen Fahrradschlauch flicken	raqqaʿa al-iṭār ad-dākhilī	رَقَّعَ الإطار الدَّاخِلي

DAS FAHRRAD - الدَّراجَة الهَوائِيَّة

der **Kindersitz**
مَقْعَد أَطْفال
maqʿad aṭfāl

das **Einrad**
دَرَّاجَة بِعَجَلَة واحِدَة
darrājahah bi-ʿajalah wāḥidah

das **Tandem**
دَرَّاجَة لِراكِبَيْن
darrājah li-rākibayn

das **BMX-Rad**
دَرَّاجَة بي إم إكس
darrājaht bī ʾim ʾiks

das **Rennrad**
دَرَّاجَة سِباق
darrājaht sibāq

das **Tourenfahrrad**
دَرَّاجَة تِجْوال
darrājaht tijwāl

das **Mountainbike**
دَرَّاجَة جِبَلِيَّة
darrājaht jibalīyah

das **Elektrofahrrad**
دَرَّاجَة كَهْرُبائِيَّة
darrājahah kahrubāʾīyah

das **Liegerad**
دَرَّاجَة اِسْتِلْقاء
darrājaht istilqāʾ

das **Dreirad**
دَرَّاجَة بِثَلاث عَجَلات
darrājaht bi-thalāth ʿajalāt

das **Fahrradschloss**
قِفْل دَرَّاجَة
qifl darrājah

das **Flickzeug**
عُدَّة تَرْقيع
ʿuddat tarqīʿ

das **Leihfahrrad**
دَرَّاجَة لِلاِسْتِعارَة
darrājaht li-lʾistiʿārah

der **Kinderanhänger**
مَقْطورَة أَطْفال
maqṭūrat aṭfāl

die **Satteltasche**
حَقيبَة سَرْج
ḥaqībat sarj

der **Fahrradständer**
مَصَف دَراجات
maṣaf darājāt

DAS LASTKRAFTFAHRZEUG - الشَّاحِنات

der **Sattelschlepper**
جَرار نِصْف المَقْطورَة
jarār niṣf al-maqṭūrah

die **Kühlerhaube**
غِطاء المُحَرِّك
ghiṭā' al-muḥarrik

der **Kühlergrill**
شَبَكَة المُبَرِّد
shabakat al-mubarrid

der **Scheinwerfer**
مِصْباح أَمامي
miṣbāḥ amāmī

das **Auspuffrohr**
مِدْخَنَة العادِم
midkhanat al-ʿādim

die **Schlafkabine**
مَقْصورَة نَوم
maqṣūrat nawm

das **Lufthorn**
قَرْن هَواء
qarn hawā'

der **Stauraum**
مَكان تَخْزين
makān takhzīn

der **Stoßfänger**
مِصَدّ
miṣadd

die **Windschutzscheibe**
زُجاج أَمامي
zujāj amāmī

die **Trittstufe**
دَرَجَة صُعود
darajat ṣuʿūd

der **Kraftstofftank**
خَزّان وَقود
khazzān waqūd

der **Autotransporter**
ناقِلَة سَيّارات
nāqilat sayyārāt

die **Schneefräse**
سَيّارَة إِزاحَة الثَّلْج
sayyārat izāḥat ath-thalj

die **Straßenkehr-maschine**
سَيّارَة كَنْس الطَريق
sayyārat kans aṭ-ṭarīq

der **Müllwagen**
سَيّارَة قُمامَة
sayyārat qumāmah

der **Tankwagen**
شاحِنَة نَقْل صِهْريجيَّة
shāḥinat naql ṣihrījīyah

der **Sattelzug**
قاطِرَة وَمَقْطورَة
qāṭirah wa maqṭūrah

der **Auflieger**
مَقْطورَة
maqṭūrah

der **Flachbettauflieger**
شاحِنَة حَمْل مَقْطورَة
shāḥinat ḥaml maqṭūrah

WEITERE FAHRZEUGE - سَيَّاراتٌ أُخْرى

der **Bagger**
حَفّارَة
ḥaffārah

der **Radlader**
جَرّافَة
jarrāfah

der **Betonmischer**
خَلّاط إِسْمَنْت
khallāṭ ismant

der **Kipper**
قَلّاب
qallāb

der **Wohnwagen**
عَرَبَة كارافان
ʿarabat kārāfān

das **Wohnmobil**
سَيّارَة مَنْزِل مُتَنَقِّل
sayyārat manzil mutanaqqil

der **Gabelstapler**
رافِعَة ذات شَوْكَة
rāfiʿah dhāt shawkah

das **Feuerwehrfahrzeug**
سَيّارَة إِطْفاء
sayyārat iṭfāʾ

der **Anhänger**
مَقْطورَة
maqṭūrah

der **Traktor**
جَرّار
jarrār

der **Polizeiwagen**
سَيّارَة شُرْطَة
sayyārat shurṭah

das **Taxi**
تاكْسي
tāksī

der **Abschleppwagen**
سَيّارَة سَحْب سَيّارات
sayyārat saḥb sayyārāt

der **Fahrzeugkran**
رافِعَة
rāfiʿah

der **Taxistand**
مَحَطَّة تاكْسي
maḥaṭṭat tāksī

ein Taxi herbeiwinken
أَشارَ لِتاكِسي
ashāra li-tāksī

DER ZUG - القِطار

der **Zug**
قِطار
qiṭār

der **Führerstand**
مَكان السَّائِق
makān as-sā'iq

das **Kleinabteil**
مَقْصورَة صَغيرَة
maqṣūrah ṣaghīrah

die **Gepäckablage**
رَف أمْتِعَة
raf amtiʿah

die **Schiene**
سِكَّة
sikkah

der **Waggon**
عَرْبَة
ʿarabah

die **Armlehne**
مَسْنَد ذِراع
masnad dhirāʿ

der **Sitz**
مَقْعَد
maqʿad

die **Kopflehne**
مَسْنَد رَأس
masnad ra's

der **Güterzug**
قِطاربَضائِع
qiṭār baḍā'iʿ

die **Straßenbahn**
تِرام
tirām

die **U-Bahn**
قِطار أنْفاق
qiṭār anfāq

die **Einschienenbahn**
قِطار على قَضيب أُحادي
qiṭār ʿalā qaḍīb uḥādī

die **Dampflok**
قِطار بُخاري
qiṭār bukhārī

der **Hochgeschwindigkeitszug**	qiṭār ʿālī as-surʿah	قِطار عالي السُّرْعَة
das **Großraumabteil**	maqṣūrah kabīrah	مَقْصورَة كَبيرَة
die **Oberleitung**	aslāk hawā'īyah	أسلاك هَوائيَّة
die **erste Klasse**	darajah ūlā	دَرَجَة أولى
die **zweite Klasse**	darajah thāniyah	دَرَجَة ثانِيَة
der **Klapptisch**	ṭāwilah qābilah liṭ-ṭay	طاوِلَة قابِلَة لِلطَّي
die **Sitzplatzreservierung**	ḥajz maqʿad	حَجْز مَقْعَد

DER ZUG - القِطار

Am Bahnhof - في مَحطَّة القِطار

der **Bahnsteig**
رَصيف
raṣīf

einsteigen
رَكِبَ
rakiba

aussteigen
نَزَلَ
nazala

das **Geländer**
سور
sūr

die **Gleisnummer**
رَقَم الرَّصيف
raqam ar-raṣīf

der **Wegweiser**
لَوْحَة إِرْشادات
lawḥat irshādāt

der **Reisende**
مُسافِر
musāfir

die **Rolltreppe**
دَرَج مُتَحَرِّك
daraj mutaḥarrik

die **Bahnhofshalle**
بَهو المَحطَّة
bahū al-maḥaṭṭah

der **Fahrkarten-schalter**
شُبَّاك تَذاكِر
shubbāk tadhākir

der **Fahrkarten-automat**
جِهاز تَذاكِر آلي
jihāz tadhākir ālī

die **Schaffnerin**
مُفَتِّشَة تَذاكِر
mufattishat tadhākir

die **Verspätung**	taʾkhīr	تَأْخير
pünktlich	fīl-waqt al-muḥaddad	في الوَقْت المُحَدَّد
umsteigen	ghayyara	غَيَّرَ
schwarzfahren	rakiba bidūn tadhkarah	رَكِبَ بِدون تَذْكَرَة
Eine einfache Fahrt nach ..., bitte.	tadhkarat dhahāb ilā ..., min faḍlik.	تَذْكَرَة ذَهاب إلى...، مِن فَضْلِك.
hin und zurück	dhahāb wa iyāb	ذَهاب وَإِياب
Ist dieser Platz noch frei?	hal hadhāl-makān fārigh?	هَل هَذا المَكان فارِغ؟

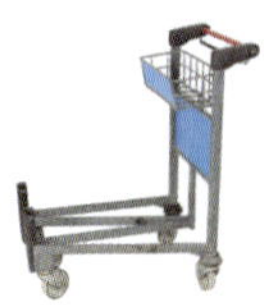

der **Kofferkuli**
عَرَبَة الأَمْتِعَة
ʿarabat al-amtiʿah

DAS FLUGZEUG - الطَّائِرَة

das **Verkehrsflugzeug**
طائِرَة رُكّاب
ṭā'irat rukkāb

das **Fenster**
نافِذَة
nāfidhah

der **Rumpf**
جِسْم الطَّائِرَة
jism aṭ-ṭā'irah

der **Bug**
مُقَدِّمَة
muqaddimah

das **Heck**
ذَيْل
dhayl

die **Tragfläche**
جَناح
janāḥ

die **Flugzeugtür**
باب الطَّائِرَة
bāb aṭ-ṭā'irah

das **Seitenleitwerk**
ذَيْل تَوازُن أُفُقي
dhayl tawāzun ufuqī

der **Gepäckraum**
مَخْزَن أَمْتِعَة
makhzan amtiʿah

das **Fahrwerk**
أَجْهِزَة هُبوط
ajhizat hubūṭ

das **Cockpit**
مَقْصورَة قِيادَة الطائِرَة
maqṣūrat qiyādat aṭ-ṭā'irah

das **Höhenleitwerk**
ذَيْل تَوازُن عامودي
dhayl tawāzun ʿāmūdī

das **Querruder**
مُوازِن الطائِرَة
mūwāzin aṭ-ṭā'irah

das **Triebwerk**
مُحَرِّك
muḥarrik

das **Bugfahrwerk**
عَجَلات هُبوط أَمامِيَّة
ʿajalāt hubūṭ amāmīyah

der **Windsack**
مُؤَشِّر اِتِّجاه الرِّياح
mu'ashshir itijāh ar-riyāḥ

Ihr Flug ist jetzt zum Einsteigen bereit.	ṭā'iratuka jāhizah lil-'iqlāʿ	طائِرَتُك جاهِزَة لِلإِقْلاع.
die **Fluggesellschaft**	sharikat ṭayarān	شَرِكَة طَيَران
der **Pilot**	ṭayyār	طَيّار
die **Pilotin**	ṭayyārah	طَيّارَة
die **erste Klasse**	darajah ūlā	دَرَجَة أولى
die **Businessklasse**	darajat rijāl aʿmāl	دَرَجَة رِجال أَعْمال
die **Economyklasse**	darajah siyāḥīyah	دَرَجَة سِياحِيَّة

DAS FLUGZEUG - الطَّائِرَة

Im Flugzeug - في الطَّائِرَة

die *Sicherheitsanweisung*
تَعْليمات سَلامَة
taʿlīmāt salāmah

die *Flugbegleiterin*
مُضيفَة
muḍīfah

der *Sitzplatz*
مَقْعَد
maqʿad

das *Gepäckfach*
دُرْج أَمْتِعَة
durj amtiʿah

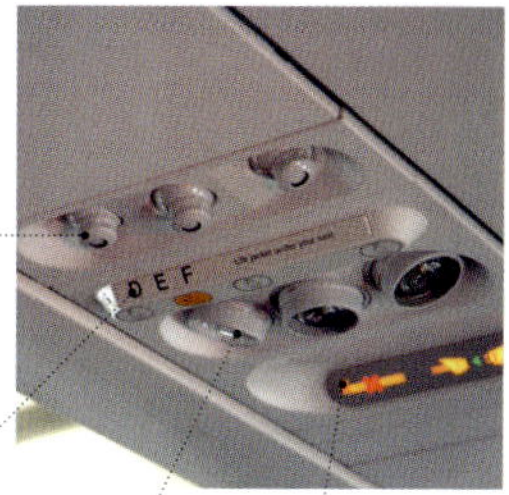

die *Luftdüse*
مَنْفَث هَواء
manfath hawāʾ

die *Sitznummer*
رَقَم مَقْعَد
raqam maqʿad

der *Nichtraucherflug*
رِحْلَة غير مُدَخِنين
rihlat ghayr mudakhinīn

die *Leselampe*
مِصْباح قِراءَة
miṣbāḥ qirāʾah

das *Handgepäck*
حَقائِب يَد
ḥaqāʾib yad

der *Gang*
مَمَر
mamar

der *Notausgang*
مَخْرَج طَوارئ
makhraj ṭawāriʾ

der *Sitzabstand*
مَسافَة بَيْن المقاعِد
masāfah bayn al-maqāʿid

die *Sitzreihe*	ṣaf maqāʿid	صَف مَقاعِد
der *Sicherheitsgurt*	ḥizām amān	حِزام أمان
sich anschnallen	waḍaʿa ḥizām al-amān	وَضَعَ حِزام الأمان
die *Start- und Landebahn*	mudarraj	مُدَرَّج
fliegen	ṭāra	طارَ
starten	aqlaʿa	أَقْلَعَ
landen	habaṭa	هَبَطَ
die *Turbulenzen*	iḍṭirābāt	اِضْطِرابات
die *Notlandung*	hubūṭ iḍṭirārī	هَبوط اِضْطِراري
die *Sauerstoffmaske*	qināʿ uksijīn	قِناع أوكْسِجين

der *Bildschirm für das Bordprogramm*
شاشَة
shāshah

DAS FLUGZEUG - الطَّائِرَة

Am Flughafen - في المَطار

der **Check-in-Automat**
جِهاز تِسْجيل آلي
jihāz tasjīl ālī

der **Check-in-Schalter**
شُبَّاك تَسْجيل
shubbāk tasjīl

die **Bordkarte**
تَصْريح رُكوب
taṣrīḥ rukūb

der **Reisepass**
جَواز سَفَر
jawāz safar

die **Ankunft**
وُصول
wuṣūl

der **Abflug**
إقْلاع
iqlāʿ

das **Terminal**
مَحَطَّة
maḥaṭṭah

der **Zoll**
جَمارِك
jamārik

die **Sicherheitskontrolle**
تَفْتيش أَمْني
taftīsh amnī

die **Ticketkontrolle**
فَحْص التَّذاكِر
faḥṣ at-tadhākir

der **Duty-free-Laden**
مَتْجَر سوق حُرَّة
matjar sūq ḥurrah

die **Fluggasttreppe**
دَرَج المُسافِرين
daraj al-musāfirīn

der **Flugsteig**
بَوابَة
bawwābah

die **Fluggastbrücke**
جِسر عُبور المُسافِرين
jisr ʿubūr al-musāfirīn

der **Kontrollturm**
بُرْج تَحَكُّم
burj taḥakum

der **Fluglotse**
مُراقِب الحَرَكَة الجَويَّة
murāqib al-ḥarakah al-jawīyah

DAS FLUGZEUG - الطَّائِرَة

Am Flughafen - في المَطار

① die **Anzeigetafel**
شاشَة مَعْلومات
shāshat maʿlūmāt

② das **Reiseziel**
مَقْصَد الرِّحْلَة
maqṣad ar-riḥlah

der **Langstreckenflug**
رِحْلَة طَيَران طَويلَة
riḥlat ṭayarān ṭawīlah

der **Auslandsflug**
رِحْلَة طَيَران دُوَلِيَّة
riḥlat ṭayarān dawlīyah

der **Inlandsflug**
رِحْلَة طَيَران داخِلِيَّة
riḥlat ṭayarān dākhilīyah

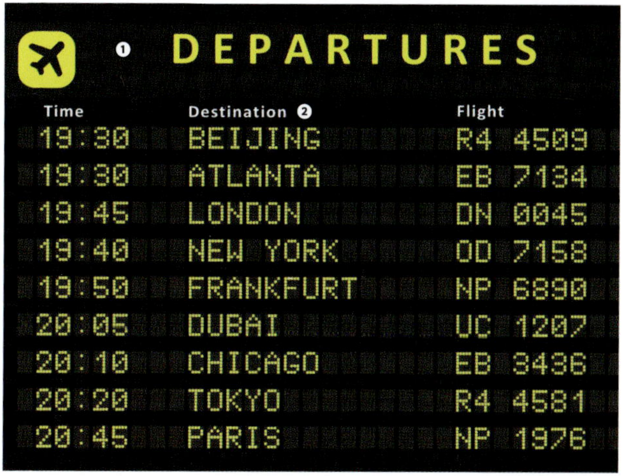

der **Rollkoffer**
حَقيبَة بِعَجَلات
ḥaqībah biʿajalāt

das **Übergepäck**
وَزْن زائِد
wazn zāʾid

das **Gepäckband**
شَريط تَسْيير الأَمْتِعَة
sharīṭ tasyīr al-amtiʿah

der **Fahrsteig**
مَمْشى مُتَحَرِّك
mamsha mutaḥarrik

die **Zwischenlandung**	hubūṭ istirāḥah	هُبوط اِسْتِراحَة
einen Flug buchen	ḥajz riḥlah	حَجْز رِحْلَة
der/das **Online-Check-in**	tasjīl bil-intarnit	تَسْجيل بالاِنْتَرْنِت
die **Buchungsnummer**	raqam ḥajz	رَقَم حَجْز
das **Visum**	fīzā	فيزا
die **Gepäckkontrolle**	taftīsh amtiʿah	تَفْتيش أَمْتِعَة
der **Währungsumtausch**	ṣirāfat ʿumlah	صِرافَة عُمْلَة

der **Rucksack**
حَقيبَة ظَهْر
ḥaqībat ẓahr

DAS SCHIFF - ا لسَّفينَة

das **Kreuzfahrtschiff**
سَفينَة سِياحيَّة
safīnah siyāḥīyah

die **Radarantenne**
هَوائي رادار
hawāʾī rādār

das **Deck**
سَطْح
saṭḥ

die **Kabine**
مَقْصورَة
maqṣūrah

der **Schornstein**
مَدْخَنَة
madkhanah

die **Funkantenne**
هَوائي راديو
hawāʾī rādyū

die **Backbordseite**
جانِب أيْسَر
jānib aysar

der **Rumpf**
جِسْم
jism

das **Bullauge**
نافِذَة
nāfidhah

die **Steuerbordseite**
جانِب أيْمَن
jānib ayman

der **Bug**
مُقَدِّمَة السَّفينَة
maqaddimat as-safīnah

das **Rettungsboot**
قارِب نَجاة
qārib najāt

der **Bugwulst**
بُروز
burūz

das **Segelboot**
مَرْكَبَة شِراعيَّة
markabah shirāʿīyah

die **Motorjacht**
يَخْت
yakht

das **Motorboot**
قارِب سريع
qārib sarīʿ

der **Katamaran**
كاتامَران
kātāmrān

DAS SCHIFF - السَّفينَة

Der Hafen - في الميناء

der **Containerhafen**
ميناء حاويات بَضائِع
mīnāʾ ḥāwiyāt baḍāʾiʿ

das **Containerlager**
مُسْتَوْدَع حاويات
mustawdaʿ ḥāwiyāt

die **Fracht**
بَضائِع
baḍāʾiʿ

der **Kai**
رَصيف
raṣīf

der **Kran**
وِنْش
winsh

das **Containerschiff**
سَفينَة حاويات
safīnat ḥāwiyāt

der **Leuchtturm**
مَنارَة
manārah

die **Vertäuung**
مَرْسى
marsā

der **Poller**
مَرْبَط حِبال
marbaṭ ḥibāl

die **Boje**
عَوّامَة
ʿawwāmah

den Anker werfen/lichten	rasā/abḥara	رَسا/أَبْحَرَ
die **Küstenwache**	ḥaras sawāḥil	حَرَس سَواحِل
anlegen	ḥāzā ar-raṣīf	حاذى الرَّصيف
auslaufen	abḥara	أَبْحَرَ
an Bord gehen	ṣaʿada	صَعَدَ
von Bord gehen	nazala	نَزَلَ
das **U-Boot**	ghawwāṣah	غَوّاصَة

die **Fähre**
عَبّارَة
ʿabbārah

IN DER STADT

فِي المَدِينَة

DIE INNENSTADT – وَسَط المَدينَة

die **Vorstadt**
ضاحِيَة
ḍāḥīyah

die **Brücke**
جِسْر
jisr

der **Fluss**
نَهْر
nahr

die **Straße**
شارِع
shāriʿ

das **Geschäftsviertel**
مَنْطِقَة تِجارِيَّة
minṭaqah tijārīyah

der **Fernsehturm**
بُرْج تِلفاز
burj tilfāz

der **Wohnblock**
مُجَمَّع شُقَق
mujammaʿ shuqaq

der **Dom**
كَتِدْرائِيَّة
katidrāʾīyah

der **Gehweg**
طَرِيق مُشاة
ṭarīq mushāh

die **Altstadt**
مَدينَة قَديمَة
madīnah qadīmah

der **Turm**
بُرْج
burj

die **Straßenbeleuchtung**
إضاءَة شَوارِع
iḍāʾat shawāriʿ

die **Seitenstraße**
شارِع جانِبي
shāriʿ jānibī

der **Boulevard**
جادَّة
jāddah

die **Treppe**
دَرَج
daraj

die **Gasse**
حارَة
ḥārah

DIE INNENSTADT - وَسَط المَدينَة

der **Park**
حَديقَة عامَّة
ḥadīqah ʿāmah

der **Kanal**
قَناة
qanāt

das **Ausgehviertel**
مِنْطَقَة لَهو
minṭaqat lahū

der **Platz**
مَيْدان
maydān

das **Einkaufsviertel**
مِنْطَقَة تَسَوُّق
minṭaqat tasawwuq

das **Industriegebiet**
مِنْطَقَة صِناعيَّة
minṭaqah ṣināʿīyah

das **Wohngebiet**
مِنْطَقَة سَكَنيَّة
minṭaqah sakanīyah

das **Rathaus**
مَبْنى البَلَديَّة
mabnā al-baladīyah

die **Universität**
جامِعَة
jāmiʿah

die **Schule**
مَدْرَسَة
madrasah

die **Post**
بَريد
barīd

die **Feuerwache**
مَحَطَّة إِطْفاء
maḥaṭṭat iṭfāʾ

die **Polizeiwache**
قِسْم شُرْطَة
qism shurṭah

das **Krankenhaus**
مُسْتَشْفى
mustashfā

die **Bibliothek**
مَكْتَبَة
maktabah

das **Gerichtsgebäude**
مَحْكَمَة
maḥkamah

DIE INNENSTADT - وَسَط المَدينَة

Gebäude in der Innenstadt - أَبْنِيَة في وَسَط المَدينَة

der **Wolkenkratzer**
ناطِحَة سَحاب
nāṭiḥat saḥāb

die **Burg**
قَلْعَة
qalʿah

das **Schloss**
قَصْر
qaṣr

die **Kirche**
كَنيسَة
kanīsah

die **Moschee**
مَسْجِد
masjid

die **Synagoge**
كَنيسَة يَهوديَّة
kanīsah yahūdīyah

der **Tempel**
مَعْبَد
maʿbad

die **Ruine**
آثار
āthār

das **Bürogebäude**
مَبْنى مَكاتِب
mabnā makātib

das **Theater**
مَسْرَح
masraḥ

das **Kino**
سينَما
sīnamā

die **Fabrik**
مَصْنَع
maṣnaʿ

die **Botschaft**
سَفارَة
safārah

das **Opernhaus**
مَبْنى أوبرا
mabnā ūbirā

das **Museum**
مَتْحَف
matḥaf

die **Kunsthalle**
صالَة فُنون
ṣālat funūn

DIE INNENSTADT - وَسَط المَدينَة

Auf der Straße - عَلى الطَّريق

die **Straßenlaterne**
مِصْباح شارِع
miṣbāḥ shāriʿ

die **Fußgängerampel**
إشارَة مُرور لِلْمُشاة
ishārat murūr lil-mushāt

die **Ampel**
إشارَة مُرور
ishārat murūr

das **Denkmal**
نَصْب تِذْكاري
naṣb tidhkārī

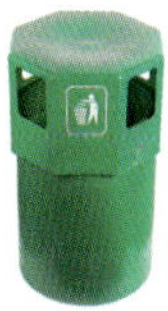

der **Abfalleimer**
سَلَّة قُمامَة
sallat qumāmah

der **Kanaldeckel**
غِطاء بالوعَة
ghiṭāʾ bālūʿah

der **Hydrant**
صُنْبور
ṣubūr

der **Friedhof**
مَقْبَرَة
maqbarah

die **Bushaltestelle**
مَوقِف حافِلات
mawqif ḥāfilāt

der **Kiosk**
كِشْك بَيْع
kishk bayʿ

die **Tiefgarage**
مِرْآب تَحْت الأَرْض
mirʾāb taḥt al-arḍ

die **Fußgängerzone**
مَنْطِقَة مُشاة
manṭiqat mushāh

Entschuldigen Sie bitte, wie komme ich nach ...?	ʿudhran, kayfa aṣil ilā....?	عُذْراً، كَيفَ أَصِلُ إلى...؟
Könnten Sie mir bitte sagen, wo ... ist?	hal yumkinuka ihkbārī, ayna ...?	هَل يُمْكِنُكَ إِخْباري، أَيْنَ...؟
an der Ecke	ʿalā az-zāwīyah	عَلى الزّاوِيَة
rechts/links abbiegen	inʿaṭafa naḥwa al-yamīn/al-yasār	اِنْعَطَفَ نَحْوَ اليَمين/اليَسار
auf der rechten/linken Seite	ʿalā al-jānib al-yamīnī/al-yasārī	عَلى الجانِب اليَميني/اليَساري
(schräg) gegenüber	(bi-shakl māʾil) ʿalā al-jānib al-muqābil	(بِشَكْل مائِل)عَلى الجانِب المُقابِل
in der Nähe (von)	bil-qurb (min)	بِالقُرْب (مِن)

DIE INNENSTADT - وَسَط المَدينَة

Das Hotel - الفُنْدُق

die **Rezeption**
إسْتِقْبال
istiqbāl

die **Empfangsdame**
مُوَظَّفَة إسْتِقْبال
muwaẓẓafat istiqbāl

die **Schlüsselkarte**
بطاقَة مِفْتاح
biṭāqat miftāḥ

die **Klingel**
جَرَس
jaras

die **Lobby**
بَهو
bahū

die **Bar**
مَقْهى
maqhā

das **Restaurant**
مَطْعَم
maṭʿam

die **Hotelanlage**
مُنْتَجَع
muntajaʿ

das **Doppelzimmer**
غُرْفَة مُزْدَوَجَة
ghurfah muzdawajah

das **Zweibettzimmer**
غُرْفَة بِسَريرَيْن
ghurfah bi-sarīrayn

das **Einzelzimmer**
غُرْفَة مُفْرَدَة
ghurfah mufradah

der **Fitnessraum**
غُرْفَة لَياقَة بَدَنيَّة
ghurfaht layāqah badanīyah

der **Pool**
مَسْبَح
masbaḥ

Ich habe ein Zimmer unter dem Namen ... gebucht.	laqad ḥajaztu ghurfha bi-ism	لَقَد حَجَزْتُ غُرْفَة بِإسْم...
Was kostet das Zimmer, bitte?	kam thamanu al-ghurfah, min faḍlik?	كَم ثَمَن الغُرْفَة، مِن فَضْلِك؟
Ich hätte gerne ein Doppelzimmer für eine Nacht.	aurīdu ghurfah muzdawajah li-laylah wāḥidah min faḍlik.	أُريدُ غُرْفَة مُزْدَوَجَة لِلَيْلَة واحِدَة مِن فَضْلِك.
Haben Sie ein Zimmer frei?	hal ladayka ghurfah fārighah?	هَل لَدَيْكَ غُرْفَة فارِغَة؟

DIE INNENSTADT - وَسَط المَدينَة

Das Hotel - الفُنْدُق

der/die **Concierge**
بَواب/ة
bawāb/ah

der **Kofferwagen**
عَرَبَة أَمْتِعَة
ʿarabat amtiʿah

der **Türanhänger „Bitte nicht stören"**
عَلَّاقَة باب «رَجاءً عَدَم الإزْعاج»
ʿalāqit bāb «rajāʾan ʿadam al-izʿāj»

die **Gepäckablage**
حامِل أَمْتِعَة
ḥāmil amtiʿah

der **Zimmerservice**
خِدْمَة الغُرَف
khidmat al-ghuraf

das **Zimmermädchen**
خادِمَة
khādimah

die **Suite**
جَناح
janāḥ

die **Toilettenartikel**
أَدَوات حَمام
adawāt ḥammām

die **Minibar**
بار صَغير
bār ṣaghīr

die **Zimmernummer**
رَقَم الغُرْفَة
raqam al-ghurfah

das **Frühstücksbuffet**
بوفيه إفْطار
būfyh ifṭār

das **Drei-/Vier-Sterne-Hotel**	fuunduq thalāth/arbaʿ nujūm	فُنْدُق ثَلاث/أَرْبَع نُجوم
das **Familienzimmer**	ghurfah ʿāʾilīyah	غُرْفَة عائِلِيَّة
ein-/auschecken	tasjīl dukhūl ilā/khurūj min	تَسْجيل دُخول إلى/خُروج مِن
die **Halbpension**	nawm wa niṣf qīmat al-akl	نَوْم وَ نِصْف قِيمَة الأَكْل
die **Vollpension**	nawm wa qīmat akl kāmilah	نَوْم وَ قِيمَة أَكْل كامِلَة
das **Zimmer mit Frühstück**	ghurfah maʿ ifṭār	غُرْفَة مَع إفْطار
das **Zustellbett**	sarīr iḍāfī	سَرير إضافي
der **Weckanruf**	khidmat ittiṣāl lil-īqāẓ	خِدْمَة اِتِّصال لِلإيقاظ

der **Tresor**
خَزْنَة
khaznah

DIE INNENSTADT - وَسَط المَدينَة

Die Bank - البَنْك

das **Chipkartenterminal**
جهاز دَفْع بالبطاقَة
jihāz dafʿ bil-biṭāqah

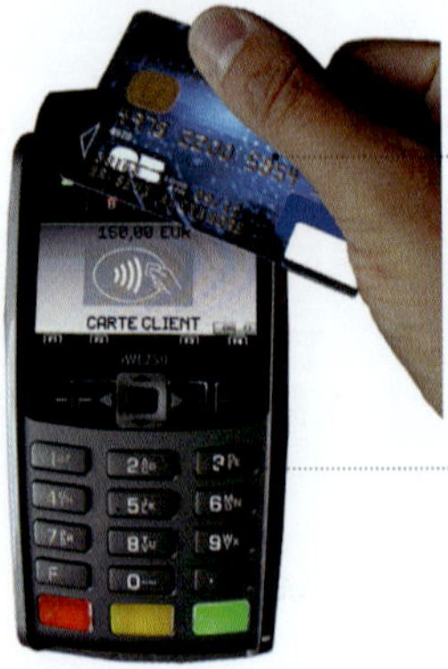

die **EC-Karte**
بطاقَة خَصْم مُباشَر
biṭāqat khaṣm mubāshar

das **Tastenfeld**
لَوْحَة مَفاتيح
lawḥat mafātīḥ

der **Schalter**
شَبّاك
shubbāk

die **Kassiererin**
أمين صُنْدوق
amīn ṣundūq

das **Onlinebanking**
خَدَمات مصْرِفيَّة عَبْرَ الإنْتَرْنِت
khadamāt maṣrifīyah ʿabra al-intarnit

der **Geldautomat**
صَرّاف آلي
ṣarrāf ālī

Geld abheben
سَحَبَ نُقود مِن حِسابه
saḥaba nuqūd min ḥisābih

Geld einzahlen
أوْدَعَ نُقود في حِسابه
awdaʿa nuqūd fī ḥisābih

einen Scheck ausstellen
كَتَبَ شيك
yaktaba shīk

das **Girokonto**	ḥisāb jārī	حِساب جاري
das **Sparkonto**	ḥisāb tawfīr	حِساب تَوْفير
die **PIN-Nummer**	raqam sirrī	رَقْم سِري
der **Zinssatz**	muʿaddal fāʾidah	مُعَدَّل فائِدَة
das **Darlehen**	qarḍ	قَرْض
die **Hypothek**	rahn ʿaqārī	رَهْن عَقاري
die **Kontonummer**	raqam ḥisāb	رَقم حِساب

DIE INNENSTADT - وَسَط المَدينَة

Die Bank - البَنْك

der **Geldschein**
عُمْلَة وَرَقيَّة
ʿumlah waraqīyah

die **Münze**
عُمْلَة مَعْدَنيَّة
ʿumlah maʿdanīyah

die **Währung**
عُمْلَة
ʿumlah

das **Wertpapier**
أوراق ماليَّة
awrāq mālīyah

der **Wechselkurs**
سِعْر الصَّرْف
siʿr aṣ-ṣarf

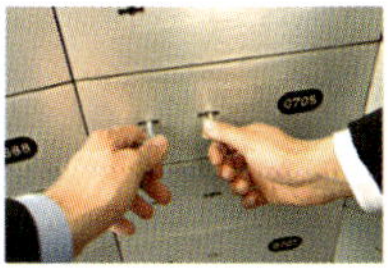
das **Bankschließfach**
صُنْدوق وَدائِع
ṣundūq wadāʾiʿ

der **Tresor**
خَزْنَة
khaznah

die **Kreditkarte**
بطاقَة اِئْتِمان
biṭāqat iʾtimān

die **Börse**
بورْصَة
būrṣah

der **Börsenkurs**
سِعْر السُّوق
siʿr as-sūq

der **Finanzberater**
مُسْتَشار مالي
mustashār mālī

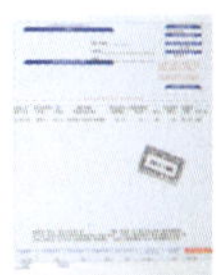
die **Rechnung**
فاتورَة
fātūrah

Könnten Sie mir das bitte wechseln?	hal yumkinuka an taṣrif lī?	هَل يُمْكِنُكَ أَن تَصرِف لي؟
Wie ist der aktuelle Wechselkurs?	mā siʿr aṣ-ṣarf al-yawm?	ما سِعْرُ الصَّرْف اليَوْم؟
Ich möchte gerne ein Konto eröffnen.	aurīd an aftaḥa ḥisāban.	أُريد أَن أَفْتَحَ حِساباً.
der **Betrag**	mablagh	مَبْلَغ
der **Reisescheck**	shīk siyāḥī	شيك سِياحي
das **Eigenkapital**	ra's al-māl	رَأْس المال
die **Provision**	ʿumūlah	عُمولَة
die **Wechselstube**	maktab ṣirāfah	مَكْتَب صِرافَة

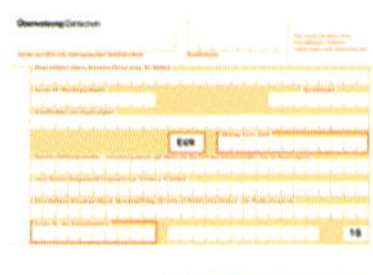
der **Überweisungs-schein**
إشْعار تَحْويل
ishʿār taḥwīl

EINKAUFEN - تَسَوُّق

Läden und Geschäfte - مَحَلّات وَمَتاجِر

der **Markt**
سوق
sūq

der **Marktstand**
بَسْطَة
basṭah

das **Schaufenster**
واجِهَة
wājihah

die **Tierhandlung**
مَتْجَر حَيَوانات أَليفَة
matjar ḥaywānāt alīfah

der **Gemüseladen**
مَحَل خَضْراوات
maḥal khaḍrāwāt

die **Metzgerei**
مَحَل جِزارَة
maḥal jizārah

die **Bäckerei**
مَخْبَز
makhbaz

die **Konditorei**
مَحَل حَلَواني
maḥal ḥalawānī

der **Supermarkt**
سوبَرمارْكيت
sūbbar mārket

das **Fischgeschäft**
مَحَل بَيْع سَمَك
maḥal bayʿ samak

die **Weinhandlung**
مَتْجَر بَيْع خُمور
matjar bayʿ khumūr

der **Blumenladen**
مَحَل بَيْع زُهور
maḥal bayʿ zuhūr

das **Lebensmittel-geschäft**
مَحَل بقالَة
maḥal biqālah

der **Bioladen**
مَحَل مُنْتَجات عُضْوِيَّة
maḥal muntajāt ʿuḍwīyah

das **Schreibwaren-geschäft**
مَتْجَربَيْع قُرطاسيَّة
matjar bayʿ qurṭāsīyah

der **Tante-Emma-Laden**
مَتْجَر صَغير
matjar ṣaghīr

EINKAUFEN - تَسَوُّق

Läden und Geschäfte - مَحَلّات وَمَتاجِر

der **Buchladen**
مَكْتَبَة
maktabah

die **Drogerie**
مَحَل مُسْتَحْضَرات نَظافَة وَ تَجْميل
maḥal mustaḥḍarāt naẓāfah wa tajmīl

die **Boutique**
بوتيك
būtīk

der **Antiquitätenladen**
مَتْجَر أَنْتيكات
matjar antīkāt

der **Spielzeugladen**
مَتْجَر أَلْعاب
matjar alʿāb

das **Juweliergeschäft**
مَحَل مُجَوهَرات
maḥal mujawharāt

das **Möbelgeschäft**
مَتْجَر أَثاث
matjar athāth

der **Elektrofachmarkt**
مَتْجَر أَدَوات كَهْرُبائِيَّة
matjar adawāt kahrubāʾīyah

das **Schuhgeschäft**
مَحَل بَيْع أَحْذِيَة
maḥal bayʿ aḥdhiyah

der **Friseursalon**
صالون حِلاقَة
ṣālūn ḥilāqah

die **Schneiderei**
مَحَل خِياطَة
maḥal khiyāṭah

die **Parfümerie**
مَتْجَر عُطور
matjar ʿuṭūr

der **Baumarkt**
مَتْجَر أَدَوات بِناء
matjar adawāt bināʾ

der **Geschenkeladen**
مَتْجَر هَدايا
matjar hadāyā

die **Apotheke**
صَيْدَلِيَّة
ṣaydalīyah

der **Optiker**
بائِع نَظّارات
bāiʿ naẓẓārāt

EINKAUFEN - تَسَوُّق

Das Einkaufszentrum - مَركَز تَسَوُّق

der **Lichthof**
رُدْهَة
rudha

die **zweite Etage**
طابِق ثاني
ṭābiq thānī

die **erste Etage**
طابِق أَوَّل
ṭābiq awwal

das **Geschäft**
مَتْجَر
matjar

die **Rolltreppe**
دَرَج مُتَحَرِّك
daraj mutaḥarrik

das **Erdgeschoss**
طابِق أَرْضي
ṭābiq arḍī

die **Verkäuferin**
بائِعَة
bāʾiʿah

der **Food Court**
قاعَة الطَّعام
qāʿat aṭ-ṭʿām

die **Umkleidekabine**
غُرْفَة تَجْرِبَة مَلابِس
ghurfat tajrubat malābis

der **Parkplatz**
مَوْقِف سَيّارات
mawqif sayyārāt

der **Wickelraum**
غُرْفَة تَغْيير حِفاضات
ghurfat taghīīr ḥifāḍāt

der **Kundendienst**	khidmat zabāʾin	خِدْمَة زَبائِن
der **Lageplan**	kharīṭat mawqiʿ	خَريطَة مَوقِع
der **Sicherheitsdienst**	khidmat amn	خِدْمَة أَمْن
Könnten Sie mir bitte ... zeigen?	hal yumkinuka an turīnī ..., min faḍlik?	هَل يُمكِنُكَ أن تُريني ...، مِن فَضْلِك؟
Wie viel kostet es?	bikam hadhā?	بِكَم هَذا؟
Kann ich das bitte umtauschen?	hal yumkinunī istibdāl hadhā?	هَل يُمكِنُني اِسْتِبْدال هَذا؟
der **Ausverkauf**	tanzilāt	تَنْزيلات

EINKAUFEN - تَسَوُّق

Das Kaufhaus - مَتْجَر مَتَعدِّد الأَقْسام

die **Schaufenster-puppe**
دُمْيَة عَرْض
dumyat ʿarḍ

die **Einkaufstüte**
كيس تَسَوُّق
kīs tasawwuq

die **Taschenabteilung**
قِسْم حَقائِب
qism ḥaqāʾib

der **Imbissbereich**
مَنْطِقَة وَجَبات خَفيفَة
manṭiqat wajabāt khafīfah

die **Sportabteilung**
قِسْم رِياضَة
qism riyāḍah

die **Kurzwaren**
مُسْتَلْزَمات مَلابِس
mustalzamāt malābis

die **Unterwäsche**
مَلابِس داخِلِيَّة
malābis dākhilīyah

die **Kosmetikabteilung**
قِسْم تَجْميل
qism tajmīl

die **Herrenabteilung**
قِسْم رِجال
qism rijāl

die **Damenabteilung**
قِسْم نِساء
qism nisāʾ

die **Kinderabteilung**
قِسم أَطْفال
qism aṭfāl

die **Schuhabteilung**
قِسْم أَحْذِيَّة
qism aḥdhiyah

die **Lebensmittel-abteilung**
قِسْم غِذاء
qism ghidhāʾ

die **Multimedia-Abteilung**
قِسْم اِلْكِتْرونِيّات
qism ilkitrunīyat

die **Heimtextilien-abteilung**
قِسْم أَقْمِشَة مَنْزِلِيَّة
qism aqmishah manzilīyah

die **Schreibwaren-abteilung**
قِسْم قُرْطاسِيَّة
qism qurṭāsīyah

EINKAUFEN - تَسَوُّق

Der Supermarkt - السوبَر مارکِيت

der **Kassierer**
أَمين صُنْدوق
amīn ṣundūq

die **Kundin**
زَبونَة
zabūnah

die **Ware**
بِضاعَة
biḍāʿah

das **Warentransportband**
شَريط تِسيير بَضائِع
sharīṭ tasyyir baḍāʾiʿ

das **Warenregal**
رَف بَضائِع
raf baḍāʾiʿ

der **Einkaufswagen**
عَرَبَة تَسَوُّق
ʿarabat tasawwuq

die **Kasse**
صُنْدوق مُحاسَبَة
ṣundūq muḥasābah

der **Scanner**
جِهاز مَسِح
jihāz masḥ

die **Käsetheke**
طاولَة بَيْع جُبْن
ṭawilat bayʿ jubn

die **Fleischtheke**
طاولَة بَيْع لَحْم
ṭawilat bayʿ laḥm

die **Einkaufsliste**
قائِمَة مُشْتَرَيات
qāʾimat mushtarayāt

der **Gang**
مَمَر
mamar

der **Einkaufskorb**
سَلَّة
sallah

der **Strichcode**
شيفْرَة خَيْطيَّة
shīfrah khayṭīyah

das **Sonderangebot**
عَرْض خاص
ʿarḍ khāṣ

die **Selbstbedienungskasse**
صُنْدوق مُحاسَبَة ذاتي
ṣundūq muḥasābah dhātī

EINKAUFEN - تَسَوُّق

Der Supermarkt - السوبَر ماركِيت

das **Kühlregal**
رَف بَرَّاد
raf barrād

die **Milchprodukte**
مُنْتَجات أَلْبان
muntajāt albān

die **Tiefkühlkost**
أَغْذيَّة
aghdhiyah

das **Obst und Gemüse**
خُضار وَفواكِه
khuḍār wa fawākih

das **Fleisch und Geflügel**
لُحوم وَدَواجِن
luḥūm wa dawājin

die **Konserven**
مُعَلَّبات
muʿallabāt

die **Feinkost**
مأكولات فاخِرَة
maʾkūlāt fākhirah

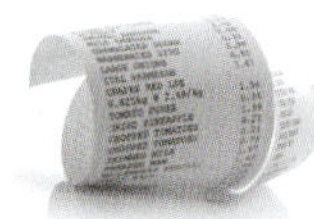

der **Kassenzettel**
فاتورَة
fātūrah

die **Babyartikel**
مُسْتَلْزَمات رُضَّع
mustalzamāt ruḍḍaʿ

die **Frühstücksflocken**
رَقائِق إِفْطار
raqāʾiq ifṭār

die **Backwaren**
مُنْتَجات مَخْبَز
muntajāt makhbaz

die **Fischtheke**
طاوِلَة بَيْع سَمَك
ṭāwilat bayʿ samak

die **Getränke**	mashrūbāt	مَشْروبات
die **Süßigkeiten**	ḥalawiyyāt	حَلَوِيَّات
das **Tierfutter**	aṭʿimat ḥaywānāt	أَطْعِمَة حَيَوانات
die **Bioprodukte**	muntajāt ʿuḍwīyah	مُنْتَجات عُضْوِيَّة
bezahlen	dafaʿ	دَفَعَ
der **Preis**	thaman	ثَمَن
das **Preisschild**	lāʾiḥat ath-thaman	لائِحَة الثَّمَن

die **Reinigungsmittel**
مَواد تَنْظيف
mawād tanẓīf

EINKAUFEN - تَسَوُّق

Der Kiosk - الكِشْك

die **Zeitung**
جَريدَة
jarīdah

die **Zeitschrift**
مَجَلَّات
majallāt

das **Notizbuch**
دَفْتَر
daftar

der/das **Comic**
قِصَّة مُصَوَّرَة
qiṣṣah muṣawwarah

das **Zeitschriftenregal**
رَف مَجَلَّات
raf majallāt

die **Grußkarte**
بطاقَة تَهْنِئَة
biṭāqat tahni'ah

der **Lottoschein**
تَذْكَرَة يانَصيب
tadhkarat yānaṣīb

das **Buch**
كِتاب
kitāb

der/das **Kaugummi**
لِبان
libān

der/das **Pfefferminz-bonbon**
سَكاكِر بالنَّعْناع
sakākir bin-naʿnāʿ

der **Schokoriegel**
إصْبَع شوكولاتَة
iṣbaʿ shūkūlātah

der **Tabak**
تَبْغ
tabgh

die **Zigarette**
سَجائِر
sajā'ir

die **Pfeife**
غَلْيون
ghalyūn

das **Feuerzeug**
وَلّاعَة
wallāʿah

die **Zigarre**
سيجار
sījār

CAFÉS UND BARS - مَقاهي وبارات

das **Straßencafé**
مَقْهى عَلى رَصيف
maqhā ʿalā raṣīf

die **Sonnenterrasse**
مَقْهى على تِراس
maqhā ʿalā tirās

die **Theke**
طاوِلَة الطَّلَب
ṭāwilat aṭ-ṭalab

die **Kaffeemaschine**
ماكينَة قَهْوَة
mākīnat qahwah

das **Tablett**
صينيَّة
ṣīnīyah

der **Zapfhahn**
صُنْبور بيرَة
ṣunbūr bīrah

der **Barkeeper**
نادِل
nādil

der **Barista**
قَهْوَجي
qahwajī

der **Barhocker**
مَقْعَد بار
maqʿad bār

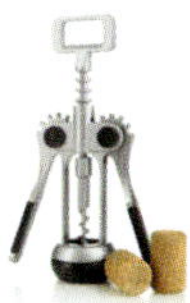

der **Korkenzieher**
نَزّاعَة سَدّادات
nazzāʿat saddādāt

der **Cocktailshaker**
خَضاضّة كوكْتيل
khaḍāḍat kuktyl

der **Weinkühler**
دَلو تَبريد النَّبيذ
dalū tabrīd an-nabīdh

etwas auf Rechnung setzen	waḍaʿa shayʾan ʿalā al-fātūrah	وَضَعَ شَيْئاً عَلى الفاتورَة
die Rechnung übernehmen	dafaʿa al-fātūrah	دَفَعَ الفاتورَة
Wo sind bitte die Toiletten?	ayna dawrāt al-miyāh, min faḍlik?	أيْنَ دَورات المِياه، مِن فَضْلِك؟
Ich hätte gern …	aurīd….	أُريد...
Bitte ein Glas …	ka's…, min faḍlik.	كَأس...،مِن فَضْلِك.
Bitte eine Tasse …	finjān…, min faḍlik.	فِنْجان...، مِن فَضْلِك.

der **Aschenbecher**
طَفايَة سَجائِر
ṭafāyat sajāʾir

SEHENSWÜRDIGKEITEN – مَعالِم سِياحِيَّة

der **Stadtplan**
خَرِيطَة مَدِينَة
kharīṭat madīnah

die **Touristen-information**
مَعْلومات سِياحِيَة
maʿlūmāt siāḥīyah

der **Reiseführer**
دَليل سِياحي
dalīl siyāḥī

das **Souvenir**
تِذْكار
tidhkār

die **Stadtbesichtigung**
مُشاهَدَة مَدينَة
mushāhadat madīnah

die **Stadtrundfahrt**
جَولَة في مَدينَة
jawlah fī madīnah

die **Flussfahrt**
رِحْلَة نَهْرِيَّة
riḥlah nahrīyah

das **Aquarium**
حَوض سَمَك
ḥawḍ samak

die **Aussichtsplattform**
مِنَصَّة عَرْض
minaṣṣat ʿarḍ

die **Ausstellung**
مَعْرَض
maʿraḍ

der **Straßenmusiker**
مُوسيقي شَوارِع
mūsīqī shawāriʿ

der **Straßenkünstler**
فَنان شَوارِع
fanān shawāriʿ

die **Warteschlange**
صَف اِنْتِظار
ṣaf intiẓār

der **Fremdenführer**	murshid siyāḥī	مُرْشِد سِياحي
der **Ausflug**	riḥlah	رِحلَة
die **Öffnungszeiten**	awqāt dawām	أوقات دَوام
geöffnet	maftūḥ	مَفْتوح
geschlossen	mughlaq	مُغْلَق
das **Eintrittsgeld**	rasm dukhūl	رِسْم دُخول
die **Ermäßigung**	takhfīḍ	تَخْفيض

DIE ARCHITEKTUR - الهَنْدَسَة المِعْمارِيَّة

klassizistisch
كلاسيكي مُحَدَّث
klāsīkī muḥaddath

gotisch
قوطي
qūṭī

barock
باروك
bāruk

romanisch
رومانسكي
rūmānskī

die ***Renaissance***
طِراز النَّهْضَة
ṭirāz an-nahḍah

der/das ***Art déco***
آرت ديكو
ārt dīku

der ***Jugendstil***
آرت نوفو
ārt nūfū

das ***Rokoko***
روكوكو
rukuku

das ***Bauhaus***
باوهاوس
bāw hāws

die ***Säule***
عامود
ʿāmūd

der ***Bogen***
قَوس
qaws

die ***Kuppel***
قُبَّة
qubbah

die ***Fassade***	wājihah	واجهَة
der ***Flügel***	janāḥ	جَناح
das ***Grabmal***	ḍarīḥ	ضَريح
der ***Innenhof***	bahū dākhilī	بَهو داخِلي
die ***Stadtmauer***	sūr madīnah	سور مَدينَة
die ***Katakomben***	sarādīb mawtā	سَراديب مَوتى
die ***Gedenkstätte***	naṣb tidhkārī	نَصْب تِذْكاري

das ***Wahrzeichen***
مَعْلَم
maʿlam

PARK UND SPIELPLATZ – الحَدائِق العامَّة وَمَلاعِب الأَطْفال

der **Kurpark**
حَديقَة إِسْتِجْمام
ḥadīqat istijmām

① der **Pavillon**
بافيليون
bāfīliūn

② der **Fußweg**
مَمر مُشاة
mamar mushāt

③ die **Liegewiese**
مَرْج
marj

die **Gartenanlage**
مُتَنَزَّه
mutanazzah

④ der **Brunnen**
بِئْر
biʾr

⑤ die **Parkbank**
مَقْعَد حَديقَة
maqʿad ḥadīqah

der **botanische Garten**
حَديقَة نَباتيَّة
ḥadīqah nabātīyah

der **Schlosspark**
حَديقَة قَصْر
ḥadīqat qaṣr

der **Landschaftspark**
حَديقَة طَبيعيَّة
ḥadīqah ṭabīʿīyah

der **See**
بُحَيْرَة
buḥayrah

der **Nationalpark**
مُتَنَزَّه وَطَني
mutanazzah waṭanī

der **Bergpark**
حَديقَة جَبَليَّة
ḥadīqah jabalīyah

der **Zoo**
حَديقَة حَيَوانات
ḥadīqat ḥaywānāt

der **Wildpark**
حَديقَة حَيَوانات سَفاري
ḥadīqat ḥaywānāt safārī

PARK UND SPIELPLATZ - الحَدائِق العامَّة وَمَلاعِب الأَطْفال

der Spielplatz
مَلْعَب أَطْفال
malʿab aṭfāl

der Sandkasten
صُنْدوق رَمْل
ṣundūq raml

① das **Klettergerüst**
جِهاز تَسَلُّق
jihāz tasalluq

② die **Rutsche**
زِحْليقَة
ziḥlyqah

das **Hangelgerüst**
جِهاز تَعَلُّق
jihāz taʿalluq

③ die **Schaukel**
أُرْجوحَة
urjūḥah

④ die **Wippe**
لُعْبَة تَوازُن
luʿbat tawāzun

der **Irrgarten**
حَديقَة مَتاهَة
ḥadīqat matāhah

der **Vergnügungspark**
حَديقَة مَلاهي
ḥadīqat malāhī

der **Grillplatz**
مَكان شِواء
makām shiwā'

das **Picknick**
نُزْهَة
nuzhah

spazieren gehen
تَمَشَّى
tamashsha

das **Slacklining**
تَوازُن على حَبْل
tawāzana ʿalā ḥabl

joggen
رَكَضَ
rakaḍa

das **Planschbecken**
حَوض لَعِب بالماء
ḥawḍ laʿb bil-mā'

BILDUNG UND BERUF

تَعليم وَمِهَن

DIE SCHULE – المَدْرَسَة

der **Kindergarten**
رَوْضَة أَطْفال
rawḍat aṭfāl

die **Vorschule**
صَف تَحْضيري
ṣaf taḥḍīrī

die **Grundschule**
مَدْرَسَة اِبْتِدائيَّة
madrasah ibtidāʾīyah

die **weiterführende Schule**
مَدْرَسَة إِعْداديَّة
madrasah iʿdādīyah

das **Gymnasium**
مَدْرَسَة ثانَويَّة
madrasah thānawīyah

die **Klasse**
صَف
ṣaf

die **Prüfung**
اِمْتِحان
imtiḥān

die **Aula**
قاعَة اِحْتِفالات
qāʿit iḥtifālāt

der **Computerraum**
غُرْفَة كُمْبيوتَر
ghurfat kumbyūtar

die **Schulleiterin**
مُديرَة مَدْرَسَة
mudīrat madrasah

die **Lehrerin**
مُعَلِّمَة
muʿallimah

der **Sportplatz**
مَلْعَب رياضي
malʿab riyāḍī

die **Schuluniform**
زَي مَدْرَسي
zay madrasī

der **Aufsatz**	maqāl	مَقال
die **Klassenarbeit**	faḥṣ	فَحْص
die **Note**	darajah	دَرَجَة
der **mittlere Schulabschluss**	shahādat dirāsah iʿdādīyah	شَهادة دِراسَة إِعْداديَّة
die **Privatschule**	madrasah khāṣṣah	مَدْرَسَة خاصَّة
das **Abitur**	shahādat dirāsah thānawīyah	شَهادة دِراسَة ثانَويَّة
das **Internat**	intarnit	إِنْتَرْنِت

DIE SCHULE - المَدْرَسَة

Das Klassenzimmer - في الصَّف

die **Schultasche**	shanṭat madrasah	شَنْطَة مَدْرَسَة
das **Wörterbuch**	qāmūs	قاموس
die **Nachhilfe**	dars taqwīyah	دَرْس تَقْوِيَّة
die **Kreide**	ṭabāshīr	طَباشير
das **Schulbuch**	kitāb madrasī	كِتاب مَدْرَسي
der **Füller**	qalam ḥibr	قَلَم حِبْر
der **Marker**	qalam taʿlīm	قَلَم تَعْليم

der **Taschenrechner**
آلَة حاسِبَة
ālah ḥāsibah

DIE SCHULE - المَدْرَسَة

Die Schulfächer - مَواد الدِّراسَة

die **Biologie**
عِلْم الأَحْياء
ʿilm al-aḥyāʾ

die **Mathematik**
رياضِيات
riyāḍiyāt

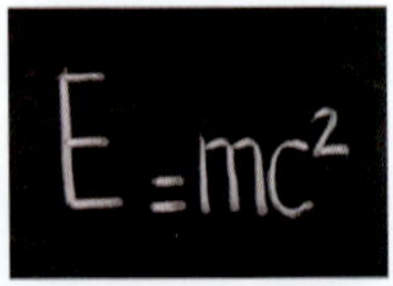

die **Physik**
فيزْياء
fīzyāʾ

die **Chemie**
كيمْياء
kīmyāʾ

der **Religions-unterricht**
حِصَّة تَرْبيَّة دينيَّة
ḥiṣṣat tarbiyah dīnīyah

der **Ethikunterricht**
حِصَّة تَرْبيَّة أَخْلاقيَّة
ḥiṣṣat tarbiyah akhlāqīyah

die **Kunst**
فَن
fan

die **Erdkunde**
جُغْرافيا
jughrāfiyā

die **Fremdsprachen**
لُغات أَجْنَبيَّة
lughāt ajnabīyah

die **Geschichte**
تاريخ
tārīkh

der **Sport**
رياضَة
riyāḍiyāt

die **Musik**
موسيقَى
musīqā

das **Drama**
دْراما
drāmā

die **Informatik**
عُلوم كُمْبيوتَر
ʿulūm kumbyūtar

der **Werkunterricht**
حِصّة أَشْغال يَدَويَّة
ḥiṣṣat ashghāl yadawīyah

die **Gemeinschaftskunde**
عُلوم اِجْتِماعيَّة
ʿulūm ijtimāʿīyah

DIE SCHULE - المَدْرَسَة

Die Schulfächer - مَواد الدِّراسَة

das **Technische Zeichnen**
رَسْم هَنْدَسي
rasm handasī

die **Hauswirtschaft**
اِقْتِصاد
iqtiṣād

schreiben
كَتَبَ
kataba

rechnen
حَسَبَ
ḥasaba

buchstabieren
تَهَجَّأَ
tahajja'a

lesen
قَرَأَ
qara'a

sich melden
شارَكَ
shāraka

die **Klassenfahrt**
رِحْلَة مَدْرسيَّة
riḥlah madrasīyah

der **Stundenplan**
جَدْوَل مَواعيد الحِصَص
jadwal mawāʿīd al-ḥiṣaṣ

der **Abschlussball**
حَفْلَة تَخَرُّج مِن المَدْرَسَة
ḥaflat takharruj min al-madrasah

die **Hausaufgabe**
واجب مَدْرَسي
wājib madrasī

das **Sportfest**
حَفْل رياضي
ḥafl riyāḍī

zeichnen	rasama	رَسَمَ
zählen	ʿadda	عَدَّ
die **Übung**	tamrīn	تَمْرين
der **Elternabend**	ijtimāʿ ahl masā'ī	اِجْتِماع أَهْل مَسائي
das **Zeugnis**	shahādah	شَهادَة
der **Lehrplan**	manhaj dirāsah	مَنْهَج دِراسَة
das **Schulfach**	māddat dirāsah	مادَّة دِراسَة

die **Ferien**
عَطْلَة
ʿuṭlah

DIE SCHULE - المَدْرَسَة

Im Labor - في المَخْتَبَر

der **Versuch**
تَجْرُبَة
tajrubah

die **Schutzbrille**
نَظّارَة واقيَّة
naẓẓārah wāqīyah

der **Kittel**
مَرْيَلَة
maryalah

das **Reagenzglas**
أَنْبوبَة اِخْتِبار
anbūbat ikhtibār

der **Chemikalienhandschuh**
قُفاز مَواد كيماويَّة
qufāz mawād kimāwīyah

die **Laborausrüstung**
مُعِدّات مَخْتَبَر
muʿaddāt mukhtabar

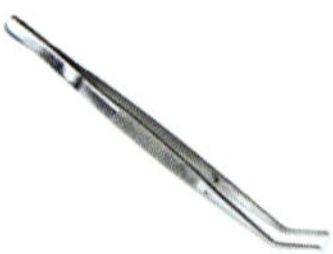

die **Pinzette**
مِلْقَط
milqaṭ

das **Skalpell**
مِشْرَط
mishraṭ

die **Lupe**
عَدَسَة مُكَبِّرَة
ʿadasah mukabbirah

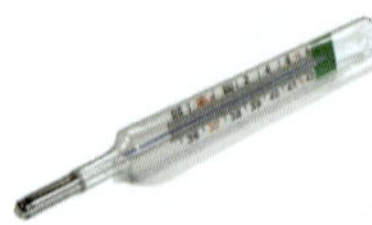

das **Thermometer**
مِقْياس حَرارَة
miqyās ḥarārah

die **Laborwaage**
ميزان مَخْبَري
mizān makhbarī

die **Stoppuhr**
ساعَة تَوْقيف
sāʿat tawaqīf

der **Magnet**
مِغْناطيس
mighnāṭīs

die **Batterie**
بَطّاريَّة
baṭṭārīyah

DIE SCHULE - المَدْرَسَة

Im Labor - في المَخْتَبَر

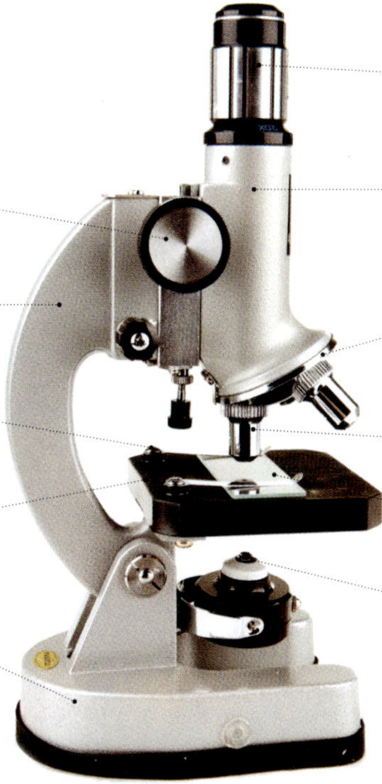

das **Mikroskop**
مِجْهَر
mijhar

das **Okular**
عَدَسَة عَيْنِيَّة
ʿadasah ʿaynīyah

das **Einstellrad**
عَجَلَة تَعْيين
ʿamjalat taʿyīn

der **Tubus**
أنْبوب
unbūb

das **Stativ**
حامِل
ḥāmil

der **Objektivrevolver**
مُصَوِّب عَدَسات
muṣawwib ʿadasāt

die **Objektklemme**
مِشْبَك تَثْبيت
mishbak tathbīt

das **Objektiv**
عَدَسَة
ʿadasah

der **Objekttisch**
مِنَصَّة
minaṣṣah

der **Objektträger**
شَريحَة زُجاجِيَّة
sharīḥah zujājīyah

der **Fuß**
قاعِدَة
qāʿidah

die **Lampe**
مِصْباح
miṣbāḥ

die **Pipette**
مِرْشَفَة
mirshaqah

die **Petrischale**
طَبَق زُجاجي
ṭabaq zujājī

das **Drahtnetz**
شَبَكَة أسْلاك
shabakat aslāk

der **Dreifuß**
حامِل ثُلاثي قَوائِم
ḥāmil thulāthī qawāʾim

der **Bunsenbrenner**
مَوقِد بِنْزن
mawqid binzn

DIE SCHULE - المَدْرَسَة

In der Pause - في الاِسْتِراحَة

die **Mittagspause**
اِسْتِراحَة الظَّهيرَة
istirāḥat aẓ-ẓahīrah

das **Tablett**
صينيَّة
ṣīnīyah

die **Butterbrotdose**
عُلْبَة طَعام
ʿulbat ṭaʿām

das **Pausenbrot**
طَعام اِسْتِراحَة
ṭaʿām istirāḥah

die **Schulglocke**
جَرَس مَدْرَسَة
jaras madrasah

der **Spind**
خِزانَة
khizānah

die **Pause**
اِسْتِراحَة
istirāḥah

der **Schulhof**
باحَة مَدْرَسَة
bāḥat madrasah

Himmel und Hölle spielen
لَعِبَ لُعْبَة قَفْز
laʿiba luʿbat qafz

der **Speisesaal**
صالَة طَعام
ṣālat taʿām

das **Lunchpaket**
صُنْدوق غَداء
ṣundūq ghadāʾ

die **Essensausgabe**
توزيع طَعام
tawzīʿ ṭaʿām

DIE SCHULE - المَدْرَسَة

Die Sporthalle - صالَة الرِّياضَة

der **Volleyball**
كُرَة طائِرَة
kurah ṭāʾirah

der **Basketball**
كُرَة سَلَّة
kurat sallah

der **Handball**
كُرَة يَد
kurat yad

der **Fußball**
كُرَة قَدَم
kurat qadam

der **Baseball**
كُرَة بيسْبول
kurah bisbul

der **Federball**
كُرَة ريشَة
kurat rīshah

der **Tennisball**
كُرَة تِنِس
kurat tinis

der **Football**
كُرَة قَدَم أَمْريكيَّة
kurat qadam amirkīyah

der **Puck**
قُرْص لُعْبَة الهوكي
qurṣ luʿbat al-hukī

der **Basketballkorb**
سَلَّة كُرَة السَّلَّة
sallat kurat as-sallah

die **Sprossenwand**
حائِط ذو عَوارِض
ḥāʾiṭ dhū ʿawāriḍ

das **Korbbrett**
لَوْحَة خَلْفيَّة
lawḥah khalfīyah

die **Strickleiter**
سَلَّم حَبْل
sullam ḥabl

das **Trampolin**
تْرامْبولين
trāmbūlīn

die **Ringe**
حَلَقات
ḥalaqāt

das **Springseil**
حَبْل قَفْز
ḥabl qafz

DIE UNIVERSITÄT - الجامِعَة

der **Campus**
حَرَم الجامِعَة
ḥaram al-jāmiʿah

der **Hörsaal**
قاعَة مُحاضَرات
qāʿat muḥāḍarāt

die **Politikwissenschaft**
عُلوم سِياسِيَّة
ʿulūm siyāsīyah

die **Kunstgeschichte**
تاريخ الفُنون
tārīkh al-funūn

die **Rechtswissenschaft**
حُقوق
ḥuqūq

die **Betriebswirtschaftslehre**
إدارَة أَعْمال
idārat aʿmāl

die **Geisteswissenschaften**
عُلوم إنْسانِيَّة
ʿulūm insānīyah

die **Naturwissenschaften**
عُلوم طَبيعِيَّة
ʿulūm ṭabīʿīyah

das **Ingenieurwesen**
هَنْدَسَة
handasah

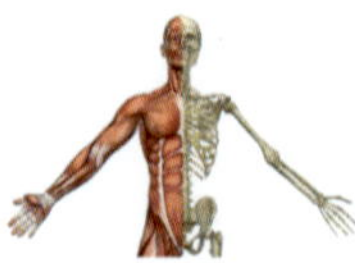

die **Medizin**
طِب
ṭib

die **Pädagogik**
تَربِيَة
tarbiyah

der **Professor**
بْروفيسور
brufisur

die **Dozentin**
مُحاضِر
muḥāḍir

das **Diplom**	diblum	دِبْلوم
der **Bachelor**	bakālurius	بَكالوريوس
der **Master**	māstar	ماستَر
die **Dissertation**	auṭrūḥat baḥth ʿilmī	أُطْروحَة بَحْث عِلْمي
die **Promotion**	dukturah	دُكْتوراه
die **Habilitation**	taʾhīl li-darajat brufisur	تَأهيل لِدَرَجَة بْروفيسور
die **Forschung**	buḥūth ʿilmīyah	بُحوث عِلْمِيَّة
das **Forschungsinstitut**	maʿhad buḥūth ʿilmīyah	مَعْهَد بُحوث عِلْمِيَّة

DIE UNIVERSITÄT - الجامِعَة

ein **Referat halten**
أَلْقى مُحاضَرَة
alqā muḥāḍarah

das **Seminar**
حَلَقَة دِراسيَّة
ḥalaqah dirāsīyah

die **Vorlesung**
مُحاضَرَة
muḥāḍarah

die **Klausur**
اِمْتِحان
imtiḥān

der **Lesesaal**
قاعَة مُحاضَرات
qāʿat muḥāḍarāt

die **Ausleihe**
إِسْتِعارَة
istiʿārah

das **Bücherregal**
رَف كُتُب
raf kutub

die **mündliche Prüfung**
اِمْتِحان شَفَهي
imtiḥān shafahī

sein **Studium abschließen**
تَخَرَّجَ مِن الجامِعَة
takharraja min al-jāmiʿah

das **Studentenwohnheim**
سَكَن جامِعي
sakan jāmiʿī

die **Mensa**
مَطْعَم الجامِعَة
maṭʿam al- jāmiʿah

die **Bibliothek**
مَكْتَبَة
maktabah

der **Student**
طالِب
ṭālib

der **Bibliothekar**	amīn maktabah	أَمين مَكْتَبَة
die **Bibliothekarin**	amīnat maktabah	أَمينَة مَكْتَبَة
der **Bibliotheksausweis**	biṭāqat maktabah	بِطاقَة مَكْتَبَة
ausleihen	istaʿāra	اِسْتَعارَ
verlängern	maddada	مَدَّدَ
vorbestellen	ḥajaza	حَجَزَ
das **Rückgabedatum**	tārīhk al-irjāʿ	تاريخ الإِرْجاع

DIE UNIVERSITÄT - الجامِعَة

die **Lerngruppe**
مَجْموعَة تَعَلُّم
majmūʿat taʿallum

lernen
تَعَلَّمَ
taʿallama

das **Praxissemester**
فَصْل عَمَلي
faṣl ʿamalī

das **Praktikum**
تَطبيق عَمَلي
taṭbīq ʿamalī

das **Volontariat**
تَدْريب
tadrīb

das **freie Jahr**
سَنَة عَمَل تَطَوُّعي
sanah ʿamal taṭawwuʿī

jobben
عَمِلَ
ʿamila

das **schwarze Brett**
لَوْح إعلانات
lawḥ iʿlānāt

die **Ausbildung**
تَعْليم مِهْنَة
taʿlīm mihnah

die **Berufsfachschule**
مَدْرَسَة مِهَنيَّة
madrasah mihanīyah

die **Kunsthochschule**
كُلِيَّة فُنون
kulīyat funūn

die **Musikhochschule**
كُلِيَّة موسيقى
kulīyat mūsīqā

die **Akademie für darstellende Künste**
أكاديميَّة فُنون مَسْرَحيَّة
akādīmīyat funūn masraḥīyah

der **Studentenausweis**	biṭāqah jāmiʿīyah	بِطاقَة جامِعيَّة
der **Kurs**	dawrah	دَوْرَة
das **Semester**	faṣl dirāsī	فَصْل دِراسي
der **Fachbereich**	qism	قِسْم
die **Hausarbeit**	wājib manzalī	واجِب مَنْزِلي
der **Hochschulabschluss**	shahādah jāmiʿīyah	شَهادَة جامِعيَّة
das **Stipendium**	minḥah jāmiʿīyah	مِنْحَة جامِعيَّة

DIE ARBEITSWELT - مَجال العَمَل

Die Bewerbung - طَلَب العَمَل

das **Bewerbungsgespräch**
مُقابَلَة تَرَشُّح لِلْعَمَل
muqābalat tarashshuḥ lil-ʿamal

die **Personalreferentin**
مَنْدوبَة شُؤون العامِلِيْن
mandūbat shu'ūn al-ʿāmilīn

der **Lebenslauf**
سيرَة ذاتيَّة
sīrah dhātīyah

die **Bewerbungsunterlagen**
مُسْتَنَدات تَرَشُّح لِلْعَمَل
mustanadāt tarashshuḥ lil-ʿamal

die **Bewerberin**
مُرَشَّحَة لِلْعَمَل
murashshaḥah lil-ʿamal

die **Stellenanzeige**
إعْلان عَن وَظيفَة
iʿlān ʿan waẓīfah

die **Zeitarbeit**
عَمَل مُؤَقَت
ʿamila mu'aqqat

die **Festanstellung**
تَوظيف ثابت
tawẓīf thābit

die **Karriere**
سَيْر الحَياة المِهَنيَّة
sayr al-ḥayāt al-mihanīyah

sich um eine Stelle bewerben	rashshaḥa nafsahu li-ʿamal	رَشَحَ نَفْسَه لِعَمَل
die **Arbeitsbedingungen**	shurūṭ al-ʿamal	شُروط العَمَل
die **Schichtarbeit**	ʿamila bit-tanāwub	عَمَل بِالتَّناوُب
die **Teilzeit**	niṣf dawām	نِصْف دَوام
die **Vollzeit**	dawām kāmil	دَوام كامِل
die **Qualifikation**	mu'ahilāt	مُؤَهِّلات
die **Berufserfahrung**	khibraht ʿamal	خِبْرَة عَمَل

jemanden einstellen
وَظَّفَ شَخْصاً
waẓẓafa shakhṣan

DIE ARBEITSWELT - مَجال العَمَل

Berufe - مِهَن

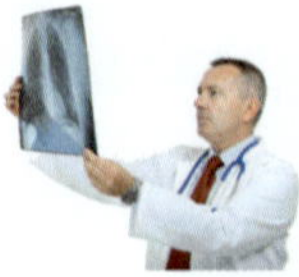

der **Arzt**
طَبيب
ṭabīb

der **Chirurg**
جَرَّاح
jarrāḥ

der **Krankenpfleger**
مُمَرِّض
mumarriḍ

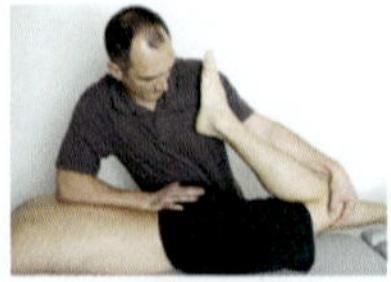

der **Physiotherapeut**
مُعالِج فيزيائي
muʿālij fīzyāʾī

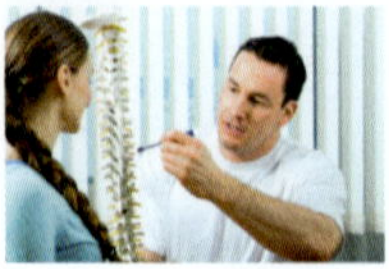

der **Orthopäde**
طَبيب عَظْمِيَّة
ṭabīb ʿaẓmīyah

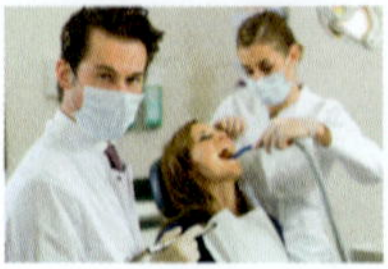

der **Zahnarzt**
طَبيب أَسْنان
ṭabīb asnān

die **Psychologin**
طَبيب نَفْسي
ṭabīb nafsī

die **Apothekerin**
صَيْدَلِيَّة
ṣaydalīyah

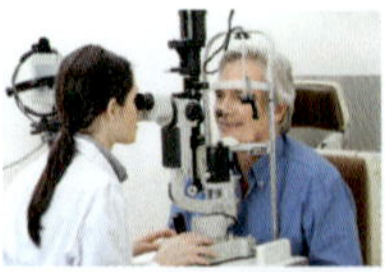

die **Optikerin**
أَخِصَّائي نَظَّارات
akhiṣṣāʾī naẓẓārāt

der **Tierarzt**
طَبيب بَيْطَري
ṭabīb bayṭarī

die **Empfangsdame**
مُوَظَّفَة اِسْتِقْبال
muwaẓẓafat istiqbāl

der **Rechtsanwalt**
مُحامي
muḥāmī

die **Richterin**
قاضِيَة
qāḍiyah

der **Wirtschaftsprüfer**
مُحاسِب
muḥāsib

die **Unternehmensberaterin**
مُسْتَشار أَعْمال
mustashār aʿmāl

der **Informatiker**
خَبير كُمْبيوتَر
khabīr kumbyūtar

DIE ARBEITSWELT - مَجال العَمَل

Berufe - مِهَن

der **Architekt**
مُهَنْدِس مِعْماري
muhandis miʿmārī

die **Ingenieurin**
مُهَنْدِسَة
muhandisah

der **Schreiner**
نَجّار
najjār

der **Elektriker**
كَهْرُبائي
kahrubāʾī

der **Klempner**
سَبّاك
sabbāk

der **Dachdecker**
بَنّاء أَسْقُف
bannāʾ asquf

der **Maler**
دَهّان
dahhān

der **Müllmann**
عامِل قُمامَة
ʿāmil qumāmah

die **Kfz-Mechanikerin**
ميكانيكي سَيّارات
mīkānīkī sayyārāt

der **Landwirt**
مُزارِع
muzāriʿ

die **Soldatin**
جُنْدِيَّة
jundiyyah

die **Briefträgerin**
ساعِيَّة بَريد
sāʿiyat barīd

der **Bauarbeiter**
عامِل بناء
ʿāmil bināʾ

der **Gebäudereiniger**
عامِل تَنْظيف
ʿāmil tanẓīf

der **Landschafts-gärtner**
بُسْتاني أَراضي عامِة
bustānī arāḍī ʿāmah

der **Fischer**
صَيّاد سَمَك
ṣayyād samak

DIE ARBEITSWELT - مَجال العَمَل

Berufe - مِهَن

der **Pilot**
طَيَّار
ṭayyār

die **Flugbegleiterin**
مُضيفَة طَيَران
muḍīfat ṭayarān

der **Koch**
طَبَّاخ
ṭabbākh

der **Kellner**
نادِل
nādil

der **Bäcker**
خَبَّاز
khabbāz

die **Metzgerin**
جَزَّارَة
jazzārah

der **Verkäufer**
بائِع
bāʾiʿ

die **Friseurin**
حَلَّاقَة
ḥallāqah

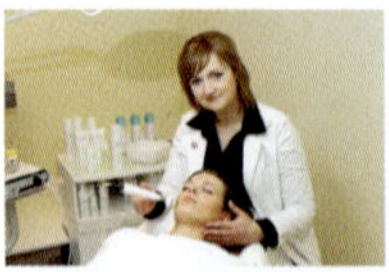

die **Kosmetikerin**
خَبيرَة تَجْميل
khabīrat tajmīl

der **Gärtner**
بُسْتاني
bustānī

die **Immobilien-maklerin**
سِمْسار عَقارات
simsār ʿaqārāt

die **Bürokauffrau**
مُديرَة مَكْتَب
mudīrat maktab

der **Sanitäter**
مُساعِدَة طِبِّيَة
musāʿididah ṭibbīyah

der **Busfahrer**
سائِق حافِلَة
sāʾiq ḥāfilah

der **Taxifahrer**
سائِق تاكْسي
sāʾiq tāksī

der **Paketzusteller**
مُوَصِّل طُرود
muwaṣṣil ṭurūd

DIE ARBEITSWELT - مَجال العَمَل

Berufe - مِهَن

die **Journalistin**
صَحَفيَّة
saḥafīyah

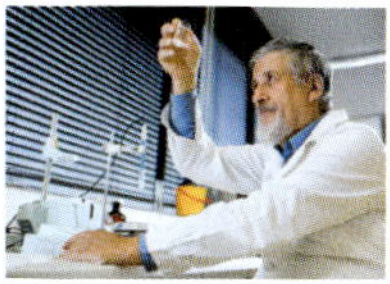

der **Wissenschaftler**
عالِم
ʿālim

die **Grafikerin**
مُصَمِّمَة جْرافيك
muṣammimat jrāfīk

der **Profisportler**
رياضي مُحْتَرِف
riyāḍī muḥtarif

die **Moderatorin**
مُقَدِّمَة بَرامِج
muqaddimat barāmij

die **Schauspielerin**
مُمَثِّلَة
mumaththilah

die **Sängerin**
مُغَنِّيَة
mughannīyah

der **Tänzer**
راقِص
rāqiṣ

die **Kunstmalerin**
رَسّامَة
rassāmah

der **Fotograf**
مُصَوِّر
muṣawwir

die **Musikerin**
موسيقِيَّة
mūsīqīyah

die **Schneiderin**
خَيّاطَة
khayyāṭah

der **Bildhauer**
نَحّات
naḥḥāt

die **Bankkauffrau**
مُوَظَّفَة بَنْك
muwaẓẓafat bank

der **Bibliothekar**
أَمين مَكْتَبَة
amīn maktabah

der **Lehrer**
مُعَلِّم
muʿallim

DIE ARBEITSWELT - مَجال العَمَل

Das Organigramm - مُخَطَّط الهَيْكَل التَّنْظيمي

das **Sekretariat**
سِكْريتارْيَة
sikrītāryah

der **kaufmännische Bereich**
قِسْم تِجاري
qism tijārī

die **kaufmännische Leitung**
إدارَة الشُّؤون التِّجاريَّة
idārat ash-shu'ūn at-tijārīyah

die **IT-Leitung**
إدارَة تِقَنيَّة المَعْلومات
idārat tiqanīyat al-maʿlūmāt

die **Buchhaltung**
قِسم الحِسابات qism al-ḥisābāt

das **Controlling**
مُراقَبَة murāqabah

das **sekundäre Geschäftsfeld**
مَجال عَمَل ثانَوي
majāl ʿamal thānawī

die **Geschäftsführung**
إدارَة عامَّة
idārah ʿāmmah

das **primäre Geschäftsfeld**
مَجال العَمَل الرَّئيسي
majāl al-ʿamal ar-raʾīsī

die **Geschäftsführung**
إدارَة عامَّة
idārah ʿāmmah

das **Team**
فَريق عَمَل farīq ʿamal

die **Teamleitung**
إدارَة فَريق العَمَل
idārat farīq al-ʿamal

der **Angestellte**
مَوَظَّف muwaẓẓaf

die **Zweigstelle**
فَرْع
firʿ

der **Manager**
مُدير
mudīr

die **Aktiengesellschaft (AG)**	sharikat musāhamah	شَرِكَة مُساهَمَة
der **Aktionär**/die **Aktionärin**	musāhimah مُساهِمَة	musāhim مُساهِم
die **Gesellschaft mit beschränkter Haftung (GmbH)**	sharikah maḥdūdat al-masʾūlīyah	شَرِكَة مَحْدودَة المَسْؤوليَّة
die **GmbH & Co. KG**	sharikah taḍāmunīyah maḥdūdat	شَرِكَة تِضامُنيَّة مَحْدودَة
die **Kommanditgesellschaft (KG)**	sharikah maḥdūdah	شَرْكَة مَحْدودَة
die **offene Handelsgesellschaft (OHG)**	sharikat tijārah ḥurrah	شَرِكَة تِجارَة حُرَّة
der **Konzern**	majmūʿat sharikāt	مَجْموعَة شَرِكات

der **Vorstand**
مَجْلِس إدارَة
majlis idārah

der **Gesellschafter**
شَريك
sharīk

die **Geschäftsführung**
إدارَة عامَّة
idārah ʿāmah

die **stellvertretende Geschäftsführung**
نِيابَة الإدارَة العامَّة
niyābat al-ʾidārah al-ʿāmah

der **Prokurist**
وَكيل
wakīl

die **Personalabteilung**
قِسْم العامِلين
qism al-ʿāmilīn

die **Personalleitung**
إدارَة شُؤون العامِلين
idārat shuʾūn al-ʿāmilīn

die **Rechtsabteilung**
قِسْم الشُّؤون القانونيَّة
qism ash-shuʾūn al-qānūnīyah

die **Marketingabteilung**
قِسْم التَّسْويق
qism at-taswīq

die **Marketingleitung**
إدارَة قِسْم التَّسْويق
idārat qism at-taswīq

die **PR-Abteilung**
قِسْم العَلاقات العامَّة
qism al-ʿalaqāt al-ʿāmmah

die **Produktion**
إنْتاج
intāj

die **Produktionsleitung**
إدارَة الإنْتاج
idārat al-intāj

der **Betriebsrat**
مَجْلِس العُمال
majlis al-ʿumāl

der **Vertrieb**
مَبيعات
mabīʿāt

die **Vertriebsleitung**
إدارَة المَبيعات
idārat al-mabīʿāt

das **Key-Account-Management**
إدارَة الحِسابات الرَّئيسيَّة
idārat al-ḥisābat ar-raīsīyah

der **Außendienst**
عَمَل مَيْداني
ʿamal maydanīyah

der **Innendienst**
عَمَل مَكْتَبي
ʿamal maktabī

der **Kundendienst**
خِدْمَة عُمَلاء
khidmat ʿumalāʾ

die **Kundenakquise**
اِكْتِساب عُمَلاء
iktisāb ʿumalāʾ

DAS BÜRO - المَكْتَب

Büromöbel - أَثاث المَكْتَب

der **Arbeitsplatz**
مَكان عَمَل
makān ʿamal

die **Ablage**
سَلّة
sallah

die **Schublade**
دُرْج
durj

die **Büromöbel**
أَثاث مَكْتَب
athāth maktab

der **Schreibtisch**
مَكْتَب
maktab

die **Schreibunterlage**
قاعِدَة لِلْكِتابَة
qāʿidah lil-kitābah

der **Bürostuhl**
كُرسي مَكْتَب
kursī maktab

der **Safe**
خَزْنَة
khaznah

der **Aktenschrank**
خِزانَة مُصَنَّفات
khizānat muṣannafāt

der **Wasserspender**
مُوَزِّع ماء
muwazziʿ māʾ

die **Schreibtischlampe**
مِصْباح مَكْتَب
miṣbāḥ maktab

die **Pinnwand**
لَوْح إِعْلانات
lawḥ iʿlānāt

der **Papierkorb**
سَلَّة نِفايات
sallat nifāyāt

der **Terminkalender**	mufakarat mawāʿīd	مُفَكِّرَة مَواعيد
die **Akte**	malaf	مَلَف
der **Aktenvernichter**	jihāz itlāf waraq	جهاز إِتْلاف وَرَق
das **Postfach**	ṣundūq barīd	صُنْدوق بَريد
der **Termin**	mawʿid	مَوْعِد
die **Hauspost**	barīd dākhilī	بَريد داخِلي
die **Teeküche**	maṭbakh	مَطْبَخ

DAS BÜRO - المَكْتَب

Der Bürobedarf - لَوازِم المَكْتَب

die **Schere**
مِقَص
miqaṣ

der **Textmarker**
قَلَم تَعْليم
qalam taʿlīm

der **Stiftehalter**
حامِل أَقْلام
ḥāmil aqlām

das **Notizbuch**
دَفْتَر مُلاحَظات
daftar mulāḥaẓāt

die **Haftnotiz**
وَرَق مُلاحَظات لاصِق
waraq mulāḥaẓāt lāṣiq

der **Haftstreifen**
قُصاصات تَعْليم
quṣāṣāt taʿlīm

der **Bleistift**
قَلَم رَصاص
qalam raṣāṣ

der **Bleistiftspitzer**
بَرّايَة
barrāyah

der **Radiergummi**
مِمْحاة
mimḥāt

der **Kugelschreiber**
قَلَم حِبْر جاف
qalam ḥibr jāf

die **Büroklammer**
مِشْبَك وَرَق
mishbak waraq

die **Reißzwecke**
دَبابيس تَعْليق
dabābīs taʿlīq

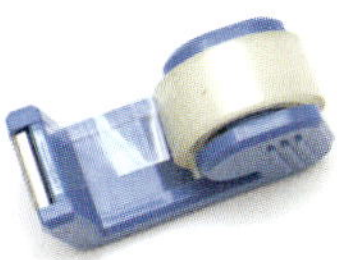

der **Tesafilm®**
شَريط لاصِق
sharīṭ lāṣiq

der **Tacker**
خَرّازَة
kharrāzah

der **Locher**
ثَقّابَة
thaqqābah

das **Hängeregister**
مُصَنَّف قابِل لِلْتَعْليق
muṣannaf qābil lit-taʿlīq

der **Briefumschlag**
ظَرْف
ẓarf

das **Tipp-Ex®**
لاصِق تَصحيح
lāṣiq taṣḥīḥ

der **Ordner**
مُصَنَّف
muṣannaf

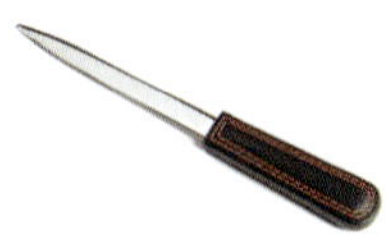

der **Brieföffner**
سِكّين فَتْح رَسائِل
sikkīn fatḥ rasāʾil

DAS BÜRO - المَكْتَب

Der Besprechungsraum - غُرْفَة الاِجْتِماعات

die **Sitzung**
جَلْسَة
jalsah

der **Teamleiter**
قائِد فَريق
qā'id farīq

der **Teilnehmer**
مُشْتَرِك
mushtarik

die **Tagesordnung**
جَدْوَل أَعْمال
jadwal aʿmāl

protokollieren
تَسْجيل وَقائِع
tasjīl waqā'iʿ

der **Besprechungstisch**
طاوِلَة اِجْتِماعات
ṭāwilat ijtimāʿāt

die **Präsentation**
عَرْض
ʿarḍ

der **Beamer**
جِهاز إِسْقاط فيدْيو
jihāz isqāṭ fīdyū

das **Balkendiagramm**
رَسْم بَياني
rasm bayānī

das **Tortendiagramm**
مُخَطَّط دائِري
mukhaṭṭaṭ dā'irī

die **Folie**
رُقاقَة
ruqāqah

organisieren	naẓẓama	نَظَّمَ
die **Besprechung**	ijtimāʿ	اِجْتِماع
der **Bericht**	taqrīr	تَقْرير
der **Vertrag**	ʿaqd	عَقْد
der **Geschäftsmann**	rajul aʿmāl	رَجُل أَعْمال
die **Geschäftsfrau**	sayyidat aʿmāl	سَيِّدَة أَعْمال
die **Geschäftsreise**	riḥlat ʿamal	رِحْلَة عَمَل

DAS BÜRO - المَكْتَب

Der Büroalltag - الحَياة المَكْتَبيَّة

der **Arbeitgeber**
صاحِب العَمَل
ṣāḥib al-ʿamal

① die **Assistentin**
مُساعِدَة
musāʿidah

② der **Kollege**
زَميل
zamīl

③ der **Arbeitnehmer**
عامِل
ʿāmil

④ die **Kollegin**
زَميلَة
zamīlah

⑤ die **Managerin**
مُديرَة
mudīrah

⑥ der **Chef**
رَئيس
ra'īs

die **Visitenkarte**
بطاقَة عَمَل
biṭāqah ʿamal

entlassen werden
أُقيلَ
uqīla

das **Personal**
عامِلون
ʿāmilūn

die **Elternzeit**
إجازَة تَرْبيَّة طِفْل
ijāzat tarbiyat ṭifl

die **Vertretung**	tamthīl	تَمْثيل
der **Jahresurlaub**	ijāzah sanawīyah	إجازَة سَنَويَّة
das **Gehalt**	murattab	مُرَتَّب
die **Beförderung**	tarqīyah	تَرْقيَّة
seine Stelle kündigen	istaqāla min ʿamalih	اِسْتَقالَ مِن عَمَلِه
verdienen	kasiba	كَسِبَ
in Rente gehen	taqāʿada	تَقاعَدَ

der **Mutterschafts-urlaub**
إجازَة أُمومَة
ijāzat umūmah

KOMMUNI-KATION

اِتِّصالات

DER COMPUTER - الكومْبيوتَر

Der Desktop-Computer - سَطْح المَكْتَب

der **Desktop-Computer**
سَطْح المَكْتَب
saṭḥ al-maktab

der **Ein/Aus-Schalter**
زر تَشْغيل/إطْفاء
zir tashghīl/iṭfāʾ

die **USB-Schnittstelle**
مَنْفَذ USB
manfadh USB

das **CD/DVD-Laufwerk**
مُحَرِّك قُرْص مَضْغوط/قُرْص رَقَمي
muḥarrik qurṣ maḍghūṭ/qurṣ raqamī

das **Computergehäuse**
صُنْدوق الكُمْبيوتَر
ṣundūq al-kumbyūtar

die **Tastatur**
لَوْحَة مَفاتيح
lawḥat mafātīḥ

der **Bildschirm**
شاشَة
shāshah

die **Maus**
فَأْرَة
faʾrah

das **Scrollrad**
عَجَلَة تَدوير
ʿajalt tadwīr

die **Tastatur**
لَوْحَة مَفاتيح
lawḥat mafātīḥ

die **Escapetaste**
مِفْتاح هُروب
miftāḥ hurūb

die **Tabulatortaste**
مِفْتاح تاب
miftāḥ tāb

die **Feststelltaste**
مِفْتاح كابس لوك
miftāḥ kābs luk

die **Rücklöschtaste**
مِفْتاح مَحي
miftāḥ maḥī

die **Eingabetaste**
مِفْتاح إدْخال
miftāḥ dukhūl

die **Umschalttaste**
مِفْتاح تَغْيير
miftāḥ taghīir

die **Steuerungstaste**
مِفتاح كونترول
miftāḥ kuntrul

die **Leertaste**
مِفْتاح مَسافَة
miftāḥ masāfah

DER COMPUTER - الكومْبيوتَر

Hardware und Zubehör - الأَجْهِزَة وَالمُلْحَقات

der **Lautsprecher**
مُكَبِّر صَوْت
mukabbir ṣawt

der/das **Laptop**
كُمْبيوتَر مَحْمول
kumbyūtar maḥmūl

das **Stromkabel**
كَبل كَهْرُباء
kabl kahrubā'

die **Laptoptasche**
حَقيبَة كُمْبيوتَر مَحْمول
ḥaribat kumbyūtar maḥmūl

der **Prozessor**
مُعالِج
muʿālij

die **(externe) Festplatte**
قُرْص صَلْب خارِجي
qurṣ ṣalb khārijī

der **Arbeitsspeicher**
ذاكِرَة كُمْبيوتَر
dhākirat kumbyūtar

die **Webcam**
كاميرا ويب
kāmirā wib

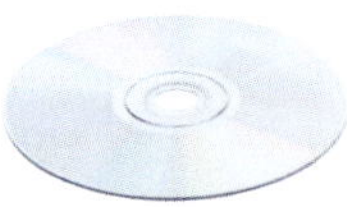

die **CD-ROM**
قُرْص مَضْغوط
qurṣ maḍghūṭ

der **USB-Stick**
موصِل USB
mūṣil USB

der **Scanner**
ماسِحَة
māsiḥah

der **Tintenstrahldrucker**
طابِعَة نافِثَة لِلْحِبْر
ṭābiʿah nāfithah lil-ḥibr

der **Laserdrucker**
طابِعَة ليزَر
ṭābiʿat līzar

die **Tintenpatrone**
مَحْبَرَة
maḥbarah

die **Tonerkartusche**
خَرْطوشَة حِبْر
kharūshat ḥibr

das **Mauspad**
قاعِدَة لِلْفَأْرَة
qaʿidah lil-fa'rah

DER COMPUTER - الكومْبيوتَر

Am Computer arbeiten - العَمَل بالكمُمْبيوتَر

tippen
كَتَبَ
kataba

klicken
نَقَرَ
naqara

scrollen
دَحْرَجَ
daḥraja

ausschneiden
قَصَّ
qaṣṣa

kopieren
نَسَخَ
nasakha

einfügen
أَضافَ
aḍāfa

eine Datei ausdrucken
طَبَعَ مَلَف
ṭabaʿa malaf

speichern
خَزَّنَ
khazzana

eine Datei öffnen
فَتَحَ مَلَف
fataḥa malaf

löschen
مَحا
maḥā

der **Ordner**
مُصَنَّف
muṣannaf

der **Papierkorb**
سَلَّة مُهْمَلات
sallat muhmalāt

suchen
بَحَثَ
baḥatha

eingeben	adkhala	أَدْخَلَ
eine Datei verschieben	azāḥa malaf	أَزاحَ مَلَف
eine Sicherungskopie erstellen	ʿamila nuskhah iḥtiyāṭīyah	عَمِلَ نُسْخَة اِحْتِياطِيَّة
markieren	ʿallama	عَلَّمَ
sich einloggen	sajjala ad-dukhūl	سَجَّلَ الدُّخول
sich ausloggen	sajjala al-khurūj	سَجَّلَ الخُروج
der **Neustart**	iʿādat tashghīl	إعادَة تَشْغيل

DER COMPUTER - الكومْبيوتَر

Am Computer arbeiten - العَمَل بالكُمْبيوتَر

rückgängig machen
أَلْغى
alghā

wiederherstellen
أعادَ
aʿāda

die *Einstellungen*
إعْدادات
iʿdādāt

die *Schriftart*
نَوْع الخَط
nawʿ al-khaṭ

die *Fehlermeldung*
تَبليغ عَن خَطَأ
tablīgh ʿan khaṭaʾ

der *Mauszeiger*
مُؤَشِّر الفأْرَة
muʾashshir al-faʾrah

die *Sanduhr*
ساعَة رَمْلِيَّة
sāʿah ramlīyah

der *Lautstärkeregler*
مُنَظِّم صَوْت
munaẓẓim ṣawt

ein Fenster minimieren
تَصْغير نافِذَة
taṣghīr nāfidhah

eine DVD auswerfen
أَخْرَجَ قُرْص رَقَمي
akhraja qurṣ raqamī

den Rechner herunterfahren
أَغْلَقَ الكُمْبيوتَر
aghlaqa al-kumbyūtar

den Rechner hochfahren
شَغَّلَ الكُمْبيوتَر
shaghghala al-kumbyūtar

die *Datei*	malaf	مَلَف
das *Programm*	barnāmaj	بَرْنامَج
der *Scrollbalken*	sharīṭ tamrīr	شَريط تَمْرير
ein Programm installieren	rakkaba barnāmaj	رَكَّبَ بَرْنامَج
ein Programm deinstallieren	alghā barnāmaj	أَلْغى بَرْنامَج
das *Betriebssystem*	niẓām tashghīl	نَظام تَشْغيل
der *Fortschrittsbalken*	sharīṭ taqaddum	شَريط تَقَدُّم

das *Fenster*
نافِذَة
nāfidhah

DER COMPUTER - الكومْبيوتَر

Das Internet - الانْتَرنِت

das **WLAN**
واي فاي
wāy fāy

der **Router**
راوتَر
rāwtar

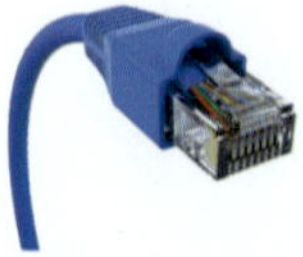

das **LAN-Kabel**
كَبْل لان
kabl lān

der **Browser**
مُسْتَعْرِض ويب
mustaʿriḍ wib

das **Lesezeichen**
إشارَة مَرْجِعِيَّة
ishārat marjiʿīah

der **Download**
تَحْميل
taḥmīl

die **Nachricht**
رِسالَة
risālah

die **Social Media**
وَسائِل إعلام اِجْتِماعِيَّة
wasā'il iʿlām ijtimāʿīyah

der **Online-Einkauf**
تَبَضُّع بالإنْتَرْنِت
tabaḍḍuʿ bil-intarnit

die **Verschlüsselung**
تَشْفير
tashfīr

die **E-Mail-Adresse**
عُنْوان بَريد إلِكْتْروني
ʿunwān barīd ilkitrūnī

der **Anhang**
مُلْحَق
mulḥaq

eine Mail weiterleiten
تَمْرير رِسالَة
tamrīr risālah

senden	arsala	أَرْسَلَ
empfangen	istaqbala	اِسْتَقْبَلَ
das **Benutzerkonto**	ḥisāb shakhṣī	حِساب شَخْصي
der **Posteingang**	barīd wārid	بَريد وارِد
der **Postausgang**	barīd ṣādir	بَريد صادِر
die **Spammail**	barīd ghayr marghūb fīh	بَريد غَيْر مَرْغوب فيه
im Internet surfen	taṣaffaḥa al-intarnit	تَصَفَّحَ الإنْتَرنِت

DER COMPUTER - الكومْبيوتَر

Mobile Endgeräte - الأَجْهِزَة المَحْمولَة

der *Tablet-Computer*
كُمْبيوتَر لَوْحي
kumbyūtar lawḥī

der *E-Book-Reader*
قارِئ كُتُب اِلْكِتْروني
qāri' kutub ilkitrūnī

der *MP3-Player*
جِهاز اِم بي ثري
jihāz 'im bī thrī

das *Bluetooth®-Headset*
سَمّاعَة بْلوتوث
sammā'at blūtūth

die *App*
تَطْبيق
taṭbīq

die *SIM-Karte*
شَريحَة SIM
sharīḥah SIM

die *Handytasche*
حَقيبَة هاتِف جَوّال
ḥaqībat hātif jawwāl

das *Handy*
هاتِف جَوّال
hātif jawwāl

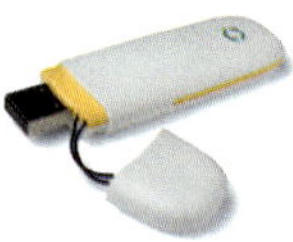

der *Surfstick*
مُسَيِّر خَلْيَوي
musayyir khalyawi

wischen
مَسَح
masaḥa

die *SMS*
رِسالَة نَصِّيَة قَصيرَة
risālah naṣṣīyah qaṣīrah

das *Smartphone*
هاتِف ذَكي
hātif dhakī

der *Touchscreen*
شاشَة لَمْس
shāshat lams

der *Datenspeicher*	mukhzzin bayānāt	مُخَزِّن بَيانات
das *Funkloch*	makān khārij at-taghṭīyah	مَكان خارِج التَّغْطِيَة
die *Flatrate*	si'r muwaḥḥad	سِعْر مُوَحَّد
die *Prepaidkarte*	biṭāqah musbaqat ad-dafr'	بِطاقَة مُسْبَقَة الدَّفْع
das *Guthaben*	raṣīd	رَصيد
der *Klingelton*	rannah	رَنَّة
der *Akku*	baṭṭārīyah	بَطّارِيَّة

DAS TELEFON - الهاتِف

das **Display**
شاشَة عَرْض
shāshat ʿarḍ

das **Telefonbuch**
دَليل هاتِف
dalīl hātif

der **Anrufbeantworter**
جِهاز الرَّد عَلى المُكالَمات
jihāz ar-rad ʿalā al-mukālamāt

das **Tastenfeld**
لَوْحَة مَفاتيح
lawḥat mafātīḥ

der **Telefonhörer**
سَمّاعَة هاتِف
sammāʿat hātif

das **Kabel**
كَبْل
kabl

das **schnurlose Telefon**
هاتِف لاسِلْكي
hātif lāsilkī

der **Hörer**
سَمّاعَة هاتِف
sammāʿat hātif

abheben
رَدَّ (عَلى)
radda (ʿalā)

auflegen
قَطَعَ اِتّصال
qaṭʿa ittiṣāl

die **Basisstation**
قاعِدَة ثابِتَة
qāʿidah thābitah

der **Kopfhörer**
سَمّاعَة
sammāʿah

das **Mikrofon**
ميكْروفون
mīkrufun

das **Faxgerät**
جِهاز فاكْس
jihāz fāks

jemanden anrufen	ittaṣṣala bi-shakhṣin mā	اتَّصَلَ بِشَخْصٍ ما
wählen	ṭalaba raqaman	طَلَبَ رَقَماً
klingeln	ranna	رَنَّ
Ich möchte bitte ... sprechen.	aurīdu an ukallima ... min faḍlik	أُريدُ أن أُكَلِّمَ...مِن فَضْلِك.
Entschuldigung, ich habe mich verwählt.	ʿudhran akhṭa'tu al-ittiṣāl	عُذْراً، أَخْطَأْتُ الاِتّصال.
Bitte hinterlassen Sie eine Nachricht nach dem Signalton.	yurjā tark risālah baʿd samāʿ aṣ-ṣāfirah	يُرْجى تَرْك رِسالَة بَعْدَ سَماع الصّافِرَة.
Können Sie mich bitte zurückrufen?	hal yumkinuka al-ittiṣāl bī marrah ukhrā?	هَل يُمْكِنُكَ الاِتّصال بي مَرَّة أُخْرى؟

DIE MEDIEN - وَسائِل الإِعْلام

Das Fernsehen - التِّلْفاز

die **Fernbedienung**
جِهاز تَحَكُّم عَن بُعْد
jihāz taḥakkum ʿan buʿd

die **Lautstärke**
شِدَّة الصَّوْت
shiddat aṣ-ṣawt

stumm schalten
كَتَمَ الصَّوْت
katama aṣ-ṣawt

zurückspulen
أَرْجَعَ إِلى الوَراء
arjaʿa ilā al-warāʾ

abspielen
شَغَّلَ
shaghghala

aufnehmen
سَجَّلَ
sajjala

die **Stopptaste**
زِر إِيْقاف
zir īqāf

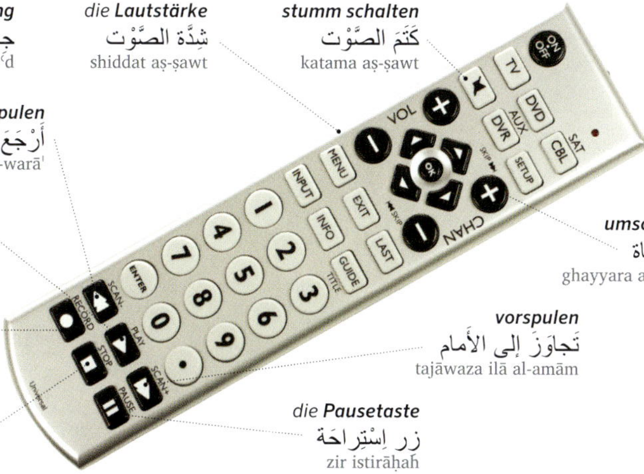

umschalten
غَيَّرَ القَناة
ghayyara al-qanāh

vorspulen
تَجاوَزَ إِلى الأَمام
tajāwaza ilā al-amām

die **Pausetaste**
زِر اِسْتِراحَة
zir istirāḥah

der **DVD-Player**
جِهاز دي في دي
jihāz dī fī dī

das **Videospiel**
لُعْبَة فيديو
luʿbat fīdiu

der **Fernseher**
تِلْفاز
tilfāz

der **Digitalempfänger**
جِهاز اِسْتِقْبال رَقَمي
jihāz istiqbāl raqamī

die **DVD**
دي في دي
dī fī dī

das **Kabelfernsehen**	bath ʿabr kabl	بَث عَبْر كَبْل
das **Free-TV**	bath majjanī	بَث مَجاني
das **Bezahlfernsehen**	dafʿ qabla kul mushāhadah	دَفْع قَبل كُل مُشاهَدَة
fernsehen	shāhada tilfāz	شاهَدَ تِلْفاز
die **Fernsehserie**	musalsal tilfizyūnī	مُسَلْسَل تِلِفِزْيوني
zappen	qallaba qanawāt	قَلَّبَ قَنوات
die **Folge**	ḥalaqah	حَلَقَة

die **Satellitenschüssel**
طَبَق اِسْتِقْبال فَضائِيَّات
ṭabaq istiqbāl faḍāʾiyāt

DIE MEDIEN - وَسائِل الإِعْلام

Das Fernsehen - التِّلْفاز

das **Set**
تَصْميم مَنْظَر العَرْض
taṣmīm manẓar al-ʿarḍ

das **Interview**
مُقابَلَة
muqābalah

der **Interviewpartner**
شَريك في حِوار
sharīk fī ḥiwār

der **Teleprompter®**
شاشَة تَلْقين
shāshat talqīn

die **Nachrichtensprecherin**
مُذيعَة أَخْبار
mudhīʿat akhbār

die **Nachrichten**
أَخْبار
akhbār

die **Reporterin**
مُراسِلَة صَحَفيَّة
murāsilah ṣaḥafīyah

das **Mikrofon**
ميكْروفون
mīkrufun

die **Szene**
مَشْهَد
mashhad

der **Schauspieler**
مُمَثِّل
mumaththil

die **Livesendung**
بَث حَي وَ مُباشَر
bath ḥay wa mubāshar

das **Publikum**
جُمْهور
jumhūr

die **Klappe**
كْلاكْيت
klakit

der **Dokumentarfilm**	fīlm wathāʾiqī	فيلْم وَثائِقي
die **Talkshow**	barnāmaj ḥiwārī	بَرْنامَج حِواري
die **Reportage**	taqrīr	تَقْرير
die **Quizshow**	barnāmaj musābaqāt	بَرْنامَج مُسابَقات
der **Moderator**	muqaddim barāmaj	مُقدِّم بَرامَج
die **Moderatorin**	muqaddimat barāmij	مُقَدِّمَة بَرامِج
der **Teilnehmer**	mushtarik	مُشْتَرِك

DIE MEDIEN - وَسائِل الإِعْلام

Das Radio - الرَّاديو

der **DJ**
دي جي
dī jī

die **Tonaufnahme**
تَسْجيل صَوْت
tasjīl ṣawt

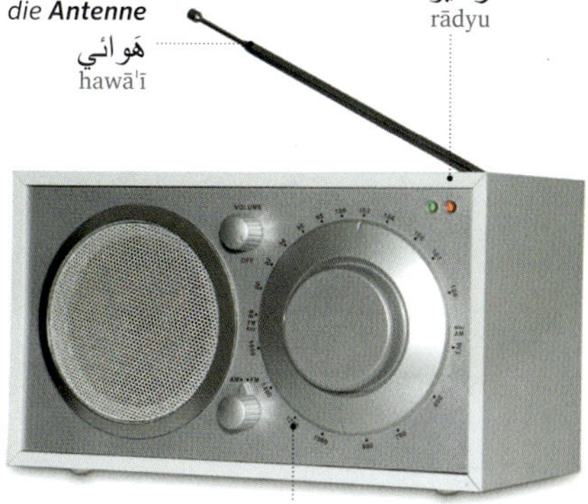

das **Radio**
راديو
rādyu

die **Antenne**
هَوائي
hawāʾī

die **Frequenz**
تَرَدُّد
taraddud

der **Radiosender**
بَرْنامَج إذاعي
barnāmaj idhāʿī

der **Wetterbericht**
حالَة الطَّقْس
ḥālat aṭ-ṭaqs

die **Verkehrsnachrichten**
أَخْبار حَرَكَة المَرور
akhbār ḥarakat al-murūr

die **Hitparade**
لائِحَة أَشْهَر الأغاني
lāʾiḥat ashhar al-aghānī

das **Hörspiel**
مُسَلْسَل إذاعي
musalsal idhāʿī

die **Liveaufzeichnung**
تَسْجيل حَي وَ مُباشَر
tasjīl ḥay wa mubāshar

die **Sendung**	barnāmaj	بَرْنامَج
der **Berichterstatter**	murāsil ṣaḥafī	مُراسِل صَحَفي
die **Berichterstatterin**	murāsililah ṣaḥafīyah	مُراسِلَة صَحَفيَّة
der **Werbespot**	iʿlān tijārī	إعْلان تِجاري
senden	baththa	بَثَّ
die **Langwelle**	mawjah ṭawīlah	مَوْجَة طَويلَة
die **Kurzwelle**	mawjah qaṣīrah	مَوْجَة قَصيرَة

DIE MEDIEN - وَسائِل الإِعْلام

Die Printmedien - وَسائِل الإِعلام المَطْبوعَة

die **Zeitung**
صَحيفَة
ṣaḥīfah

das **Tabloidformat**
أَبْعاد الصَّحيفَة
abʿād aṣ-ṣaḥīfah

das **Bild**
صورَة
ṣūrah

der **Artikel**
مَقالَة
maqālah

die **Titelseite**
صفْحَة رَئيسيَّة
ṣafḥah raʾīsīyah

die **Schlagzeile**
عُنْوان رَئيسي
ʿunwān raʾīsī

der **Vorspann**
مُقَدِّمَة
muqaddimah

die **Zeitungsspalte**
عامود صَحيفَة
ʿāmūd ṣaḥīfah

die **großformatige Zeitung**
صَحيفَة كَبيرَة الأَبْعاد
ṣḥīfah kabīrat al-abʿād

der **Stellenmarkt**
سُوْق عَمَل
sūq ʿamal

der **Werbeprospekt**
نَشْرَة تَرْويج مَبيعات
nashrat tarwīj mabīʿāt

die **Anzeige**
إِعْلان
iʿlān

das **Abonnement**
اِشْتِراك
ishtirāk

der **Leitartikel**	maqālah iftitāḥīyah	مَقالَة اِفْتِتاحيَّة
die **Todesanzeige**	iʿlān wafīyāt	إِعْلان وَفِيات
die **Boulevardzeitung**	ṣaḥīfah shaʿbīyah	صَحيفَة شَعْبيَّة
die **Wochenzeitung**	ṣaḥīfah usbūʿīyah	صَحيفَة أُسْبوعيَّة
die **Tageszeitung**	ṣaḥīfah yawmīyah	صَحيفَة يَوْميَّة
die **Kolumne**	ʿāmūd	عامود
die **Beilage**	mulḥaq	مَلْحَق

DIE MEDIEN - وَسائِل الإِعْلام

Die Printmedien - وَسائِل الإِعلام المَطْبوعَة

das **gebundene Buch**
كِتاب مُغَلَّف
kitāb mughallaf

der **Einband**
غِلاف كِتاب
ghilāf kitāb

der **Buchdeckel**
وَجْه كِتاب
wajh kitāb

der **Buchrücken**
مِحْوَر كِتاب
miḥwar kitāb

der **Schutzumschlag**
غِلاف واقي
ghilāf wāqī

das **Taschenbuch**
كِتاب جَيْب
kitāb jayb

die **Seite**
صَفْحَة
ṣafḥah

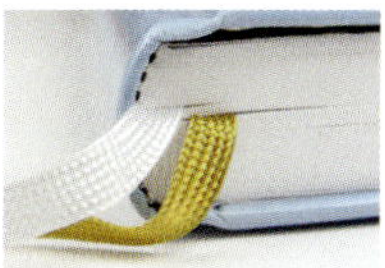

das **Lesebändchen**
عَلامَة قِراءَة
ʿalāmat qirāʾah

in einem Buch blättern
تَصَفَّحَ كِتاب
taṣaffaḥa kitāb

das **Sachbuch**
كِتاب غَيْر روائي
kitāb ghayr riwāʾī

der **Roman**
رِوايَة
riwāyah

die **Seitenzahl**	ʿadad ṣafḥāt	عَدَد صَفْحات
der **Index**	fahras	فَهْرَس
das **Kinderbuch**	kitāb aṭfāl	كِتاب أَطْفال
die **Erzählliteratur**	adab riwāʾī	أَدَب رِوائي
die **Sachliteratur**	adab ghayr riwāʾī	أَدَب غَير رِوائي
das **Inhaltsverzeichnis**	muḥtawayāt	مُحْتَوَيات
das **Kapitel**	faṣl	فَصْل

der **Bildband**
كِتاب مُصَوَّر
kitāb muṣawwar

DIE POST - البَريد

der **Briefumschlag**
ظَرْف بَريدي
ẓarf barīdī

die **Briefmarke**
طابِع بَريدي
ṭābaʿ barīdī

der **Empfänger**
مُتَلَقّي
mutalaqqī

die **Adresse**
عُنْوان
ʿunwān

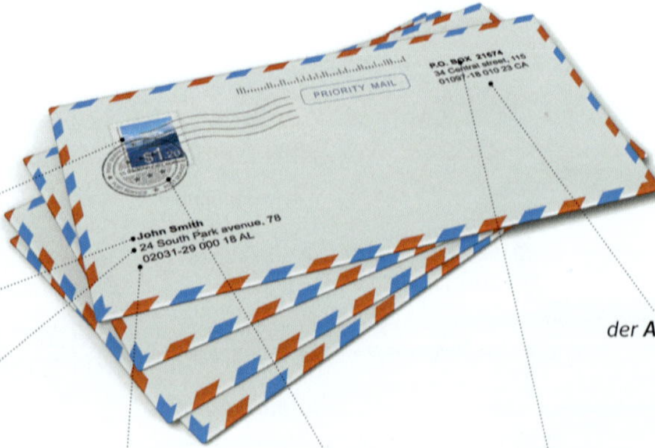

der **Absender**
مُرْسَل
mursil

die **Postleitzahl**
رَمْز بَريدي
ramz barīdī

der **Poststempel**
خَتْم بَريدي
khatm barīdī

das **Postfach**
رَمْز صَنْدوق البَريد
ramz ṣundūq al-barīd

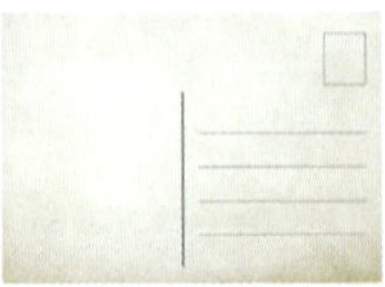

die **Postkarte**
بِطاقَة بَريدِيَّة
biṭāah barīdīyah

die Empfangsbestätigung unterschreiben
وَقَّعَ إقْرار بالإسْتِلام
waqqaʿ iqrār bil-istilām

der **Briefkasten**
صَنْدوق بَريد
ṣundūq barīd

einen Brief einwerfen
ألْقى رِسالَة في صُنْدوق البَريد
alqā risālah fī ṣundūq al-barīd

das **Paket**
طَرْد بَريدي
ṭard barīdī

der **Brief**	risālah	رِسالَة
der **Eilbrief**	risālah mustaʿjilah	رِسالَة مُسْتَعْجِلَة
portofrei	barīd madfūʿ	بَريد مَدْفوع
einen Brief erhalten	talaqqā risālah	تَلَقّى رِسالَة
einen Brief beantworten	ajāba ʿalā risālah	أجابَ عَلى رِسالَة
jemandem einen Brief schicken	arsala risālah li-shakhṣ mā	أَرْسَلَ رِسالَة لِشَخْصٍ ما
das **Einschreiben**	barīd musajjal	بَريد مُسَجَّل

DIE POST - البَريد

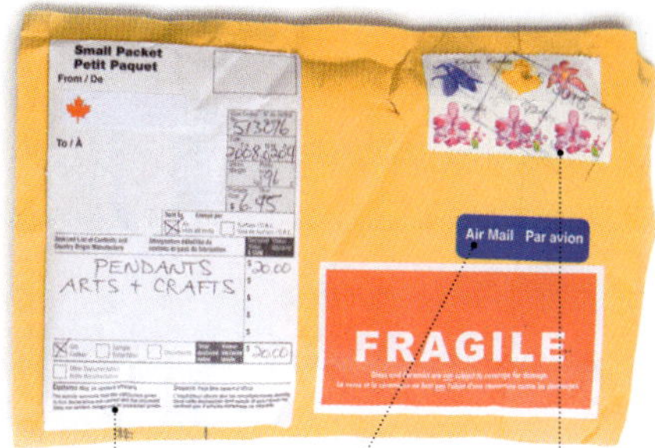

das **Klebeband**
شَريط لاصِق
sharīṭ lāṣiq

die **Styroporflocken**
رَقائِق بوليسْترين
raqā'iq bulīstrīn

das **Päckchen**
طَرْد صَغير
ṭard ṣaghīr

per Luftpost
بالْبَريد الجَوِّي
bil-barīd al-jawwī

das **Porto**
ثَمَن الطَّوابِع
thaman aṭ-ṭawābiʿ

zerbrechlich
قابِل لِلْكَسْر
qābil lil-kasr

vor Nässe schützen
حَمى مِن الرُّطوبَة
ḥamā min ar-ruṭūbah

oben
جانِب عُلْوي
jānib ʿulwī

die **Zustellung**
تَسْليم
taslīm

liefern	awṣala	أَوْصَلَ
versandkostenfrei	shaḥn majānī	شَحْن مَجاني
das **Gewicht**	wazana	وَزْن
die **Waage**	mīzān	ميزان
der **Hausbriefkasten**	ṣundūq barīd manzilī	صُنْدوق بَريد مَنْزِلي
die **Postanweisung**	ḥiwālah barīdīyah	حِوالَة بَريدِيَّة
Nicht knicken!	lā tathnī!	لا تَثْني!

der **Kurierdienst**
خِدْمَة تَوصيل
khidmat tawṣīl

SPORT UND FITNESS

رِيَاضَة وَلَيَاقَة بَدَنِيَّة

BALLSPORTARTEN - رِياضات الكُرَة

Der Fußball - كُرَة القَدَم

das **Spielfeld**
أَرْض المَلْعَب
arḍ al-malʿab

der **Mittelkreis**
دائِرَة الوَسَط
dāʾirah al-wasaṭ

der **Anstoßpunkt**
نُقْطَة نِصْف خَط الوَسَط
nuqṭat niṣf khaṭ al-wasaṭ

der **Strafraum**
مَنْطِقَة جَزاء
manṭiqat jazāʾ

der **Eckbogen**
قَوْس زاوِيَة
qaws zawiyah

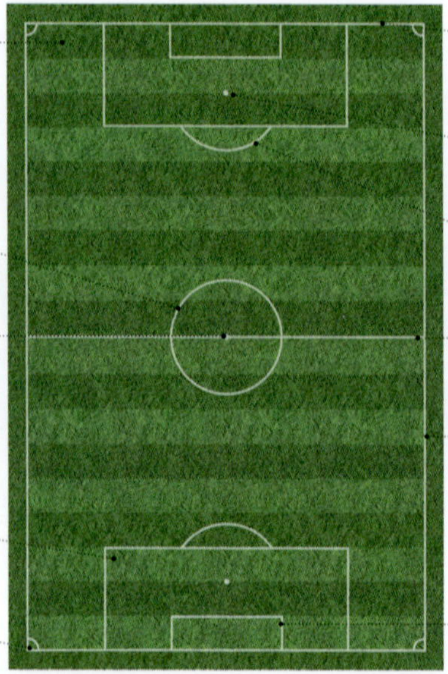

die **Torlinie**
خَط مَرمى
khaṭ marmā

der **Elfmeterpunkt**
نُقْطَة مُنْتَصَف المَرْمى
nuqṭat ḍarbat al-jazāʾ

der **Teilkreis am Strafraum**
قَوْس مَنْطِقَة الجَزاء
qaws manṭiqat al-jazāʾ

die **Mittellinie**
خَط وَسَط
khaṭ wasaṭ

die **Seitenlinie**
خَط تَماس
khaṭ tamās

der **Torraum**
مَنْطِقَة مَرْمى
manṭiqat marmā

das **Stadion**
مَلْعَب
malʿab

die **Zuschauertribüne**
مُدَرَّج
mudarraj

die **Zuschauer**
مُتَفَرِّجون
mutafarrijūn

der **Platzverweis**
طَرْد
ṭard

die **rote Karte**
بطاقَة حَمراء
biṭāqah ḥamrāʾ

der **Schiedsrichter**
حَكَم
ḥakam

BALLSPORTARTEN - رياضات الكُرَة

Der Fußball - كُرَة القَدَم

die **Mannschaftsaufstellung**
تَشْكيلَة فَريق
tashkīlat farīq

der **Mittelstürmer**
مُهاجِم
muhājim

der **Libero**
مُدافِع قَشَّاش
mudāʿ qashshāsh

der **Innenverteidiger**
مُدافِع داخِلي
mudāfiʿ dākhilī

der **Torwart**
حارِس مَرْمى
ḥāris marmā

der **Außenstürmer**
مُهاجِم جَناح
muhājim janāḥ

der **Mittelfeldspieler**
لاعِب خَط وَسَط
lāʿib khaṭ wasaṭ

der **Außenverteidiger**
مُدافِع خارِجي
mudāfiʿ khārijī

angreifen
هاجَمَ
hājama

der **Eckstoß**
ضَرْبَة رُكْنيَّة
ḍarbah ruknīyah

der **Freistoß**
ضَرْبَة حُرَّة
ḍarbah ḥurrah

der **Einwurf**
رَمْيَة تَماس
ramyat tamās

die **Liga**	dawrī	دَوْري
die **erste Liga**	dawrī awwal	دَوْري أَوَّل
die **Meisterschaft**	buṭūlah	بُطولَة
der **Pokal**	ka'as	كَأس
die **gelbe Karte**	biṭāqah ṣafrā'	بِطاقَة صَفْراء
das **Foul**	fāul	فاول
die **Verteidigung**	difāʿ	دِفاع

das **Tor**
هَدَف
hadaf

BALLSPORTARTEN - رِياضات الكُرَة

Der Fußball - كُرَة القَدَم

der **Fußball**
كُرَة قَدَم
kurat qadam

der **Fußballschuh**
حِذاء كُرَة قَدَم
ḥidhā' kurat qadam

der **Stollen**
مَسامير
masāmīr

das **Trikot**
زَي كُرَّة قَدَم
zay kurat qadam

die **Hose**
شورْت
shurt

der **Schienbeinschoner**
واقي السّاق
wākī as-sāq

der **Stutzen**
جَوارب
jawārib

den Ball halten
مَسَكَ الكُرَة
masak al-kurah

das **Tornetz**
شِباك
shibāk

der **Torpfosten**
قائِمَة مَرمَى
qā'imat marmā

der **Torwarthandschuh**
قُفازات حارِس مَرْمى
quffāzāt ḥāris marmā

schießen
سَدَّد
saddada

die **Querlatte**	ʿāriḍah	عارِضَة
das **Unentschieden**	taʿādul	تَعادُل
die **Verlängerung**	tamdīd	تَمْديد
der **Elfmeter**	ḍarbat jazā'	ضَرْبَة جَزاء
das **Abseits**	tasallul	تَسَلُّل
köpfen	ḍaraba bir-ra's	ضَرْب بالرَّأس
kicken	rakala	رَكَلَ

BALLSPORTARTEN - رياضات الكُرَة

Der Handball - كُرَة اليَد

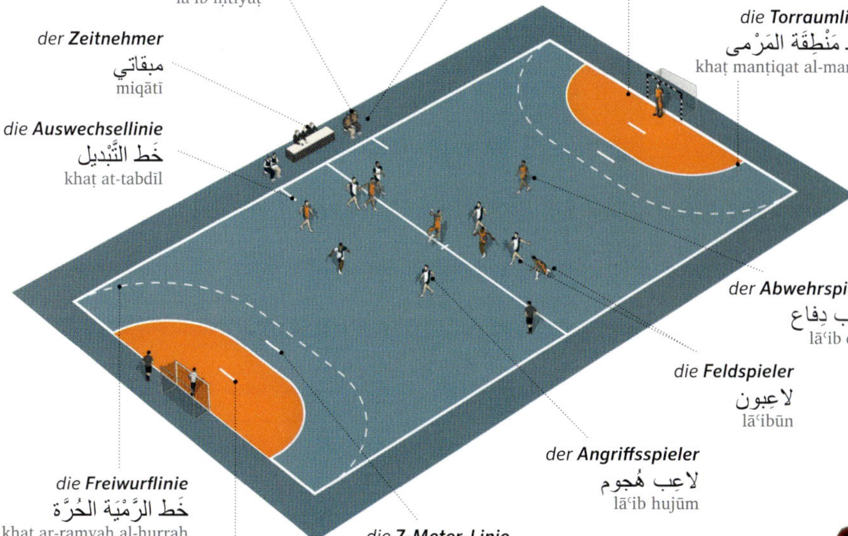

der **Ersatzspieler**
لاعِب اِحْتِياط
lāʿib iḥtiyāṭ

die **Auswechselbank**
مَقْعَد التَّبْديل
maqʿad at-tabdīl

der **Torraum**
مَنْطِقَة المَرْمى
manṭiqat al-marmā

die **Torraumlinie**
خَط مَنْطِقَة المَرْمى
khaṭ manṭiqat al-marmā

der **Zeitnehmer**
مبقاتي
miqātī

die **Auswechsellinie**
خَط التَّبْديل
khaṭ at-tabdīl

der **Abwehrspieler**
لاعِب دِفاع
lāʿib difāʿ

die **Feldspieler**
لاعِبون
lāʿibūn

der **Angriffsspieler**
لاعِب هُجوم
lāʿib hujūm

die **Freiwurflinie**
خَط الرَّمْيَة الحُرَّة
khaṭ ar-ramyah al-ḥurrah

die **7-Meter-Linie**
خَط ال7 مِتر
khaṭ al-7 mitr

die **Torwartgrenzlinie**
خَط حارِس المَرْمى
khaṭ ḥāris al-marmā

der **Sprungwurf**
رَمْيَة قَفْز
ramyat qafz

der **linke Flügel**	janāḥ aysar	جَناح أَيْسَر
der **rechte Flügel**	janāḥ ayman	جَناح أَيْمَن
der **Schlagwurf**	ramya biyad wāḥidah	رَمْيَة بِيَد واحِدَة
die **Disqualifikation**	istibʿād	اِسْتِبْعاد
die **Auszeit**	waqt mustaqṭaʿ	وَقْت مُسْتَقْطَع
die **Verwarnung**	indhār	إِنْذار
der **Siebenmeter**	7 mitr	7متر

BALLSPORTARTEN - رِياضات الكُرَة

Der Volleyball - كُرَة الطَّائِرَة

die **Angriffszone**
مَنْطِقَة هُجوم
minṭaqat hujūm

der **Außenangreifer**
مُهاجِم جَناح
muhājim janāḥ

der **Mittelangreifer**
مُهاجِم خَط وَسَط
muhājim khaṭ wasaṭ

die **Verteidigungszone**
مَنْطِقَة دِفاعيَّة
minṭaqah difāʿīyah

der **Libero**
مُدافِع قَشَّاش
mudāʿ qashshāsh

die **Grundlinie**
خَط رَئيسي
khaṭ raʾīsī

der **Abwehrspieler**
لاعِب دِفاع
lāʿib difāʿ

die **Seitenlinie**
خَط جانِبي
khaṭ jānibī

der **Linienrichter**
حَكَم الخُطوط
ḥakam al-khuṭūṭ

die **Netzkante**
حافَة الشَّبَكَة
ḥāfat ash-shabakah

das **Netz**
شَبَكَة
shabakah

die **Angriffslinie**
خَط هُجوم
khaṭ hujūm

der **Freiraum**
مَنْطِقَة حُرَّة
minṭaqah ḥurrah

die **Reservebank**
مَقْعَد اِحْتِياط
maqʿad iḥtiyāṭ

der **Beachvolleyball**
كُرَة يَد الشَّاطِئ
kurat yad ash-shāṭiʾ

schmettern
ضَرَبَ بِعُنْف
ḍaraba biʿunf

blocken
سَدَّ
sadda

der **Aufschlag**
ضَرْبَة إرْسال
ḍarbat irsāl

baggern
أَعَدَّ الكُرَة مِن السُّقوط
aʿdda al-kurah min as-suqūṭ

pritschen
أَعَدَّ الكُرَة مِن فوق الرأس
aʿdda al-kurah min fawq ar-raʾs

die **Hechtabwehr**
ضَرْبَة دِفاع
ḍarbat difāʿ

BALLSPORTARTEN - رياضات الكُرَة

Der Basketball - كُرَة السَّلَة

die **Seitenlinie**
خَط جانِبي
khaṭ jānibī

die **Drei-Punkte-Linie**
خَط النِّقاط الثَّلاث
khaṭ an-niqāṭ ath-thalāth

die **begrenzte Zone**
مَنْطِقَة مَحْظورَة
manṭiqah maḥẓūrah

die **Grundlinie**
خَط القاعِدَة
khaṭ al-qāʿidah

im Aus sein
كان خارِج الحُدود
kāna khārij ál-ḥudūd

die **Freiwurflinie**
خَط الرَّمْيَة الحُرَّة
khaṭ ar-ramya al-ḥurrah

die **Mittellinie**
خَط وَسَط
khaṭ wasaṭ

der **Mittelkreis**
دائِرَة وَسَط
dā'irat wasaṭ

der **Dunk**
كَبْس الكُرَة مِن الأَعلى
kabasa al-kurah min al-aʿlā

das **Korbbrett**
لَوْحَة خَلْفيَّة
lawḥah khalfīyah

der **Korbring**
طَوْق السَّلَّة
ṭawq as-sallah

das **Netz**
شَبَكَة
shabakah

der **Korb**
سَلَّة
sallah

das **Doppeldribbling**	tanṭīṭ muzdawaj	تَنْطيط مُزْدَوَج
der **Rebound**	irtidād	اِرْتِداد
der **Sprungball**	kurat qafz	كُرَة قَفْز
fangen	amsaka	أَمْسَكَ
werfen	ramā	رَمى
zielen	ṣawwaba	صَوَّبَ
decken	lāṣaqa	لاصَقَ

WEITERE BALLSPORTARTEN – رِياضات كُرَة أُخْرى

das **Hockey**
هوكي
hukī

das **Eishockey**
هوكي جَليد
hukī jalīd

der **Hockeyschläger**
عَصا هوكي
ʿaṣā hukī

der **Puck**
قُرْص
qurṣ

der **Softball**
كُرَة لَيِّنَة
kurah laīynah

der **Baseball**
بيسْبول
bīsbul

der **Baseballschläger**
عَصا بيسْبول
ʿṣā bīsbul

der **Baseballhandschuh**
قُفاز بيسْبول
qufāz bīsbul

der **American Football**
كُرَة قَدَم أَمْريكيَّة
kurat qadam amrīkīyah

das **Rugby**
رَجْبي
rajbī

das **Kricket**
كْريكيت
krīkit

das **Schlagholz**
مَضْرَب خَشَبي
maḍrab khashabī

die **Trillerpfeife**
صَفّارَة
ṣaffārah

die **Mannschaft**	farīq	فَريق
der **Sieger**	fā'iz	فائِز
der **Verlierer**	khāsir	خاسِر
der **Weltmeister**	baṭal al-ʿālam	بَطَل العالَم
das **Turnier**	musābaqah	مُسابَقَة
der **Spielstand**	natījah mabda'īah	نَتيجَة مَبْدَئيَّة
der **Trainer**	mudarrib	مُدَرِّب
die **Trainerin**	mudarribah	مُدَرِّبَة

BALLSPORTARTEN MIT SCHLÄGERN - أَلْعاب المَضْرَب

Das Badminton - كُرَة الرِّيشَة

der **Badmintonplatz**
مَلْعَب كُرَة الرِّيشَة
malʿab kurat ar-rīshah

das **linke Aufschlagfeld**
مَنْطِقَة إِرْسال يُسْرى
manṭiqat irsāl yusrā

das **rechte Aufschlagfeld**
مَنْطِقَة إِرْسال يُمْنى
manṭiqat irsāl yumnā

die **hintere Aufschlaglinie Einzel**
خَط إرسال خَلْفي مُزْدَوَج
khaṭ irsāl khalfī muzdawaj

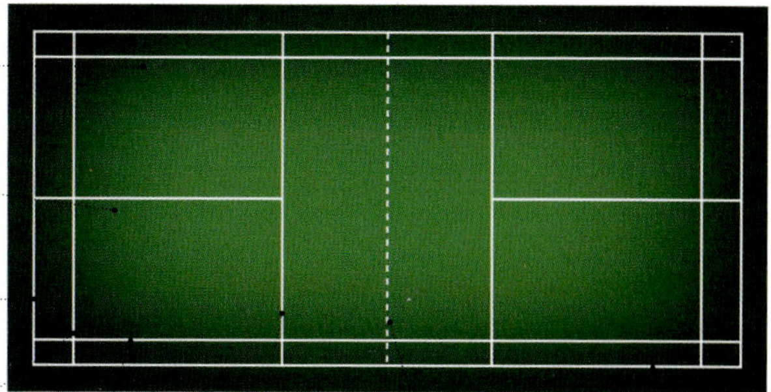

die **hintere Aufschlaglinie Doppel**
خَط إرسال خَلْفي مُنْفَرِد
khaṭ irsāl khalfī munfarid

die **vordere Aufschlaglinie**
خَط إِرْسال أَمامي
khaṭ irsāl amāmī

die **Seitenlinie Doppel**
خَط جانِبي مُزْدَوَج
khaṭ jānibī muzdawaj

die **Seitenlinie Einzel**
خَط جانِبي مُنْفَرِد
khaṭ jānibī munfarid

die **Mittellinie**
خَط وَسَط
khaṭ wasaṭ

das **Squash**
سكواش
skwātsh

der **Racquetball**
كُرَة الرَّاح
kurat ar-rāḥ

der **Badmintonschläger**
مَضْرَب كُرَة الرِّيشَة
maḍrab kurat ar-rīshah

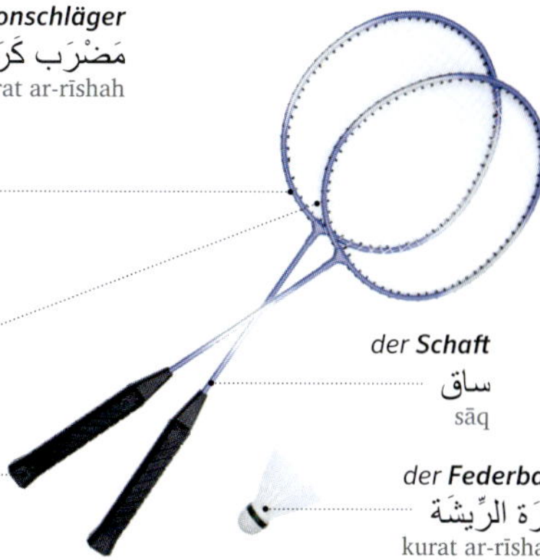

der **Rahmen**
إِطار
iṭār

die **Bespannung**
أَوْتار
awtār

der **Schaft**
ساق
sāq

der **Griff**
مِقْبَض
miqbaḍ

der **Federball**
كَرَة الرِّيشَة
kurat ar-rīshah

BALLSPORTARTEN MIT SCHLÄGERN - أَلْعاب المَضْرَب

Das Tennis - التنس

der **Balljunge**
صَبي جَمْع الكُرات
ṣabī jamʿ al-kurāt

die **Grundlinie**
خَط القاعِدَة
khaṭ al-qāʿidah

die **Aufschlaglinie**
خَط إِرْسال
khaṭ irsāl

das **Halbfeld**
نِصْف المَيدان
niṣf al-maydān

die **Seitenlinie für das Einzelspiel**
خَط جانِبي لِلَّعِب الفَرْدي
khaṭ jānibī lil-laʿib al-fardī

die **Seitenlinie für das Doppelspiel**
خَط جانِبي لِلَّعِب الزَّوجي
khaṭ jānibī lil-laʿib az-zawjī

die **Aufschlagmittellinie**
خَط الإرْسال الأَوْسَط
khaṭ al-irsāl al-awsaṭ

das **Netz**
شَبَكَة
shabakah

der **Tennisball**
كُرَة التِّنِس
kurat at-tinis

der **Tennisschläger**
مَضْرَب كُرَة التِّنِس
maḍrab kurat at-tinis

die **Vorhand**
ضَرْبَة أَمامِيَّة
ḍarbah amāmīyah

die **Rückhand**	ḍarbah khalfīyah	ضَرْبَة خَلْفِيَّة
das **Einzel**	mubārat fardīyah	مُباراة فَرْدِيَّة
das **Doppel**	mubārat zawjīyah	مُباراة زَوْجِيَّة
der/das **Tiebreak**	shawṭ kasr at-taʿādul	شَوْط كَسْر التَّعادُل
der **Einstand**	taʿādul	تَعادُل
der **Fehler**	khaṭaʾ	خَطَأ
das **Ass**	ḍarbat irsāl rābiḥah	ضَرْبَة إِرْسال رابِحَة
der **Satz**	majmūʿah	مَجْموعَة
der **Schiedsrichter**	ḥakam	حَكَم
die **Schiedsrichterin**	ḥākaimah	حاكِمَة
der **Linienrichter**	ḥakam al-khuṭūṭ	حَكَم الخُطوط

BALLSPORTARTEN MIT SCHLÄGERN - ألْعاب المَضْرَب

Das Tischtennis - تنِس الطَّاوِلَة

der **Tischtennistisch**
تنِس الطَّاوِلَة
tinis aṭ-ṭāwilah

die **Netzoberkante**
حافَة الشَّبَكَة العُليا
ḥāfat ash-shabakah al-ʿulyā

der **Netzhalter**
حامِل الشَّبَكَة
ḥāmil ashs-habakah

die **Seitenlinie**
خَط جانِبي
khaṭ jānibī

das **Netz**
شَبَكَة
shabakah

die **Maschen**
عُيون الشَّبَكَة
ʿuyūn ash-shabakah

die **Grundlinie**
خَط القاعِدَة
khaṭ al-qāʿidah

die **Mittellinie**
خَط وَسَط
khaṭ wasaṭ

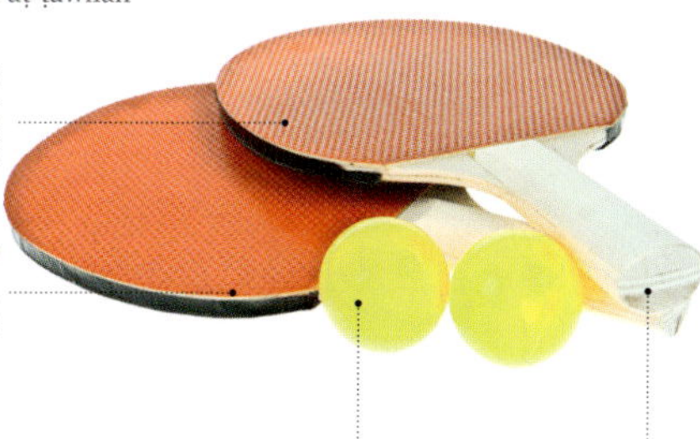

der **Tischtennisschläger**
مَضْرَب كُرَة تنِس الطَّاوِلَة
maḍrab kurat tinis aṭ-ṭāwilah

die **Schlagfläche**
وَجْه المَضْرَب
wajh al-maḍrad

der **Belag**
غِطاء
ghiṭāʾ

der **Tischtennisball**
كُرَة تنِس الطَّاوِلَة
kurat tinis aṭ-ṭāwilah

der **Griff**
مَقْبَض
maqbaḍ

der **Penholdergriff**
قَبْضَة حامِل القَلَم
qabḍat ḥāmil al-qalam

der **Shakehandgriff**
قَبْضَة المُصافَحَة
qabḍat al-muṣāfaḥah

DAS GOLF – الجُولْف

der **Golfplatz**
مَلْعَب جُولْف
malʿab julf

das **Wasserhindernis**
عائِق مائي
ʿāʾiq māʾī

der **Bunker**
عائِق رَمْلي
ʿāʾiq ramlī

das **Fairway**
مَمَر
mamar

das **Rough**
مَنْطِقَة غَيْر مَقْصوصَة
manṭiqah ghayr maqṣūṣah

der **Abschlag**
مَنْطِقَة بِدايَة
manṭiqat bidayah

die **Haltung**
وَضْعيَّة الجِسْم
waḍʿīyat al-jism

einlochen
أَسْقَطَ في حُفْرَة
asqaṭa fī ḥufrah

die **Fahne**
عَلَم
ʿalam

das **Tee**
قاعِدَة كُرَة الجُولْف
qāʿidat kurat al-julf

der **Golfball**
كُرَة جُولْف
kurat al-julf

das **Loch**
حُفْرَة
ḥufrah

das **Grün**
مَنْطِقَة خَضْراء حَوْلَ الحفْرَة
manṭiqah khaḍrāʾ ḥawla al-ḥufrah

DAS GOLF - الجُولْف

die *Golfschläger*
مَضارِب جُولْف
maḍārib julf

das *Holz*
مَضْرَب خَشَب
maḍrab khashab

das *Eisen*
مَضْرَب حَديد
maḍrab ḥadīd

der *Wedge*
مَضْرَب إسْفين
maḍrab isfīn

der *Putter*
مَضْرَب مُسْقِط
maḍrab musqiṭ

die *Golftasche*
حَقيبَة مَضارِب
ḥaqībat maḍārib

driven
سَيَّرَ
sayyar

der *Golfspieler*
لاعِب جُولْف
lāʿib julf

der *Caddie*
حمَّال مُعِدات
ḥammāl muʿidāt

der *Golftrolley*
عَرَبَة جُولْف
ʿaraat julf

der *Durchschwung*
ضَرْبَة طَويلَة
ḍarbah ṭawīla

schwingen	arjaḥa	أَرْجَحَ
chippen	dafaʿa ʿan qurb	دَفَعَ عَن قُرْب
das *Par*	sawīyah	سَويَّة
das *Birdie*	taḥta as-sawīyah	تَحْت السَّويَّة
das *Bogey*	fawqa as-sawīyah	فَوْق السَّويَّة
das *Handicap*	muʿādalah	مُعادَلَة
das *Hole-in-one*	isqāṭ bi-ḍarbah wāḥidah	إِسْقاط بِضَرْبَة واحِدَة

das *Golfcart*
مَرْكَبَة جُولْف
markabat julf

DIE LEICHTATHLETIK – أَلْعاب القِوى

die **Sprunggrube**
حُفْرَة القَفْز
ḥufrat al-qafz

der **Weit- und Dreisprung**
وَثْب طَويل وَوَثْب ثُلاثي
wathb ṭaqwīl wa-wathb thulāthī

die **Anlaufbahn**
حارَة تَحْمِيَّة
ḥārah taḥmīyah

das **Schutznetz**
شَبَكَة واقيَّة
shabakah wāqīyah

die **Bahn**
حارَة
ḥārah

die **Aschenbahn**
مِضْمار
miḍmār

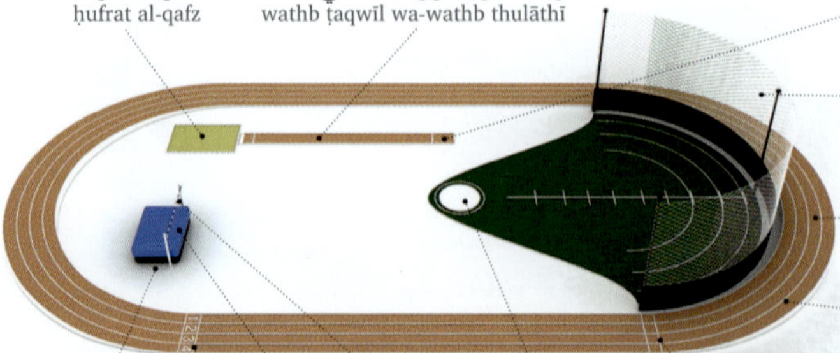

der **Hochsprung**
وَثْب عالي
wathb ʿālī

die **Latte**
عارِضَة
ʿāriḍah

die **Ziellinie**
خَط النِّهايَة
khaṭ al-nihāyah

der **Diskus- und Hammerwurf**
رَمي القُرْص وَالمِطْرَقَة
ramī al-qurṣ wa al-miṭraqah

die **Startlinie**
خَط البِدايَة
khaṭ al-bidāyah

die **Matte**
حَصيرَة
ḥaṣīrah

der **Wurfkreis**
دائِرَة رَمي
dāʾirat ramī

der **Sprint**
عَدو
ʿadū

der **Startblock**
كُتَلَة البِدايَة
kutlat al-bidāyah

der **Hürdenlauf**
وَثْب حَواجِز
wathb ḥawājiz

die **Hürde**
حاجِز
ḥājiz

der **Stabhochsprung**
قَفْز بِالزَّانَة
qafz biz-zānah

der **Staffellauf**	sibāq tatābuʿ	سِباق تَتابُع
der **Stab**	zānah	زانَة
einen Rekord brechen	ḥaṭṭama raqm qiyāsī	حَطَّمَ رَقَم قِياسي
der **Marathon**	mārāthun	ماراثون
der **Speerwurf**	ramī ar-rumḥ	رَمي الرُّمْح
die **Stoppuhr**	sāʿat tawqīf	ساعَة تَوقيف
die **Startpistole**	musaddas al-inṭilāq	مُسَدَّس الاِنْطِلاق

DAS TURNEN - الجُمْباز

der **Sprungtisch**
مِنَصَّة قَفْز
minaṣṣat qafz

der **Handstand**
وقوف عَلى اليَدَيْن
wuqūf ʿalā al-yadayn

der **Spagat**
فَرْشَخَة
farshakhah

das **Reck**
عارِضَة تَوازُن
ʿāriḍat tawāzun

der **Barren**
المُتَوازي
al-mutawāzī

das **Pauschenpferd**
حِصان المَقابِض
ḥiṣān al-maqābiḍ

die **Ringe**
حَلَق
ḥalaq

der **Schwebebalken**
عُقْلَة
ʿuqlah

das **Bodenturnen**
جُمْباز أَرْضي
jumbāz arḍī

der **Stufenbarren**
المُتَوازي مُخْتَلِف الارْتِفاع
al-mutawṣī mukhtalif al-irtifāʿ

der **Turnanzug**
بَدْلَة تَدْريب
badlat tadrīb

die **Turnhalle**
صالَة تَدْريب
ṣālat tadrīb

die **Turnerin**
لاعِبَة جُمْباز
lāʿibat jumbāz

die **Magnesia**
طَبْشور
ṭabshūr

das **Gold**	dhahab	ذَهَب
das **Silber**	fiḍḍah	فِضَّة
die **Bronze**	brunz	برونْز
die **Medaille**	mīdālīyah	ميدالِيَّة
der **Wettkampf**	musābaqa	مُسابَقَة
der **Salto**	tashaqlub	تَشَقْلُب
der **Aufgang**	irtifāʿ	اِرْتِفاع

DER WASSERSPORT - رِياضات الماء

Das Schwimmen - السَّباحَة

das **Wettkampfbecken**
حَوْض المُسابَقَة
ḥawḍ al-musābaqah

① der **Wendehinweis für Rückenschwimmer**
إشارَة الدَّوارا‌ن لِسَبَّاحَي الظَّهْر
ishārat ad-dawārān li-sabbāḥī aẓ-ẓahr

② die **Bahn**
حارَة
ḥārah

③ das **Ziel**
هَدَف
hadaf

④ die **Linie**
خَط
khaṭ

⑤ das **Wasser**
ماء
māʾ

⑥ der **Startblock**
كُتْلَة البِدايَة
kutlat al-bidāyah

⑦ die **Schwimmleine**
خَط السِّباحَة
khaṭ as-sibāḥah

die **Wende**
دَوَران
dawārān

der **Armzug**
حَرَكَة ذِراع
ḥarakat dhirāʿ

das **Rückenschwimmen**
سِباحَة ظَهْر
sibāḥat ẓahr

das **Brustschwimmen**
سِباحَة صَدْر
sibāḥat ṣadr

kraulen
سِباحَة حُرَّة
sibāḥah ḥurrah

das **Schmetterlingsschwimmen**
سِباحَة فَراشَة
sibāḥat farāshah

der **Startsprung**
قَفْزَة البِدايَة
qafzat al-bidāyah

der **Fehlstart**
بِدايَة خاطِئَة
bidāyah khāṭiʾah

DER WASSERSPORT - رياضات الماء

Das Schwimmen - اَلسَّباحَة

der **Wasserball**
كُرَة الماء
kurat al-mā'

springen
غَطَس
ghaṭasa

das **Kunstspringen**
لاعِبَة قَفْز
lāʿibat qafz

das **Synchronschwimmen**
سِباحَة مُتَزامِنَة
sibāḥah mutazāminah

der **Schwimmflügel**
فَواشات ذِراع
fawāshāt dhirāʿ

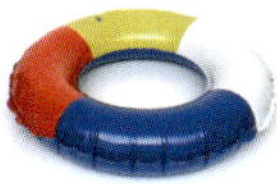

der **Schwimmring**
طارَة سِباحَة
ṭārat sibāḥah

das **Schwimmerbecken**
حَوض سَبَّاحين
ḥawḍ sabbāḥīn

das **Nichtschwimmerbecken**
حَوض غَيْر السَّبَّاحين
ḥawḍ ghayr as-sabbāḥīn

die **Schwimmweste**
صِدْرِيَّة سِباحَة
ṣidrīyat sibāḥah

die **Schwimmnudel**
قَضيب سِباحَة مُتَحَرِّك
qaḍīb sibāḥah mutaḥarrik

die **Schwimmerin**
سَبَّاحَة
sabbāḥah

die **Badekappe**
قُبَعَة سِباحَة
qubaʿat sibāḥah

der **Schwimmanzug**
بَذْلَة سِباحَة
badlat sibāḥah

die **Schwimmbrille**
نَظارَة سِباحَة
naẓārat sibāḥah

schwimmen	sabaḥa	سَبَح
das **Sprungbrett**	minaṣṣat qafz	مَنَصَّة قَفْز
der **Sprungturm**	burj qafz	بُرْج قَفْز
das **Schwimmbrett**	lawḥ sibāḥah	لَوْح سِباحَة
der **Bademeister**	munqidh	مُنْقِذ
die **Bademeisterin**	munqidhah	مُنْقِذَة
der **Wasserpark**	masbaḥ tarfīhī	مَسْبَح تَرفيهي

DER WASSERSPORT - رِياضات الماء

Das Segeln - إِبْحار شِراعي

der **Mast**
سارِيَة
sāriyah

die **Takelage**
حِبال تَثْبيت
ḥibāl tathbīt

das **Großsegel**
شِراع رئيسي
shirāʿ raʾīsī

die **Fock**
شِراع أَمامي
shirāʿ amāmī

der **Bug**
مُقَدَّمَة
muqaddimah

der **Rumpf**
هَيْكَل
haykal

das **Heck**
مُؤَخِرَة
muʾakhkhirah

der **Rettungsring**
طارَة إِنْقاذ
ṭārat inqādh

die **Leuchtrakete**
شُعْلَة ضَوئيَّة
shuʿlah ḍawʾīyah

der **Segler**
بَحّار شِراعي
baḥḥār shirāʿī

der **Baum**
عارِضَة
ʿāriḍah

das **Cockpit**
مَقْصورَة قِيادَة
maqṣūrat qiyādah

die **Pinne**
ذِراع الدَّفَة
dhirāʿ ad-daffah

der **Seegang**	irtifāʿ al-mawj	اِرْتِفاع المَوْج
der **Wind**	rīḥ	ريح
die **Meeresströmung**	tayyār baḥrī	تَيّار بَحْري
der **Anker**	marsāt	مَرْساة
die **Crew**	ṭāqam milāḥah	طاقَم مِلاحَة
das **Ruder**	daffah	دَفَّة
kentern	inqalaba	اِنْقَلَبَ
der **Jachthafen**	mīnāʾ yukhūt	ميناء يُخوت
das **Rettungsboot**	qārib najāh	قارِب نَجاة
der **Katamaran**	kātāmārān	كاتاماران

DER WASSERSPORT - رياضات الماء

Das Tauchen - اَلغَوْص

der **Tauchanzug**
بَدْلَة غَوْص
badlat ghawṣ

die **Druckluftflasche**
زُجاجَة هَواء مَضْغوط
zujājat hawāʾ maḍghūṭ

der **Lungenautomat**
مُنَظِّم تَنَفُس
munaẓẓim tanafus

die **Taschenlampe**
مِصْباح جَيْب
miṣbāḥ jayb

der **Tiefenmesser**
مِقْياس عُمْق
miqyās ʿumq

die **Schwimmflosse**
زَعْنَفَة سِباحَة
zaʿnafat sibāḥah

der **Tauchstiefel**
جَزْمَة غَوْص
jazmat ghawṣ

der **Schnorchel**
أَنْبوب هَواء
aunbūb hawāʾ

die **Tauchmaske**
قِناع غَوْص
qināʿ ghawṣ

das **Finimeter**
مِقْياس ضَغْط
miqyās ḍaghṭ

der/das **Kajak**
كاياك
kāyāk

das **Doppelpaddel**
مِجْداف مُزْدَوَج
mijdāf muzdawaj

der **Kanadier**
كانو كَنَدي
kānū kanadī

das **Stechpaddel**
مِجْداف كانو
mijdāf kānū

der **Sitz**
مَقْعَد
maqʿad

der **Vordersteven**
مُقَدِمَة القارب
muqaddimat al-qārib

das **Heck**
مُؤَخِّرَة
muʾakhkharah

der **Bug**
مُقَدِّمَة
muqaddimah

der **Bootsrumpf**
هَيْكَل القارب
haykal al-qārib

der **Achtersteven**
مُؤَخِّرَة القارب
muʾakhkharat al-qārib

DER WASSERSPORT - رِياضات الماء

Das Surfen - رُكوب الأَمْواج

surfen
رَكوب الأَمْواج
rakūb al-amwāj

das **Surfbrett**
لَوْح رُكوب الأمْواج
lawḥ rakūb al-amwāj

der **Surfer**
راكِب أَمْواج
rākib amwāj

die **Welle**
مَوْجَة
mawjah

das **Windsurfen**
رُكوب أَمْواج شِراعي
rukūb amwāj shirāʿī

das **Schothorn**
مُؤَخِرَة شِراع
muʾakhirah shirāʿ

das **Segel**
شِراع
shirāʿ

der **Mast**
سارِيَة
sāriyah

der **Windsurfer**
راكِب أَمْواج شِراعي
rākib amwāj shirāʿī

das **Paddelbrett**
لَوْح
lawḥ

das **Kitesurfen**
تَزَلُّج بالشَّد مِن طائِرَة شِراعيَّة
tazalluj bi-shshad min ṭāʾrah shirāʿīyah

das **Bodyboarden**
رُكوب الأمواج بِالتَمَدُّد
rukūb amwāj bit-tamaddud

das **Wakeboarden**
تَزَلُّج بالشَّد مِن قارِب
tazalluj bi-shshad min qārib

der **Jetski**®
تَزَلُّج بِمَرْكَب نَفّاث
tazalluj bi-markab naffāth

der **Wasserski**
تَزَلُّج عَلى الماء
tazalluj ʿalā al-māʾ

das **Rudern**
تَجْديف
tajdīf

das **Rafting**
رُكوب الأَمْواج بِالطَّوّافَة
rukūb amwāj biṭ-ṭawāfah

DER KAMPFSPORT – فُنون القِتال

das **Karate**
كَراتيه
karātih

das **Aikido**
أَيْكيدو
aykīdu

das **Kendo**
كينْدو
kīndu

das **Taekwondo**
تيكونْدو
tīkuandu

der **schwarze Gürtel**
حِزام أَسْوَد
ḥizām aswad

das **Judo**
جيْدو
jīdu

das **Kung-Fu**
كونْفو
kunfū

das **Kickboxen**
مُلاكَمَة بالأَرْجُل
mulākamah bil-arjul

das **Ringen**
مُصارَعَة
muṣāraʿah

das **Boxen**
مُلاكَمَة
mulākamah

der **Sandsack**
كيس رَملي لِلْتَدْريب
kīs ramlī lil-tadrīb

der **Boxball**
كُرَة لِلْمُلاكَمَة
kurah lil-mulākamah

der **Kopfschutz**
واقي رَأْس
wāqī ra's

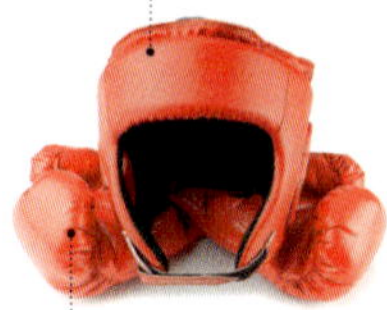

der **Boxhandschuh**
قُفاز مُلاكَمَة
qufāz mulākamah

der **Mundschutz**	wāqī fam	واقي فَم
der **Knock-out**	akhraja	أَخْرَجَ
die **Selbstverteidigung**	difāʿ ʿan an-nafs	دِفاع عَن النَّفْس
das **Tai-Chi**	tāy shī	تاي تْشي
das **Jiu-Jitsu**	jīu jītsū	جيو جيتسو
die **Capoeira**	kābuyrā	كابويرا
das **Wing Chun**	wīnj tshūn	وينغ تْشون

DER REITSPORT – رُكوب الخَيْل

der **Reithelm**
قُبَعَة رُكوب
qubaʿat rukūb

die **Reiterin**
فارِسَة
fārisah

der **Sattel**
سَرْج
sarj

die **Reithose**
بِنْطال رُكوب
binṭāl rukūb

die **Mähne**
عُرْف
ʿurf

das **Pferd**
حِصان
ḥiṣān

der **Stirnriemen**
طَوْق الجَبْهَة
ṭawq al-anf

das **Zaumzeug**
لِجام
lijām

der **Nasenriemen**
طَوْق الأَنْف
ṭawq al-jabhah

die **Kandare**
شَكيمَة
shakīmah

der **Zügel**
عِنان
ʿaiān

der **Steigbügel**
رِكاب
rikāb

der **Sattelgurt**
حِزام سَرْج
ḥizām sarj

der **Huf**
حافِر
ḥāfir

der **Sprung**
قَفْز
qafz

der **Hinterzwiesel**
قَرْبوس مُؤَخِّرَة السَّرْج
qarbūs muʾakhkhirat as-sarj

der **Reitstiefel**
جَزْمَة رُكوب
jazmat rukūb

der **Vorderzwiesel**
قَرْبوس مُقَدِّمَة السَّرْج
qarbūs muqaddimat as-sarj

DER REITSPORT – رُكوب الخَيْل

das **Pferderennen**
سِباق خُيول
sibāq khuyul

das **Rennpferd**
حِصان سِباق
ḥiṣān sibāq

der **Jockey**
فارس سِباق خُيول
faris sibāq khuyul

das **Dressurreiten**
تَرْويض
tarwīḍ

der **Ausritt**
تَجَوُّل بالحِصان
tajawwul bi'l-ḥiṣān

der **Trabrennsport**
سِباق الخَبَب
sibāq al-khabab

das **Jagdrennen**
سِباق حَوائِل
sibāq ḥawāʾil

ohne Sattel reiten
رَكِبَ بلا سَرْج
rakiba bi'la sarj

der **Stall**
إسْطَبْل
isṭabl

der/das **Rodeo**
روديو
rudyu

das **Polo**
بولو
bulu

das **Springreiten**
قَفْز بالخَيْل
qafz al-khayl

das **Hufeisen**	ḥadwa	حَدْوَة
die **Reitgerte**	ʿaṣā rukūb	عَصا رُكوب
die **Koppel**	mazraʿah tarwīḍ	مَزْرَعَة تَرْويض
der **Kanter**	tabahktur	تَبَخْتُر
der **Galopp**	hazb	هَذْب
der **Schritt**	mashī	مَشي
das **Trabrennen**	khabab	خَبَب

der **Pferdepfleger**
راعي خَيْل
rāʿī khayl

DAS ANGELN – صَيْد السَّمَك

der **Angler**
صَيَّاد
ṣayyād

die **Angel**
صِنَّارَة
ṣinnārah

die **Angelrute**
قَصَبَة صِنَّارَة
qaṣabat ṣinnārah

die **Anglerweste**
صِدْرِيَّة صَيَّاد
ṣidrīyat ṣayyād

einen Fisch fangen
صاد سَمَكَة
ṣāda samakah

der **Unterfangkescher**
شَبَكَة صَيْد
shabakat ṣayd

der **Watstiefel**
جَزْمَة خَوض
jazmat khawḍ

die **Angelausrüstung**
مُعِدَّات صَيْد
muʿadāt ṣayd

die **Angelschnur**
خَيْط صَيْد
khayṭ ṣayd

die **Kunstfliege**
ذُبابَة اِصْطِناعيَّة
dhubābah iṣṭināʿīyah

die **Pose**
طَوافَة
ṭawāfah

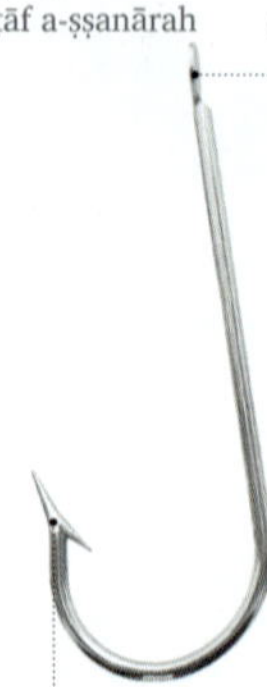

der **Angelhaken**
خَطّاف صِنارَة
khaṭṭāf a-ṣṣanārah

die **Öse**
عَيْن
ʿayn

der **Widerhaken**
خَطّاف مَعْقوف
khaṭṭaf maʿqūf

die **Spule**
بَكَرَة
bakarah

die **Angelrolle**
عَجَلَة صِنَّارَة
ʿajalat ṣinnārah

die **Kurbel**
ذِراع تَدْوير
dhirnāʿ dadwīr

DAS ANGELN – صَيْد السَّمَك

das **Brandungsangeln**
صَيْد مِنَ الشَّاطِئ
ṣayd min ash-shāṭiʾ

mit dem Netz fangen
اِصْطادَ بِشَبَكَة
iṣṭāda bi-shabakah

das **Hochseeangeln**
صَيْد في أَعْماق البَحْر
ṣayd fī aʿmāq al-baḥr

das **Süßwasserangeln**
صَيْد في ماء حُلو
ṣayd fī māʾ ḥulū

das **Speerfischen**
صَيْد بَالرُّمْح
ṣayd bir-rumḥ

einholen
سَحَبَ لِلْخارِج
saḥaba lil-khārij

das **Fliegenfischen**
صَيْد بِذُباب اِصْطِناعي
ṣayd bi-dhubāb iṣṭināʿī

fangen
صادَ
ṣāda

freilassen
أَطْلَقَ سَراح
aṭlaqa sarāḥ

der **Köder**
طُعْم
ṭuʿm

der **Fang**
صَيْد
ṣayd

die **Hummerfalle**
مَصْيَدَة جَراد البَحْر
maṣyadat jarād al-baḥr

der **Angelschein**	taṣrīḥ ṣayd	تَصْريح صَيْد
anbeißen	ʿaḍḍa	عَضَّ
der **Fischkorb**	sallat samak	سَلَّة سَمَك
der **Erdspeer**	ḥāmil aṣ-ṣinnārah	حامِل الصِّنارَة
der **Wobbler**	ṭuʿm ṣināʿī	طُعْم صِناعي
die **Harpune**	rumḥ li-ṣayd al-ḥitān	رُمْح لِصَيْد الحيتان
die Angel auswerfen	ramā aṣ-ṣanārah	رَمى الصِّنارَة

der **Spinnerkasten**
صُنْدوق عِدَّة
ṣundūq ʿuddah

DER WINTERSPORT – رِياضَات شَتويَّة

der **Sturzhelm**
قُبَعَة واقِيَة
qubaʿa wāqiyah

der **Pulverschnee**
ثَلْج ناعِم
thalj nāʿim

der **Stockteller**
قاعِدَة العَصَا
qāʿidat al-ʿaṣā

der **Skistock**
عَصا تَزَلُّج
ʿaṣā tazalluj

der **Skianzug**
بَدْلَة تَزَلُّج
badlat tazalluj

die **Seilbahn**
تَلْفريك
talfrik

die **Spitze**
طَرَف
ṭaraf

der **Ski**
مِزْلاج
mizlāj

der **Skistiefel**
جَزْمَة تَزَلُّج
jazmat tazalluj

die **Skipiste**
مَسار تَزَلُّج
masār tazalluj

die **Kante**
حافَة
ḥāfah

der **Skiläufer**
مُتَزَلِّج
mutazallij

der **Slalom**
تَزَلُّج مُتَعَرِّج
tazalluj mutaʿarrij

der **Abfahrtslauf**
تَزَلُّج نَحْوَ الأَسْفَل
tazalluj naḥwa al-asfal

das **Skispringen**
قَفْز تَزَلُّجي
qafz tazallujī

abseits der Piste
خارِج طَريق التَّزَلُّج
khārij ṭarīq al-tazalluj

der **Skihang**
مُنْحَدَر تَزَلُّج
munḥadar tazalluj

das **Biathlon**
ثُنائيَّة الرِّمايَة وَ التَّزَلُّج لِمَسافات بَعيدة
riyāḍat rimāyah wa tazalluj

der **Langlauf**
تَزَلُّج لِمَسافات طَويلَة
tazalluj li-masāfāt ṭawīlah

die **Langlaufloipe**
مَسار تَزَلُّج مُجَهَّز
masār tazalluj mujahhaz

DER WINTERSPORT - رِياضَات شَتويَّة

die **Skibrille**
نَظَّارات واقيَة
naẓẓārāt wāqīyah

der **Snowboardfahrer**
مُتَزَلِّج عَلى لَوْح
mutazallij ʿalā lawḥ

das **Snowboard**
لَوْح الثَّلْج
lawḥ ath-thalj

die **Bindung**
مُثَبِّت
muthabbit

die **Halfpipe**
أُسْطُوانَة نِصْف دائِريَّة
isṭuwānah niṣf daʾirīyah

das **Rail**
عائِق
ʿāʾiq

Schlitten fahren
رَكِبَ زَلَّاقَة
rakiba zallāqah

das **Rennrodeln**
زَحافات ثَلْجيَّة
aḥafāt thaljīyah

der **Bobsport**
تَزَلُّج في زَلَّاجَة جَماعيَّة
tazalluj fi-zallajah jamāʿīyah

das **Curling**
كيرلِنْج
kirlinj

Schlittschuh laufen
تَزَلُّج عَلى الجَليد
tazalluj ʿalā al-jalīd

der **Eisschnelllauf**
تَزَلُّج سُريع
tazalluj surīʿ

das **Skifahren**	tazalluj ʿalā al-thalj	تَزَلُّج عَلى الثَّلْج
das **Snowboarding**	tazalluj bi-lawḥ ath-thalj	تَزَلُّج بِلَوْح الثَّلْج
der **Winter-Fünfkampf**	sibāq al-khumāsī ash-shatawī	سِباق الخُماسي الشَّتَوي
der **Freistil**	tazalluj ḥur	تَزَلُّج حُر
das **Schneeschuhwandern**	tajawwul bi-ʾaḥdhiyat ath-thalj	تَجَوُّل بِأَحْذيَّة الثَّلْج
das **Hundeschlittenfahren**	tazalluj bi-musāʿadat kilāb	تَزَلُّج بِمُساعَدَة كِلاب
das **Après-Ski**	mā baʿda at-tazalluj	مابَعْدَ التَّزَلُّج
die **Skihütte**	funduq tazalluj	فُنْدُق تَزَلُّج

der **Eiskunstlauf**
تَزَلُّج فَنِّي عَلى الجَليد
tazalluj fannī ʿalā al-jalīd

SONSTIGE SPORTARTEN – رِياضات أُخْرى

das **Klettern**
تَسَلُّق
tasalluq

das **Wandern**
تَجَوُّل عَلى الجِبال
tajawwul ʿalā al-jibāl

der **Radsport**
رِياضَة دَراجَة
riyāḍat darājah

das **Mountainbiken**
رُكوب دَراجَة جَبَلِيَّة
rukūb darājah jabalīyah

das **Abseilen**
هُبوط بِحَبْل مُثَبَّت
hubūṭ bi-ḥabil muthabbat

das **Bungeespringen**
قَفْز بَنْجي
qafz banjī

das **Drachenfliegen**
طَيَران شِراعي
ṭayarān shirāʿī

das **Fallschirmspringen**
قَفْز بِالمَظَلَّة
qafz bil-miẓallah

das **Rallyefahren**
سِباق الطُّرُق الوَعِرَة
sibāq aṭ-ṭuruq al-waʿirah

die **Formel 1®**
سِباق الفورمولا وان
sibāq al-fwrmūlā wān

das **Motocross**
سِباق موتو كروس
sibāq mutu krus

das **Motorradrennen**
سِباق دَرَّاجات نارِيَّة
sibāq ddarājāt narīyah

das **Skateboardfahren**
رُكوب سكيت بورد
rukūb skit burd

das **Longboardfahren**
رُكوب لَوح بِعَجَلات
rukūb lawḥ bi-ʿajalāt

das **Inlineskaten**
تَزَلُّج بِالعَجَلات
tazalluj bil-ʿajalāt

das **Offroadfahren**
سِباق سَيَّارات جَبَلي
sibāq jabalī

SONSTIGE SPORTARTEN - رِياضات أُخْرى

das **Fechten**
مُبارَزَة
mubārazah

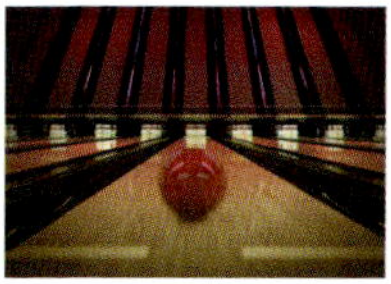

das **Bowling**
بولينج
bulīnj

das **Bogenschießen**
رَمي بِالقَوْس وَ السَّهْم
ramī bil-qaws wa as-sahm

die **Jagd**
صَيْد
ṣayd

das **Darts**
لُعْبَة الرَّشْق بالسِّهام
luʿbat ar-rashq bis-sihām

das **Poolbillard**
بِلْياردو
bilyārdū

das **Snooker**
سنوكَر
snūkar

das **Lacrosse**
لاكْروس
lākrus

die **rhythmische Sportgymnastik**
جُمْباز إيقاعي
jumbāz īqāʿī

das **Frisbee®**
فْريسبس
frīsbs

das **Triathlon**
سِباق ثُلاثي
sibāq thulāthī

der **Australian Football**
كُرَة القَدَم الأُسْترالِيَّة
kurat al-qadam al-usturālīyah

die/das **Boule**
بول
būl

das **Ballett**
باليه
bālyh

das **Krocket**
كروكيت
krukit

der/das **Parkour**
بارْكور
bārkūr

DIE FITNESS - اللَّياقَة البَدَنيَّة

das **Fitnessstudio**
نادي لَياقَة بَدَنيَّة
nādī layāqah badanīyah

die **Langhantel**
أَثْقال طَويلَة
athqāl ṭawīlah

die **Gewichtsscheibe**
ثِقَل
thiql

die **Bank**
مِقْعَد
miqʿad

das **Krafttraining**
تَدْريب قُوَة
tadrīb qūah

die **Bizepsübung**
تَمْرين عَضَلَة الذِّراع
tamrīn ʿaḍalat adh-dhirāʿ

die **Kurzhantel**
أَثْقال قَصيرَة
athqāl qaṣīrah

das **Bankdrücken**
تَمْرين الضَّغْط عَلى المِقْعَد
tamrīn aḍ-ḍaghiṭ ʿalā al-maqʿad

trainieren
تَدَرَّبَ
tadarraba

das **Ergometer**
جِهاز قِياس قُدْرَة الجِسْم
jihāz qiyyās qudrat al-jism

der **Crosstrainer**
جِهاز تَمْرين شامِل
jihāz tamrīn shāmil

der **Fitnessball**
كُرَة تَمْرين
kurat tamrīn

die **Matte**
حَصيرَة
ḥaṣīrah

das **Laufband**
جِهاز مَشي
jihāz mashī

das **Rudergerät**
جِهاز تَجْديف
jihāz tjdīf

DIE FITNESS - اللِّياقَة البَدَنِيَّة

der **Ausfallschritt**
تَمْرين سُقوط لِلأَمام
tamrīn suqūṭ lil-ˈamām

die **Rumpfbeuge**
تَمْرين اِنْحِناء إلى الأَمام
tamrīn inḥināˈ lil-ˈamām

der **Liegestütz**
تَمْرين الضَّغْط
tamrīn aḍ-ḍaghṭ

der **Sit-up**
تَمْرين المَعِدَة
tamrīn al-maʿidah

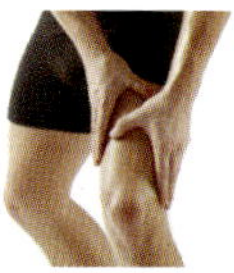

der **Muskelkater**
تَشَنُّج عَضَلي
tashannuj ʿaḍalī

der **Klimmzug**
تَدْريب على عارِضَة أُفُقِيَّة
tadrīb ʿalā ʿāriḍah ufuqīah

die **Kniebeuge**
تَمْرين قُرْفُصاء
tamrīn qurfuṣāˈ

das **Pilates**
تَمارين بيلاتْس
tamārīn bīlāts

das **Spinning®**
تَدْريب جَماعِي عَلى دَرَّاجات ثابِتَة
tadrīb jamāʿī ʿalā darrājāt thābitah

die **Pulsuhr**
ساعَة نَبْض
sāʿat nabḍ

das **Aerobic**
تَدْريبات رِياضِيَّة إيقاعِيَّة
tadrībāt riyāḍīah īqāʿīyah

das **Steppbrett**
دَرَجَة لِلتَدْريب
darajat lil-tadrīb

der **Turnschuh**
حِذاء تَمْرين
ḥizāˈ tamrīn

sich aufwärmen	sakhana ʿaḍalātah	سَخَّنَ عَضَلاتَه
das **Zirkeltraining**	tadrīb mutasalsil	تَدْريب مُتَسَلْسِل
das **Bodypump**	miḍkhkhat jism	مِضَخَّة جِسْم
die **Sauna**	sāwnā	ساوْنا
die **Umkleidekabine**	kābīnnat tabdīl malābis	كابينَة تَبديل مَلابِس
die **Dehnung**	mad	مَد

FREIZEIT

وَقْت الفَراغ

DAS THEATER – المَسْرَح

① der **Balkon**
شُرْفَة
shurfah

② der **zweite Rang**
دَوْر عُلوي
dawr ʿulwī

③ die **Loge**
مَقصورَة
maqṣūrah

④ der **erste Rang**
شُرْفَة دائِريَّة
shurfah dā'irīyah

⑤ die **Sitzreihe**
صَف مَقاعِد
ṣaf maqāʿid

⑥ die **Kulisse**
كَواليس
kawālīs

⑦ die **Bühne**
خَشَبَة مَسْرَح
khashabat masraḥ

⑧ das **Foyer**
رُدْهَة
rudhah

⑨ das **Parkett**
مَقاعِد أَماميَّة
maqāʿ amāmīah

⑩ der **Sitzplatz**
مَقْعَد
maqʿad

⑪ der **Vorhang**
سِتارة
sitārah

das **Varieté**
عَرْض موسيقي مُتَنَوِّع
ʿarḍ mūsīqī mutanawwiʿ

das **Freilufttheater**
مَسْرَح مَكْشوف
masraḥ makshūf

das **Ballett**
بالْيه
bālyh

die **Aufführung**
عَرْض
ʿarḍ

der **Zauberkünstler**
ساحِر
sāḥir

der **Komiker**
فَنَّان هَزْلي
fannān hazlī

die **Tragödie**
تْراجيدْيا
trājīdiā

die **Komödie**
كُوميدْيا
kumīdiā

DAS THEATER - المَسْرَح

das **Theaterstück**
مَسْرَحِيَّة
masraḥīyah

① *das* **Bühnenbild**
ديكُور مَسْرَح
dīkur masraḥ

② *die* **Besetzung**
شَخْصِيات العَرْض
shakhṣiyāt al-ʿarḍ

③ *das* **Theaterkostüm**
زَي مَسْرَح
zay masraḥ

④ *der* **Applaus**
تَصْفيق
taṣfīq

⑤ *das* **Publikum**
جُمْهور
jumhūr

die **Probe**
بْروفَة
brufah

⑥ *der* **Schauspieler**
مُمَثِّل
mumaththil

⑦ *die* **Schauspielerin**
مُمَثِّلَة
mumaththilah

⑧ *der* **Regisseur**
مُخْرِج
mukhraj

die **Premiere**	ʿarḍ iftitāḥ	عَرْض اِفْتِتاح
die **Pause**	istirāḥah	اِسْتِراحَة
das **Programm**	barnāmaj	بَرْنامَج
die **Generalprobe**	brufah qabl al-iftitāḥ	بْروفَة قَبْل الاِفْتِتاح
die **Platzanweiserin**	dalīlah	دَليلَة
die **Theaterkasse**	shubāk qaṭʿ at-tadhākir	شُباك قَطْع التَّذاكِر
die **Eintrittskarte**	tadhkarat dukhūl	تَذْكَرَة دُخول

die **Künstlergarderobe**
غُرْفَة تَبْديل مَلابِس المُمَثِّلين
ghurfat tabdīl malābis al-mumaththilīn

DIE MUSIK - الموسيقى

Das Orchester - الأوركْيسْترا

das **Sinfonieorchester**
أوركِسْترا سينْفونيَّة
urkistrā sīmfunīyah

der **Gong**
ناقوس
nāqūs

die **kleine Trommel**
طَبْل صَغير
ṭabl ṣaghīr

die **große Trommel**
طَبل كَبير
ṭabl kabīr

die **Pauke**
طَبْلَة
ṭablah

das **Xylophon**
كسيلوفون
ksīlufun

die **Röhrenglocken**
أَجْراس أنْبوبيَّة
ajrās unbūbīyah

das **Dirigentenpult**
مِنَصَّة قائِد الأوركِسْترا
minaṣṣat qā'id al-'urkistrā

der **Notenständer**
حامِل النوتَة المُوسيقيَّة
ḥāmil a-nnutah al-mūsīqīyah

der **Dirigent**
قائِد أوركِسْترا
qā'id 'urkistrā

der **Taktstock**
عَصا قِيادَة
ʿaṣā qiyādah

die **Solistin**
عازِف مُنْفَرِد
ʿāzif munfarid

die **Opernsängerin**
مُغَنِيَة أوبرا
mughanīyat 'ubirā

die **Noten**
نوتَة موسيقيَّة
nutah musīqīyah

die **Ouvertüre**	mūsīqā iftitāḥīyah	موسيقى اِفْتِتاحيَّة
das **Quartett**	mūsīqā rubāʿīyah	موسيقي رُباعيَّة
die **Sonate**	qiṭʿah mūsīqīyah	قِطْعَة موسيقيَّة
die **Tonhöhe**	ṭabaqat aṣ-ṣawt	طَبَقَة الصَّوْت
ein Instrument stimmen	ḍabṭ ālah mūsīqiah	ضَبَطَ آلَة موسيقيَّة
der **Chor**	kurāl	كورال
die **Oper**	ubirā	أوبِرا

DIE MUSIK - الموسيقى

Die Musikinstrumente - الآلات الموسيقيَّة

die **Geige**
كَمان
kamān

der **Bogen**
قَوْس
qaws

das **Cello**
تشيلو
tshīlu

die **akustische Gitarre**
جيتار صَوْتي
jitār ṣawtī

die **Harfe**
قيثارَة
qīthārah

die **elektrische Gitarre**
جيتار كَهْرُبائي
jitār kahrubā'ī

die **Bassgitarre**
جيتار بْيس
jitār bīs

die **Tuba**
توبا
tūbā

die **Posaune**
تْرومبْون
trumbun

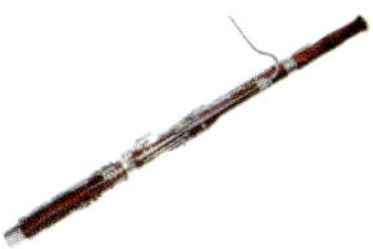

das **Fagott**
باسْون
bāsun

die **Oboe**
أوبْوا
uburā

das **Horn**
بوق فَرَنْسي
būq faransī

die **Trompete**
بوق
būq

die **Pikkoloflöte**
بيكُولْو
bīkulu

das **Saxofon**
ساكْسافُون
sāksāfun

die **Klarinette**
كلارينْيت
klākrīnīt

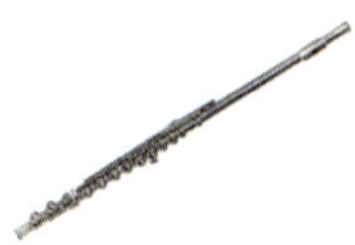

die **Querflöte**
ناي
nāy

DIE MUSIK - الموسيقى

Die Musikinstrumente - الآلات الموسيقيَّة

das **Tamburin**
رق
riq

das **Becken**
صَنَج
ṣanj

die/das **Hi-Hat**
هيت هات
hīt hāt

das **Schlagzeug**
مَجْموعَة طُبول
majmūʿat ṭubūl

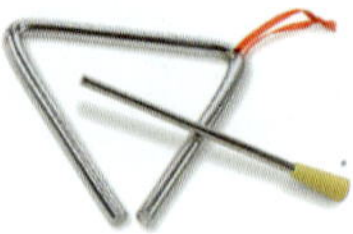

die/der/das **Triangel**
آلَة مُثَلَّث
ālat muthallath

die **Rassel**
خَشْخاشَة ماراكس
khashkhāshat mārāks

die **Bongos**
طَبْول بْونجْو
ṭubūl bunju

die **Kesselpauke**
طَبْلَة
ṭablah

die **Kastagnetten**
كاسْتانيت
kāstānīt

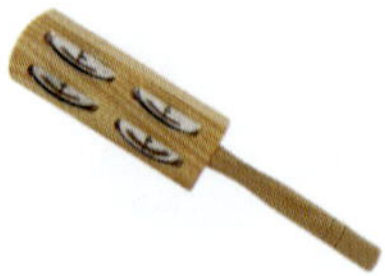

die **Schellenrassel**
خَشْخاشَة سَريعَة
khashkhāshat sarīʿah

die **Panflöte**
ناي بان
nāī bān

der **Schlagzeugstock**
عود الطَّبْل
ʿūd aṭ-ṭabl

die **Mundharmonika**
هارمْونيكا
hārmūnīkā

der **Dudelsack**
مِزْمار القِرْبَة
mizmār al-qurbah

das **Akkordeon**
أكورديْون
akurdyun

der **Flügel**
بيانو
biyānū

DIE MUSIK - الموسيقى

die **Notation**
تَدْوين موسيقي
tadwīn mūsīqī

der **Violinschlüssel**
مِفْتاح «صَول»
miftāḥ „ṣul"

die **Notenlinie**
خَط موسيقي
khaṭ mūsīqī

der **Bassschlüssel**
مِفْتاح «فا»
miftāḥ „fā"

das **Vorzeichen**
دَليل مَقام
dalīl maqām

die **Taktangabe**
نَوع الإيقاع
naw' al-īqā'

die **Note**
عَلامَة موسيقيَّة
'alāmah mūsīqīyah

das **Kreuz**
عَلامَة رَفْع
'alāmat raf'

der **Taktstrich**
حاجِز الإيقاع
ḥājiz al-īqā'

die **klassische Musik**
موسيقى كْلاسيكيَّة
mūsīqā klāsīkīyah

das **Heavy Metal**
موسيقى صاخِبَة
mūsīqā ṣākhibah

der **Rap**
راب
rāb

der **Hip-Hop**
هيب هوب
hīb hub

die **Popmusik**	bub	بوب
die **Countrymusik**	rīfīyah amrīkīyah	ريفيَّة أَمْريكيَّة
die **Indie-Musik**	indī	إِنْدي
der **Blues**	blūz	بْلوز
der/das **Techno**	tīshnu	تيشْنو
der **Soul**	mūsīqā hādi'ah	موسيقى هادِئَة
die **Disko**	dīsku	ديسْكو

der **Jazz**
جاز
jāz

der **Rock**
روك
ruk

DIE MUSIK - الموسيقى

Das Konzert - الحَفْلَة الموسيقيَّة

das **Rockkonzert**
حَفْل موسيقى الرُّوك
ḥafl mūsīqā ar-ruk

① *der* **Scheinwerfer**
كَشَّاف
kashshāf

② *das* **Mikrofon**
ميكْروفون
mīkrufun

③ *die* **Band**
فِرْقَة موسيقيَّة
firqah mūsīqīyah

④ *der* **Bassist**
عازف بيس
ʿāzif bys

⑤ *der* **Verstärker**
مُكَبِّر صَوْت
mukabbir ṣawt

⑥ *der* **Gitarrist**
عازف جيتار
ʿāzif jītār

⑦ *der* **Schlagzeuger**
طَبَّال
ṭabbāl

⑧ *der* **Frontmann**
مُطْرِب رَئيسي
muṭrib raʾīsī

die **Konzerthalle**
قاعَة حَفَلات موسيقيَّة
qāʿat ḥafalāt mūsīqīyah

die **Fans**
مُعْجَبون
muʿjabūn

das **Musikfestival**
حَفْل موسيقي
ḥafl mūsīqī

der **DJ**
دي جي
dī jī

das **Mischpult**
جِهاز مَزْج الأَلْحان
jihāz mazj al-alḥān

singen	ghannā	غَنَّى
mitsingen	ghannā maʿ	غَنَّى مَع
pfeifen	ṣaaffara	صَفَّرَ
die **Zugabe**	mazīd	مَزيد
der/das **Rave**	raqiṣ ṣākhib	راقِص صاخِب
das **Lied**	aughnīyah	أُغْنيَّة
der **Liedtext**	naṣ aughnīyah	نَص أُغْنيَّة

DIE MUSIK - الموسيقى

Musik hören - سَماع الموسيقى

die **Stereoanlage**
سْتيريو
stīryu

der **MP3-Player**
جِهاز إم بي ثري
jihāz ʾim bī thrī

der **CD-Spieler**
جهاز سي دي
jihāz sī dī

der **Lautstärkeregler**
مُنَظِّم الصَّوْت
munaẓẓim aṣ-ṣawt

die **Lautsprecherbox**
عُلْبَة الصَّوْت
ʿulbat aṣ-ṣawt

die **Schallplatte**
أسْطوانَة موسيقيَّة
ʾusṭuānah mūsīqīyah

der **Plattenspieler**
مُشَغِّل
mushaghghil

die **USB-Schnittstelle**
مَنْفَذ USB
manfadh USB

das **Radio**
رادْيو
rādyu

das **Gesangstück**	qiṭʿah ghināʾīyah	قِطْعَة غِنائيَّة
die **Komposition**	taʾlīf mūsīqī	تَأْليف موسيقي
das **Instrumentalstück**	qiṭʿah mūsīqīyah	قِطْعَة موسيقيَّة
akustisch	samʿī	سَمْعي
der **Refrain**	faqarah mutakarrirah	فَقَرَة مُتَكَرِّرَة
die **Melodie**	laḥn	لَحْن
die **Kassette**	kāsit	كاسيت

der **Kopfhörer**
سَمّاعة الرَّأْس
sammāʿat ar-raʾs

HOBBYS - هِوايات

gravieren
نَقَشَ
naqasha

schnitzen
حَفَرَ بالخَشَب
ḥafara bil-khashab

Briefmarken sammeln
جَمَعَ طَوابِع
jamaʿ ṭawābiʿ

die **Modelleisenbahn**
نَموذَج قِطار
namūdhaj qiṭār

modellieren
شَكَّلَ
shakkala

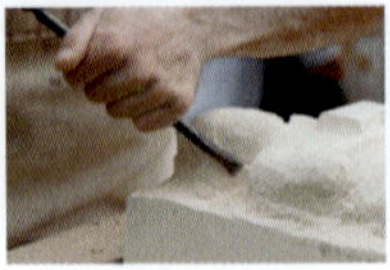

die **Bildhauerei**
نَحْت
naḥt

töpfern
صَنَعَ خَزَف
ṣanaʿa khazaf

Mosaik legen
رَكَّبَ فُسَيْفَساء
rakaba fusayfusāʾ

der **Modellbau**
صِناعَة نَماذِج
ṣināʿat namādhij

Schmuck herstellen
صِناعَة مُجوهَرات
ṣināʿat mujawharāt

lesen
قَرَأَ
qaraʾa

kochen
طَبَخَ
ṭabakha

gärtnern
عَمِلَ في الحَديقَة
ʿamila fī al-ḥadīqah

das **Origami**	ṭaī al-waraq	طَي الوَرَق
das **Scrapbooking**	ṣammama kitāb ṣuwar	صَمَّمَ كِتاب صوَر
Möbel restaurieren	tarmīm athāth	تَرْميم أثاث
im Chor singen	ghanā fī jawqah	غَنَى في جَوْقَة
Filme drehen	ṣanaʿa aflām	صَنَعَ أَفْلام
Vögel beobachten	rāqaba aṭ-ṭuyūr	راقَبَ الطُّيور
das **kreative Schreiben**	kitābah ibdāʿīyah	كِتابَة إِبْداعيَّة

HOBBYS - هِوايات

Kunst und Basteln - الفَن وَ الأَشْغال اليَدَويَّة

der **Buntstift**
قَلَم تَلْوين
qalam talwīn

die **Wasserfarbe**
لَوْن مائي
lawn māʾī

der **Wachsmalstift**
قَلَم تَلْوين شَمْع
qalam tawīn shamʿ

die **Lackfarbe**
طِلاء
ṭilāʾ

die **Ölkreide**
طَباشير زَيْتيَّة
ṭabāshīr zaytīyah

die **Kreide**
طَباشير
ṭabāshīr

die **Ölfarbe**
لَوْن زَيْتي
lawn zaytī

die **Acrylfarbe**
لَوْن أَكْريلي
lawn akrīlī

die **Pastellkreide**
باسْتيل
bāstīl

der **Filzstift**
قَلَم تَخْطيط
qalam takhaṭīṭ

die **Tusche**
حِبْر
ḥibr

die **Zeichenkohle**
فَحْم تَلْوين
faḥm talwīn

die **Gouache**
أَلوان جواش
alwān jawāsh

der **Klebstoff**
مادَّة تَلْصيق
mādat talṣīq

der **Pinsel**
ريشَة
rīshah

die **Palette**
لَوْحَة أَلْوان
lawḥat alwān

HOBBYS - هِوايات

Kunst und Basteln - الفَن وَ الأَشْغال اليَدَوِيَّة

die **Aquarellmalerei**
رَسْم مائي
rasm māʾī

die **Ölmalerei**
رَسْم زَيْتي
rasm zaytī

die **Collage**
لَوحَة حائِط
lawḥat ḥāʾṭ

die **Wandmalerei**
رَسْم عَلى الحائِط
rasm ʿalā al-ḥāʾṭ

die **Tuschezeichnung**
رَسْم بالرِّيشَة
rasm bir-rīshah

die **abstrakte Malerei**
رَسْم تَجْريدي
rasm tajrīdī

die **Landschaftsmalerei**
رَسْم الطَّبيعَة
rasm aṭ-ṭabīʿah

die **Porträtmalerei**
رسْم أَشْخاص
rasm ashkhāṣ

die **Bleistiftzeichnung**
رَسْم بِقَلَم رَصاص
rasm bi-qalam raṣāṣ

das **Stillleben**
طَبيعَة صامِتَة
ṭabīʿah ṣāmitah

das **Graffiti**
جْرافيتي
jrāfītī

der **Siebdruck**
طِباعَة بالشّاشَة الحَريرِيَّة
ṭibāʿah bish-shāshah al-ḥarīrīyah

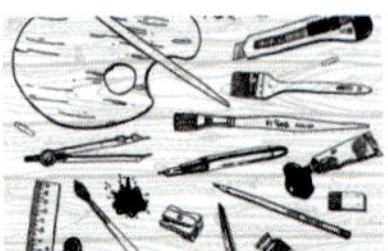

die **Skizze**
رَسْم تَخْطيطي
rasm takhṭīṭī

die **Aktmalerei**
فَن عاري
fan ʿārī

die **Leinwand**
قُماش لِلْرَّسْم
qumāsh lir-rasm

der **Karton**
وَرَق مُقَوّى
waraq muqawwā

HOBBYS - هِوايات

Kunst und Basteln - الفَن وَ الأَشْغال اليَدَويَّة

die **Farbe**
لَوْن
lawn

das **Schwarz**
aswad أَسْوَد

das **Schwarzbraun**
bunnī ghāmiq بُنِّي غامِق

das **Hellbraun**
bunnī fātiḥ بُنِّي فاتِح

das **Smaragdgrün**
zumurrudī زُمُرُّدي

das **Gelbgrün**
akhḍar fātiḥ أَخْضَر فاتِح

das **Blau**
azraq أَزْرَق

das **Violett**
banafsajī بَنَفْسَجي

das **Blutrot**
qurmuzī قُرْمُزي

das **Rosa**
wardī وَرْدي

das **Gelborange**
aṣfar burtuqālī أَصْفَر بُرْتُقالي

das **Orange**
burtuqālī بُرْتُقالي

das **Hellgelb**
aṣfar fātiḥ أَصْفَر فاتِح

das **Grau**
ramādī رَمادي

das **Braun**
bunnī بُنِّي

das **Olivgrün**
zaytī زَيْتي

das **Grün**
akhḍar أَخْضَر

das **Cyan**
samāwī سَماوي

das **Dunkelblau**
azraq ghāmiq أَزْرَق غامِق

das **Lila**
laylakī لَيْلَكي

das **Pink**
zahrī زَهْري

das **Rot**
aḥmar أَحْمَر

das **Ocker**
amghar أَمْغَر

das **Gelb**
aṣfar أَصْفَر

das **Weiß**
abyaḍ أَبْيَض

HOBBYS - هِوايات

Nähen und Stricken - الخِياطَة والحِياكَة

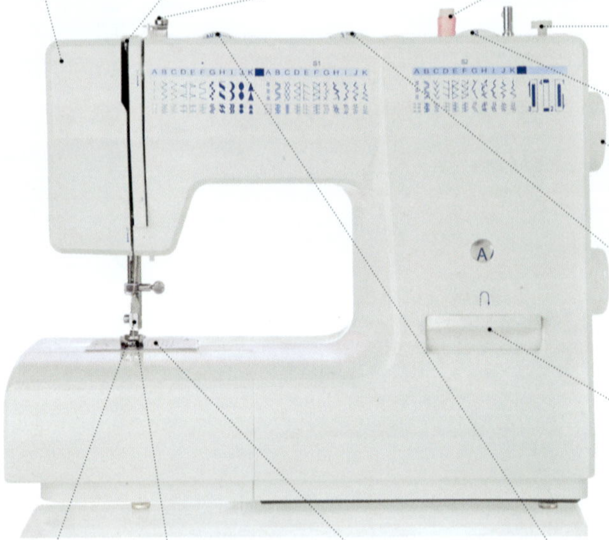

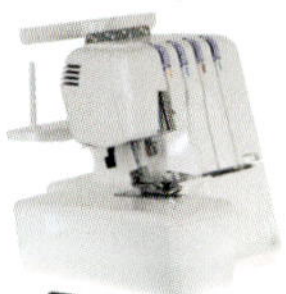

die **Overlock**
ماكينَة حِياكَة
mākīnat ḥiyākah

das **Maßband**
شَريط قِياس
sharīṭ qiyās

die **Spule**
بَكَرَة
bakarah

das **Nähgarn**
خَيْط
khayṭ

HOBBYS - هِوايات

Nähen und Stricken - الخِياطَة والحِياكَة

die **Schneiderpuppe**
دُمْيَة خَيَّاط
dumyat khayyāṭ

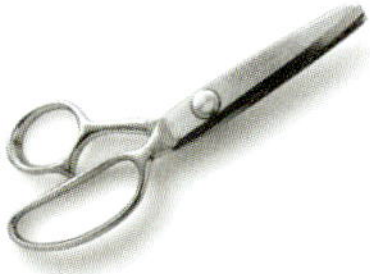

die **Schere**
مِقَص
miqaṣ

das **Nähkästchen**
عُلْبَة خِياطَة
ʿulbat khiyāṭah

das **Nadelkissen**
مَدْبَسَة
madbasah

das **Schnittmuster**
نَموذَج قَصَّة
namūdhaj qaṣṣah

die **Nähnadel**
إِبْرَة خِياطَة
ibrat khiyāṭah

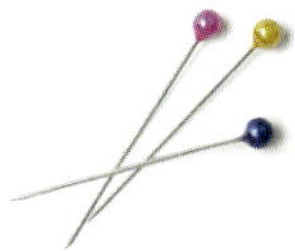

die **Stecknadel**
دَبُّوس
dabbūs

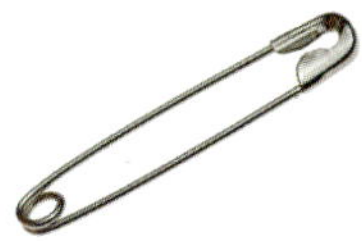

die **Sicherheitsnadel**
شَكَّالَة
shakkālah

der **Stoff**
قُماش
qumāsh

der **Knopf**
زِر
zir

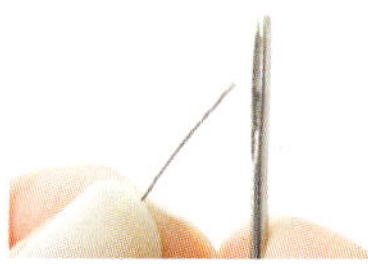

einen Faden einfädeln
يُدْخِل خَيْط بالإبْرَة
yudkhil khiyāṭ bil-ibrah

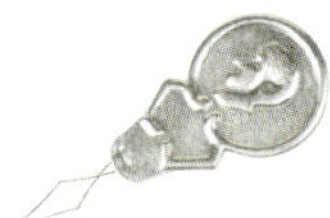

der **Einfädler**
مُدْخِل خَيْط
mudkhil khiyāṭ

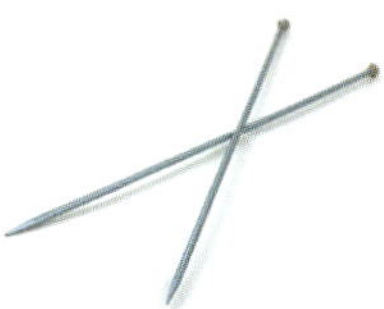

die **Stricknadel**
إِبْرَة حِياكَة
ibrat ḥibākah

die **Wolle**
صوف
ṣūf

der **Fingerhut**
كُشْتبان
kushtbān

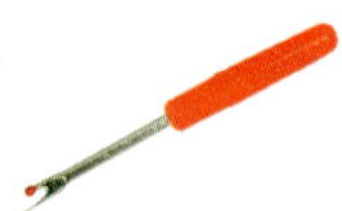

der **Nahtauftrenner**
مُزيل دَروز
muzīl durūz

HOBBYS - هِوايات

Nähen und Stricken - الخِياطَة والحِياكَة

nähen
خَيَّطَ
khiyāṭ

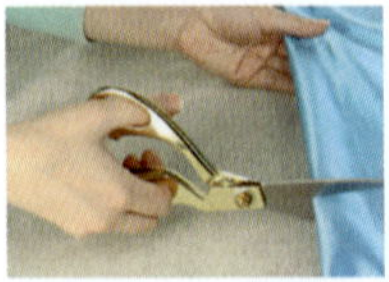

schneiden
قَصَّ
qaṣṣa

*das **Patchwork***
تَرقيع
tarqīʿ

häkeln
حَبَكَ صوف
ḥabaka ṣūf

*der **Kreuzstich***
كرْوس ستْيتِش
krūs stītsh

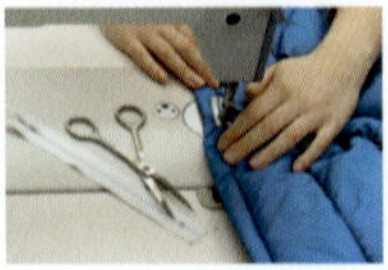

wattieren
بَطَّنَ بالقُطْن
baṭṭana bil-quṭn

stricken
حِباكَة
ḥibākah

stopfen
رَتَّقَ
rattaqa

weben
نَسَجَ
nasaja

Spitze klöppeln
صُنْع دانْتيل
ṣunʿ dāntyl

einen Teppich knüpfen
نِسْج سِجَّاد
nisj sijjād

*der **Reißverschluss***
سَحَّاب
saḥḥāb

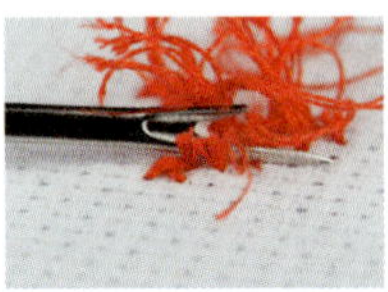

auftrennen
فَتَقَ
fatqa

sticken	ṭarraza	طَرَّزَ
*das **Leinen***	kittān	كِتَّان
*die **Seide***	ḥarīr	حَرير
*das **Nylon®***	nāylwn	نايْلون
*die **Baumwolle***	quṭn	قُطْن
*der **Stich***	gharzah	غَرْزَة
heften	sarraja	سَرَّجَ

HOBBYS - هِوايات

Das Kino - السَّينَما

der **Kinosaal**
صالَة سينَما
ṣālat sīnamā

① die **Kinoleinwand**
شاشَة سينَما
shāshat sīnamā

② die **Sitzreihe**
صَف مَقاعِد
ṣaf maqāʿid

die **Snackbar**
مَقْصَف وَجَبات خَفيفَة
maqṣaf wajabāt khafīfah

das **Getränk**
شَراب
sharāb

das **Popcorn**
فُشار
fushār

die **Kinokasse**
شُباك تَذاكِر
shubāk tadhākir

die **Komödie**
فيلْم فُكاهي
fīlm fukāhī

der **Horrorfilm**
فيلْم رُعْب
fīlm ruʿb

der **Liebesfilm**
فيلْم غَرامي
fīlm gharāmī

der **Zeichentrickfilm**	fīlm rusūm mutaḥarrikah	فيلْم رُسوم مُتَحَرِّكَة
die **Voraufführung**	ʿarḍ musbaq	عَرْض مُسْبَق
das **Filmplakat**	iʿlān fīlm	إعلان فيلْم
die **Premiere**	awwal ʿarḍ	أَوَّل عَرْض
der **Thriller**	fīlm ithārah	فيلْم إثارَة
der **Sciencefictionfilm**	fīlm khayāl ʿilmī	فيلْم خَيال عِلْمي
jugendfrei	masmūḥ lil-murāhiqīn	مَسْموح لِلمُراهِقين

der **3D-Film**
فيلْم ثُلاثي الأَبْعاد
fīlm thulāthī al-abʿād

HOBBYS - هِوايات

Fotografieren - التَّصْوير

die **Programmwählscheibe**
قُرْص تَحْديد البَرْنامَج
qurṣ taḥdīd al-barnāmaj

die **Spiegelreflexkamera**
كاميرا عاكِسَة
kāmīrā ʿākisah

der **Blitzschuh**
قاعِدَة الفْلاش
qāʿidat al-flāsh

der **(ausklappbare) Blitz**
فْلاش
flāsh

der/das **Zoom**
تَكْبير
takbīr

das **Objektiv**
عَدَسَة
ʿadasah

der **Auslöser**
زر اِلْتِقاط الصُّورَة
zir iltiqāṭ aṣ-ṣūrah

das **Kameragehäuse**
جِسْم الكاميرا
jism al-kāmīrā

der **Blendenregler**
مُنَظِّم فَتْحَة العَدَسَة
munaẓẓim fatḥat al-ʿadash

das **Selbstauslöser-Lichtsignal**
مُؤَشِّر تَصوير ذاتي
muʾashshir taṣwīr dhātī

die **Einwegkamera**
كاميرا أُحاديَّة الاِسْتِخْدام
kāmīrā uḥādīyat al-istikhdām

die **Sofortbildkamera**
كاميرا فَوريَّة
kāmīrā fawrīyah

die **Analogkamera**
كاميرا أَنالوج
kāmīrā anālūj

die **Digitalkamera**
كاميرا رَقَميَّة
kāmīrā raqamīyah

das **Stativ**
حامِل ثُلاثي
ḥāmil thulāthī

der **Aufsteckblitz**
فْلاش مُنْفَصِل
flāsh munfaṣil

der **Filter**
فِلْتَر
filtar

der **Objektivdeckel**
غِطاء العَدَسَة
ghiṭāʾ al-ʿadasah

HOBBYS - هِوايات

Fotografieren - التَّصْوير

der **Film**
فيلْم
film

das **Fotostudio**
اِسْتوديو تَصْوير
istūdyū taṣwīr

ein Foto machen
صَوَّرَ صورَة
ṣawwara ṣūrah

die **Bildbearbeitung**
مُعالَجة صورَة
muʿālajat ṣūrah

die **Compact-Flash-Karte**
بطاقة فلاش مُدْمَج
biṭāqat flash mudmaj

sich fotografieren lassen
تَصَوَّرَ
taṣawwara

die **Kameratasche**
حَقيبَة كاميرا
ḥaqībat kāmīrahā

die **Dunkelkammer**
غُرْفَة مُظْلِمَة
ghurfah muẓlimah

die **Speicherkarte**
بِطاقَة ذاكِرَة
biṭāqat dhākirah

unscharf
خارِج البُؤْرَة
khārij al-buʾrah

überbelichtet
مُضاءَة أَكْثَر مِنَ اللُزوم
miḍāʾah akthar min al-luzūm

unterbelichtet
مُضاءَة أَقَل مِنَ اللُزوم
miḍāʾah aqal min al-luzūm

das **Hochformat**	bishakl ʿāmūdī	بِشَكْل عامودي
das **Querformat**	bishakl ufuqī	بِشَكْل أُفُقي
die **Vergrößerung**	takbīr	تَكْبير
der **Rote-Augen-Effekt**	taʾthīr al-ʿayn al-ḥamrāʾ	تأثير العين الحمراء
matt	ghayr lāmiʿ	غَيْر لامِع
glänzend	lāmiʿ	لامِع
das **Fotoalbum**	albūm ṣuwar	أَلْبوم صُوَر

der **digitale Bilderrahmen**
إطار صورَة رَقَمي
iṭār ṣūrah raqmaī

HOBBYS - هِوايات

Spiele - أَلْعاب

die **Spielkarte**
وَرَقَة لَعِب
waraqat laʿib

das **Karo**
ديناري
dīnārī

das **Pik**
بَسْتوني
bastūnī

das **Herz**
قَلْب
qalb

das **Kreuz**
اِسْباتي
isbātī

das **Ass**
أَص
āṣ

der **Joker**
جُوكَر
jūkar

der **König**
مَلِك
malik

die **Dame**
بِنْت
bint

der **Bube**
شَب
shab

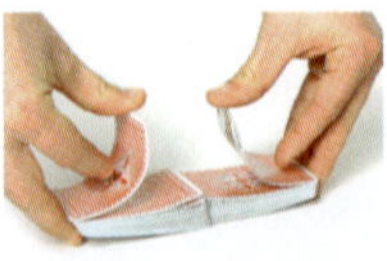

die Karten mischen
خَلَطَ الأوراق
khalaṭa al-awrāq

geben
وَزَّعَ
wazzaʿa

das **Blatt**
وَرَقَة لَعِب
waraqat laʿib

Poker spielen
لَعِبَ بُوكَر
laʿib būkar

der **Dominostein**
حَجَر دُومينو
ḥajar dūmīnū

das **Backgammon**
طاوِلَة الزَّهْر
ṭāwilat zahr

das **Damespiel**
دامَّة
dāmmah

das **Puzzle**
بازِل
bāzil

HOBBYS - هِوايات

Spiele - أَلْعاب

das **Schach**
شَطَرَنْج
shaṭranj

der **König**
مَلِك
malik

die **Dame**
وَزير
wazīr

der **Läufer**
فيل
fīl

der **Springer**
حِصان
ḥiṣān

der **Turm**
قَلْعَة
qalʿah

der **Bauer**
جُنْدي
jundī

das **weiße Feld**
حَقْل أَبْيَض
ḥaql abyaḍ

das **Schachbrett**
لَوْحَة شَطَرَنْج
lawḥat shaṭranj

das **schwarze Feld**
حَقْل أَسْوَد
ḥaql aswad

der **Zug**
حَرَكَة
ḥarakah

das **Brettspiel**
لُعْبَة أَلْواح
luʿbat alwāḥ

das **Monopoly**®
مُونُوبُولي
munubulī

das **Mensch ärgere dich nicht**®
بَرْجيس
barjīs

würfeln	ramā az-zahr	رَمَى الزَّهْر
das Glück	ḥaẓ	حَظ
das Pech	sūʾ ḥaẓ	سوء حَظ
Wer ist dran?	dawr man?	دَوْر مَن؟
Du bist dran.	dawruk	دَوْرُك.
gewinnen	rabiḥa	رَبِحَ
verlieren	khasira	خَسِرَ

das **Jenga**®
جينجا
jīnjā

der **Würfel**
زَهْر
zahr

FERIEN - العُطَل

Am Strand - عَلى الشّاطِئ

der **Strand**
شاطِئ
shāṭi'

die **Stranddüne**
كوخ شاطِئ
kūkh shāṭi'

der **Sonnenuntergang**
غُروب الشَّمْس
ghurūb ash-shams

das **Meer**
بَحْر
baḥr

der **Strandkorb**
مَقْعَد شاطِئ
ma'ad shāṭi'

der **Sand**
رَمْل
raml

die **Küste**
ساحِل
sāḥil

die **Strandpromenade**
كورنيش الشّاطِئ
kurnysh ash-shāṭi'

der **Liegestuhl**
كُرْسي شاطِئ
kursī shāṭi'

der **Wasserball**
كُرَة شاطِئ
kurat shāṭi'

das **Strandtuch**
مِنْشَفَة شاطِئ
minshafat shāṭi'

die **Kinderschaufel**
مِغْرَفَة أَطْفال
mighrafat aṭfāl

der **Flip-Flop®**
شِبْشِب شاطِئ
shibshib shāṭi'

der **Eimer**
دَلو
dalū

FERIEN - العُطَل

Am Strand - عَلى الشّاطِئ

der **Sonnenschirm**
مِظَلّة شَمْس
miẓalat shams

der **Steinstrand**
شاطِئ حَجَري
shāṭiʾ ḥajarī

die **Strandmuschel**
مَقْعَد شاطِئ كَصَدَفَة
maqʿad shāṭiʾ kaṣadafah

die **Sandburg**
قَلْعَة رَمْلِيّة
qalʿah ramlīyah

der **Seetang**
عَشْب بَحْري
ʿushb baḥrī

die **Sonnencreme**
كْريم واقي مِن الشَّمْس
krīm wāqī min ash-shams

das **Strandresort**
مُنْتَجَع الشّاطِئ
muntajaʿ ash-shāṭiʾ

der **Steg**
جِسْر عُبور
jisr ʿubūr

das **Kreuzworträtsel**
كَلِمات مُتَقاطِعَة
kalimāt mutaqāṭiʿah

das **Sudoku**
سودوكو
sūdūkū

das **Strandhäuschen**
بَيْت شاطِئ صَغير
bayt shāṭiʾ ṣaghīr

die **Strandbar**
مَقْهى شاطِئ
maqhā shāṭiʾ

die **Ebbe**	mad	مَد
die **Flut**	jadhr	جَذر
die **Strömung**	tadafuq	تَدَفُّق
das **Strandgut**	ḥuṭām safīnah	حُطام سَفينَة
schnorcheln	unbūb tanaffus	أنْبوب تَنَفُّس
der **Sonnenbrand**	ḥurūq shams	حُروق شَمْس
die **Brandung**	rukūb amwāj	رُكوب أمْواج

sich sonnen
تَشَمُّس
tashammus

FERIEN - العُطَل

Das Zelten - التَّخْييم

das **Wohnmobil**
سَيَّارَة مَنْزِل مُتَنَقِّل
sayārat manzil mutanaqqil

der **Wohnwagen**
عَرَبَة كارافان
ʿarabat kārāfān

der **Campingbus**
حافِلَة تَخْييم
ḥāfilat takhyīm

das **Indianerzelt**
خَيْمَة الهُنود الحُمْر
khaymat al-hunūd al-ḥumr

der **Campingstuhl**
كُرْسي تَخْييم
kursī takhyīm

der **Gasbrenner**
مَوْقِد غاز
mawqid ghāz

der **Grillrost**
مَنْصَب شِواء
manṣab shiwāʾ

die **Lagerfeuerstelle**
مَوْضِع نار المُخَيَّم
mawḍʿ nār al-mukhayyam

der **Campingplatz**
مَكان تَخْييم
makān takhyīm

das **Taschenmesser**
سِكّين جَيْب
sikkīn jayb

die **Hängematte**
أُرْجوحَة شَبَكِيَّة
urjūḥah shabakīyah

das **Zelt**
خَيْمَة
khaymah

der **Zeltplatz**
مَكان الخَيْمَة
makān al-khaymah

die **Gasflasche**	qinīnat ghāz	قِنينَة غاز
das **Propangas**	ghāz brūbān	غاز بروبان
die **Stirnlampe**	miṣāḥ ʿalā ar-ra's	مِصْباح عَلى الرَّأس
der **Stromanschluss**	muwaṣṣil ṭāqah	مَوَصِّل طاقَة
die **Duschen und Toiletten**	ḥammāmāt wa-marāḥīḍ	حَمامات وَمَراحيض
der **Feueranzünder**	muwalliʿ nār	مُوَلِّع نار
die **Holzkohle**	faḥm	فَحْم
der/das **Insekten-spray**	bakhākh ṭārid lil-ḥasharāt	بَخّاخ طارِد لِلحَشَرات

FERIEN - العُطَل

Das Zelten - التَّخْييم

der **Schlafsack**
كيس نَوْم
kīs nawm

das **Außenzelt**
خَيْمَة خارِجيَّة
khaymah khārijīyah

das **Innenzelt**
خَيْمَة داخِلِيَّة
khaymah dākhilīyah

der **Zelteingang**
مَدْخَل خَيْمَة
madkhal khaymah

die **Zeltstange**
عَمود خَيْمَة
ʿamūd khaymah

der **Zeltboden**
أَرْض الخَيْمَة
arḍ al-khaymah

der **Reißverschluss**
سَحّاب
saḥḥāb

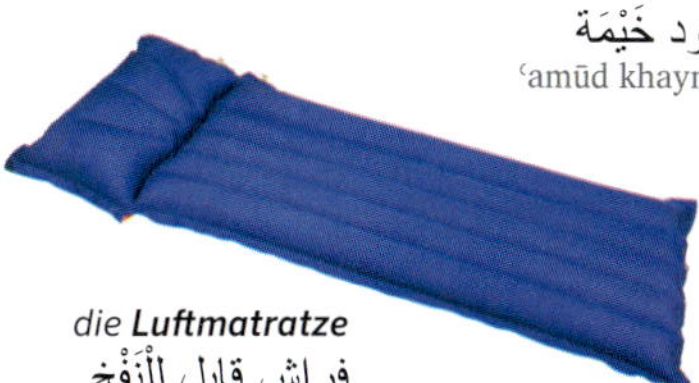

die **Luftmatratze**
فِراش قابِل لِلْنَفْخ
firāsh qābil lin-nafkh

der **Rucksack**
حَقيبَة ظَهْر
ḥaqībat ẓahr

die **Isomatte**
فِراش قابِل لِلَّف
firāsh qābil lil-laf

der **Trekkingstock**
عَصا مَشي
ʿaṣā mashī

der **Wanderschuh**
حِذاء مَشي
ḥidhāʾ mashī

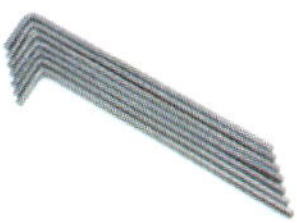

der **Hering**
وَتَد
watad

die **Taschenlampe**
مِصْباح جَيْب
miṣbāḥ jayb

die **Petroleumlampe**	miṣbāḥ kīrūsīn	مِصْباح كيروسين
die **Luftpumpe**	miḍakhkhat hawāʾ	مِضَخَّة هَواء
die **Campingtoilette**	mirḥāḍ mukhayyam	مِرْحاض مُخَيَّم
die **Entsorgungsstation**	markaz nifāyāt	مَرْكَز نِفايات
die **Regenhaut®**	wāqīṭ min al-maṭar	واقي مِن المَطَر
die **Thermowäsche**	malābis dākhilīyah ḥarārīyah	مَلابِس داخِلِيَّة حَرارِيَّة
das **Moskitonetz**	shabakat ḥimāyah min al-ḥasharāt	شَبَكَة حِمايَة مِن الحَشَرات
ein Zelt aufschlagen	naṣaba khaymah	نَصَبَ خَيْمَة

der **Wasserkanister**
حاوِيَة ماء
ḥāwiyat māʾ

KÖRPER UND GESUNDHEIT

جِسْم وَصِحَّة

DER KÖRPER - الجِسْم

der ***Mann***
رَجُل
rajul

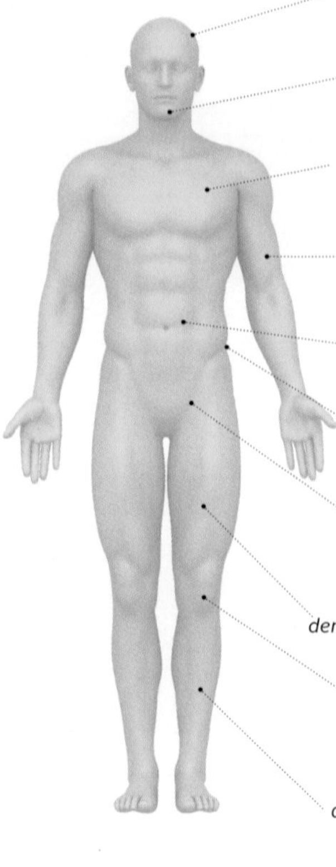

der ***Kopf***
رَأْس
ra'sL

das ***Kinn***
ذَقْن
dhaqn

der ***Brustkorb***
قَفَص صَدْري
qafaṣ ṣadrī

der ***Arm***
ذِراع
dhirāʿ

der ***Bauch***
بَطْن
baṭn

die ***Hüfte***
وِرْك
wirk

die ***Leiste***
مَغْبَن
maghban

der ***Oberschenkel***
فَخْذ
fakhdh

das ***Knie***
رُكْبَة
rukbah

das ***Schienbein***
قَصَبَة السَّاق
qaṣabat as-sāq

die ***Frau***
اِمْرَأَة
imra'ah

der ***Hals***
رَقَبَة
raqabah

die ***Schulter***
كَتِف
katif

die ***Achselhöhle***
إِبْط
ibiṭ

die ***Brust***
ثَدي
thadī

die ***Brustwarze***
حَلَمَة
ḥalamah

der ***Bauchnabel***
سُرَّة
surrah

die ***Schamgegend***
مِنْطَقَة العانَة
minṭaqat al-ʿānah

das ***Bein***
ساق
sāq

der ***Unterschenkel***
الجُزْء السُّفْلي مِن السَّاق
al-juz' as-suflī min as-sāq

der ***Fuß***
رِجْل
rijl

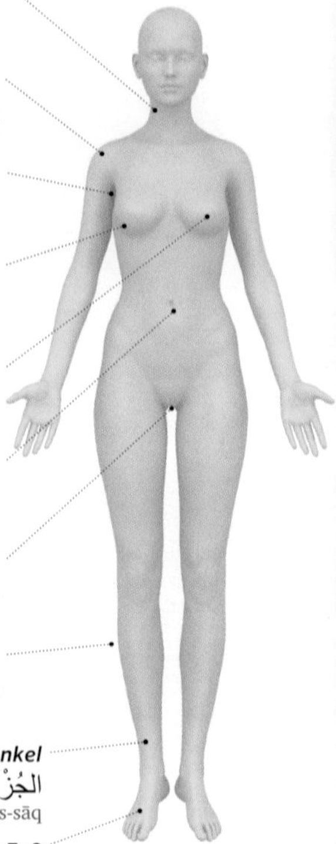

DER KÖRPER - الجِسْم

die **Frau**
اِمْرَأَة
imra'ah

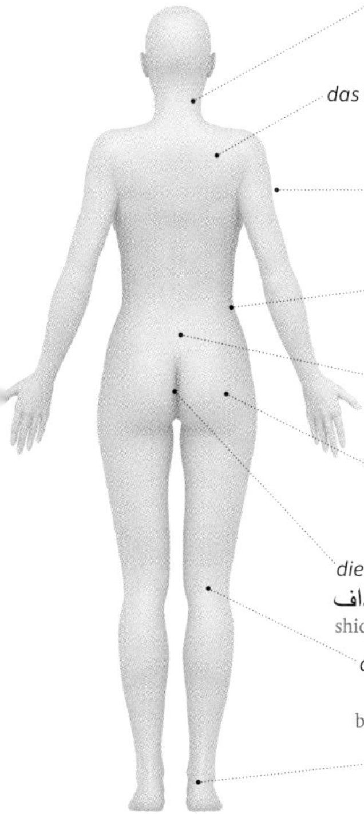

der **Mann**
رَجُل
rajul

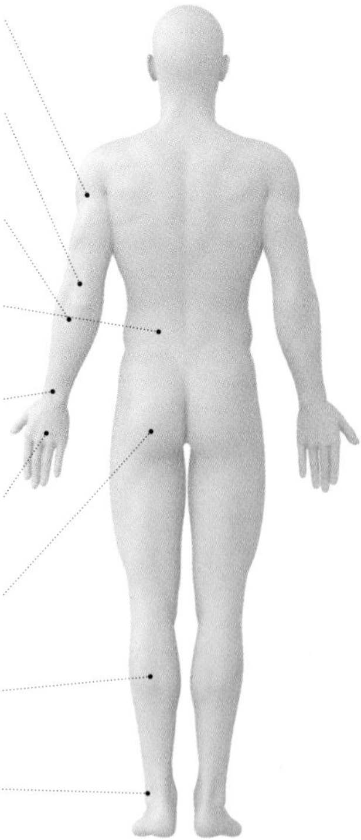

der **Nacken**
عُنْق
ʿunuq

das **Schulterblatt**
لَوْح الكَتِف
lawḥ al-katif

der **Arm**
ذِراع
dhirāʿ

die **Taille**
خَصْر
khaṣr

die **Lende**
أَسْفَل الظَّهْر
asfal aẓ-ẓahr

das **Gesäß**
رَدْف
radf

die **Gesäßspalte**
شِق بَيْن الأَرْداف
shiq bayn al-ardāf

die **Kniekehle**
باطِن الرُّكْبَة
bāṭin ar-rukbah

die **Ferse**
عَقِب
ʿaqib

der **Oberarm**
عَضُد
ʿaḍud

der **Ellbogen**
كوع
kūʿ

der **Unterarm**
ساعِد
sāʿid

der **Rücken**
ظَهْر
ẓahr

das **Handgelenk**
مِفْصَل اليَد
mifṣal al-yad

die **Hand**
يَد
yad

die **Gesäßbacke**
رَدْف
radf

die **Wade**
بَطَّة الرِّجْل
baṭṭat ar-rijl

der **Knöchel**
كاحِل
kāḥil

DER KÖRPER - الجِسْم

Die Hand und der Fuß - اليّد و القَدَم

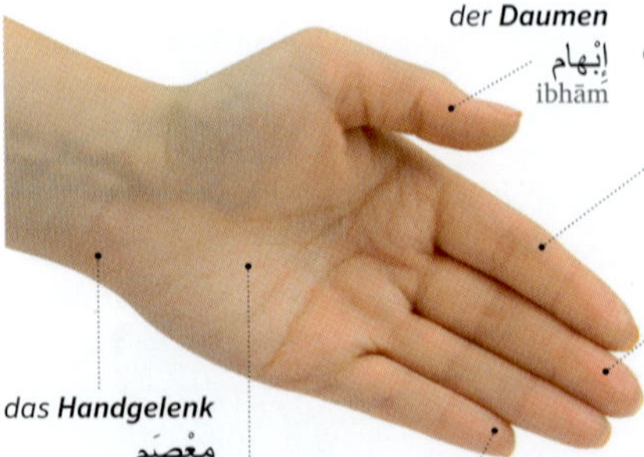

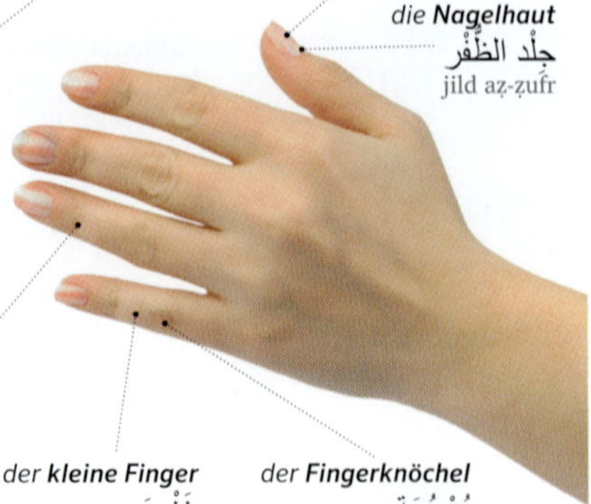

der **Daumen**
إِبْهام
ibhām

der **Zeigefinger**
سَبَّابَة
sabbābah

der **Mittelfinger**
وُسْطى
wusṭā

der **Fingernagel**
ظُفْر
ẓufr

die **Nagelhaut**
جِلْد الظُّفْر
jild aẓ-ẓufr

das **Handgelenk**
مِعْصَم
miʿṣam

die **Handfläche**
راحَة اليَد
rāḥat al-yad

die **Fingerkuppe**
بَنان
banān

der **Ringfinger**
بَنْصَر
banṣar

der **kleine Finger**
خَنْصَر
khunṣar

der **Fingerknöchel**
بُرْجُمَة
burjumah

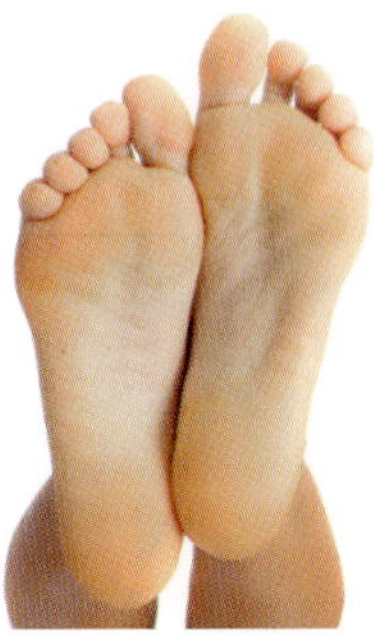

die **Fußsohle**
أَسْفَل القَدَم
asfal al-qadam

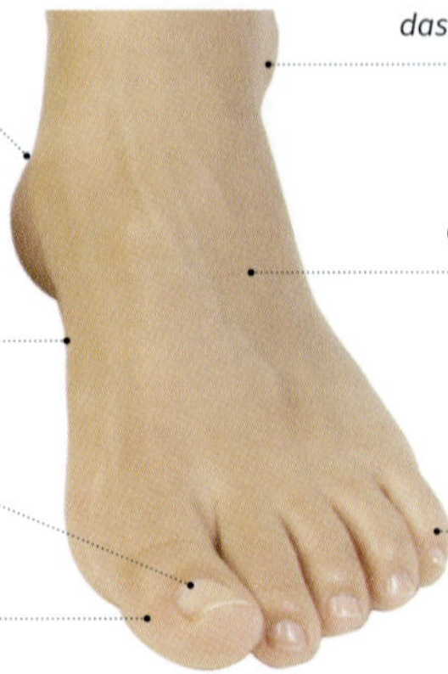

die **Ferse**
عَقِب
ʿaqib

das **Fußgelenk**
كاحِل
kāḥil

der **Fußrücken**
ظاهِر القَدَم
ẓāhir al-qadam

das **Fußgewölbe**
قَوْس القَدَم
qaws al-qadam

der **Zehennagel**
ظُفْر
ẓufr

der **kleine Zeh**
إِصْبَع صَغير
iṣbaʿ ṣaghīr

der **große Zeh**
إِصْبَع كَبير
iṣbaʿ kabīr

DER KÖRPER - الجسْم

Der Kopf - الرَّأْس

das **Gehirn**
دِماغ
dimāgh

das **Großhirn**
مُخ
mukh

das **Kleinhirn**
مُخَيْخ
mukhaykh

der **Hirnstamm**
بَصَلَة سيسائيَّة
baṣalah sīsāʾīyah

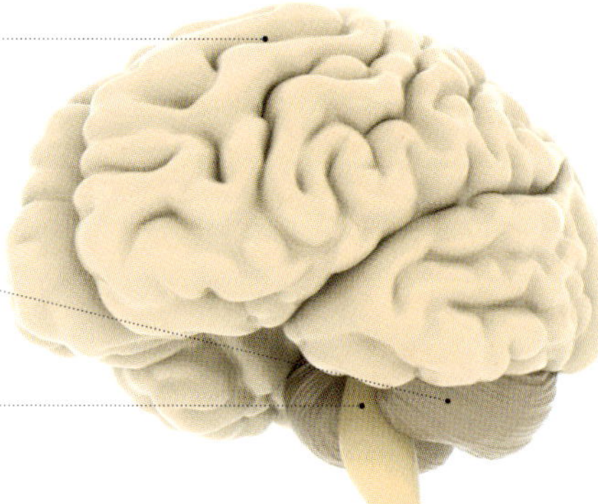

die **Stirnhöhle**
جَيْب جَبْهي
jayb jabhī

die **Keilbeinhöhle**
جَيْب وَتَدي
jayb watadī

die **Nasenhöhle**
جَوْف الأَنْف
jawf al-anf

das **Nasenbein**
عَظْم الأَنْف
ʿaẓm al-anf

der **Oberkiefer**
فَك عُلْوي
fak ʿulwī

der **Gaumen**
حَنَك
ḥanak

die **Zunge**
لِسان
lisān

der **Rachen**
بُلْعوم
bulʿūm

der **Unterkiefer**
فَك سُفْلي
fak suflī

die **Kehle**
حَلْق
ḥalq

der **Kehlkopf**
حُنْجُرَة
ḥunjurah

die **Speiseröhre**
مَريء
marīʾ

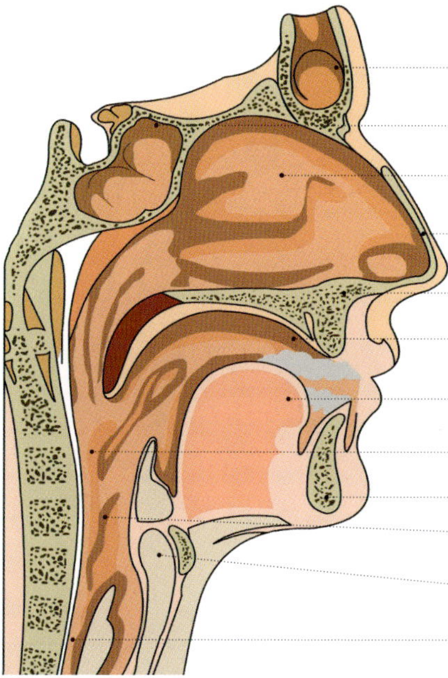

DER KÖRPER - الجِسْم

Die Muskeln - العَضَلات

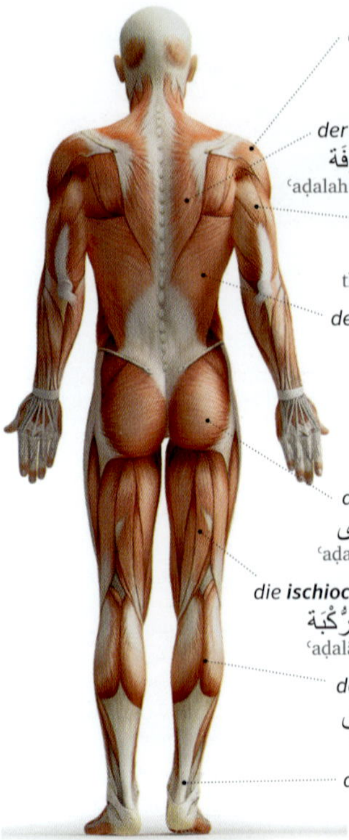

der **Deltamuskel**
عَضَلَة داليَّة
ʿaḍalah dālīyah

der **Kapuzenmuskel**
عَضَلَة شِبْه مُنْحَرِفَة
ʿaḍalah shibh munḥarifah

der **Trizeps**
ثُلاثِيَّة الرُّؤوس
thulāthīyat ar-ru'ūs

der **Rückenmuskel**
عَضَلَة الظَّهْر
ʿaḍalat aẓ-ẓahr

der **Gesäßmuskel**
عَضَلَة أَلوِيَّة كُبْرى
ʿaḍalah alwīyah kubrā

die **ischiocruralen Muskeln**
عَضَلات أَوتار الرُّكْبَة
ʿaḍalāt awtār ar-rukbah

der **Wadenmuskel**
عَضَلَة بَطْن السَّاق
ʿaḍalat baṭn as-sāq

die **Achillessehne**
وَتَر عَقِبي
watar ʿaqibī

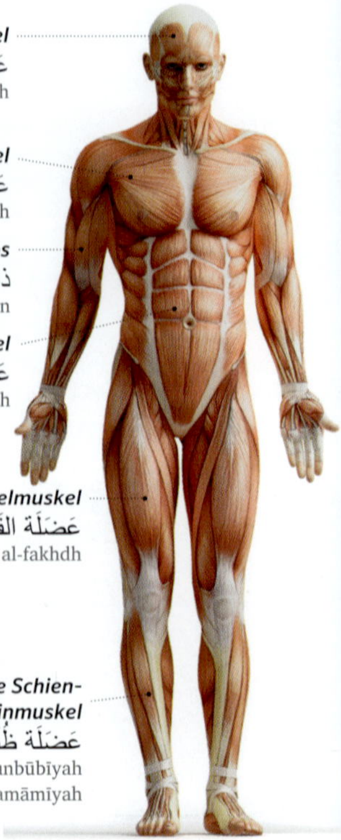

der **Stirnmuskel**
عَضَلَة الجَبْهَة
ʿaḍalat al-jabhah

der **Brustmuskel**
عَضَلَة صَدْرِيَّة
ʿaḍalah ṣadrīyah

der **Bizeps**
ذات الرَّأْسَيْن
dhāt ar-ra'sayn

der **Bauchmuskel**
عَضَلَة بَطْنِيَّة
ʿaḍalah baṭnīyah

der **Oberschenkelmuskel**
عَضَلَة الفَخْذ
ʿaḍalat al-fakhdh

der **vordere Schienbeinmuskel**
عَضَلَة ظُنْبوبِيَّة أَمامِيَّة
ʿaḍalah ẓunbūbīyah amāmīyah

DER KÖRPER - الجِسْم

Das Skelett - الهَيْكَل العَظْمي

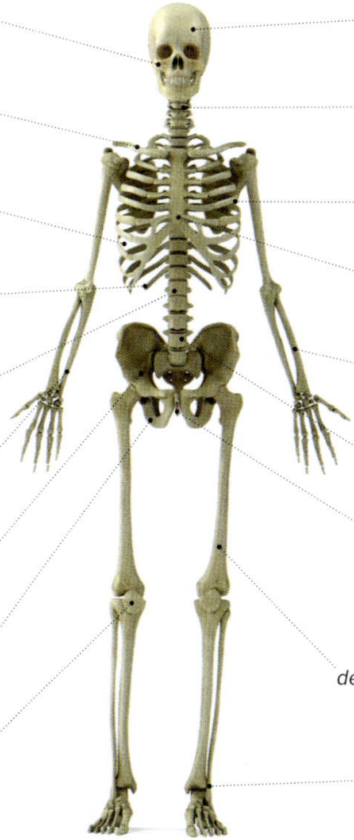

DER KÖRPER - الجِسْم

Die inneren Organe - الأعْضاء الدَّاخِلِيَّة

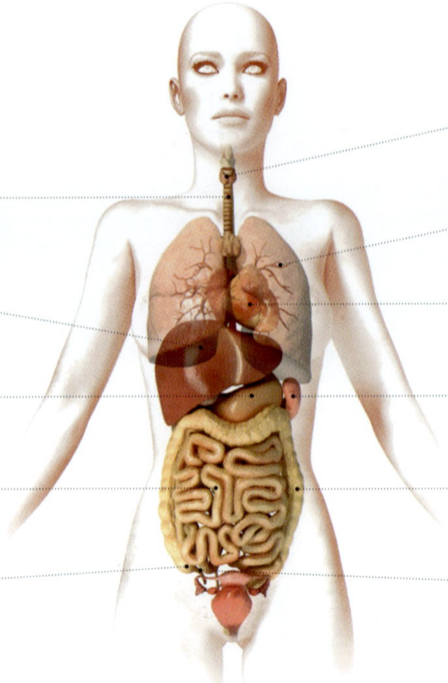

die **Niere**	kilyah	كِلْيَة
die **Bauchspeicheldrüse**	bankiryās	بَنْكِرْياس
die **Gallenblase**	marārah	مَرارَة
das **Zwerchfell**	ḥijāb ḥājiz	حِجاب حاجِز
das **Gewebe**	ansijah	أَنْسِجَة
die **Sehne**	watar	وَتَر
die **Drüse**	ghuddah	غُدَّة
der **Knorpel**	ghuḍrūf	غُضْروف

DER KÖRPER - الجِسْم

Die Körpersysteme - أَجْهِزَة الجِسْم

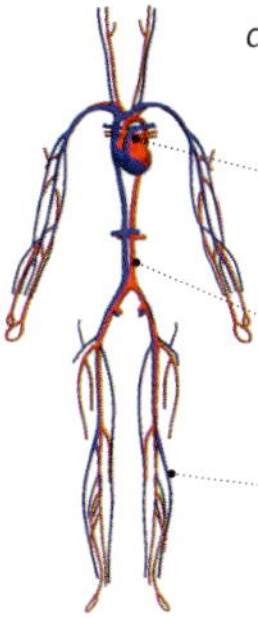

das **Herz-Kreislauf-System**
جهازالدَّوَران
jihāz ad-dawarān

das **Herz**
قَلْب
qalb

die **Arterie**
شَرَيان
sharayān

die **Vene**
وَرِيد
warīd

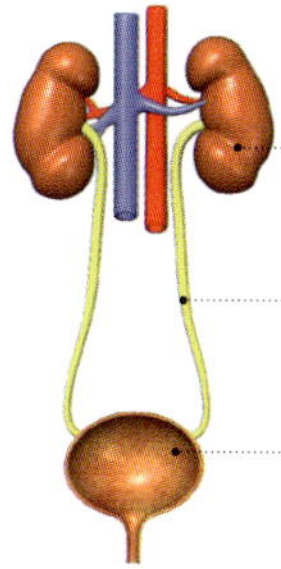

das **Harnsystem**
جهاز بَولي
jihāz bawlī

die **Niere**
كِلْيَة
kilyah

der **Harnleiter**
حالِب
ḥālib

die **Harnblase**
مَثانَة
mathānah

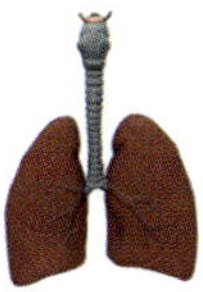

das **Atmungssystem**
جهاز تَنَفُّسي
jihāz tanaffusī

das **Verdauungssystem**
جهاز هَضْمي
jihāz haḍmī

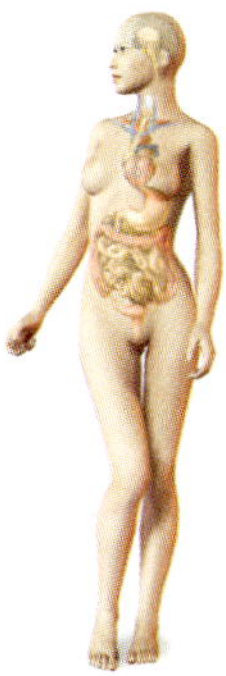

das **endokrine System**
جهاز الغُدَد الصُّم
jihāz al-ghudad aṣ-ṣum

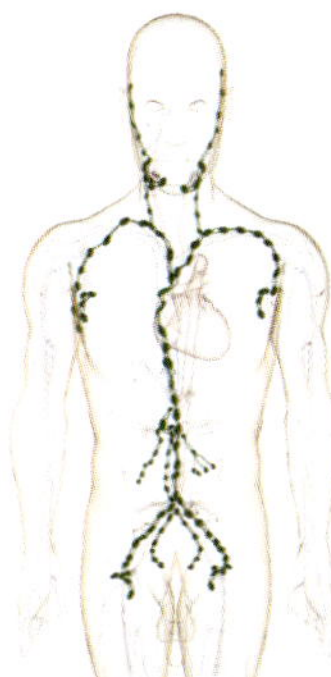

das **lymphatische System**
جهاز لَمْفاوي
jihāz lamfāwī

das **männliche Fortpflanzungssystem**
جهاز التَّكاثُر الذَّكَري
jihāz at-takāthur adh-dhakarī

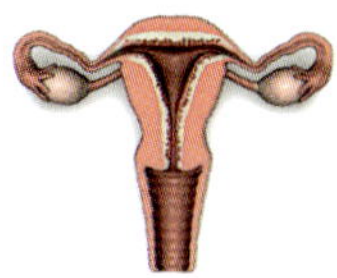

das **weibliche Fortpflanzungssystem**
جهاز التَّكاثُر الأُنْثَوي
jihāz at-takāthur al-unthawī

das **Nervensystem**	jihāz ʿaṣabī	جِهاز عَصَبي
der **Blutkreislauf**	dawrān ad-dam	دَوران الدَّم
der **Tastsinn**	ḥāssat lams	حاسَّة لَمْس
der **Sehsinn**	ḥāssat baṣar	حاسَّة بَصَر
der **Hörsinn**	ḥāssat samʿ	حاسَّة سَمَع
der **Geruchssinn**	ḥāssat sham	حاسَّة شَم
der **Geschmackssinn**	ḥāssat tadhawwuq	حاسَّة تَذَوُّق

DER KÖRPER - الجِسْم

Die Geschlechtsorgane - الأَعْضاء الجِنْسِيَّة

die **männlichen Geschlechtsorgane**
جِهاز تَكاثُر ذَكَري
jihāz takāthur dhakarī

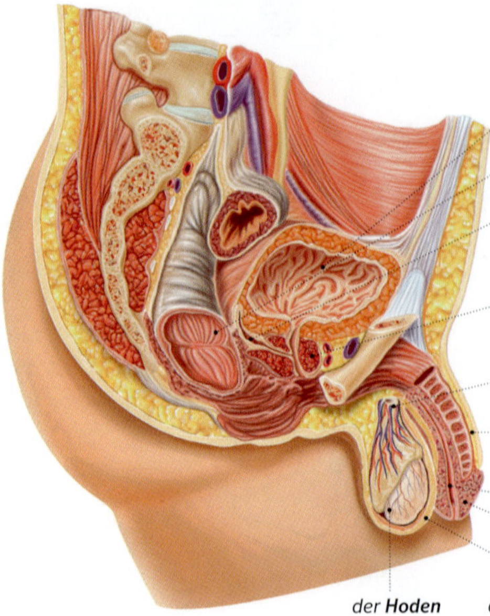

die **Erektion**	intiṣāb	إِنْتِصاب
die **Beschneidung**	khitān	خِتان
der **Samenerguss**	qadhf	قَذْف
potent/impotent	qadir/ʿājiz	قادِر/عاجِز
das **Hormon**	hurmun	هُرْمون
der **Geschlechtsverkehr**	jimāʿ	جِماع
die **Geschlechtskrankheit**	maraḍ jinsī	مَرَض جِنْسي

DER KÖRPER - الجِسْم
Die Geschlechtsorgane - الأَعْضاء الجِنْسيَّة

die **weiblichen Geschlechtsorgane**
جِهاز تَكاثُر أُنْثَوي
jihāz takāthur unthawī

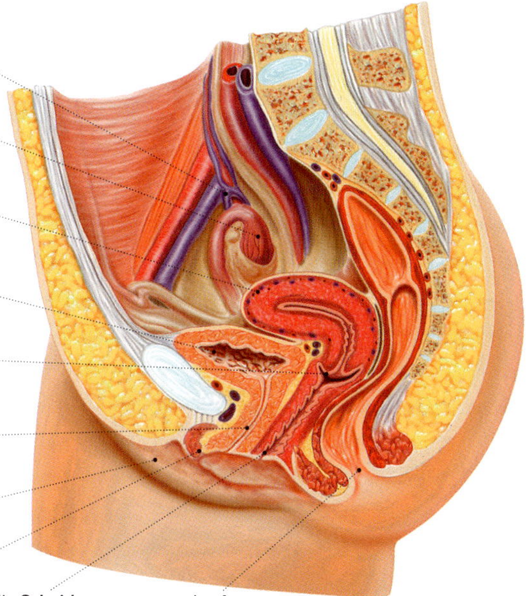

die **Spirale**	lawlab	لَوْلَب
das **Diaphragma**	wāqī unthawī	واقي أُنْثَوي
die **Empfängnisverhütung**	māniʿ ḥaml	مانِع حَمْل
der **Eisprung**	ibāḍah	إِباضَة
die **Menstruation**	ḥayḍ	حَيْض
steril/fruchtbar	khaṣīb/ʿaqīm	خَصيب/عَقيم
der **Schwangerschaftsabbruch**	ijhāḍ	إِجْهاض

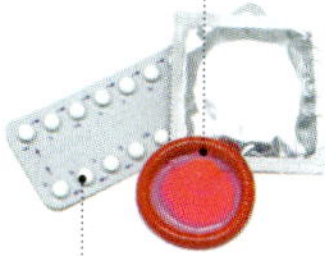

SCHWANGERSCHAFT UND GEBURT – الحَمْل والوِلادَة

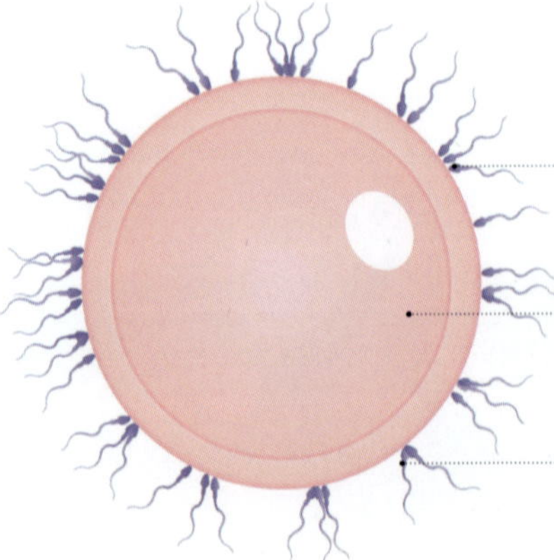

die **Empfängnis**
إِخْصاب
ikhṣāb

die **Befruchtung**
تَلْقيح
talqīḥ

die **Eizelle**
بُوَيْضَة
buwayḍah

das **Spermium**
حَيَوان مَنَوي
ḥayawān manawī

die **Ultraschall-aufnahme**
صورَة بِالمَوجات فَوْق الصَّوْتيَّة
ṣūrah bil-mawjāt fawq aṣ-ṣawtīyah

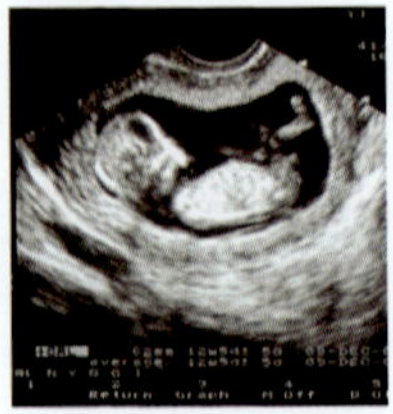

der/das **Embryo**
جَنين
janīn

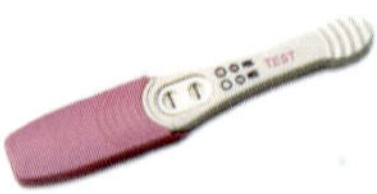

der **Schwanger-schaftstest**
فَحْص حَمْل
faḥṣ ḥaml

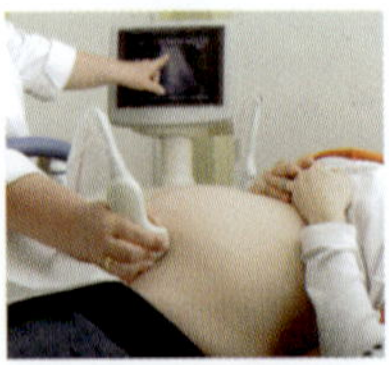

die **Ultraschall-untersuchung**
تَصْوير بِالمَوجات فَوْق الصَّوْتيَّة
taṣwīr bil-mawjāt fawq aṣ-ṣawtīyah

die **Hebamme**
قابِلَة
qābilah

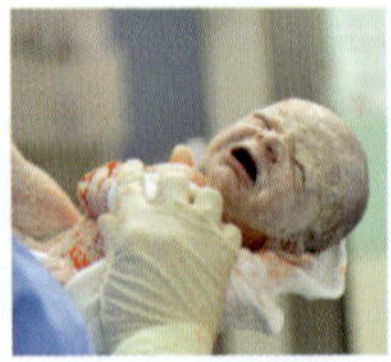

die **Geburt**
وِلادَة
wilādah

schwanger	ḥāmil	حامِل
die ***Wehen***	ṭalq	طَلْق
pressen	ḍaghaṭa	ضَغَطَ
die ***Nabelschnur***	ḥabl as-surah	حَبْل السُّرَّة
die ***Plazenta***	mashīmah	مَشيمَة
das ***Fruchtwasser***	sā'il manawī	سائِل سَلَوي
die ***Fruchtblase***	kīs salawī	كيس سَلَوي

SCHWANGERSCHAFT UND GEBURT – الحَمْل والوِلادَة

das **Fläschchen**
زُجاجَة رِضاعَة
zujājat riḍāʿah

der **Messlöffel**
مِلْعَقَة قِياس
milʿaqat qiyās

das **Milchpulver**
حَليب بودْرَة
ḥalīb budrah

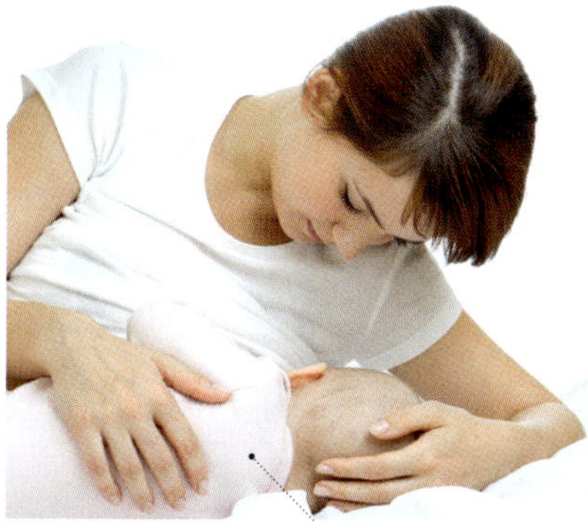

stillen
أَرْضَعَت
arḍaʿat

der **Säugling**
رَضيع
raḍīʿ

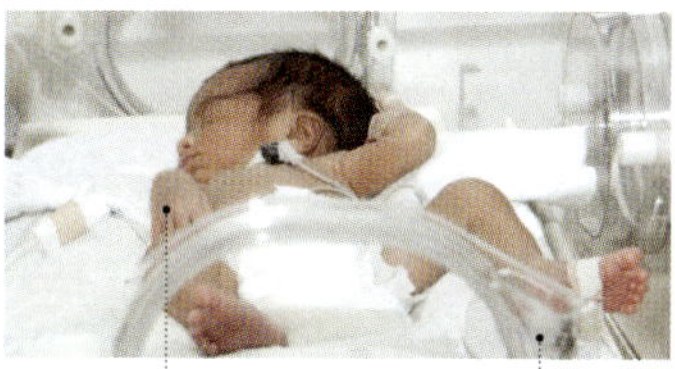

das **Frühchen**
خْدج
khidj

der **Brutkasten**
حاضِنَة صِناعيَّة
ḥāḍinah ṣināʿīyah

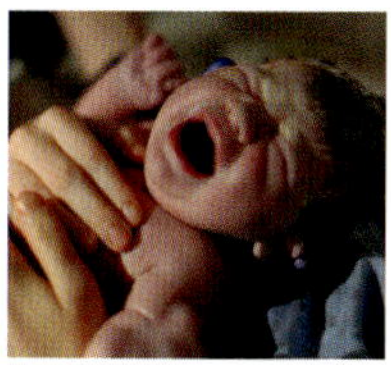

das **Neugeborene**
حَديث الوِلادَة
ḥadīth al-wilādah

die **Milchpumpe**
مِضَخَّة ثَدي
miḍakhat thadī

der **Kreißsaal**	ghurfat al-wilādah	غُرْفَة الوِلادَة
der **Kaiserschnitt**	wilādah qayṣarīyah	وِلادَة قَيْصَرِيَّة
die **Frühgeburt**	wilādah mubakkirah	وِلادَة مُبَكِّرَة
die **Fehlgeburt**	ijhāḍ tilqāʾī	إِجْهاض تِلْقائي
die **eineiigen Zwillinge**	tawʾam ḥaqīqī	تَوْأَم حَقيقي
die **zweieiigen Zwillinge**	tawʾam ghayr ḥaqīqī	تَوْأَم غَيْر حَقيقي
die **Impfung**	talqīḥ	تَلْقيح

mit der Flasche füttern
أَطْعَمَ بِزُجاجَة رِضاعَة
aṭʿama bi-zujājat riḍāʿah

DER ARZTBESUCH – زِيارَة الطَّبيب

das **Wartezimmer**
غُرْفَة اِنْتِظار
ghurfat intiẓār

den **Blutdruck messen**
قاسَ ضَغْط الدَّم
qāsa ḍaghṭ ad-dam

die **Ärztin**
طَبيبَة
ṭabībah

die **Patientin**
مَريضَة
marīḍah

die **Manschette**
سِوار
siwār

das **Rezept**
وَصْفَة
waṣfah

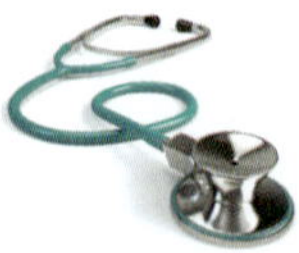

das **Stethoskop**
سَمّاعَة
sammāʿah

das **Sprechzimmer**
غُرْفَة مُعايَنَة
ghurfat muʿāyanah

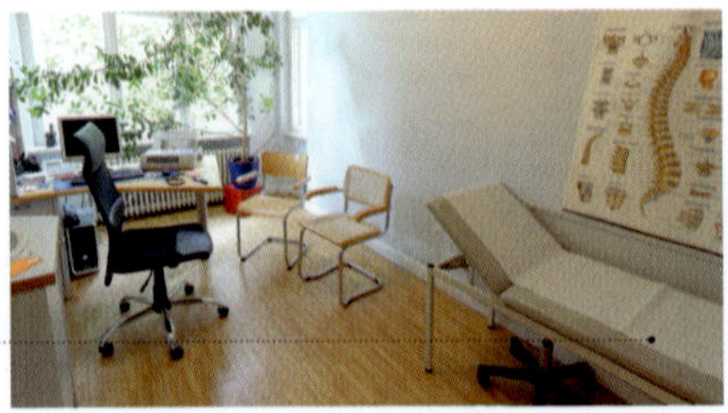

die **Untersuchungsliege**
طاوِلَة الفَحْص
ṭāwilat al-faḥṣ

das **Blutdruckmessgerät**
مِقْياس ضَغْط الدَّم
miqyās ḍaghṭ ad-dam

die **Sprechstunde**	mawāʿīd al-ʿiyādah	مَواعيد العِيادَة
der **Termin**	mawʿid	مَوْعِد
die **Behandlung**	muʿālajah	مُعالَجَة
die **Diagnose**	tashkhīṣ	تِشْخيص
die **Überweisung**	taḥwīl	تَحْويل
die **Ergebnisse**	natāʾij	نَتائِج
die **Krankenkasse**	taʾmīn ṣiḥḥī	تَأْمين صِحّي

SYMPTOME UND KRANKHEITEN - الأَعْراض وَ الأَمْراض

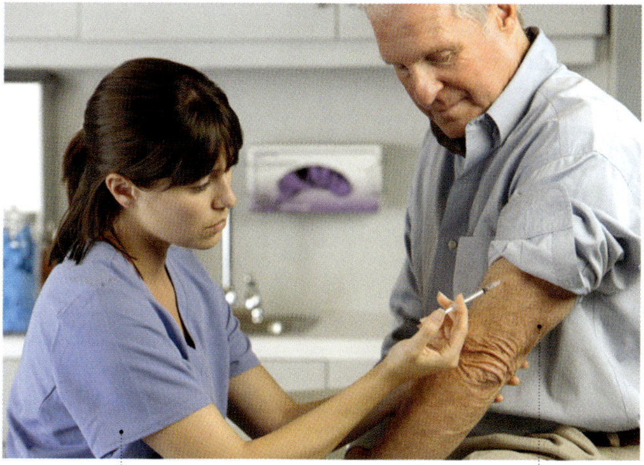

jemandem eine Spritze geben
أَعْطى إبْرَة
aʿṭā ibrah

eine Spritze bekommen
أَخَذَ إبْرَة
akhadha ibrah

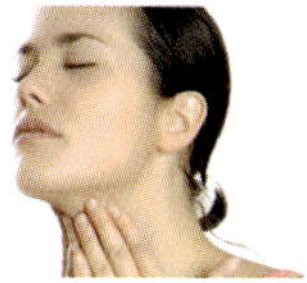

die **Halsschmerzen**
أَلَم الحَلْق
alam al-ḥalq

die **Kopfschmerzen**
صُداع
ṣudāʿ

die **Magenschmerzen**
أَلَم في المَعِدَة
alam fī al-maʿidah

die **Zahnschmerzen**
أَلَم أَسْنان
alam asnān

das **Virus**	fayrūs	فَيْروس
der **Infekt**	ʿadwā	عَدْوى
die **Allergie**	ḥasāsīyah	حَساسِيَّة
der **Hautausschlag**	ṭafaḥ jildī	طَفْح جِلْدي
das **Ekzem**	akzīmā	أكْزيما
die **Migräne**	ṣudāʿ niṣfī	صُداع نِصْفي
das **Nasenbluten**	nazīf anfī	نَزيف أَنْفي
die **Bindehautentzündung**	iltihāb al-multaḥimah	اِلْتِهاب المُلْتَحِمَة
die **Mittelohrentzündung**	iltihāb al-udhun al-wusṭā	اِلْتِهاب الأُذُن الوُسْطى
der **Durchfall**	ishāl	إِسْهال
die **Darmgrippe**	iltihāb amʿāʾ	اِلْتِهاب أَمْعاء
die **Übelkeit**	ghathayān	غَثَيان
der **Krampf**	tashannuj	تَشَنُّج
die **Bronchitis**	iltihāb qaṣabāt	اِلْتِهاب قَصَبات
die **Blasenentzündung**	iltihāb mathānah	اِلْتِهاب مَثانَة

SYMPTOME UND KRANKHEITEN – الأَعْراض وَ الأَمْراض

krank
مَريض
mariḍ

der **Schnupfen**
رَشْح
rashḥ

der **Husten**
سُعال
suʿāl

gesund
مُعافى
muʿāfā

die **Erkältung**
زُكام
zukām

die **Grippe**
إِنْفْلُوَنْزا
infulwanzā

das **Niesen**
عُطاس
ʿuṭās

das **Fieber**
حُمَّى
ḥummā

der **Heuschnupfen**
حَساسيَّة الأَنْف
ḥasāsīyat al-anf

der **hohe/niedrige Blutdruck**
ضَغْط دَم مُرْتَفِع/ مُنْخَفِض
ḍaghṭ dam murtafiʿ/ munkhafiḍ

die **Entzündung**	iltihāb	اِلْتِهاب
die **Gürtelrose**	ḥizām nārī	حِزام ناري
die **Mangelerscheinung**	maẓāhir naqṣ	مَظاهِر نَقْص
die **Blutvergiftung**	tasammum ad-dam	تَسَمُّم الدَّم
die **Schuppenflechte**	maraḍ aṣ-ṣadafīyah	مَرَض الصَّدَفيَّة
die **Kinderkrankheit**	maraḍ ṭufūlah	مَرَض طُفولَة
die **Röteln**	ḥaṣbah almānīyah	حَصْبَة أَلْمانيَّة
der/das **Scharlach**	ḥummā qurmuzīyah	حَمَّى قُرْمُزيَّة
die **Windpocken**	jidrī al-māʾ	جُدْري الماء
der **Mumps**	nikāf	نِكاف
der **Keuchhusten**	suʿāl dīkī	سُعال ديكي
die **Masern**	ḥaṣbah	حَصْبَة
die **Kinderlähmung**	shalal aṭfāl	شَلَل أَطْفال
der **Wundstarrkrampf**	kuzāz	كُزاز
die **Tuberkulose**	marḍ as-sil	مَرَض السِّل
die **Rachitis**	kusāḥ	كُساح
die **Hirnhautentzündung**	iltihāb as-saḥāyā	اِلْتِهاب السَّحايا
die **Diphtherie**	maraḍ al-khunāq	مَرَض الخُناق

SYMPTOME UND KRANKHEITEN - الأَعْراض وَ الأَمْراض

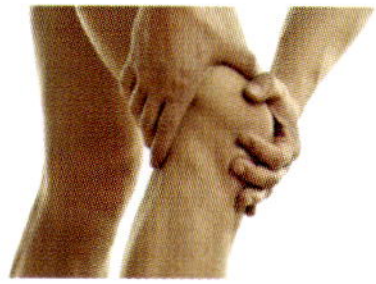

das **Rheuma**
رومِاتِزم
rumātizm

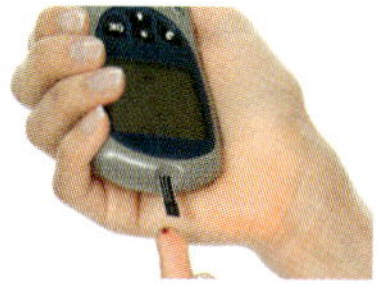

der **Diabetes**
داء السُّكَري
dā' as-sukarī

das **Asthma**
رَبو
rabū

der **Inhalator**
جِهاز اِسْتِنْشاق
jihāz istinshāq

die **Schlafstörung**
أرَق
araq

das **Aids**
ايدْز
iydz

die **Atemnot**	ḍīq tanaffus	ضيق تَنَفُّس
der **Alzheimer**	dā' az-zahāymar	داء الزَّهايمَر
die **Demenz**	kharaf	خَرَف
die **Parkinsonkrankheit**	maraḍ bārkinsun	مَرَض بارکِنسون
der **Krebs**	saraṭān	سَرَطان
das **Geschwür**	qarḥah	قَرْحَة
die **Schilddrüsenkrankheit**	maraḍ al-ghddah ad-daraqīyah	مَرَض الغُدَّة الدَّرَقيَّة
der **Herzinfarkt**	nawbah qalbīyah	نوبَة قَلْبيَّة
der **Schlaganfall**	saktah dimāghīyah	سَكْتَة دِماغيَّة
HIV-positiv/negativ	fayrūs al-ʿawaz al-manāʿī al-basharī ījābī/salbī	فَيْروس العَوَز المَناعي البَشَري إيجابي/سَلْبي
die **multiple Sklerose**	taṣallub mutaʿaddid	تَصَلُّب مُتَعَدِّد
die **Epilepsie**	ṣaraʿ	صَرَع
die **Depression**	ikti'āb	اِكْتِئاب
die **Essstörung**	idṭirābāt fī al-akl	اِضْطِرابات في الأَكْل
die **Sucht**	idmān	إِدْمان

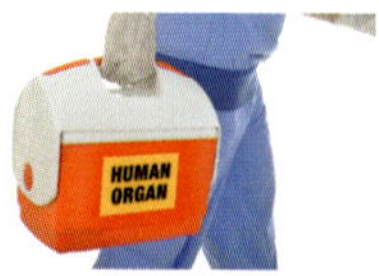

die **Transplantation**
زِراعَة الأَعْضاء
zirāʿat al-aʿḍā'

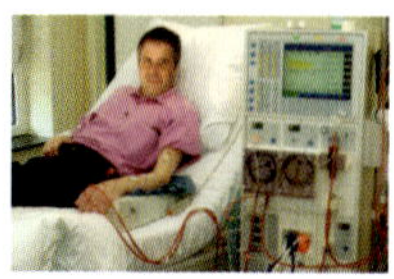

die **Dialyse**
غَسيل الكِلى
ghasīl al-kilā

BEHINDERUNGEN - الإِعاقات

die *Blindenhund*
كَلْب مُرافَقَة المَكْفوفين
kalb murāfaqat al-makfūfīn

der **Blindenstock**
عَصا المَكْفوفين
ʿaṣā al-makfūfīn

der **Rollstuhl**
كُرْسي مُتَحَرِّك
kursī mutaḥarrik

der **Schiebegriff**
مِقْبَض دَفْع
miqbaḍ dafʿ

die **Armlehne**
مَسْنَد ذِراع
masnad dhirāʿ

der **Greifreifen**
عَجَلات تَحْريك الكُرسي
ʿajalāt taḥrīk al-kursī

die **Fußstütze**
مَسْنَد قَدَم
masnad qadam

die **Gebärdensprache**
لُغَة الإشارَة
lughat al-ishārah

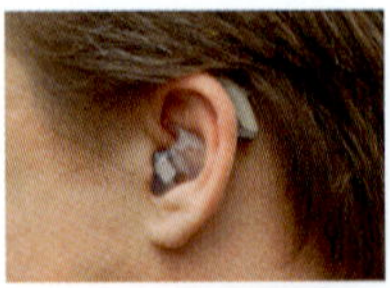

das **Hörgerät**
سَمَّاعَة أُذْن
sammāʿat udhun

der **Rollator**
مُساعِد لِلمَشي
musāʿid lil-mashī

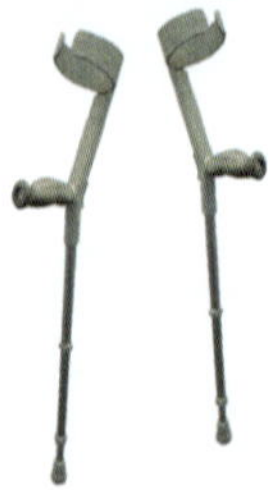

die **Krücke**
عُكَّاز
ʿukkāz

die **Prothese**
عُضو اِصْطِناعي
ʿuḍū iṣṭināʿī

gelähmt	mashlūl	مَشْلول
die **spastische Lähmung**	shalal tashannujī	شَلَل تَشَنُّجي
hinken	ʿaraj	عَرَج
blind	aʿmā	أَعْمى
schwerhörig	thaqīl as-samaʿ	ثَقيل السَّمع
gehörlos	aṣam	أَصَم
behindert	muʿāq	مُعاق

VERLETZUNGEN – الإِصابات

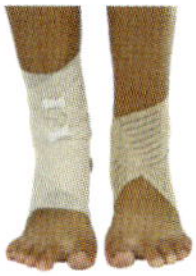

die **Verstauchung**
اِلْتِواء
iltiwāʾ

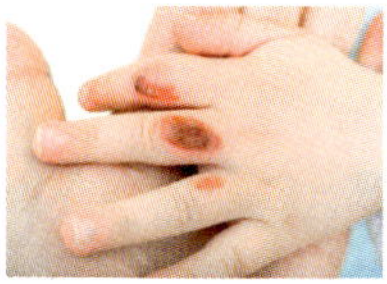

die **Verbrennung**
اِحْتِراق
iḥtirāq

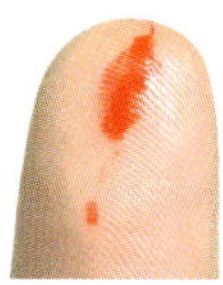

die **Schnittwunde**
جُرْح
jurḥ

der **Knochenbruch**
كَسْر
kasr

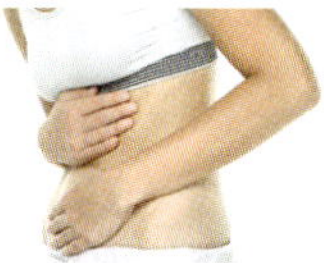

die **Vergiftung**
تَسَمُّم
tasammum

der **Insektenstich**
لَدْغَة حَشَرَة
ladghat ḥasharah

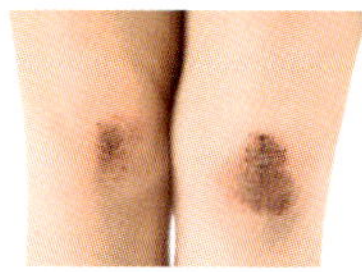

die **Schürfwunde**
خَدْش
khadsh

in Ohnmacht fallen
أُغْمِيَ عَلَيْه
ughmiya ʿalayh

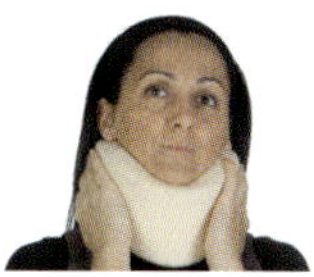

das **Schleudertrauma**
اِلْتِواء الرَّقَبَة
iltiwāʾ ar-raqabah

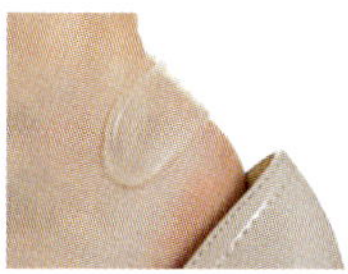

die **Blase**
فُقاعَة جِلْدِيَّة
fuqāʿah jildīyah

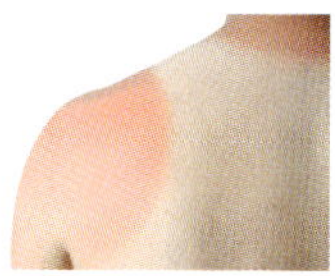

der **Sonnenbrand**
لَفْحَة شَمْس
lafḥat shams

der **Bandscheiben-vorfall**
اِنْزِلاق غُضْروفي
inzilāq ghuḍrūfī

die **Wunde**	jurḥ	جُرْح
die **Brandwunde**	ḥarq	حَرْق
das **Blut**	dam	دَم
bluten	nazafa	نَزَفَ
die **Blutung**	nazīf	نَزيف
die **Gehirnerschütterung**	irtijāj dimāgh	اِرْتِجاج دِماغ
sich den Arm/einen Wirbel ausrenken	malkh dhirʿahu/ ʿamūdahu al-faqarī	مَلَخَ ذِرَعَهُ/عَمودَهُ الفَقَري
sich den Fuß verstauchen/brechen	lawā/kasara rijlah	لَوى/كَسَرَ رِجْلَه

der **elektrische Schlag**
صَدْمَة كَهْرُبائِيَّة
ṣadmah kahrubāʾīyah

BEIM ZAHNARZT - عِنْدَ طَبيب الأَسْنان

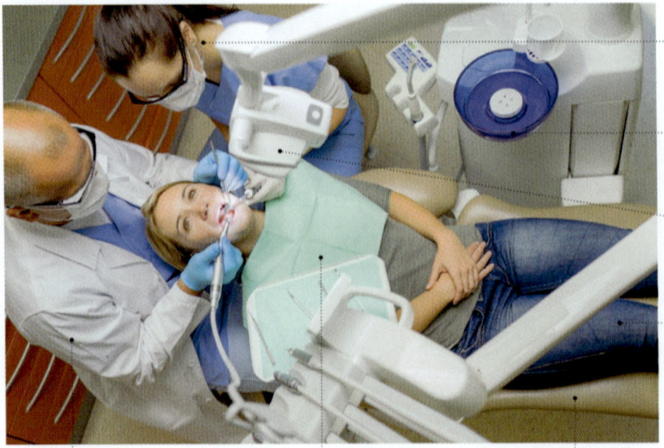

die **Zahnarzthelferin**
مُساعِدَة طَبيب أَسْنان
musāʿidat ṭabīb asnān

das **Mundspülbecken**
حَوْض غَسْل الفَم
ḥawḍ ghasl al-fam

die **Behandlungslampe**
مِصْباح عاكِس
miṣbāḥ ʿākis

die **Patientin**
مَريضَة
marīḍah

der **Zahnarzt**
طَبيب أَسْنان
ṭabīb asnān

der **Patientenumhang**
مَرْيَلَة
maryalah

der **Zahnarztstuhl**
كُرْسي مُعالَجَة الأَسْنان
kursī muʿālajat al-asnān

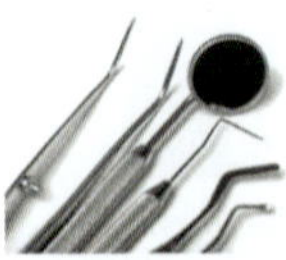

das **Zahnarztbesteck**
أَدَوات طَبيب الأَسْنان
adawā ṭabīb al-asnān

der **Mundschutz**
واقي فَم
wāqī fam

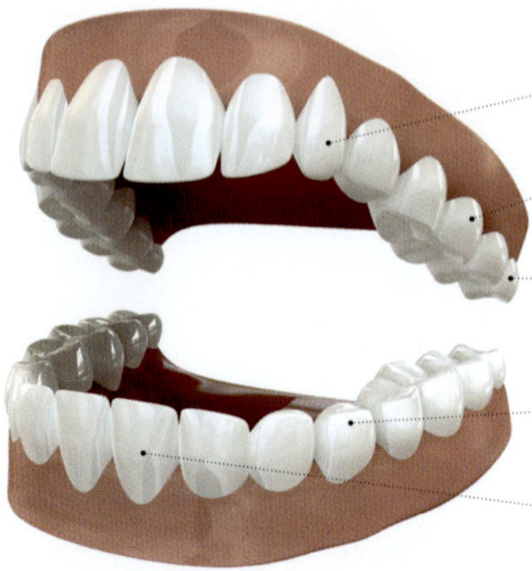

der **Eckzahn**
ناب
nāb

der **hintere Backenzahn**
ضِرْس طاحِنَة
ḍirs ṭāḥinah

der **Weisheitszahn**
ضِرْس العَقْل
ḍirs al-ʿaql

der **vordere Backenzahn**
ضِرْس ضاحِكَة
ḍirs ḍāḥikah

der **Schneidezahn**
سِن قاطِع
sin qāṭiʿ

BEIM ZAHNARZT - عِنْدَ طَبِيب الأَسْنان

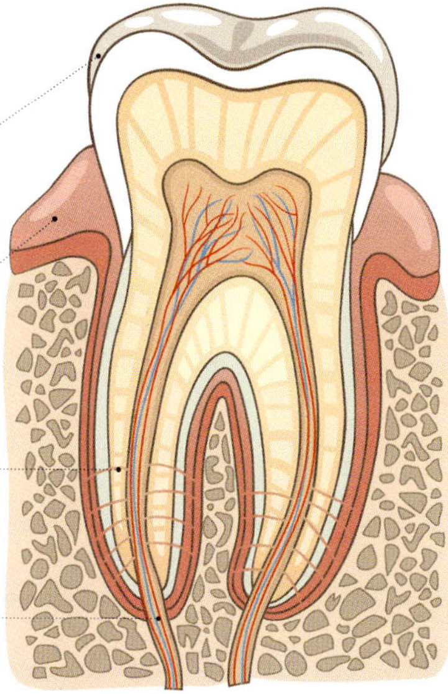

die **Zahnprothese**
طَقْم أَسْنان
ṭaqm asnān

die **Knirscherschiene**
واقي حَت الأَسْنان
wāqī ḥat al-asnān

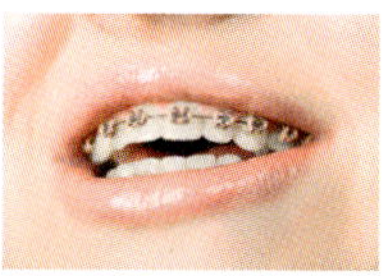

die **Zahnspange**
قَوْس تَقْويم الأَسْنان
qaws taqwīm al-asnān

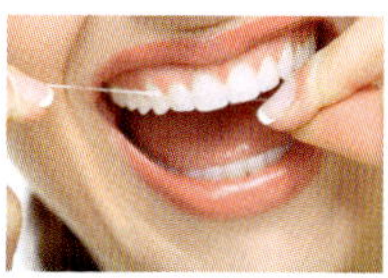

mit Zahnseide reinigen
نَظَّفَ الأَسْنان بِالخَيْط
naẓẓafa al-asnān bil-khayṭ

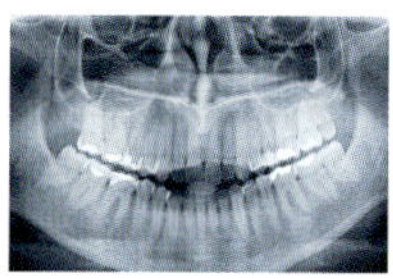

die **Röntgenaufnahme**
صورَة أَشِعَّة إِكْس
ṣūrat ashiʿʿat iks

die **Krone**
تاج
tāj

das **Implantat**	zirāʿat asnān	زِراعَة أَسنان
einen Zahn ziehen	qalʿ sin	قَلْع سِن
die **örtliche Betäubung**	takhdīr mawḍiʿī	تَخْدير مَوْضِعي
die **Mundhygiene**	naẓāfat al-fam	نَظافَة الفَم
der **Zahnbelag**	jīr al-asnān	جير الأَسنان
die **Karies**	tasawwus	تَسَوُّس
die **Zahnfüllung**	ḥashū	حَشْو

das **Mundwasser**
غُسول فَم
ghasūl fam

BEIM AUGENOPTIKER – عِنْدَ أَخِصَّائي النَّظَّارات

das **Auge**
عَيْن
ʿayn

die **Pupille**
حَدَقَة
ḥadaqah

der **Sehnerv**
عَصَب بَصَري
ʿaṣab baṣarī

die **Linse**
عَدَسَة
ʿadasah

die **Hornhaut**
قَرَنيَّة
qarnīyah

die **Netzhaut**
شَبَكيَّة
shabakīyah

die **Iris**
قَزَحيَّة
qazaḥīyah

die **Brille**
نَظَّارَة
naẓẓārah

das **Brillengestell**
هَيْكَل نَظَّارَة
haykal naẓẓārah

das **Brillenglas**
عَدَسَة زَجاجيَّة
ʿadasah zujājīyah

der **Kontaktlinsenbehälter**
عُلْبَة العَدَسات
ʿulbat al-ʿadasāt

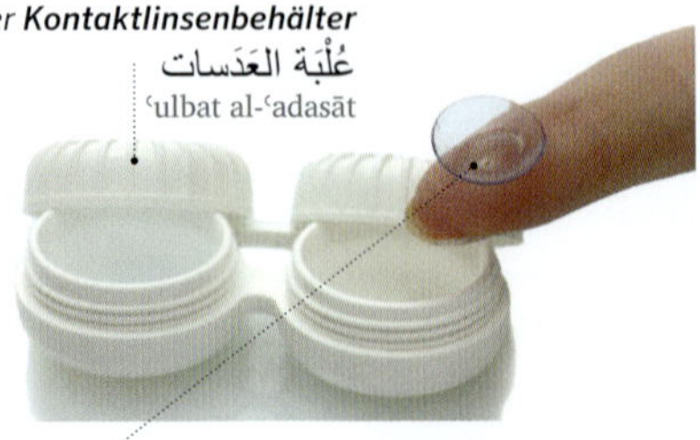

die **Kontaktlinse**
عَدَسَة لاصِقَة
ʿadasah lāṣiqah

die **Optikerin**
أَخِصّائيَّة نَظّارات
akhiṣṣāīyat naẓẓārāt

der **Sehtest**
فَحْص نَظَر
faḥṣ naẓar

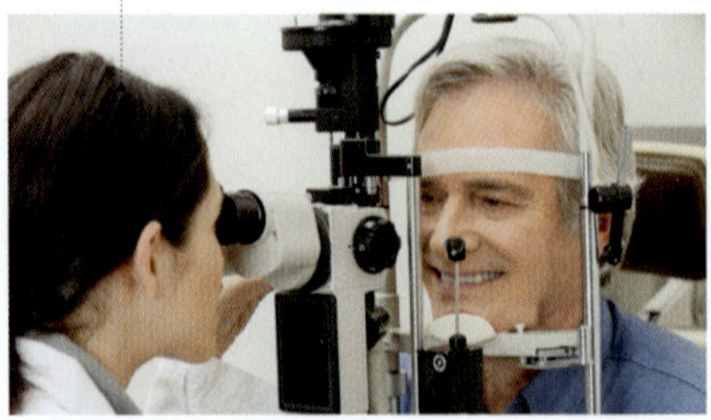

die *Augentropfen*	qaṭrat ʿayn	قَطْرَة عَيْن
die *Lesebrille*	naẓẓārat qirā'ah	نَظّارَة قِراءَة
weitsichtig	buʿd naẓar	بُعْد نَظَر
kurzsichtig	quṣr naẓar	قِصْر نَظَر
die *Gleitsichtbrille*	naẓẓārah lil-qurb wa al-buʿd	نَظّارَة لِلقُرْب وَالبُعْد
der *graue Star*	mā' abyaḍ	ماء أَبْيَض
der *grüne Star*	mā' azraq	ماء أَزْرَق

IM KRANKENHAUS - في المُسْتَشْفى

das **Krankenzimmer**
غُرْفَة المَرْضَى
ghurfat al-marḍā

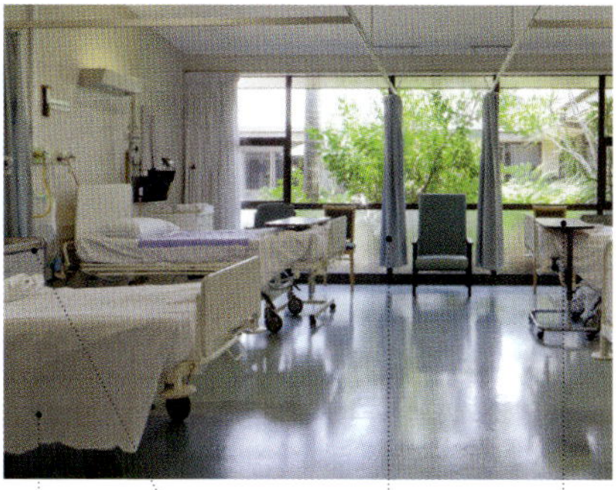

der **Nachttisch**
طاولَة جانِبِيَّة
ṭāwilah jānibīyah

der **Krankentisch**
طاولَة المَريض
ṭāwilat al-marīḍ

das **Krankenhausbett**
سَرير مُسْتَشْفى
sarīr mustashfā

der **Trennvorhang**
سِتار فاصِل
sitār fāṣil

das **Einzelzimmer**
غُرْفَة مُفْرَدَة
ghurfah mufradah

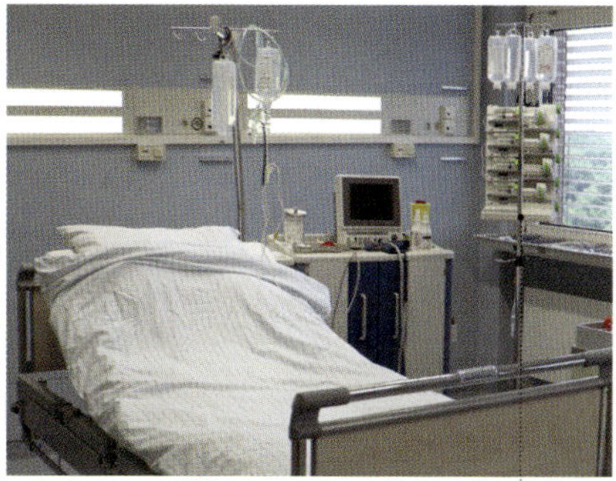

der **Infusionsständer**
حامِل سيرون
ḥāmil sīrun

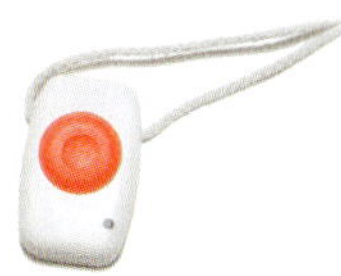

der **Notrufknopf**
زر طَوارئ
zir ṭawāriʾ

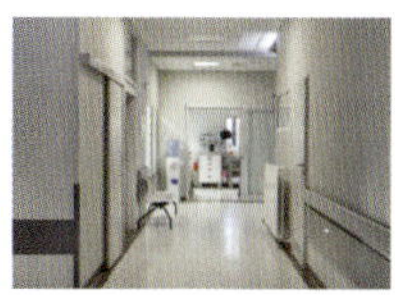

die **Station**
جَناح
janāḥ

aufgenommen werden	udkhila lil-ʿilāj	أُدْخِلَ لِلْعِلاج
entlassen werden	sumiḥ lahu bil-khurūj	سُمِحَ لَهُ بِالخُروج
*der **ambulante Patient***	marīḍ khārijī	مَريض خارِجي
*der **stationäre Patient***	marīḍ dākhilī	مَريض داخِلي
*die **Besuchszeiten***	awqāt ziyārah	أَوْقات زِيارَة
*die **Kinderstation***	janāḥ aṭfāl	جَناح أَطْفال
*die **Neurologie***	ṭib al-aʿṣāb	طِب الأَعْصاب
*die **Onkologie***	ṭib as-saraṭān	طِب السَّرَطان
*die **Orthopädie***	ṭib al-ʿiẓām	طِب العِظام
*die **Kardiologie***	ṭib al-qalb	طِب القَلْب
*die **Gastroenterologie***	ṭib al-jihāz al-haḍmī	طِب الجِهاز الهَضْمي
*die **Gynäkologie***	ṭib an-nisāʾ wat-tawlīd	طِب النِساء وَالتَوليد
*die **Quarantäne***	ḥajr ṣiḥḥī	حَجْر صِحِّي

IM KRANKENHAUS - في المُسْتَشْفى

Die Chirurgie - الجِراحَة

die **Operation**
عَمَلِيَّة
ʿamalīyah

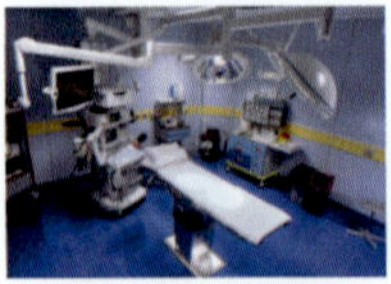

der **Operationssaal**
غُرْفَة عَمَلِيَّات
ghurfat ʿamalīyāt

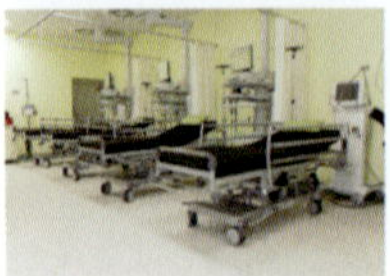

der **Aufwachraum**
غُرْفَة إِنْعاش
ghurfat inʿāsh

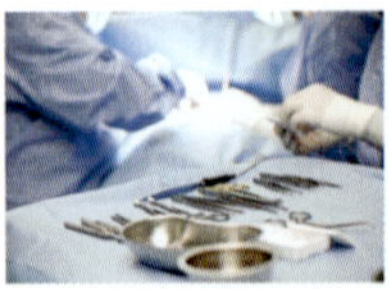

das **Operationsbesteck**
أَدوات عَمَلِيَّات
adawāt ʿamalīyāt

die **Operationsleuchte**
مِصْباح عَمَلِيَّات
miṣāḥ ʿamaliyāt

der **Chirurg**
جَرَّاح
jarrāḥ

der **Mundschutz**
واقي فَم
wāqī fam

die **OP-Schwester**
مُمَرِّضَة عَمَلِيَّات
mumariḍat ʿamaliyāt

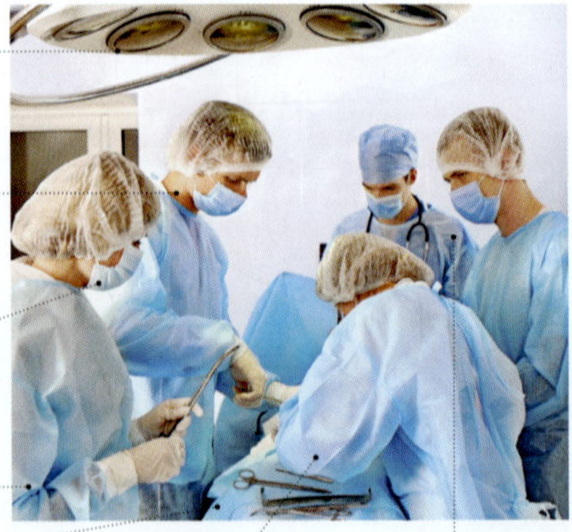

der **Operationstisch**
طاولَة عَمَلِيَّات
ṭāwilat ʿamalīyāt

der **OP-Mantel**
رداء عَمَلِيَّات
ridāʾ ʿamalīyāt

der **Anästhesist**
طَبيب تَخْدير
ṭabīb takhdīr

die **Narbe**
نَدَبَة
nadbah

die **Fäden**
قُطَب
quṭab

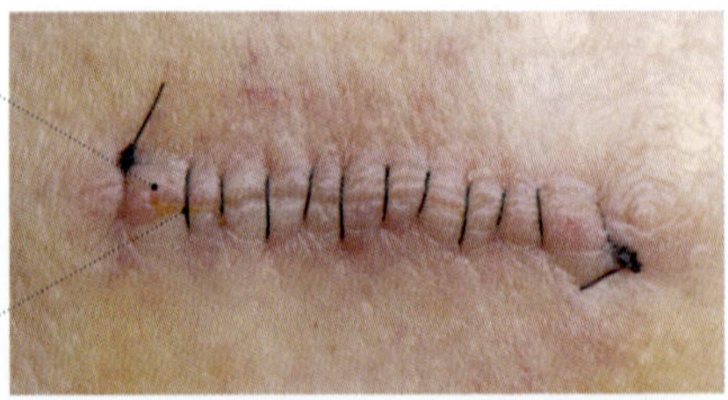

die **Lokalanästhesie**	takhdīr mawḍiʿī	تَخْدير مَوْضِعي
die **Vollnarkose**	takhdīr ʿām	تَخْدير عام
die **Rehabilitation**	iʿādat taʾhīl	إِعادَة تَأْهيل
die **medizinische Nachversorgung**	mutābaʿat ar-riʿāyah al-khāṣah	مُتابَعَة الرِّعايَة الطِّبِّيَّة
die **Bettruhe**	rāḥah fīl-firāsh	راحَة في الفِراش
die **Genesung**	shifāʾ	شِفاء
tot	mayyt	مَيِّت
der **Tod**	mawt	مَوْت

IM KRANKENHAUS - في المُسْتَشْفى

Die Unfallstation - جَناح الحَوادِث

die **Intensivstation**
عِنايَة مُرَكَّزَة
ʿināyah murakkazah

die **Notaufnahme**
غُرْفَة الطَّوارئ
ghurfat aṭ-ṭawāriʾ

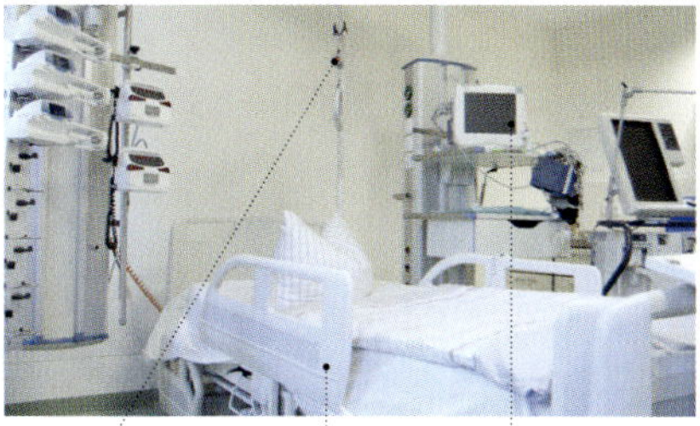

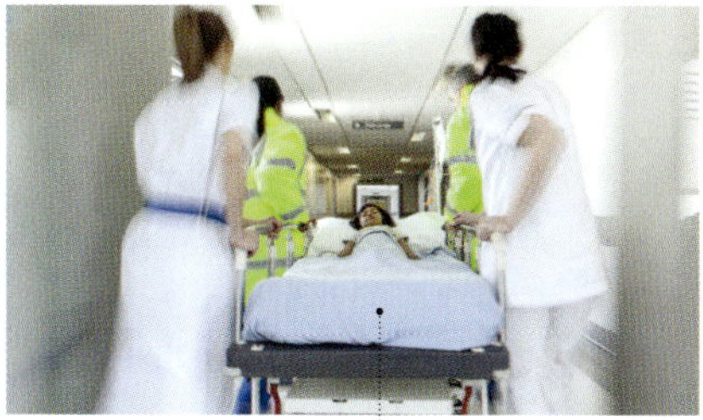

der **Rufknopf**
زِر اِسْتِدْعاء
zir istidʿāʾ

der **Herzmonitor**
شاشَة مُراقَبَة القَلْب
shāshat murāqabat al-qalb

die **Fahrtrage**
نَقّالَة
naqqālah

das **Krankenhausbett**
سَرير مُسْتَشْفى
sarīr mustashfā

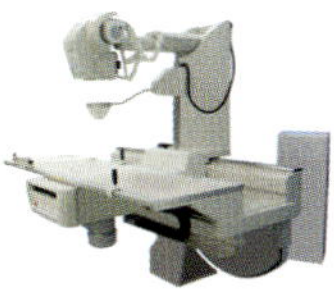

das **Röntgengerät**
جِهاز أَشِعَّة إِكْس
jihāz ashiʿʿat iks

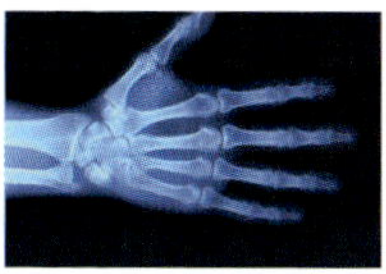

das **Röntgenbild**
صورَة أَشِعَّة إِكْس
ṣūrat ashiʿʿat iks

der **Warteraum**
غُرْفَة اِنْتِظار
ghurfat intiẓār

die **Oberärztin**
طَبيبَة مُشْرِفَة
ṭabībah mushrifah

die **Computertomographie**	taṣwīr maqṭʿī muḥawsab	تَصْوير مَقْطَعي مُحَوْسَب
die **Strahlung**	ishʿāʿ	إِشْعاع
eine Diagnose stellen	ajrā tashkhīṣ	أَجْرى تَشْخيص
das **Koma**	ghaybūbah	غَيْبوبَة
bewusstlos	ghāʾib ʿan al-waʿī	غائِب عَن الوَعي
die **Beatmung**	tanaffus ṣināʿī	تَنَفُّس صِناعي
wieder zu Bewusstsein kommen	istaʿāda waʿah	اِسْتَعادَ وَعْيَه
wieder gesund werden	shufiya	شُفِيَ

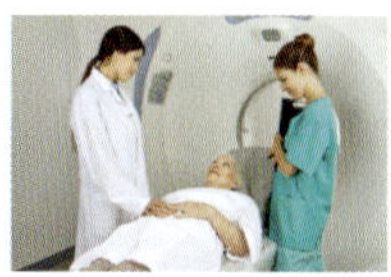

die **Kernspintomographie**
تَصْوير بِالرَّنين المِغْناطيسي
taṣwīr bil-ranīn al-mighnāṭīsī

DIE APOTHEKE - الصَّيْدَلِيَّة

das **Medikament**
دَواء
dawāʾ

die **Kapsel**
كَبْسولَة
kabsūlah

der **Hustensaft**
شَراب سُعال
sharāb suʿāl

die **Sichtverpackung**
تَغْليف شَفّاف
taghlīf shaffāf

die **Tablette**
حَبَّة
ḥabah

die **Dosierung**
جُرعَة
jurʿah

der **Messbecher**
كَأْس قِياس
ka's qiās

das **Zäpfchen**
تَحْميلَة
taḥmīlah

die **Salbe**
مَرْهَم
marham

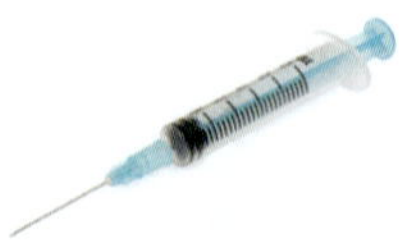

die **Spritze**
إبْرَة
ibrah

die **Apothekerin**
صَيْدَلانِيَّة
ṣaydalānīyah

die **Tropfen**
قَطْرَة
qaṭrah

der/das **Spray**
بَخّاخ
bakhkhākh

die **Vitamintablette**
حَبَّة فتامين
ḥabbat fītāmīn

die **Brausetablette**
قُرْص فَوّار
qurṣ fawwār

DIE APOTHEKE - الصَّيْدَلِيَّة

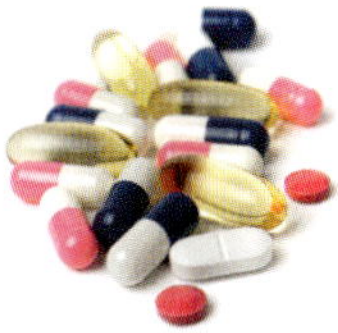

das **Nahrungsergänzungsmittel**
مُكَمِّل غِذائي
mukammil ghidhāʾī

das **Sonnenschutzmittel**
واقي مِن الشَّمْس
wāqī min ash-shams

der/das **Mückenspray**
بَخّاخ حَشَرات
bakhkhākh ḥasharāt

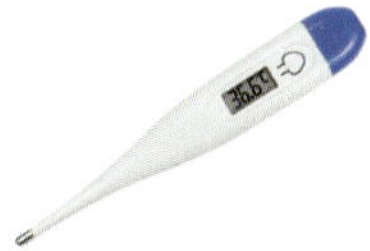

das/der **Fieberthermometer**
مِقْياس حَرارَة
miqyās ḥarārah

die **Nagelfeile**
مِبْرَد أَظافِر
mibrad aẓāfir

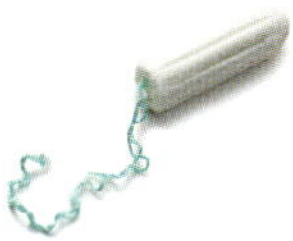

der **Tampon**
تامبون
tāmbunū

die **Slipeinlage**
فوطَة نِسائيَّة
fūṭah nisāīyah

das **Feuchttuch**
مِنْديل مُبَلَّل
mindīl muballal

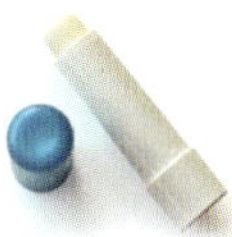

der **Lippenpflegestift**
قَلَم تَرطيب الشِّفاه
qalam tarṭīb ash-shifāh

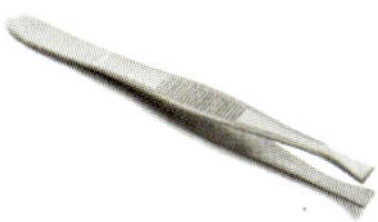

die **Pinzette**
مِلْقَط
milqaṭ

das **Deodorant**
مُزيل رائِحَة العَرق
muzīl rāʾḥat al-ʿaraq

das/der **Hustenbonbon**
سَكاكِر خاصَّة بالسُّعال
sakākir khāṣah bis-suʿāl

die **Nebenwirkung**	aʿrāḍ jānibīyah	أَعْراض جانِبِيَّة
der **Beipackzettel**	nashrah	نَشْرَة
die **Hautpflege**	ʿināyah bil-basharah	عِنايَة بالبَشَرَة
das **Schmerzmittel**	musakkin alam	مُسَكِّن أَلَم
das **Beruhigungsmittel**	muhaddiʾ	مُهَدِّأ
die **Schlaftablette**	ḥabbah munawwimah	حَبَّة مُنَوِّمَة
das **Verfallsdatum**	tārīkh intihāʾ ṣalāḥīyah	تاريخ اِنْتِهاء صَلاحيَّة

der **Ohrstöpsel**
سَدّادات أُذْن
saddadāt udhun

DIE ALTERNATIVMEDIZIN – الطِّب البَديل

die **Meditation**
تَأَمُّل
ta'ammul

das **Yoga**
يوجا
yūjā

das **Tai-Chi**
تاي تشي
tāyyshī

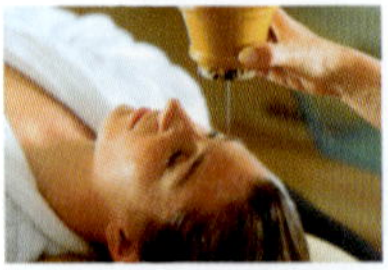

das **Ayurveda**
أيورفيدا
ayūrfīdā

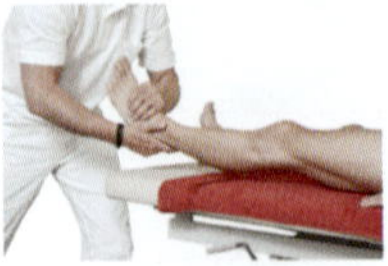

die **Osteopathie**
تِقَنيَّة تَقْويم العِظام يَدَويّاً
tiqaniyat taqwīm al-ʿiẓām yadawiyan

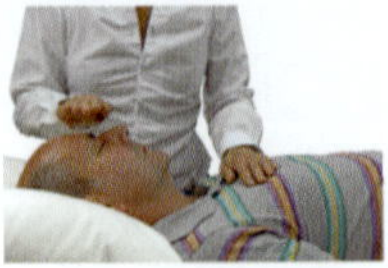

das **Reiki**
راي كي
rāī kī

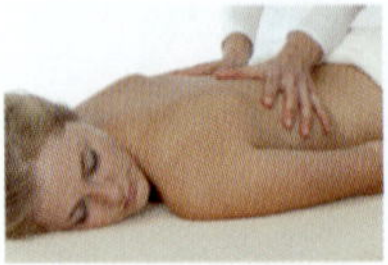

die **Massage**
تَدْليك
tadlīk

die **Hypnose**
تَنْويم مِغْناطيسي
tanwīm mighnāṭīsī

die **traditionelle chinesische Medizin**
طِب صيني تَقْليدي
ṭib ṣīnī taqlīdī

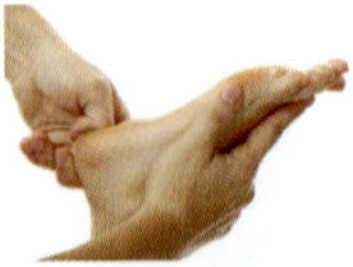

die **Fußreflexzonenmassage**
تَدْليك القَدَم العِلاجي
tadlīk al-qadam al-ʿilājī

das **homöopathische Heilmittel**
عِلاج مِثْلي
ʿilāj mithlī

die **Kräuterheilkunde**
طِب الأَعْشاب
ṭib al-aʿshāb

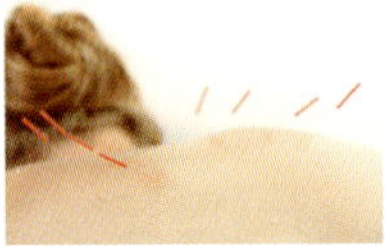

die **Akupunktur**
وَخْز بالإبَر
wakhz bil-ibar

die ***Kur***	istishfā'	اِسْتِشْفاء
die ***Palliativmedizin***	riʿāyah talṭīfīyah	رِعايَة تَلْطيفيَّة
die ***Entspannung***	istirkhā'	اِسْتِرْخاء
die ***Entgiftung***	izālat as-sumūm	إزالَة السُّموم
die ***Entziehungskur***	muʿālajat idmān	مُعالَجَة إدْمان
die ***Therapie***	ʿilāj	عِلاج
die ***Lichttherapie***	ʿilāj biḍ-ḍaw'	عِلاج بالضَّوْء

WELLNESS - اِسْتِجْمام

die **Gesichtsbehandlung**
مُعالَجَة الوَجْه
muʿālajat al-wajh

die **Kosmetikerin**
خَبيرَة تَجْميل
khabīrat tajmīl

die **Gesichtsmaske**
ماسْك لِلوَجْه
māsk lil-wajh

die **Sauna**
ساوْنا
sāwnā

der **Ofen**
فُرْن
furn

die **Bank**
مَقْعَد
maqʿad

der **Kopfkeil**
مَسْنَد رَأْس
masnad raʾs

der **Aufgusskübel**
دَلو صَب الماء
dalū ṣab al-māʾ

der **Ruheraum**
غُرْفَة اِسْتِرخاء
ghurfat istirkhāʾ

das **Mineralbad**
مُنْتَجع صِحّي
muntajaʿ ṣiḥḥī

die **Maniküre**
مانيكيير
mānīkīr

die **Pediküre**
باديكيير
bādīkīr

die **Wachsenthaarung**	izālat ash-shaʿr bish-shamʿ	إزالَة الشَّعْر بالشَّمْع
das **Dampfbad**	ḥammām bukhār	حَمّام بُخار
das **Peeling**	taqshīr	تَقْشير
der **Teint**	basharah	بَشَرَة
Ich habe empfindliche/ trockene Haut.	ladayya basharah ḥassāsah/jāffah	لَدَيَّ بَشَرَة حَسّاسَة/جافَّة.
Ich habe fettige/normale Haut.	ladayya basharah ʿādiyah/dihnīyah	لَدَيَّ بَشَرَة عادِيَّة/دُهْنِيَّة.

das **Solarium**
مَقْصورَة تَشَمُّس اِصْطِناعي
maqṣūrat tashammus iṣṭināʿī

NOTFÄLLE

حالات الطَّوارِئ

ERSTE HILFE – إِسْعافات أَوليَّة

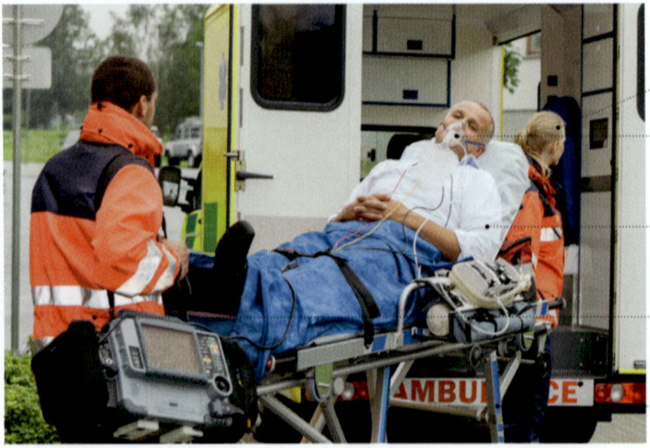

der **Rettungswagen**
سَيَّارَة إِسْعاف
sayyārat isʿāf

die **Sanitäterin**
مُساعِد طِبِّي
musāʿid ṭibbī

die **Sauerstoffmaske**
قِناع أوكْسِجين
qināʿ uksijīn

das **Unfallopfer**
ضَحِيَّة حادِث
ḍaḥiyyat ḥādith

der **Sanitäter**
مُساعِدَة طِبِّيَة
musāʿididah ṭibbīyah

die **Trage**
نَقَّالَة
naqqālah

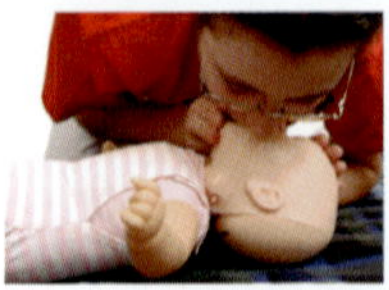

die **Mund-zu-Mund-Beatmung**
نَفْخ مِن الفَم لِلْفَم
nafkha min al-fam lil-fam

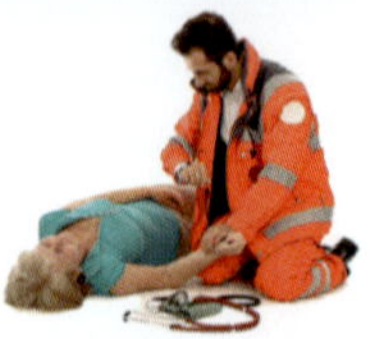

die **Pulsmessung**
قِياس النَّبْض
qiās an-nabḍ

die ***stabile Seitenlage***
وَضْع الإفاقَة
waḍʿ al-ifāqah

der **Unfallort**
مَكان الحادِث
makān al-ḥādith

der **Rettungsdienst**
خِدْمَة إِسْعاف
khidmat isʿāf

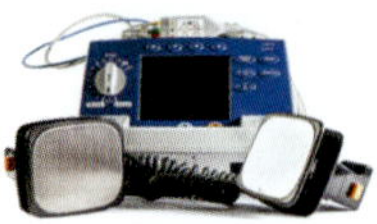

der **Defibrillator**
جِهاز مُزيل الرَّجَفان
jihāz muzīl ar-rajafān

der **Unfall**	ḥādith	حادِث
die **Wiederbelebung**	inʿāsh	إِنْعاش
die **Herzdruckmassage**	tadlīk qabī	تَدْليك قَلْبي
der **Puls**	nabḍ	نَبْض
bewusstlos	ghāib ʿan al-waʿī	غائِب عَن الوَعي
erste Hilfe leisten	qaddama isʿāfāt awwalīyah	قَدَمَ إِسْعافات أَوَّلِيَّة
der **Notarzt**	ṭabīb ṭawāriʾ	طَبيب طَوارِئ

ERSTE HILFE - إسْعافات أوليَّة

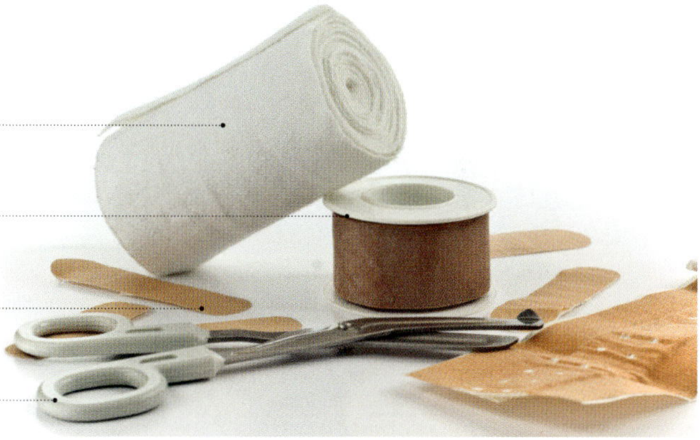

das **Verbandszeug**
عِدَّة التَّضْميد
ʿiddat at-taḍmīd

der **Verband**
ضِمادَة
ḍimādah

das **Leukoplast®**
لاصِق طِبِّي
lāṣiq ṭibbī

das **Pflaster**
بلاسْتَر
blāstar

die **Verbandschere**
مِقَص تَضْميد
miqaṣ taḍmīd

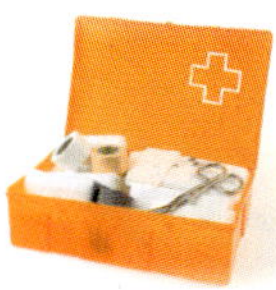

der **Erste-Hilfe-Kasten**
صُنْدوق إسْعافات أوَّليَّة
ṣundūq isʿāfātt awwalīyah

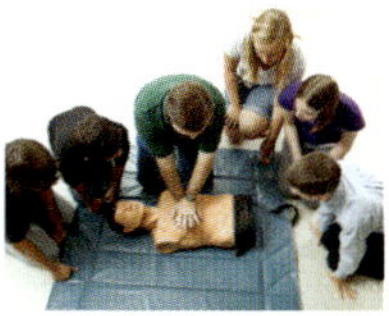

der **Erste-Hilfe-Kurs**
دَوْرَة إسْعاف أوَّلي
dawrat isʿāf awwalī

das **Desinfektionsmittel**
مُطَهِّر
muṭahhir

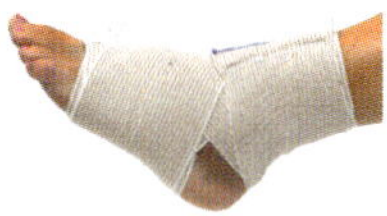

die **Bandage**
ضِمادَة
ḍimādah

steril	muʿaqqim	مُعَقَّم
überleben	najā	نَجا
traumatisiert	maṣdūm nafsīyan	مَصْدوم نَفْسيّاً
der ***Schock***	ṣadmah	صَدْمَة
die ***Blutspende***	tabarruʿ bid-dam	تَبَرُّع بالدَّم
die ***Organspende***	tabarruʿ bil-aʿḍāʾ	تَبَرُّع بِالأعْضاء
das ***Adrenalin***	adrinālīn	أدْرينالين

die **Mullbinde**
شاش طِبِّي
shāsh ṭibbī

DIE POLIZEI – الشُّرْطَة

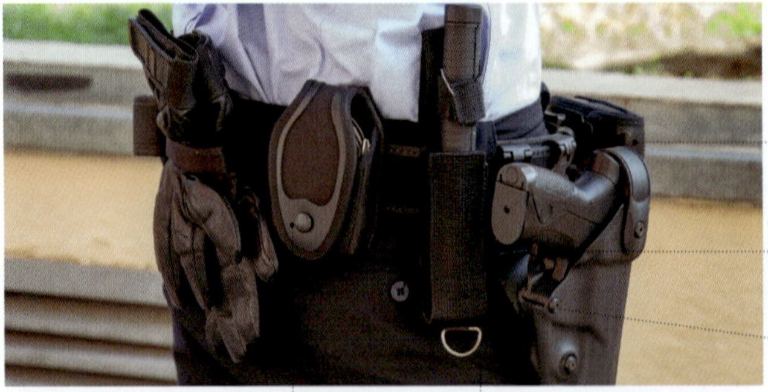

der **Dienstgürtel**
حِزام الخِدْمَة
ḥizām al-khidmah

das **Handfunkgerät**
جهاز لاسِلكي مَحْمول
jihāz lāsilkī maḥmūl

die **Pistole**
مُسَدَّس
musaddas

der **Schlagstock**
هِراوَة شُرْطي
hirāwat shurṭī

die **Handschellen**
أَصْفاد
aṣfād

die **Uniform**
زَي مُوَحَّد
zay muwaḥḥad

der **Fingerabdruck**
بَصْمَة الإِصْبَع
baṣmat al-iṣbaʿ

der **Tatort**
مَسْرَح الجَرِيمَة
masraḥ al-jarīmah

die **Polizistin**
شُرْطيَّة
shurṭīyah

der **Polizist**
شُرْطي
shurṭī

das **Polizeiabzeichen**
شارَة الشُّرْطَة
shārat ash-shurṭah

der **Zeuge**	shāhid	شاهِد
die **Zeugin**	shāhidah	شاهِدَة
der **Verbrecher**	mujrim	مُجْرِم
die **Verbrecherin**	mujrimah	مُجْرِمَة
der **Kriminalbeamte**	mukhbir	مُخْبِر
der/die **Verdächtige**	mushtabah fīh	مُشْتَبَه فيه
die **Ermittlung**	taḥqīq	تَحْقيق

DIE POLIZEI - الشُّرْطَة

das **Polizeiauto**
سَيَّارَة شُرْطَة
sayyārat shurṭah

die **Lichtleiste**
شَرِيط عاكِس لِلضَّوْء
sharīṭ ʿākis liḍ-ḍawʾ

das **Martinshorn**
صَفَّارَة إِنْذار
ṣaffārat indhār

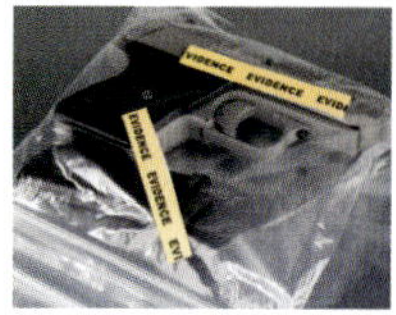

das **Beweisstück**
دَلِيل
dalīl

das **Gefängnis**
سِجْن
sijn

der **Einbruch**
سَطو
saṭū

der **Diebstahl**
سَرِقَة
sariqah

die **Festnahme**
اِعْتِقال
iʿtiqāl

die **Gewalt**
عُنْف
ʿunf

der **Raubüberfall**
مُداهَمَة سَرِقَة
mudāhamat sariqah

der **Taschendiebstahl**
نَشْل
nashl

die **Entführung**
اِخْتِطاف
ikhtiṭāf

die **Straftat**	jurm	جُرْم
die **Körperverletzung**	iṣābah jasadīyah	إِصابَة جَسَدِيَّة
die **Vergewaltigung**	ightiṣāb	اِغْتِصاب
der **Mord**	qatl	قَتْل
der **Überfall**	mudāhamah	مُداهَمَة
fliehen	haraba	هَرَبَ
belästigen	azʿaja	أَزْعَجَ

die **Polizeiabsperrung**
حاجِز شُرْطَة
ḥājiz shurṭah

DIE FEUERWEHR - الإِطْفاء

der **Feuerlöscher**
طَفَّايَة حَريق
ṭaffāyat ḥarīq

der **Hydrant**
صُنْبور
ṣubūr

der **Feuerwehrmann**
رَجُل إطْفاء
rajul iṭfā'

das **Visier**
واقي الوَجْه
wāqī al-wajh

der **Feuerwehrhelm**
خُوْذَة
khūdhah

die **Feuerwehrschutzjacke**
سُتْرَة واقِيَة مِن الحَريق
sutrah wāqīyah min al-ḥarīq

der **Reflexstreifen**
شَريط عاكِس
sharīṭ ʿākis

der **Feuerwehrschlauch**
خُرطوم إطْفاء
khurṭūm iṭfā'

die **Brandbekämpfung**
مُكافَحَة الحَريق
mukāfaḥat al-ḥarīq

der **Notausgang**
مَخْرَج طَوارِئ
makhraj ṭawāri'

die **Axt**
فَأْس
fa's

der **Rauchmelder**
جِهاز إِنْذار الدُّخان
jihāz indhār ad-dukhān

die **Feuerwache**
مَحَطَّة إطْفائيَّة
maḥaṭṭah iṭfāīyah

das **Löschfahrzeug**
سَيَّارَة إطْفاء
sayyārat iṭfā'

IN DEN BERGEN – في الجِبال

der **Helm**
خُوذَة
khūdhah

der **Karabiner**
عَلَّاقَة قابِلَة لِلإِغْلاق
ʿallāqah qābilah lil-ighlāq

das **Seil**
حَبْل
ḥabl

die **Bergwacht**
نَجْدَة الجِبال
najdat al-jibāl

der **Rettungseinsatz**
عَمَلِيَّة إِنْقاذ
ʿamalīyat inqādh

die **Einsatzkraft**
مُنْقِذ
munqidh

der **Rettungsschlitten**
زَلَّاجَة إِنْقاذ
zallājat inqādh

das **Schneemobil**
عَرَبَة ثَلْج
ʿarabat thalj

das **Fangnetz**
شَبَكَة أَمان
shabakat amān

die **Lawine**
اِنْهِيار ثَلْجي
inhiyār thaljī

das **LVS-Gerät**
جِهاز اِسْتِقْبال وَإِرْسال
jihāz istiqbāl wa irsāl

der **Rettungshund**
كَلْب إِنْقاذ
kalb inqādh

der **Rettungshubschrauber**
طائِرَة إِنْقاذ مَرْوَحِيَّة
ṭāʾirat inqādh mirwaḥīyah

der **Lawinenschutz**
حِمايَة مِن اِنْهِيار الثَّلْج
ḥimāyah min inhiyār ath-thalj

das **Lawinenwarnschild**
لَوْحَة تَحْذير مِن اِنْهِيار الثَّلْج
lawḥat taḥdhīr min inhiyār ath-thalj

DAS MEER - البَحْر

die **Schwimmweste**
سُتْرَة نَجاة
sutrat najāt

der **Rettungsring**
طارَة إنْقاذ
ṭārat inqādh

der **Sammelpunkt**
نُقْطَة تَجَمُّع
nuqṭat tajammuʿ

der **Sturm**
عاصِفَة
ʿāṣifah

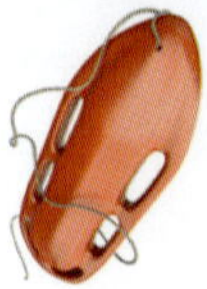

die **Rettungsboje**
عَوَّامَة
ʿawwāmah

der **Rettungsschwimmer**
مَنْقِذ
munqidh

der **Wachturm**
بُرْج مُراقَبَة
birj murāqabah

der **Tsunami**
تسونامي
tsūnāmī

das **Küstenwachboot**
قارب خَفَر السَّواحِل
qārib khafar as-sawāḥil

das **Rettungsboot**
طارَة إِنْقاذ
ṭā'rat inqādh

kentern
إِنْقَلَبَ
inqalaba

der **Schiffbruch**
غَرَق سَفينَة
gharaq safīnah

der/die **Vermisste**	mafqūdūn	مَفْقودون
das **Rettungstau**	ḥabl inqādh	حَبْل إِنْقاذ
die **Wetterbedingungen**	ẓurūf jawīyah	ظُروف جَوِيَّة
der **Seewetterbericht**	tanabbu' bi-'ajwā' al-baḥr	تَنَبُّؤ بِأَجْواء البَحْر
die **Suche**	baḥth	بَحْث
ertrinken	gharaq	غَرِقَ
die **Havarie**	ḥādith fī al-baḥr	حادِث في البَحْر
in Seenot geraten	waqaʿ fī ma'ziq baḥrī	وَقَعَ في مأزِق بَحْري

WEITERE NOTSITUATIONEN - حالات طارِئَة أُخْرى

die **Explosion**
اِنْفِجار
infijār

die **Epidemie**
وَباء
wabā'

die **Evakuierung**
إخْلاء
ikhlā'

der **Bombenalarm**
تَحْذير مِن وُجود قُنْبُلَة
taḥdhīr min wujūd qunbulah

die **nukleare Katastrophe**
كارِثَة ذَرِيَّة
kārithah dharīyah

die **Notlandung**
هُبوط اِضْطِراري
hubūṭ iḍṭirārī

der **Terrorangriff**
هُجوم إرهابي
hujūm irhābī

retten
أَنْقَذَ
anqadha

die **Notrufnummer**
رَقَم طَوارِئ
raqam ṭawāri'

die **Überwachungskamera**
كاميرَة مُراقَبَة
kāmirat murāqabah

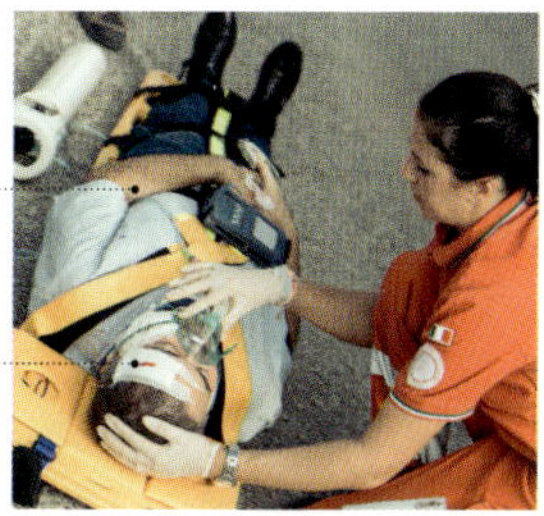

der **Verletzte**
مُصابون
muṣābūn

die **Verletzung**
إصابَة
iṣābah

der/die **Vermisste**	mafqūdūn	مَفْقودون
die **Suchmannschaft**	farīq baḥth	فَريق بَحْث
Hilfe!	an-najdah!	النَّجْدَة!
Es ist ein Unfall passiert!	laqad waqaᶜ ḥādith!	لَقَد وَقَعَ حادِث!
Rufen Sie einen Rettungswagen!	ittaṣala bisayyārat al-isᶜāf!	اِتَّصِل بِسَيَّارَة الإِسْعاف!
Rufen Sie die Polizei!	ittaṣala bish-shurṭah!	اِتَّصِل بِالشُّرْطَة!
Rufen Sie die Feuerwehr!	ittaṣala bil-iṭfā'!	اِتَّصِل بِالإِطْفاء!

Achtung, Gefahr!
الحَذَر، خَطَر!
al-ḥadhar, khaṭar!

ERDE UND NATUR

الأَرْض وَ الطَّبيعَة

DER WELTRAUM – الفَضاء

das **Sonnensystem**
النِّظام الشَّمْسي
an-niẓām ash-shamsī

① die **Sonne**
شَمْس
shams

② der **Merkur**
عُطارِد
ʿuṭārid

③ die **Venus**
الزُّهْرَة
az-zuhrah

④ die **Erde**
الأَرْض
al-arḍ

⑤ der **Mars**
المَريخ
al-marīkh

die **Mondphasen**
أَطْوار القَمَر
aṭwār al-qamar

⑤ die **Mondsichel**
هِلال
hilāl

① der **zunehmende Mond**
أَحْدَب مُتَزايد
aḥdab mutazāyid

② der **Halbmond**
تَربيع
tarbīʿ

③ der **Vollmond**
بَدْر
badr

④ der **abnehmende Mond**
أَحْدَب مُتَناقِص
aḥdab mutanāqiṣ

DER WELTRAUM - الفَضاء

⑥ der **Jupiter**
المُشْتَري
al-mushtarī

⑦ der **Saturn**
زُحَل
zuḥal

⑧ der **Uranus**
أُرانوس
urānūs

⑨ der **Neptun**
نبتون
nibtun

das **Raumschiff**
سَفينَة فَضاء
safīnat faḍā'

① der **Außentank**
خَزّان وُقود خارجي
khazzān wuqūd khārijī

② der **Booster**
مُعَزِّز
mu'azziz

③ der **Orbiter**
مِكوك فَضائي
misār faḍā'ī

DER WELTRAUM - الفَضاء

die **Sonnenfinsternis**
كُسوف
kusūf

die **Galaxie**
مَجَرَّة
majarrah

die **Milchstraße**
دَرْب التَّبانَة
darb at-tabbānah

der **Komet**
مُذَنَّب
mudhannab

der **Asteroid**
كُوَيْكِب
kuwaykib

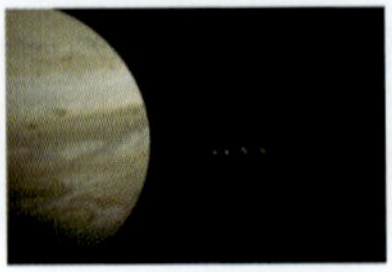

der **Planet**
كَوْكَب
kawkab

der **Meteor**
شِهاب
shihāb

das **Universum**
كَوْن
kawn

der **Astronaut**
رائِد فَضاء
rāʾid faḍāʾ

der **Satellit**
قَمَر صِناعي
qamar ṣināʿī

die **Sternwarte**
مَرْصَد
marṣad

das **Radioteleskop**
مِقْراب رادْيَوي
miqrāb rādyawī

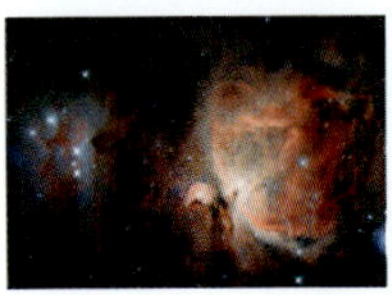

der **Nebel**
سَديم
sadīm

das **schwarze Loch**	thuqub aswad	ثُقْب أَسْوَد
die **Schwerkraft**	jādhibīyah arḍīyah	جاذِبِيَّة أَرْضِيَّة
die **Umlaufbahn**	madār	مَدار
das **Lichtjahr**	sanah ḍawʾīyah	سَنَة ضَوْئِيَّة
der **Stern**	najm	نَجْم
die **Raumstation**	maḥṭṭah faḍāīyah	مَحَطَّة فَضائِيَّة
die **Astronomie**	ʿilm al-falak	عِلْم الفَلَك

DIE ERDE - الكَوكَب الأَرْضي

① der **Nordpol**
قُطْب شَمالي
quṭub shamālī

② das **Binnenmeer**
بَحْر داخِلي
baḥr dākhilī

③ die **Halbinsel**
شِبْه جَزيرَة
shibh jazīrah

④ die **Meerenge**
مَضيق
maḍīq

⑤ der **Golf**
خَليج
khalīj

⑥ der **Kontinent**
قارَّة
qārrah

⑦ das **Meer**
بَحْر
baḥr

⑧ das **Land**
أَرْض
arḍ

⑨ die **Gebirgskette**
سِلْسِلَة جَبَلِيَّة
silsilah jabalīyah

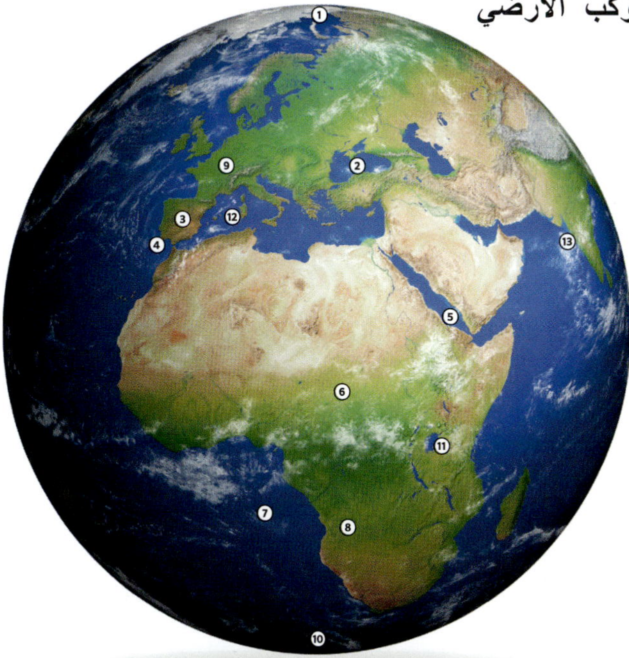

⑩ der **Südpol**
قُطْب جَنوبي
quṭub janūbī

⑪ der **See**
بُحَيْرَة
buḥayrah

⑫ die **Insel**
جَزيرَة
jazīrah

⑬ die **Bucht**
خَليج
khalīj

die **Atmosphäre**	ghilāf jawwī	غِلاف جَوِّي
der **Erdmantel**	wishāḥ	وِشاح
die **Erdkruste**	qishrah arḍīyah	قِشْرَة أَرْضِيَّة
der **innere Erdkern**	nawāt dākhilīyah	نَواة داخِلِيَّة
der **äußere Erdkern**	nawāt khārijīyah	نَواة خارِجِيَّة
die **Platte**	ṣafīḥah	صَفيحَة
die **Erde**	turbah	تُرْبَة

DIE WELTKARTE - خارِطَة العالَم

① das **Nordpolarmeer**
مُحيط مُتَجَمِّد شَمالي
muḥīṭ mutajammid shamālī

⑥ der **Pazifische Ozean**
المُحيط الهادِئ
al-muḥīṭ al-hādi'

⑦ der **Atlantische Ozean**
المُحيط الأَطْلَسي
al-muḥīṭ al-aṭlasī

⑧ der **Indische Ozean**
المُحيط الهِنْدي
al-muḥīṭ al-hindī

⑨ das **Arabische Meer**
بَحْر العَرَب
baḥr al-ʿarab

⑩ das **Karibische Meer**
بَحْر الكاريبي
baḥr al-kārībī

⑪ das **Mittelmeer**
البَحْر الأَبْيَض المُتَوَسِّط
al-baḥr al-abyaḍ al-mutawassiṭ

⑫ die **Nordsee**
بَحْر الشَّمال
baḥr ash-shamāl

⑬ die **Ostsee**
بَحْر البَلْطيق
baḥr al-balṭīq

⑭ das **Kaspische Meer**
بَحْر قَزْوين
baḥr qazwīn

⑮ das **Schwarze Meer**
البَحْر الأَسْوَد
al-baḥr al-aswad

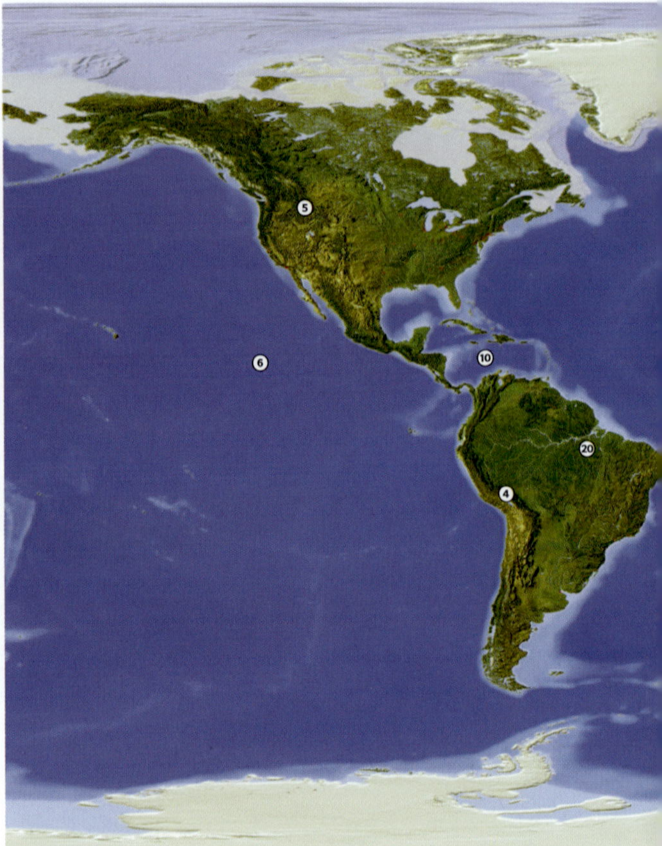

⑯ der **Ärmelkanal**
قَناة المانْش
qanāt al-mānsh

⑰ das **Rote Meer**
البَحْر الأَحْمَر
al-baḥr al-aḥmar

⑱ das **Südpolarmeer**
مُحيط مُتَجَمِّد جَنوبي
muḥīṭ mutajammid janūbī

② der **Himalaja**
جِبال الهيمالايا
jibāl al-hīmālāyā

③ die **Alpen**
جبال الأَلْب
jibāl al-alb

④ die **Anden**
جبال الأَنْديز
jibāl al-andīz

⑤ die **Rocky Mountains**
جبال روكي
jibāl rukī

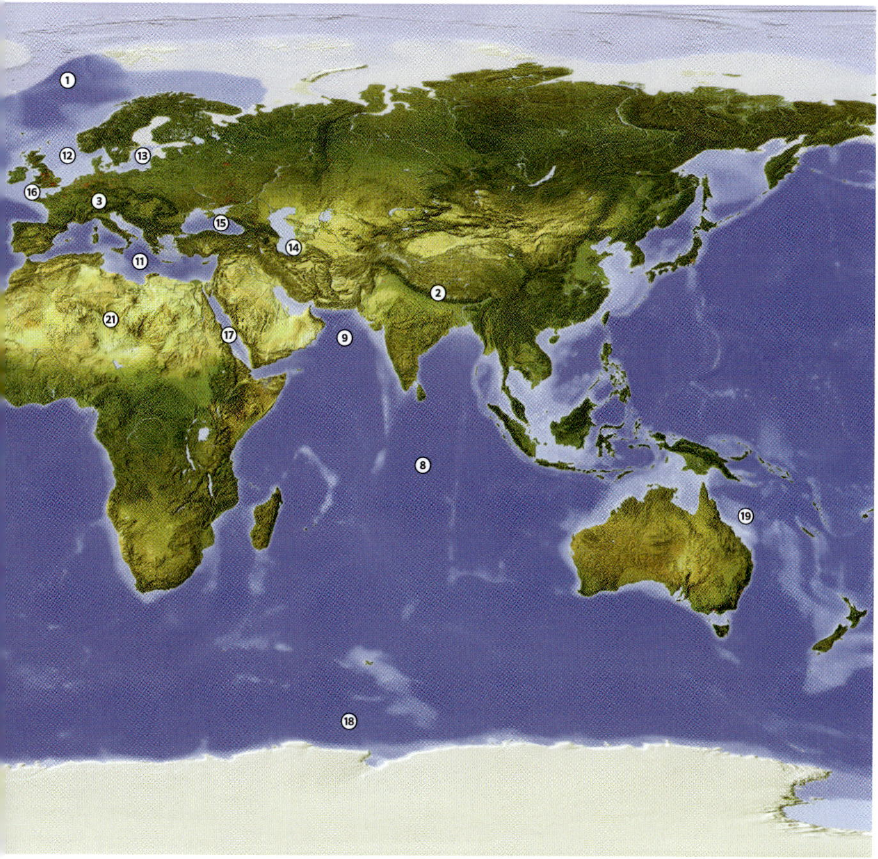

⑲ das **Great Barrier Reef**
الحَيِّد المَرْجاني العَظيم
alḥayyid al-marjānī al-ʿaẓīm

⑳ **Amazonien**
مَنطِقَة الأَمازون
minṭaqat al-amāzun

㉑ die **Sahara**
الصَّحْراء الكُبْرى
aṣ-ṣaḥrāʾ al-kubrā

DIE WELTKARTE - خارِطَة العالَم

die **Nordhalbkugel**
نِصْف الكُرَة الشَّمالي
niṣf al-kurah ash-shamālī

die **Arktis**
مَنْطِقَة قُطْبيَّة شَماليَّة
manṭiqah quṭbīyah shimālīyah

der **nördliche Wendekreis**
مَدار السَّرَطان
madār as-saraṭān

die **westliche Hemisphäre**
نِصْف الكُرَة الغَرْبي
niṣf al-kurah al-gharbī

die **östliche Hemisphäre**
نِصْف الكُرَة الشَّرْقي
niṣf al-kurah ash-sharqī

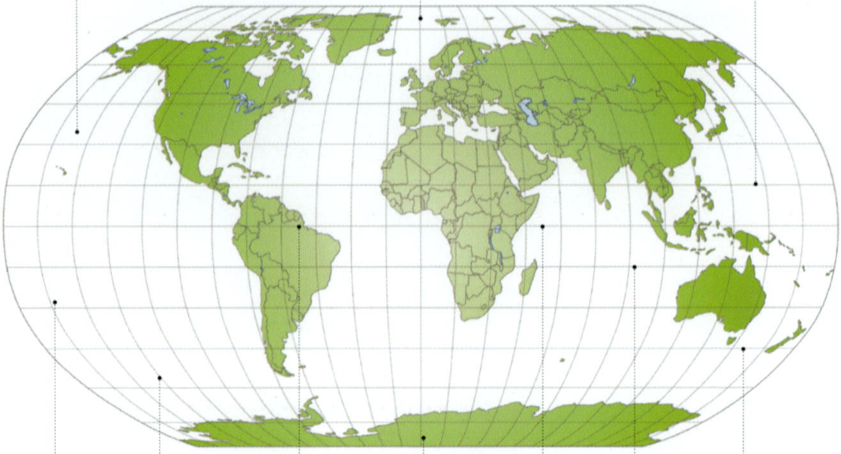

die **geografische Länge**
خَط طول
khaṭ ṭūl

die **Antarktis**
مَنْطِقَة قُطْبيَّة جَنوبيَّة
manṭiqah quṭbīyah janūbīyah

die **geografische Breite**
خَط عَرْض
khaṭ ʿarḍ

die **Südhalbkugel**
نِصْف الكُرَة الجَنوبي
niṣf al-kurah al-janūbī

der **Äquator**
خَط الاِسْتِواء
khaṭ al-istiwāʾ

die **Tropen**
المَنْطِقَة الاِسْتِوائيَّة
al-manṭiqah al-istiwāʾīyah

der **südliche Wendekreis**
مَدار الجِدي
madār al-jadī

der **nördliche Polarkreis**	dāʾirah quṭbīyah shamālīyah	دائِرَة قُطْبيَّة شَماليَّة
der **südliche Polarkreis**	dāʾirah quṭbīyah janūbīyah	دائِرَة قُطْبيَّة جَنوبيَّة
das **Land**	balad	بَلَد
der **Staat**	dawlah	دَوْلَة
die **Nation**	ummah	أُمَّة
das **Territorium**	iqlīm	إِقْليم

das **Fürstentum**	imārah	إِمارَة
das **Königreich**	mamlakah	مَمْلَكَة
die **Republik**	jumhūrīyah	جُمْهوريَّة
die **Kolonie**	mustaʿmarah	مُسْتَعْمَرَة
die **Provinz**	muqāṭaʿah	مُقاطَعَة
die **Region**	manṭiqah	مَنْطِقَة
die **Hauptstadt**	ʿāṣimah	عاصِمَة

UN-MITGLIEDSSTAATEN - دوَّل الأُمَم المَتَحِدَة

Europa - أوروبا

Albanien
أَلْبانْيا
albānyā

Andorra
أندورا
andurā

Belgien
بَلْجيكا
baljīkā

Bosnien und Herzegowina
البوسنَة وَالهِرْسِك
al-busnah wa al-hirsik

Bulgarien
بُلْغارْيا
bulghāriā

Dänemark
دانِمارْك
dānimārk

Deutschland
أَلْمانْيا
almānyā

die ***ehemalige jugoslawische Republik Mazedonien***
مَقْدونْيا
maqdūnyā

Estland
إسْتونْيا
istunyā

Finnland
فِنْلَنْدَا
finlandā

Frankreich
فَرَنْسا
faransā

Griechenland
اليونان
al-yūnān

Irland
إيرلَنْدا
īrlandā

Island
آيسلَنْدا
āyslandā

Italien
إيطالْيا
iṭālyā

Kroatien
كرواتْيا
kruātyā

UN-MITGLIEDSSTAATEN - دوَّل الأُمَم المَتَحِدَة

Europa - أوروبا

Lettland
لاتفيا
lātifyā

Liechtenstein
ليخْتِنشْتاين
likhtinshtāyn

Litauen
لِتوانْيا
litwānyā

Luxemburg
لوكْسمبورغ
lūksimbūrgh

Malta
مالْطا
mālṭā

Moldawien
مولْدافْيا
muldāfyā

Monaco
موناكو
munāku

Montenegro
مونْتينيغْرو
muntīnīghrū

die **Niederlande**
هولَنْدا
hulandā

Norwegen
النَّرْويج
an-narwij

Österreich
النَّمْسا
an-nimsā

Polen
بولَنْدا
bulandā

Portugal
البُرْتُغال
al-burtughāl

Rumänien
رومانْيا
rūmānyā

Russland
روسْيا
rūsyā

San Marino
سان ماريو
sān māryu

UN-MITGLIEDSSTAATEN - دوَّل الأُمَم المَتَحِدَة

Europa - أوروبا

Schweden
السُّوَيْد
as-suwayd

die **Schweiz**
سويسْرا
swīsrā

Serbien
صِرِبْيا
ṣirbyā

die **Slowakei**
سلوفاكْيا
slufākyā

Slowenien
سلوفينْيا
slufīnyā

Spanien
إِسْبانْيا
isbānyā

Tschechien
تشيك
tshīk

die **Türkei**
تُرْكيَّا
turkīyā

die **Ukraine**
أوكْرانْيا
ukrānyā

Ungarn
المَجَر
al-majar

das **Vereinigte Königreich**
المَمْلَكَة المُتَّحِدَة
al-mamlakah al-muttaḥidah

Weißrussland
روسْيا البَيْضاء
rūsyā al-bayḍā'

Zypern
قُبْرُص
qubruṣ

UN-MITGLIEDSSTAATEN - دوَّل الأُمَم المَتَحِدَة

Nord- und Mittelamerika - شَمال وَوَسَط أَمْريكا

Antigua und Barbuda
أَنْتيغا وَبارْبودا
antīghā wa bārbūdā

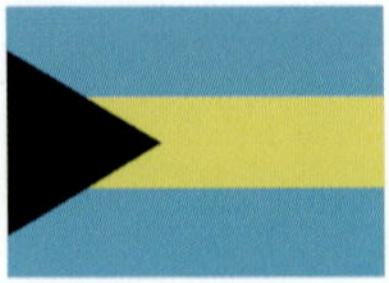

die ***Bahamas***
جُزُر البَهاما
juzur al-bahāmā

Barbados
بارْبادوس
bārbādūs

Belize
بليز
blīz

Costa Rica
كوستاريكا
kustārīkā

Dominica
دومينيكا
dumīnīkā

die ***Dominikanische Republik***
جُمْهورِيَّة الدومينيكان
jumhūrīyat ad-dumīkān

El Salvador
السَلْفادور
al-salfādur

Grenada
جرينادا
hrīnādā

Guatemala
غواتيمالا
ghwātīmālā

Haiti
هايتي
hāītī

Honduras
هنْدوراس
hindurās

Jamaika
جامايْكا
jāmāykā

Kanada
كَنَدا
kanadā

Kuba
كوبا
kūbā

Mexiko
المَكْسيك
al-maksīk

UN-MITGLIEDSSTAATEN - دوَّل الأُمَم المَتَحِدَة

Nord- und Mittelamerika - شَمال وَوَسَط أَمْريكا

Nicaragua
نيكاراجوا
nīkārājwā

Panama
بَنَما
banamā

St. Kitts und Nevis
سانْت كيتْس ونيفيس
sānt kīts wa nīfīs

St. Lucia
سانْت لوسيا
sānt lūsyā

St. Vincent und die Grenadinen
سانْت فنْسِنت والجريناديِن
sānt finsint wa al-jirīnādīn

Trinidad und Tobago
ترينيداد وَتوباجو
trīnīdād wa tūbājū

die **Vereinigten Staaten**
الولايات المُتَحِدَة
al-wilāyāt al-mutaḥidah

Südamerika - أَمْريكا الجَّنوبيَّة

Argentinien
أَرْجَنْتين
arjantīn

Bolivien
بوليفيا
bulīfyā

Brasilien
البَرازيل
al-barāzīl

Chile
شيلي
shīlī

Ecuador
الإكْوادور
al-ikwādur

Guyana
غويانا
ghuyānā

Kolumbien
كولومبيا
kulumbyā

Paraguay
باراغواي
bārāghwāy

UN-MITGLIEDSSTAATEN - دوَّل الأُمَم المَتَحِدَة

Südamerika - أَمْريكا الجَّنوبيَّة

Peru
بيرو
birū

Suriname
سورينام
sūrīnām

Uruguay
الأوروغواي
al-urughwāy

Venezuela
فَنزويلا
fanzwilā

Afrika - أَفريقيا

Ägypten
مِصْر
miṣr

Algerien
الجَزائِر
al-jazā'ir

Angola
أنغولا
anghulā

Äquatorialguinea
غينيا الاِسْتِوائيَّة
ghīnyā al-istiwāīyah

Äthiopien
أَثْيوبْيا
athyūbiā

Benin
بينين
binīn

Botswana
بوتسوانا
butswānā

Burkina Faso
بوركينا فاسو
burkīnā fāsū

Burundi
بوروندي
burundī

die **Demokratische Republik Kongo**
جُمْهوريَّة الكونْغو الدّيمُقراطيَّة
jumhūrīyat al-kunghu ad-dīmuqrāṭīyah

Dschibuti
جيبوتي
jībūtī

die **Elfenbeinküste**
ساحِل العاج
sāḥil al-ʿāj

UN-MITGLIEDSSTAATEN - دوَّل الأُمَم المَتَحِدَة

Afrika - أَفريقيا

Eritrea
إرِيتِريا
iritīryā

Gabun
الغابون
al-ghābun

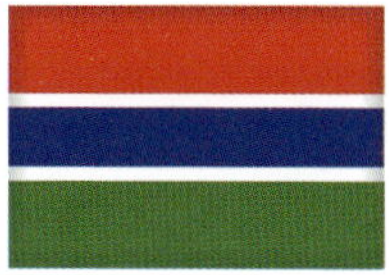

Gambia
غامْبيا
ghāmbyā

Ghana
غانا
ghānā

Guinea
غينيا
ghīnyā

Guinea-Bissau
غينيا بيساو
ghīnyā bīsāu

Kamerun
الكاميرون
al-kāmīrun

Kap Verde
الرَّأس الأَخْضَر
ar-ra's al-akhḍar

Kenia
كينيا
kīnyā

die **Komoren**
جُزُر القَمَر
juzur al-qamar

Lesotho
ليسوتو
lisutu

Liberia
ليبيريا
lībīryā

Libyen
ليبيا
lībyā

Madagaskar
مَدَغَشْقَر
madaghashqar

Malawi
مالاوي
mālāwī

Mali
مالي
mālī

UN-MITGLIEDSSTAATEN - دوَّل الأُمَم المَتَحِدَة

Afrika - أَفريقيا

Mauretanien
موريتانيا
mūrītānyā

Mauritius
موريشيوس
mūrīshyus

Marokko
المَغْرب
al-maghrib

Mosambik
موزامبيق
mūzāmbīq

Namibia
ناميبيا
nāmībyā

(der) **Niger**
النِّيجِر
an-nijar

Nigeria
نيجيريا
nijīryā

die **Republik Kongo**
جُمْهوريَّة الكونْغو
jumhūrīyat al-kunghu

Ruanda
روانْدا
ruwāndā

Sambia
زامْبيا
zāmbyā

São Tomé und Príncipe
ساو تومي وَبريْنسيب
sāw tumī wa brīnsīb

(der) **Senegal**
السِّنْغال
as-sanighāl

die **Seychellen**
سيشِل
sīshil

Sierra Leone
سيراليون
sīrālyun

Simbabwe
زيمبابوي
zīmbābūi

Somalia
الصُّومال
aṣ ṣūmāl

UN-MITGLIEDSSTAATEN - دوَّل الأُمَم المَتَحِدَة

Afrika - أَفريقيا

Südafrika
جَنوب أَفْريقْيا
janūb afrīqyā

der **Sudan**
السُّودان
as-sūdān

der **Südsudan**
جَنوب السُّودان
janūb as-sūdān

Swasiland
سوازيلَنْد
swāzīland

Tansania
تَنْزانْيا
tanzānyā

Togo
توغو
tughu

der **Tschad**
تشاد
tshād

Tunesien
تونِس
tūnis

Uganda
أوغَنْدَة
ughandā

die **Zentralafrikanische Republik**
جُمْهورِيَّة أَفْريقْيا الوُسْطى
jumhūrīyat afrīqyā al-wusṭā

Asien - آسْيا

Afghanistan
أَفْغانِسْتان
afghānistān

Armenien
أَرْمينْيا
armīnyā

Aserbaidschan
أَذْرَبيجان
adhrabījān

Bahrain
البَحْرَين
al-baḥrain

UN-MITGLIEDSSTAATEN - دوَّل الأُمَم المَتَحِدَة

Asien - آسْيا

Bangladesch
بَنْغلادِش
banghlādish

Bhutan
بوتان
butān

Brunei
بروناي
brunāi

China
الصِّين
aṣ-ṣīn

Georgien
جورجيا
jurjyā

Indien
الهِنْد
al-hind

Indonesien
أَنْدونيسيا
andunīsyā

(der) **Irak**
العِراق
al-ʿirāq

(der) **Iran**
إيران
īrān

Israel
إسْرائيل
isrāʾīl

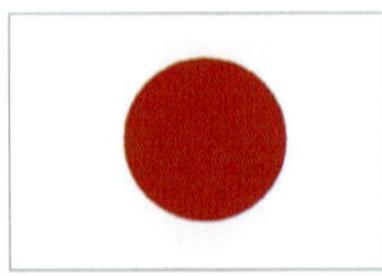

Japan
اليابان
al-yābān

(der) **Jemen**
اليَمَن
al-yaman

Jordanien
الأُرْدُن
al-urdun

Kambodscha
كَمْبودْيا
kambudyā

Kasachstan
كازاخِسْتان
kāzākhistān

Kirgisistan
قرغيزسْتان
qarghīstān

UN-MITGLIEDSSTAATEN - دوَّل الأُمَم المَتَحِدَة

Asien - آسْيا

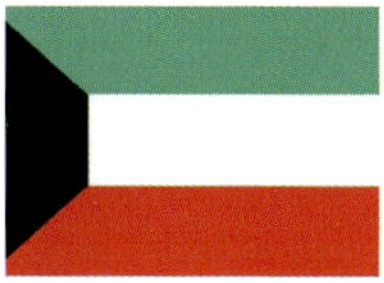

Kuwait
الكُوَيْت
al-kuwait

Laos
لاوس
lāus

(der) ***Libanon***
لُبْنان
lubnān

Katar
قَطَر
qaṭar

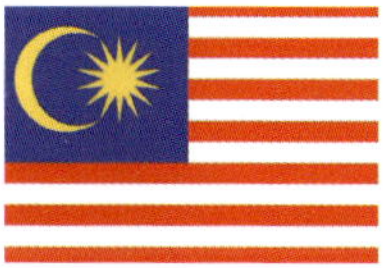

Malaysia
ماليزْيا
mālīzyā

die ***Malediven***
جُزُر المالِديف
juzur al-māldīf

die ***Mongolei***
مَنْغولْيا
manghulyā

Myanmar
بورْما
burmā

Nepal
نيبال
nibāl

Nordkorea
كوريا الشَّماليَّة
kūryā ash-shamālīyah

Oman
عُمان
ʿumān

Osttimor
تيمور الشَّرْقيَّة
timūr ash-sharqīyha

Pakistan
الباكِسْتان
al-bākistān

Saudi-Arabien
السُّعوديَّة
as-suʿūdīyah

Singapur
سِنْغافورَة
singhāfurah

Sri Lanka
سريلانْكا
sirīlānkā

UN-MITGLIEDSSTAATEN - دوَّل الأُمَم المَتَحِدَة

Asien - آسْيا

Südkorea
كوريا الجَنوبيَّة
kūryā al-janūbīyah

Syrien
سورْيا
sūryā

Tadschikistan
طاجيكسْتان
ṭājīkstān

Thailand
تايْلانْدا
tāylāndā

Turkmenistan
تُركْمانسْتان
turkmānistān

Usbekistan
أوزبَكسْتان
uzbakstān

die ***Vereinigten Arabischen Emirate***
الإمارات العَربيَّة المُتَّحِدَة
al-imārāt al-ʿarabīyah al-muttaḥidah

Vietnam
فيتْنام
fitnām

Ozeanien - أوقْيانوسْيا

Australien
أُسْترالْيا
ustrālyā

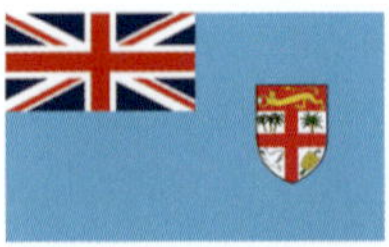

Fidschi
فيجي
fījī

Kiribati
كيريباتي
kīrībātī

die ***Marshallinseln***
جُزُر مارْشال
juzur mārshāl

Mikronesien
ميكرونيزيا
mīkrūnīzyā

Nauru
ناورو
nāwru

Neuseeland
نيوزيلَنْدا
nyuzilandā

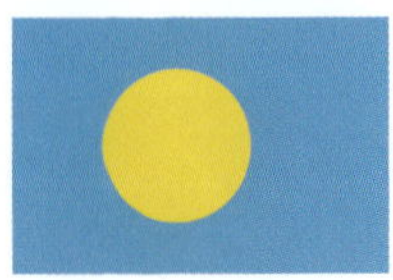

Palau
بالاو
bālāu

UN-MITGLIEDSSTAATEN - دوَّل الأُمَم المَتَحِدَة

Ozeanien - أوقْيانوسْيا

Papua-Neuguinea
ا غينيا الجَديدة
bābuā ghīnyā al-jadīdah

die *Philippinen*
الفِليبين
al-filībīn

die *Salomonen*
جُزُر سُلَيْمان
juzur sulaymān

Samoa
ساموا
sāmuā

Tonga
تونْغا
tunghā

Tuvalu
توفالو
tufālu

Vanuatu
فانْواتو
fānuwātu

Internationale Organisationen - المُنَظَّمات الدَّوَليَّة

die *Europäische Union (EU)*
الاِتِّحاد الأوروبي
al-ittiḥād al-urubī

die *Vereinten Nationen (UN)*
الأُمَم المُتَّحِدَة
al-umam al-muttaḥidah

die *Organisation des Nordatlantikvertrags (NATO)*
مُنَظَّمَة حِلْف شَمال الأَطْلَسي (النّـاتو)
munaẓẓamat ḥilf shamāl al-aṭlasī (an-nātu)

die *Afrikanische Union*
الاِتِّحاد الأَفْريقي
al-ittiḥād al-afrīqī

die *Arabische Liga*
جامِعَة الدُّوَل العَرَبيَّة
jāmiʿat ad-duwal al-ʿarabīyah

die *UNESCO*
يونِسْكو
yūnisku

das *Commonwealth*
دوَل الكومُنْولث
duwal al-kūmunwilth

DAS WETTER – الطَّقْس

sonnig
مُشْمِس
mushmis

wolkig
مُلَبَّد بالغُيوم
mulabbad bil-ghuyūm

neblig
ضَبابي
ḍabābī

windig
عاصِف
ʿāṣif

heiß
حار
ḥār

warm
دافِئ
dāfi'

kalt
بارد
bārid

bedeckt
غائِم
ghā'im

vereist
مُتَجَمِّد
mutajammid

verschneit
ثَلجي
thaljī

regnerisch
ماطِر
māṭir

stürmisch
عاصِف
ʿāṣif

feucht
رَطِب
raṭib

die **Temperatur**	ḥarārah	حَرارَة
der **Grad**	darajat ḥarārah	دَرَجَة حَرارَة
Celsius	sīlizyus	سيلْزيوس
Fahrenheit	fāhrinhāyt	فاهرنهايت
die **Wettervorhersage**	nashrah jawīyah	نَشْرَة جَوِيَّة
Wie ist das Wetter?	mā huwa ḥālu aṭ-ṭaqs?	ماهُوَ حالُ الطَّقْس؟
Es ist schön/trüb/nasskalt.	innahu laṭīf/muʿakkar/ bārid raṭib	إِنَّهُ لَطيف/مُعَكَّر/بارِد رَطب.

DAS WETTER - الطَّقْس

der **Regen**
مَطَر
maṭar

der **Regenbogen**
قَوْس قُزَح
qaws quzaḥ

der **Sonnenschein**
ضَوْء الشَّمْس
ḍaw' ash-shams

der **Wind**
ريح
rīḥ

das **Gewitter**
بَرق وَرَعْد
barq wa raʿd

der **Donner**
رَعْد
raʿd

der **Blitz**
بَرْق
barq

der **Hagel**
بَرَد
bard

der **Raureif**
صَقيع
ṣaqīʿ

der **Schnee**
ثَلْج
thalj

der **Frost**
صَقيع
ṣaqīʿ

das **Eis**
جَليد
jalīd

die **Brise**	nasīm	نَسيم
die **Windgeschwindigkeit**	surʿat ar-riāḥ	سُرْعَة الرِّياح
der **Pollenflug**	intishār ghubār aṭ-ṭalʿ	اِنْتِشار غُبار الطَّلْع
die **UV-Strahlen**	ashiʿʿah fawq al-banafsajīyah	أَشِعَّة فَوْق البَنَفْسَجيَّة
der **Ozon**	uzun	أوزون
die **Ozonschicht**	ṭabaqat al-uzun	طَبَقَة الأوزون
die **Stratosphäre**	strātusfīr	ستراتوسْفير
die **Troposphäre**	trubusfīr	تروبوسْفير

der **Smog**
ضَبْخان
ḍabakhān

DAS WETTER - الطَّقْس

Naturkatastrophen - الكَوارِث الطَّبيعيَّة

die **Dürre**
قَحْط
qaḥṭ

der **Hurrikan**
إِعْصار
iʿṣār

der **Tornado**
زَوْبَعَة
zawbaʿah

der **Monsun**
رياح مَوْسِميَّة
riāḥ mawsimīah

die **Überschwemmung**
فَيَضان
fayaḍān

das **Erdbeben**
هَزَة أَرْضيَّة
hazzah arḍīyah

der **Vulkanausbruch**
ثَوَران بُرْكاني
thawarān burkānī

der **Tsunami**
تسونامي
tsunāmī

der **Erdrutsch**
اِنْهيار أَرْضي
inhiyār arḍī

der **Waldbrand**
حَريق غابَات
ḥarīq ghābāt

die **Hitzewelle**
مَوْجَة حَر شَديد
mawjat ḥar shadīd

der **Sturm**
عاصِفَة
ʿāṣifah

die **Lawine**
اِنْهيار ثَلْجي
inhiyār thaljī

der **Schneesturm**
عاصِفَة ثَلْجيَّة
ʿāṣifah thaljīyah

der **(tropische) Wirbelsturm**
زَوْبَعَة (اِسْتِوائيَّة)
zawbaʿah (istiwāʾīyah)

die **Pandemie**
جائِحَة
jāʾḥah

DIE LANDSCHAFT - الطَّبيعَة

der Berg
جَبَل
jabal

der Gipfel
قِمَّة
qimmah

das Gebirge
سِلْسِلَة جَبَلِيَّة
silsilah jabalīyah

der Wald
غابَة
ghābah

der Berghang
سَفْح جَبَل
safḥ jabal

der See
بَحْر
baḥr

der Felsen
صَخْرَة
ṣakhrah

das Tal
وادي
wādī

der Fluss
نَهْر
nahr

die Flussmündung
مَصَب نَهْر
maṣab nahr

die Höhle
كَهْف
kahf

die Klippe
جُرْف
jurf

die Küste
ساحِل
sāḥil

der Gletscher
نَهْر جَليدي
nahr jalīdī

der Wasserfall
شَلَّال
shallāl

DIE LANDSCHAFT – ا لطَّبيعَة

das **Plateau**
هَضَبَة
haḍabah

der **Hügel**
تَل
tal

die **Ebene**
سَهْل
sahl

die **Schlucht**
مَمَر جَبَلي
mamar jabalī

die **Wüste**
صَحْراء
ṣaḥrā'

die **Wiese**
مَرْج
marj

das **Feuchtgebiet**
مَرعى
marʿā

die **Heide**
مَرْج
marj

das **Grasland**
أَرْض عُشْبيَّة
arḍ ʿushbīyah

der **Geysir**
نَبْع ماء حار
nabʿ mā' ḥār

die **Thermalquelle**
حَمَّة
ḥammah

der **Vulkan**
بُرْكان
burkān

die **Bucht**
خَليج
khalīj

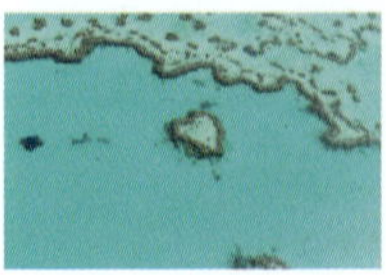

das **Korallenriff**
شِعاب مُرْجانيَّة
shiʿāb murjānīyah

die **Insel**
جَزيرَة
jazīrah

der **Gebirgsbach**
جَدْوَل جَبَلي
jadwal jabalī

STEINE UND MINERALIEN - الأَحْجار وَالمَعادِن

das **Eisenerz**
خام حَديد
khām ḥadīd

der **Sandstein**
حَجَر رَمْلي
ḥajar ramlī

der **Asphalt**
إِسْفَلْت
isfalt

der **Granit**
غرانيت
ghrānīt

der **Kalkstein**
حَجَر كِلْسي
ḥajar kilsī

die **Kreide**
طَبْشور
ṭabshūr

die **Kohle**
فَحْم
faḥm

der **Schiefer**
أَرْدواز
ardwāz

der **Marmor**
رُخام
rukhām

der **Schwefel**
كَبْريت
kibrīt

der **Grafit**
غرافيت
ghrāfīt

das **Gold**
ذَهَب
dhahab

das **Silber**
فِضَّة
fiḍḍah

das **Kupfer**
نُحاس
nuḥās

das **Quecksilber**
زِئْبَق
zi'baq

der **Bauxit**
بوكْسيت
buksīt

STEINE UND MINERALIEN - الأَحْجار وَالمَعادِن

Edel- und Halbedelsteine - الأَحْجار الكَريمَة وَشِبْه الكَريمَة

der **Rubin**
ياقوت أَحْمَر
yāqūt aḥmar

der **Aquamarin**
أكوامارين
akwāmārīn

der **Jade**
يَشْب
yashb

der **Smaragd**
زُمُرُّد
zumurrud

der **Saphir**
ياقوت أَزْرَق
yāqūt azraq

der **Amethyst**
أَماتيست
amātīst

der **Quarz**
مَرو
marū

der **Diamant**
ماس
mās

der **Turmalin**
تورْمالين
turmālīn

der **Topas**
توباز
tubāz

der **Granat**
عقيق
ʿaqīq

das/der **Tigerauge**
عَيْن النَّمِر
ʿayn an-namir

der **Opal**
أوبال
ubāl

der **Bernstein**
كَهْرَمان
kahramān

der **Türkis**
فَيْروز
fayrūz

der **Rosenquarz**
مَرو وَرْدي
marū wardī

der **Onyx**
عَقيق يَماني
ʿaqīq yamānī

die **Perle**
لُؤْلُؤَة
luʾluʾ

der **Lapislazuli**
لازَوَرْد
lāzaward

der **Citrin**
سيتْرين
sītrīn

PFLANZEN - نَباتات
Bäume - أشْجار

die Eiche
سِنْدِيَان
sindiyān

das Laub
أوْراق
awrāq

der Ast
غُصْن
ghuṣn

der Stamm
جِذْع
jadhʿ

die Wurzel
جَذَر
jadhr

die Krone
قِمَّة
qimmah

das Blatt
وَرَقَة
waraqah

die Borke
قِشْرَة
qishrah

die Seitenwurzel
جَذْر فَرْعي
jadhr farʿī

die Pfahlwurzel
جَذْر رَئيسي
gadhr raʾīsī

die Weide
صَفْصاف
ṣafṣāf

die Esche
مُران عالي
murān ʿālī

die Buche
زان
zān

die Ulme
دَرْدار
dardār

die Birke	quḍbān	قُضْبان
der Ahorn	qayqab	قَيْقَب
die Linde	zayzafūn	زَيْزَفون
die Tanne	shawḥ	شَوْح
die Fichte	tanūb	تَنُوب
der Nadelbaum	shajarah ṣanawbarīyah	شَجَرَة صَنوبَرِيَّة
der immergrüne Baum	shajarah dāʾimat al-khuḍrah	شَجَرَة دائِمَة الخُضْرَة

der Eukalyptus
كينا
kīnā

PFLANZEN - نَباتات

Wildpflanzen - نَباتات بَرِّيَّة

die **Flechte**
أَشْنَة
ashanah

das **Moos**
طُحْلُب
ṭuḥlub

die **Distel**
نَبات شائِك
nabāt shāʾk

der **Pilz**
فِطْر
fiṭr

die **Brennnessel**
قُرّاص
qurrāṣ

der **Fingerhut**
قُفّاز الثَّعْلَب
quffāz ath-thaʿlab

der **Bärenklau**
نَبات الهَرْقَلِيَّة
nabāt al-harqalīyah

der **Löwenzahn**
طَرْخَشْقون
ṭarkhashfūn

das **Gänseblümchen**
بَليس مُعَمِّر
balīs muʿammir

das **Heidekraut**
خَلَنْج
khalnaj

das **Hasenglöckchen**
جَريس
jarīs

der **Klee**
نَفْل
nafl

die **Kamille**
بابونَج
bābūnij

das **Maiglöckchen**
زَنْبَق الوادي
zanbaq al-wādī

die **Pusteblume**
زَهْرَة هِنْدِباء
zahrat hindibāʾ

die **Butterblume**
زَهْرَة الحوذان
zahrat al-ḥūzān

PFLANZEN - نَباتات

Zierblumen - نَباتات الزّينَة

die **Rose**
وَرْدَة
wardah

das **Blütenblatt**
وَرَقَة الزَّهْرَة
waraqat az-zahrah

die **Blüte**
زَهْرَة
zahrah

der **Stängel**
سُوَيْقَة
suwayqah

der **Stiel**
ساق
sāq

die **Knospe**
بُرْعُم
burʿum

der **Dorn**
شَوكَة
shawkah

das **Blatt**
وَرَقَة
waraqah

das **Schneeglöckchen**
زَهْرَة اللَّبَن
zahrat al-laban

der **Krokus**
زَعْفَران
zaʿfarān

die **Seerose**
لوتُس
lūtus

der **Lavendel**
ضَرْم
ḍarm

der **Flieder**	laylak	لَيْلَك
blühen	azhara	أَزْهَرَ
duften	fāḥa biʿiṭrihi	فاح بِعِطْرِه
verwelken	dhabula	ذَبُلَ
keimen	nabata	نَبَتَ
die **Frühlingsblume**	zahrat rabīʿ	زَهْرَة رَبيع
der **Nachtblüher**	zahrah laylīyah	زَهْرَة لَيْلِيَّة

die **Petunie**
بيتونْيا
bitūniā

PFLANZEN - نَباتات

Zierblumen - نَباتات الزَّينَة

die **Nelke**
قُرُنْفُل
qurunful

die **Primel**
زَهْرَة رَبيع
zahrat rabīʿ

die **Gerbera**
جَربارَة
jarbārah

die **Tulpe**
توليب
tūlīb

die **Narzisse**
نَرْجِس
narjis

die **Iris**
سَوسَن
sawsan

die **Chrysantheme**
أُقْحوان
uqḥuwān

die **Hyazinthe**
خُزامى
khuzāmā

die **Ringelblume**
بَكورية طِبِّيَّة
bakūrya ṭibbīyah

das **Stiefmütterchen**
بانسي
bānsī

die **Orchidee**
أوركيد
ūrkīd

der **Rosenstrauch**
شُجَيْرَة وَرْد
shujayrat ward

die **Lilie**
زَنْبَق
zanbaq

die **Sonnenblume**
دوّار الشَّمس
dawwār ash-shams

die **Geranie**
زَهرَة إِبْرَة الرَّاعي
zahrat ibrat ar-rāʿī

die **Hortensie**
زَهْرَة كوب الماء
zahrat kūb al-māʾ

PFLANZEN - نَباتات

Gartenpflanzen - نَباتات الحَديقَة

der/das **Efeu**
لَبلاب
liblāb

der **Obstbaum**
شَجَرَة فاكِهَة
shajarat fākihah

die **Baumblüte**
زَهْرة الشَّجَر
zahrat ash-shajar

der **Trieb**
بُرْعُم
burʿum

der **Formschnitt**
فَن قَص الشَّجَر
fan qaṣ ash-shajar

das **Unkraut**
عُشْبَة ضارَّة
ʿushbah ḍārrah

blühen
أَزْهَرَ
azhara

verwelken
ذَبُلَ
dhabula

die **Palme**
نَخْلَة
nakhlah

der **Rasen**
عُشْب
ʿushb

die **Blumenwiese**
مَرْج زُهور
marj zuhūr

die **Mohnblume**
خَشْخاش
khashkhāsh

die **Kletterpflanze**
نَبْتَة مُتَسَلِّقَة
nabtah mutasalliqah

einjährig
سَنَوي
sanawī

zweijährig
يُعَمِّر لِسَنَتين
yuʿammir li-sanatain

mehrjährig
مُعَمِّر
muʿammir

TIERE - حَيَوانات

Säugetiere - ثَدييات

die **Ratte**
جَرْذ
jardh

der **Maulwurf**
خُلْد
khuld

die **Katze**
قِطَّة
qiṭṭah

der **Hund**
كَلْب
kalb

das **Kaninchen**
أَرْنَب
arnab

das **Meerschweinchen**
أَرْنَب هِنْدي
arnab hindī

die **Maus**
فَأْر
fa'r

der **Hamster**
هامستَر
hāmstar

die **Fledermaus**
خُفَّاش
khuffāsh

das **Eichhörnchen**
سِنْجاب
sinjāb

der **Igel**
قُنْفُذ
qunfudh

das **Frettchen**
نِمْس
nims

die **Pfote**
قَدَم حَيَوان
qadam ḥayawān

das **Schnurrhaar**	shārib	شارِب
das **Fell**	farū	فَرو
das **Maul**	fam	فَم
der **Schwanz**	dhayl	ذَيْل
das **Horn**	qarn	قَرْن
die **Kralle**	makhlab	مَخْلَب
der **Huf**	ḥāfir	حافِر

TIERE - حَيَوانات

Säugetiere - ثَدييات

der **Gepard**
فَهْد صَيَّاد
fahd ṣayyād

der **Puma**
أَسَد الجَبَل
asad al-jabal

der **Wolf**
ذِئْب
dhiʾb

der **Waschbär**
راكون
rākūn

das **Stinktier**
ظَرْبان
ẓaribān

das **Erdmännchen**
سُرْقاط
surqāṭ

der **Leopard**
فَهْد
fahd

der **Dachs**
غَرير
gharīr

der **Fuchs**
ثَعْلَب
thaʿlab

der **Jaguar**
يَغْوَر
jāghwar

der **Löwe**
أَسَد
asad

der **Tiger**
نَمِر
namir

der **Bär**
دُب
dub

der **Eisbär**
دُب قُطْبي
dub quṭbī

der **Koala**
كوالا
kwālā

der **Pandabär**
دُب بانْدا
dub bāndā

TIERE - حَيَوانات

Säugetiere - ثَدييات

das **Schwein**
خِنْزير
khinzīr

die **Ziege**
ماعِز
māʿiz

das **Pferd**
حِصان
ḥiṣān

die **Giraffe**
زَرافَة
zarāfah

das **Schaf**
خَروف
kharūf

das **Lama**
لاما
lāmā

der **Esel**
حِمار
ḥimār

das **Reh**
أَيْل
ayl

das **Rentier**
رَنَّة
rannah

das **Kamel**
جَمَل
jamal

die **Kuh**
بَقَرَة
baqarah

der **Stier**
ثَوْر
thawr

das **Nilpferd**
فَرَس النَّهْر
faras an-nahr

das **Nashorn**
وَحيد القَرْن
waḥīd al-qarn

der **Elefant**
فيل
fīl

das **Zebra**
حِمار وَحْشي
ḥimār waḥshī

TIERE - حَيَوانات

Säugetiere - ثَدييات

das **Walross**
فَظ
faẓ

der **Seelöwe**
أَسَد البَحْر
asad al-baḥr

der **Seehund**
فَقْمَة
faqmah

der **Delfin**
دَلْفين
dalfīn

der **Schwertwal**
حوت قاتِل
ḥūt qātil

der **Otter**
قَضاعَة
qaḍāʿah

die **Biberratte**
كيب
kib

der **Gorilla**
غوريلا
ghūrilā

der **Orang-Utan**
إِنْسان الغابَة
insān al-ghābah

der **Gibbon**
جيبون
jībun

der **Pavian**
رَباح
rabāḥ

der **Schimpanse**
شِمْبانْزي
shimbānzī

das **Faultier**
دُب كَسْلان
dub kaslān

der **Ameisenbär**
آكِل النَّمْل
ākil an-naml

das **Känguru**
كَنْغَر
kanghar

das **Jungtier**
جَرو الثَّعْلَب
jarū ath-thaʿlab

TIERE - حَيَوانات

Vögel - طُيور

der **Specht**
نَقَّار الخَشَب
naqqār al-khashab

der **Spatz**
دوري
dūrī

der **Kolibri**
طَنَّان
ṭannān

der **Tukan**
طوقان
ṭūqān

das **Rotkehlchen**
أَبو الحِنَّاء الأوروبي
abū al-ḥannā' al-urubī

die **Schwalbe**
سُنونو
sunūnū

der **Habicht**
باز شَمالي
bāz shamālī

die **Taube**
حَمامَة
ḥamāmah

der **Rabe**
غُراب
ghurāb

die **Krähe**
غُراب
ghurāb

der **Fink**
حَسُّون
ḥassūn

die **Möwe**
نَوْرَس
nawras

der **Kanarienvogel**
كَناري
kanārī

der **Schnabel**	minqār	مِنْقار
das **Küken**	ṣūṣ	صوص
der **Flügel**	janāḥ	جَناح
die **Kralle**	makhlab	مَخْلَب
die **Feder**	rīsh	ريش
zwitschern	gharrada	غَرَّدَ
flattern	rafrafa	رَفْرَفَ

TIERE - حَيَوانات

Vögel - طُيور

der **Storch**
لَقْلَق
laqlaq

der **Flamingo**
نَحام وَرْدي
naḥām wardī

der **Strauß**
نَعامَة
naʿāmah

der **Adler**
نَسْر
nasr

der **Pinguin**
بَطْريق
baṭrīq

der **Kakadu**
كاكادو
kākādu

der **Papagei**
بَبَغاء
babaghāʾ

die **Eule**
بُومَة
būmah

der **Truthahn**
ديك رومي
dīk rūmī

der **Schwan**
بَجَعَة
bajaʿah

die **Gans**
أَوَزَة
uwazah

die **Ente**
بَطَّة
baṭṭah

der **Hahn**
ديك
dīk

das **Huhn**
دَجاجَة
dajājah

die **Wachtel**
سَمان
samān

der **Pfau**
طاووس
ṭāūs

TIERE - حَيَوانات

Reptilien und Amphibien - زَواحِف وَبَرْمائِيَّات

die **Schlange**
ثُعْبان
thuʿān

das **Krokodil**
تِمْساح
timsāḥ

der **Alligator**
تِمْساح إِسْتِوائي
timsāḥ istiwāʾī

die **Eidechse**
سِحْلِيَّة
siḥlīyah

das **Chamäleon**
حِرْباء
ḥirbāʾ

der **Leguan**
إِغْوانا
ighwānā

die **Schildkröte**
سُلْحُفاة
sulḥufāt

die **Wasserschildkröte**
سُلْحُفاة بَحْرِيَّة
sulḥufāt baḥrīyah

der **Frosch**
ضِفْدَع
ḍifdaʿ

die **Kröte**
ضِفْدَع الطِّين
ḍifdaʿ aṭ-ṭīn

die **Kaulquappe**
شَرْغوف
sharghūf

der **Salamander**
سَمَنْدَر
samandar

der **Gecko**
وَزَغ
wazagh

der **Panzer**	ṣadafah	صَدَفَة
die **Schuppen**	ḥarāshif	حَراشِف
das **Gift**	sam	سَم
der **Giftzahn**	nāb	ناب
kriechen	zaḥafa	زَحَفَ
zischen	faḥḥa	فَحَّ
quaken	naqnaqa	نَقْنَقَ

TIERE - حَيَوانات

Fische - أَسْماك

der **Kugelfisch**
سَمَكَة بَخّاخَة
samakah bakhkhākhah

der **Hornhecht**
سَمَكَة الخَرْمان
samakat al-kharmān

der **Piranha**
سَمَكَة بيرانا
samakat bīrānā

der **Fliegende Fisch**
سَمَكَة طائِرَة
samakah ṭāʾirah

der **Fächerfisch**
مَرْلين شِراعي
marlīn shirāʿī

der **Rochen**
شَفنين
shafnīn

der **Weiße Hai**
حوت أَبْيَض
ḥūt abyaḍ

der **Tigerhai**
قِرْش بَبَري
qirsh babarī

der **Goldfisch**
سَمَك ذَهَبي
samak dhahabī

der **Koi**
كوي
kuī

der **Aal**
ثُعْبان الماء
thuʿbān al-māʾ

der **Wels**
سَمَكَة السِّلور
samakat as-silur

der **Fischschwarm**	sirb samak	سِرْب سَمَك
die **Flosse**	zaʿnafah	زَعْنَفَة
die **Kiemen**	khayāshim	خَياشِم
das **Tiefseetier**	ḥaywān aʿmāq al-baḥr	حَيَوان أَعْماق البَحْر
der **Rogen**	bayḍ samak	بَيْض سَمَك
der **Süßwasserfisch**	samakat miāh ʿadhbah	سَمَكَة مِياه عَذْبَة
der **Seefisch**	samakat baḥr	سَمَكَة بَحْر

das **Seepferdchen**
فَرَس البَحْر
faras al-baḥr

TIERE - حَيَوانات

Insekten und Spinnen - حَشَرات وَعَناكِب

der **Schmetterling**
فَراشَة
farāshah

die **Raupe**
يَرَقَة
yaraqah

die **Puppe**
شَرْنَقَة
sharnaqah

der **Nachtfalter**
عِثَّة
ʿiththah

die **Biene**
نَحْلَة
naḥlah

die **Hummel**
نَحْلَة طَنَّانَة
naḥlah ṭannānah

die **Wespe**
دَبُّور
dabbūr

die **Hornisse**
زَنْبور
zanbūr

die **Fliege**
ذُبابَة
dhubābah

die **Stechmücke**
بَعوضَة
baʿūḍah

die **Zikade**
زيز
zīz

der **Maikäfer**
خُنْفُساء
khunfusāʾ

die **Libelle**
يَعْسوب
yaʿsūb

die **Gottesanbeterin**
فَرَس النَّبي
faras an-nabī

die **Heuschrecke**
جُنْدُب
jundub

die **Grille**
جُدجُد
judjud

TIERE - حَيَوانات

Insekten und Spinnen - حَشَرات وَعَناكِب

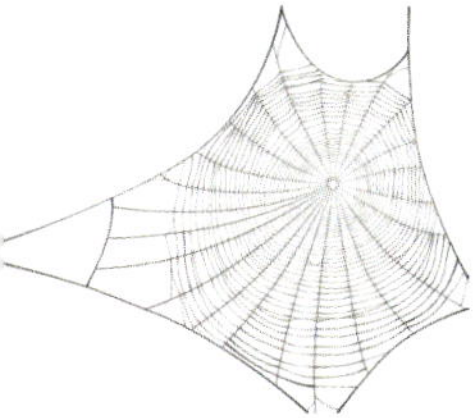

das **Spinnennetz**
شَبَكَة عَنْكَبوت
sabakat ʿankabūt

die **Spinne**
عَنْكَبوت
ʿankabūt

der **Floh**
بَرْغوث
barghūth

die **Assel**
قَمْل الخَشَب
qaml al-khashab

die **Stinkwanze**
بَقَّة
baqqah

der **Marienkäfer**
دَعْسوقَة
daʿsūqah

die **Schabe**
صَرْصور
ṣarṣūr

der **Wasserläufer**
بَعوض الماء
baʿūḍ al-māʾ

der **Hundertfüßer**
أُم أَرْبَعَة وَأَربُعين
um arbaʿah wa arbaʿīn

die **Nacktschnecke**
بَزَّاق
bazzāq

die **Schnecke**
حَلَزون
ḥalazūn

der **Wurm**
دودَة
dūdah

die **Termite**
نَمْلَة بَيْضاء
namlah bayḍāʾ

die **Ameise**
نَمْلَة
namlah

die **Zecke**
قَرَّاد
qarrād

der **Skorpion**
عَقْرَب
ʿaqrab

ZAHLEN UND MASSE

الأَعْداد وَالأَوْزان

DIE ZAHLEN - الأَعْداد

Die Kardinalzahlen - الأَعْداد الأَساسيَّة

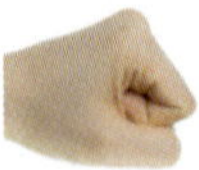

null
صِفْر
ṣifr

eins
واحِد
wāḥid

zwei
اِثْنان
ithnān

drei
ثَلاثَة
thalāthah

vier
أَرْبَعَة
arbaʿah

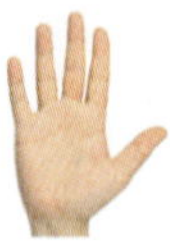

fünf
خَمْسَة
khamsah

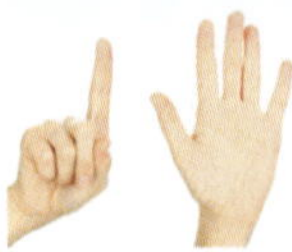

sechs
سِتَّة
sittah

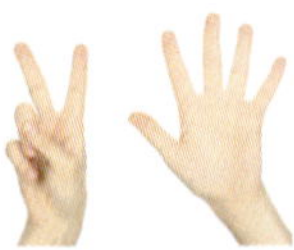

sieben
سَبْعَة
sabʿah

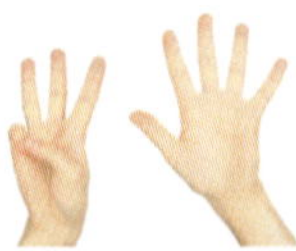

acht
ثَمانِيَة
thamāniyah

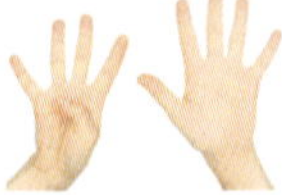

neun
تِسْعَة
tisʿah

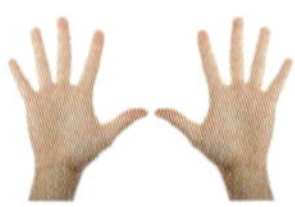

zehn
عَشَرَة
ʿasharah

elf	aḥadah ʿashar	أَحَدَ عَشَر
zwölf	ithnā ʿashar	اِثنا عَشَر
dreizehn	thalāthta ʿashar	ثَلاثَة عَشَر
vierzehn	arbaʿata ʿashar	أَرْبَعَة عَشَر
fünfzehn	khamsata ʿashar	خَمْسَة عَشَر
sechzehn	sittata ʿashar	سِتَّة عَشَر
siebzehn	sabʿata ʿashar	سَبْعَة عَشَر
achtzehn	thamāniīyata ʿashar	ثَمانِيَة عَشَر
neunzehn	tisʿata ʿashar	تِسْعَة عَشَر
zwanzig	ʿishrūn	عِشْرون
einundzwanzig	wāḥid wa ʿishrūn	واحِد وَعِشْرون
zweiundzwanzig	ithnān wa ʿishrūn	اِثْنان وَعِشْرون
dreiundzwanzig	thalātah wa ʿishrūn	ثَلاثَة وَعِشْرون
dreißig	thalāthūn	ثَلاثون
vierzig	arbaʿūn	أَرْبَعون
fünfzig	khamsūn	خَمْسون
sechzig	sittūn	سِتّون
siebzig	sabʿūn	سَبْعون
achtzig	thamānūn	ثَمانون
neunzig	tisʿūn	تِسْعون
hundert	mā'ah	مائَة

DIE ZAHLEN - الأَعْداد

zweihundertzweiundzwanzig	māʾatān wa ithnān wa ʿishrūn	مائَتان وَاِثْنان وَعِشْرون
tausend	alf	أَلْف
zehntausend	ʿashrat ālāf	عَشْرَة آلاف
zwanzigtausend	ʿishrūn alf	عِشْرونَ أَلْف
fünfzigtausend	khamsūn alf	خَمْسونَ أَلْف
fünfundfünfzigtausend	kamsah wa khamsūn alf	خَمْسة وَخَمْسونَ أَلْف
hunderttausend	māʾat alf	مائَة أَلْف
eine Million	milyūn	مِلْيون
eine Milliarde	milyār	مِلْيار
eine Billion	bilyun	بِلْيون

Die Ordinalzahlen - الأَعْداد التَّرْتيبيَّة

erste(r, s)	awwal	أَوَّل
zweite(r, s)	thānī	ثاني
dritte(r, s)	thālith	ثالِث
vierte(r, s)	rābiʿ	رابِع
fünfte(r, s)	khāmis	خامِس
sechste(r, s)	sādis	سادِس
siebte(r, s)	sābiʿ	سابِع
achte(r, s)	thāmin	ثامِن
neunte(r, s)	tasiʿ	تاسِع
zehnte(r, s)	ʿāshir	عاشِر
elfte(r, s)	ḥādī ʿashar	حادي عَشَر
zwölfte(r, s)	thānī ʿashar	ثاني عَشَر
dreizehnte(r, s)	thālith ʿashar	ثالِث عَشَر
vierzehnte(r, s)	rabiʿ ʿashar	رابِع عَشَر
fünfzehnte(r, s)	khāmis ʿashar	خامِس عَشَر
sechzehnte(r, s)	sādis ʿashar	سادِس عَشَر
siebzehnte(r, s)	sābiʿ ʿashar	سابِع عَشَر
achtzehnte(r, s)	thāmin ʿashar	ثامِن عَشَر
neunzehnte(r, s)	tāsiʿ ʿashar	تاسِع عَشَر
zwanzigste(r, s)	al-ʿishrūn	العِشْرونَ
einundzwanzigste(r, s)	al-ḥādī wa al-ʿishrūn	الحادي وَالعِشْرون
zweiundzwanzigste(r, s)	ath-thānī wa al-ʿishrūn	الثّاني وَالعِشْرون

DIE ZAHLEN – الأَعْداد

dreißigste(r, s)	ath-thalāthūn	الثَّلاثون
vierzigste(r, s)	al-arbaʿūn	الأَرْبَعون
fünfzigste(r, s)	al-khamsūn	الخَمْسون
sechzigste(r, s)	as-sittūn	السِّتّون
siebzigste(r, s)	as-sabūn	السَّبْعون
achtzigste(r, s)	ath-thamānūn	الثَّمانون
neunzigste(r, s)	at-tisʿūn	التِّسْعون
hundertste(r, s)	al-māʾah	المائَة
zweihunderterste(r, s)	al-miʾatān	المِئَتان
zweihundertfünfundzwanzigste(r, s)	al-miʾatān wa al-khān wa al-ʿishrūn	المِئَتان وَالخامِس وَالعِشْرون
dreihundertste(r, s)	ath-thalāthmāʾah	الثَّلاثُمائَة
tausendste(r, s)	al-alf	الأَلْف
zehntausendste(r, s)	al-ʿāshir alf	العاشِر أَلْف
millionste(r, s)	al-milyūn	المِلْيون
zehnmillionste(r, s)	al-ʿāshir milyūn	العاشِر مِليون
vorletzte(r, s)	qabla al-akhīr	قَبلَ الأَخير
letzte(r, s)	al-akhīr	الأَخير

Die Bruchzahlen – الكُسور

ein halber/ein halbes/eine halbe	niṣf	نِصْف
ein Drittel	thulth	ثُلْث
ein Viertel	rubʿ	رُبْع
ein Fünftel	khums	خُمْس
ein Achtel	thumn	ثُمْن
drei Viertel	thalāthat arbāʿ	ثَلاثة أَرْباع
zwei Fünftel	khumsayn	خُمْسَيْن
siebeneinhalb	sabʿah wa niṣf	سَبْعَة وَنِصْف
zwei Siebzehntel	ithnān ʿalā sabʿat ʿashar	اِثنان عَلي سَبْعَة عَشَر
fünf und drei Achtel	khamsah wa thalāthat athmān	خَمْسَة وَثلاثة أَثْمان

DIE ZAHLEN - الأَعْداد

Weitere Zahlwörter - أَسْماء أَعْداد أُخْرى

einmal	marrah wāḥidah	مَرَّة واحِدَة
zweimal	marratān	مَرَّتان
dreimal	thalāth marrāt	ثَلاث مَرَّات
viermal	arbaʿ marrāt	أَرْبَع مَرَّات
mehrmals	ʿiddat marrāt	عِدَّة مَرَّات
manchmal	aḥyānan	أَحْياناً
niemals	abadan	أَبَداً
einfach	mithl	مِثْل
doppelt/zweifach	muzdawaj/ḍiʿfayn	مُزْدَوَج/ضِعْفَيْن
dreifach	thalāthat aḍʿāf	ثَلاثَةُ أَضْعاف
vierfach	arbaʿat aḍʿāf	أَرْبَعَةُ أَضْعاف
fünffach	khamsat aḍʿāf	خَمْسَةُ أَضْعاف
sechsfach	sittat aḍʿāf	سِتَّةُ أَضْعاف
mehrfach/ vielfach	mutaʿadid al-aḍʿāf/ kathīr al-ḍʿāf	مُتَعَدِّد الأَضْعاف/ كَثير الأَضْعاف

ein Paar	zawj	زَوْج
ein halbes Dutzend	niṣf dazzīnah	نِصْف دَزِّينَة
ein Dutzend	dazzīnah	دَزِّينَة
ein Gros	aghlabīyah	أَغْلَبِيَّة
ein paar	baʿḍ	بَعْض
wenige	qillah	قِلَّة
einige	baʿḍ	بَعْض
etliche	ʿiddah	عِدَّة
manche	baʿḍ	بَعْض
viele	kathīr	كَثير
beide	kilā	كِلا
sämtliche	kul	كُل
alle	jamīʿ	جَميع
jeder/jede/jedes	kul aḥad	كُل أَحَد

der **Taschenrechner**
آلَة حاسِبَة
ālah ḥāsibah

die **Quadratwurzel**
جَذْر تَرْبيعي
jadhr tarbīʿī

das **Prozent**
نِسْبَة مِئَوِيَّة
nisbah miʾawīya

die **Ziffer**
رَقَم
raqam

der **Dezimalpunkt**
فاصِلَة عِشْرِيَّة
fāṣilah ʿishrīyah

dividieren
قَسَّم
qassama

multiplizieren
ضَرَب
ḍaraba

subtrahieren
طَرَح
ṭaraḥa

addieren
جَمَع
jamaʿa

ist gleich
يُساوي
yusāwī

DIE ZEIT - الوَقْت

Die Uhrzeit - السَّاعَة

ein Uhr
الواحِدَة
al-wāḥidah

zwei Uhr
الثَّانِيَة
ath-thāniyah

drei Uhr
الثَّالِثَة
ath-thālithah

vier Uhr
الرَّابِعَة
ar-rābiʿah

fünf Uhr
الخامِسَة
al-khāmisah

sechs Uhr
السَّادِسَة
as-sādisah

sieben Uhr
السَّابِعَة
as-sābiʿah

acht Uhr
الثَّامِنَة
at-thāminah

neun Uhr
التَّاسِعَة
at-tāsiʿah

zehn Uhr
العاشِرَة
al-ʿāshirah

elf Uhr
الحادِيَةَ عَشْرَة
al-ḥādiyah ʿashrah

zwölf Uhr mittags
الثانِيَةَ عَشْرَة ظُهْراً
ath-thāniyah ʿashrah ẓuhran

dreizehn Uhr
الثَّالِثَة عَشَرَ
ath-thālithah ʿashar

die **Stunde**	sāʿah	ساعَة
die **Minute**	daqīqah	دَقيقَة
eine halbe Stunde	niṣf sāʿah	نِصْف ساعَة
die **Sekunde**	thāniyah	ثانِيَة
Wie viel Uhr ist es?	kam as-sāʿah al-ān?	كَم السَّاعَة الآن؟
Um wie viel Uhr?	fī ayyati sāʿah?	في أَيَّةِ ساعَة؟
Um sieben Uhr.	fī as-sāʿah as-sābiʿah	في السَّاعَةِ السَّابِعَة.

DIE ZEIT - الوَقْت

Die Uhrzeit - السَّاعَة

vierzehn Uhr
الرَّابِعَةَ عَشَرَ
ar-rābiʿah ʿashar

fünfzehn Uhr
الخامِسَة عَشَرَ
al-khāmisah ʿashar

sechzehn Uhr
السَّادِسَة عَشَرَ
as-sādisah ʿashar

siebzehn Uhr
السَّابِعَة عَشَرَ
as-sābiʿah ʿashar

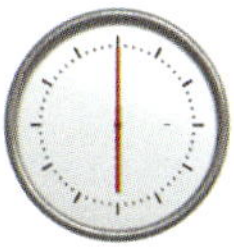

achtzehn Uhr
الثّامِنَة عَشَرَ
ath-thāminah ʿashar

neunzehn Uhr
التَّاسِعَة عَشَرَ
at-tāsiʿah ʿashar

zwanzig Uhr
العِشْرون
al-ʿishrūn

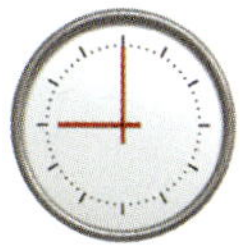

einundzwanzig Uhr
الواحِدَة وَالعِشْرون
al-wāḥidah wa al-ʿishrūn

zweiundzwanzig Uhr
الثَّانِيَة وَالعِشْرون
ath-thāniah wa al-ʿishrūn

dreiundzwanzig Uhr
الثَّالِثَة وَالعِشْرون
ath-thāliithah wa al-ʿishrūn

Mitternacht
مُنْتَصَف اللَّيْل
muntaṣaf al-layl

fünf nach zwölf
الثَّانِيَّة عَشْرَة وَخَمْسُ دَقائِق
at-tāsiʿah ʿashrah wa khamsu daqāʾiq

halb elf	al-ʿāshirah wa an-niṣf	العاشِرَة وَالنِّصْف
zwanzig vor sieben	as-sābiʿah illā thulth	السَّابِعَة إِلَّا ثُلْث
Viertel vor zwölf	ath-thāniay ʿashrah illā rubʿ	الثَّانِيَّة عَشْرَة إِلَّا رُبْع
Wann?	matā?	مَتى؟
Vor/in zehn Minuten.	qabla/baʿda ʿashr daqāʾiq	قَبْلَ/بَعْدَ عَشْر دَقائِق
Seit wann?	mindhu matā?	مِنْذُ مَتى؟
Seit gestern.	mindhu al-bāriḥah	مُنْذُ البارِحَة.

Viertel nach neun
التَّاسِعَة وَالرُّبْع
at-tāsiʿah wa ar-rubʿ

DIE ZEIT - الوَقْت

Tag und Nacht - النَّهار واللَّيْل

die **Mitternacht**
مُنْتَصَف اللَّيل
muntaṣaf al-layl

die **Morgendämmerung**
فَجْر
fajr

der **Sonnenaufgang**
طُلوع الشَّمْس
ṭulūʿ ash-shams

der **Morgen**
صَباح
ṣabāḥ

der **Mittag**
مُنْتَصَف النَّهار
muntaṣaf an-nahār

der **Nachmittag**
بَعْدَ الظُّهْر
baʿda aẓ-ẓuhr

der **Sonnenuntergang**
غُروب الشَّمْس
ghurūb ash-shams

die **Abenddämmerung**
شَفَق
shafaq

der **Abend**
مَساء
masāʾ

der **Frühling**
رَبيع
rabīʿ

der **Sommer**
صَيْف
ṣayf

der **Herbst**
خَريف
kharīf

der **Winter**
شِتاء
shitāʾ

heute	al-yaum	اليَوْم
morgen	ghadan	غَداً
übermorgen	baʿda ghad	بَعْد غَد
gestern	al-bāriḥah	البارِحَة
vorgestern	qabla al-bāriḥah	قَبْلَ البارِحَة
Welches Datum haben wir heute?	mā huwa tārīkh al-yaum?	ماهُوَ تاريخُ اليَوم؟
der 9. September 2015	at-tāsiʿ min aylūl 2015	التَّاسِع مِن أَيْلول 2015
der Feiertag	yawm ʿuṭlah	يَوْم عُطْلَة

DIE ZEIT - الوَقْت

Der Kalender - التَّقْويم

der Sonntag
الأَحَد
al-aḥad

der Dienstag
الثُّلاثاء
ath-thulāthā'

der Donnerstag
الخَميس
al-khamīs

der Monat
شَهْر
shahr

der Montag
الاِثْنَيْن
al-ithnayn

der Mittwoch
الأَرْبعاء
al-arbi'ā'

der Freitag
الجُمُعَة
al-jum'ah

der Samstag
السَّبْت
as-sabt

der Wochentag
يَوم عَمَل
yawm 'amal

die Woche
أُسْبوع
usbū'

der Tag
يَوْم
yawm

das Wochenende
نِهايَة الأُسْبوع
nihāyat al-usbū'

das Datum
تاريخ
tārīkh

das Jahr
سَنَة
sanah

der Januar	kānūn ath-thānī	كانون الثّاني
der Februar	shubāṭ	شُباط
der März	āzār	آذار
der April	nīsān	نيسان
der Mai	ayyār	أَيّار
der Juni	ḥuzayrān	حُزَيْران

der Juli	tammūz	تَمّوز
der August	āb	آب
der September	aylūl	أَيْلول
der Oktober	tishrīn al-awwal	تِشْرين الأَوَّل
der November	tishrīn ath-thānī	تِشْرين الثّاني
der Dezember	kānūn al-awwal	كانون الأَوَّل

MASSE - كُتْلَة

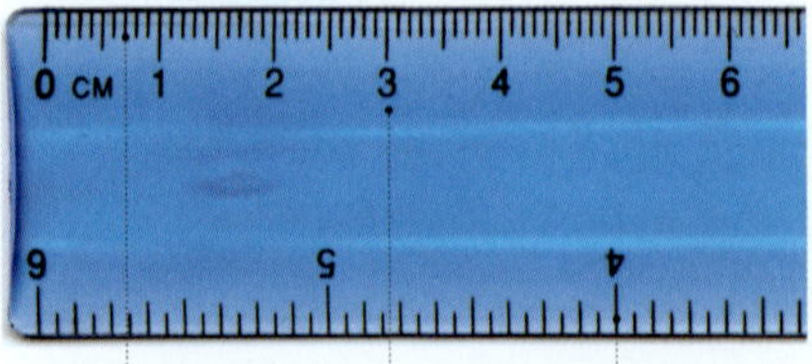

der/das **Millimeter**
مِلْليمِتْر
millīmitr

der **Zoll**
بوصَة
būṣah

der/das **Zentimeter**
سَنْتيمِتْر
santīmitr

der/das **Liter**
لِتْر
litr

der/das **Milliliter**
مِلْليلِتْر
millīlitr

die **Unze**
أونْصَة
ūnṣah

das **Pint**
باينت
bāynt

der **Kilometer**
كيلو مِتْر
kīlu mitr

die **Meile**
ميل
mīl

das **Yard**
يارْدَة
yārdah

der **Acre/Morgen**
فَدَّان
faddān

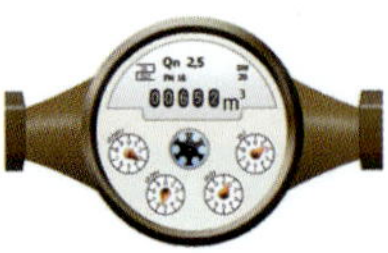

der/das **Kubikmeter**
مِتْر مُكَعَّب
mitr mukaʿʿab

der **Fuß**	qadam	قَدَم
der/das **Meter**	mitr	مِتْر
der/das **Quadratmeter**	mitr murabbaʿ	مِتْر مُرَبَّع
der/das **Hektar**	hiktār	هيكْتار
die **Tasse**	ka's	كَأْس
der **Esslöffel**	milʿaqat ṭaʿām	مِلْعَقَة طَعام
der **Teelöffel**	milʿaqah ṣaghīrah	مِلْعَقَة صَغيرَة

DAS GEWICHT – الوَزْن

die **Tonne**
طُن
ṭun

das **Kilogramm**
كيلو غرام
kīlu ghrām

das **Gramm**
غرام
ghrām

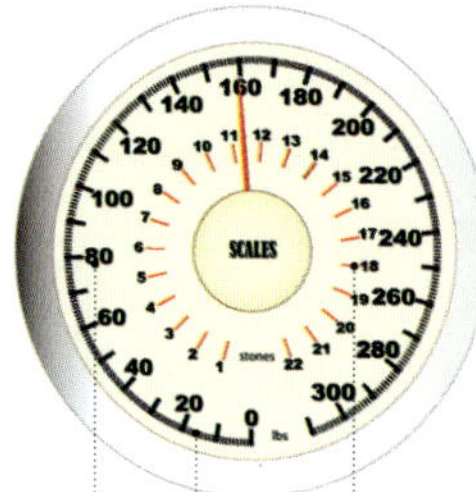

das **Pfund**
نِصْف كيلو غرام
raṭl niṣf kīlu ghrām

die **Unze**
أونْصَة
ūnṣah

das **Stone**
(= 6,35 kg)
ستون
stun

DIE WÄHRUNG – ا لعُمْلَة

$

der **Dollar**
دولار
dulār

£

das **Pfund**
باونْد
bāwnd

€

der **Euro**
يورو
yūru

¥

der **Yen**
يَن
yan

der **Baht**	bāt	بات
die **Rupie**	rūbīyah	روبِيَة
der **Dinar**	dīnār	دينار
der **Franc**	frank	فرنْك
die **Krone**	krunah	كرونَة

der **Peso**	bizū	بيزو
der **Real**	riāl	رِيَال
der **Yuan**	ywān	يوان
die **Lira**	līrah	لِيرَة
der **Rubel**	rubil	روبِل

INDEX DEUTSCH –
فِهْرِس الأَلْماني

INDEX ARABISCH –
فِهْرِس العَرَبي

INDEX DEUTSCH – فِهْرِس الألْماني

3D-Film, der 241
7-Meter-Linie, die 197

A

Aal, der 70, 331
Abblendlicht, das 110
Abdeckband, das 61
Abdeckcreme, die 35
Abdeckfolie, die 61
Abend, der 342
Abenddämmerung, die 342
Abfahrtslauf, der 218
Abfalleimer, der 135
Abflug, der 126
Abfluss, der 54
abheben 184
Abitur, das 154
Ablage, die 172
Ablagetisch, der 41
abnehmende Mond, der 292
Abonnement, das 188
Absatz, der 33
Abschlag, der 204
abschleppen 107
Abschleppwagen, der 121
Abschlussball, der 157
abschuppen 71
Abseilen, das 220
Abseits, das 196
abseits der Piste 218
Absender, der 190
Absperrhahn, der 54
abspielen 185
abstrakte Malerei, die 236
Abtropfsieb, das 47
Abwehrspieler, der 197, 198
abwischen 57
Accessoires, die 32
Achillessehne, die 256
Achselhöhle, die 252
acht 336
acht Uhr 340
achte(r, s) 337
Achtel, ein 338
Achtersteven, der 211
Achtung, Gefahr! 289
achtzehn 336
achtzehn Uhr 341
achtzehnte(r, s) 337
achtzig 336
achtzigste(r, s) 338
Ackerbohne, die 78
Acre, der 344
Acrylfarbe, die 235
Acryllack, der 61
Adapter, der 62
addieren 339
Adler, der 329
Adrenalin, das 283
Adresse, die 190
Aerobic, das 223
Afghanistan 307
Afrika 304
Afrikanische Union, die 311
Ägypten 304
Ahorn, der 319
Ahornsirup, der 89
Aids, das 267
Aikido, das 213
Airbag, der 112
Akademie für darstellende Künste, die 164
Akkordeon, das 230
Akku, der 59, 183
Akkubohrer, der 59
Akte, die 172
Aktenschrank, der 172
Aktentasche, die 33
Aktenvernichter, der 172
Aktiengesellschaft (AG), die 170
Aktionär, der 170
Aktionärin, die 170
Aktmalerei, die 236
Akupunktur, die 278
akustisch 233
akustische Gitarre, die 229
Albanien 299
Albtraum, der 51
Algerien 304
alkoholfreie Bier, das 92
Alkoholische Getränke 94
alle 339
Allergie, die 265
Alles Gute zum Geburtstag! 20
Alligator, der 330
Allwetterreifen, der 113
Alpen, die 297
Als Vorspeise/Hauptgericht/ Nachtisch nehme ich ... 102
alt 24
Altbau, der 39
Alternativmedizin, die 278
Altglas, das 44
Altstadt, die 132
Alufolie, die 46
Alzheimer, der 267
Am Computer arbeiten 180
Amaretto, der 93
Amazonien 297
ambulante Patient, der 273
Ameise, die 333
Ameisenbär, der 327
American Football, der 200
Amethyst, der 318
Ampel, die 106, 135
Ampere, das 62
Amphibien, die 330
an Bord gehen 129
an der Ecke 135
Analogkamera, die 242
Ananas, die 80
Ananasguave, die 80
Anästhesist, der 274
Anbau, der 38
anbeißen 217
anbraten 95
Anden, die 297
Andorra 299
angeekelt 26
Angel, die 216
Angel auswerfen, die 217
Angelausrüstung, die 216
Angelhaken, der 216
Angeln, das 216
Angelrolle, die 216
Angelrute, die 216
Angelschein, der 217
Angelschnur, die 216
Angestellte, der 170
Angler, der 216
Anglerweste, die 216
Angola 304
angreifen 195
Angriffslinie, die 198
Angriffsspieler, der 197
Angriffszone, die 198
anhalten 107
Anhang, der 182
Anhänger, der 121
Anker, der 210
Anker werfen/lichten, den 129
Ankunft, die 126
Anlaufbahn, die 206
anlegen 129
Anrichte, die 43
Anrufbeantworter, der 184
anrufen, jemanden 19, 184
anschnallen, sich 125
Anstoßpunkt, der 194
Antarktis, die 298
Antenne, die 110, 187
Antigua und Barbuda 302
Antiquitätenladen, der 141
Anus, der 261
Anzeige, die 188
Anzeigetafel, die 127
Anzug, der 29
Aperitif, der 101
Apfel, der 79
Apfelsaft, der 92
Apfelschorle, die 92
Apfelstrudel, der 91
Apotheke, die 141, 276
Apothekerin, die 166, 276
App, die 183
Applaus, der 227
Après-Ski, das 219
Aprikose, die 79
April, der 343
Aquamarin, der 318
Aquarellmalerei, die 236
Aquarium, das 148
Äquator, der 298
Äquatorialguinea 304
Arabische Liga, die 311
Arabische Meer, das 296
arbeiten 52
Arbeitgeber, der 175
Arbeitnehmer, der 175
Arbeitsbedingungen, die 165
Arbeitsplatte, die 44
Arbeitsplatz, der 172
Arbeitsspeicher, der 179
Arbeitswelt, die 165
Arbeitszimmer, das 52
Architekt, der 167
Architektur, die 149
Argentinien 303
Arktis, die 298
Arm, der 252, 253
Arm ausrenken, sich den 269
Armaturenbrett, das 112
Ärmel, der 30
Ärmelkanal, der 296
Armenien 307
armer Ritter 97
Armlehne, die 52, 122, 268
Armzug, der 208
arrogant 26
Art déco, der/das 149
Arterie, die 259
Artikel, der 188
Artischocke, die 74
Arzt, der 166
Arztbesuch, der 264
Ärztin, die 264
Aschenbahn, die 206
Aschenbecher, der 147
Aserbaidschan 307
Asien 307
Asphalt, der 317
Ass, das 202, 244
Assel, die 333
Assistentin, die 175
Ast, der 319
Asteroid, der 294
Asthma, das 267
Astronaut, der 294
Astronomie, die 294
Atemnot, die 267
Äthiopien 304
Atlantische Ozean, der 296
Atmosphäre, die 295
Atmungssystem, das 259
attraktiv 24
Aubergine, die 77
auf der rechten/linken Seite 135
Auf der Straße 135
auf die Toilette gehen 53
Auf Wiedersehen! 19
Aufführung, die 226
Aufgang, der 207
aufgenommen werden 273
aufgeregt 25
Aufgusskübel, der 279
Auflauf, der 100
Auflaufförmchen, das 48
auflegen 184
Auflieger, der 120
aufnehmen 185
Aufsatz, der 154
Aufschlag, der 198
Aufschlaglinie, die 202
Aufschlagmittellinie, die 202
Aufschnitt, der 68
Aufsteckblitz, der 242
aufstehen 51
auftrennen 240
aufwachen 51
Aufwachraum, der 274
aufwärmen, sich 223
Aufzug, der 39
Auge, das 22, 272
Augenbraue, die 22
Augenbrauen zupfen, sich die 34
Augenoptiker, der 272
Augentropfen, die 272
August, der 343
Aula, die 154
aus biologischem Anbau 74
aus Freilandhaltung 69
aus heimischer Produktion 74
aus Kunstfaser 27
Ausbildung, die 164
Ausfahrt, die 107
Ausfallschritt, der 223

Ausflug, der 148
Ausgehviertel, das 133
Auslandsflug, der 127
auslaufen 129
Ausleihe, die 163
ausleihen 163
ausloggen, sich den 180
Auslöser, der 242
Auspuffrohr, das 111, 120
Ausritt, der 215
ausrollen 95
ausschlafen 51
ausschneiden 180
Ausschnitt, der 30
Außenangreifer, der 198
Außenansicht, die 110
Außendienst, der 171
Außenstürmer, der 195
Außentank, der 293
Außenverteidiger, der 195
Außenzelt, das 249
äußere Erdkern, der 295
äußere Erscheinung, die 24
Aussichtsplattform, die 148
ausstechen 95
Ausstechförmchen, das 46
aussteigen 123
Ausstellung, die 148
ausstemmen 59
Auster, die 71
Australian Football, der 221
Australien 310
Ausverkauf, der 142
Auswechselbank, die 197
Auswechsellinie, die 197
Auszeit, die 197
Auto, das 109
Autobahn, die 107
Autobahnkreuz, das 107
Automatikschaltung, die 109
Automatiktür, die 115
Autotransporter, der 120
Autotür, die 111
Autotypen, die 109
Avocado, die 77
Axt, die 286
Ayurveda, das 278

B

Baby, das 18
Babyartikel, die 145
Babydecke, die 27
Babyfäustling, der 27
Babyfon®, das 50
Babysachen, die 27
Babyschlafsack, der 27
Babyschühchen, das 27
Babytragetasche, die 50
Bachelor, der 162
Backblech, das 46
Backbordseite, die 128
backen 87
Bäcker, der 168
Bäckerei, die 140
Backgammon, das 244
Backofen, der 44
Backofenschalter, der 44
Backpapier, das 46
Backpflaume, die 82
Backpinsel, der 48
Backpulver, das 87
Backutensilien, die 46
Backwaren, die 145
Badeanzug, der 30
Badehose, die 29
Badekappe, die 209
Bademantel, der 28
Badematte, die 55
Bademeister, der 209
Bademeisterin, die 209
baden 55
Badewanne, die 53
Badezimmer, das 53
Badminton, das 201
Badmintonplatz, der 201
Badmintonschläger, der 201
Bagel, der 88
Bagger, der 121
baggern 198
Baguette, das/die 88
Bahamas, die 302
Bahn, die 206, 208
Bahnhof, der 123
Bahnhofshalle, die 123
Bahnsteig, der 123
Bahrain 307
Baht, der 345
Baiser, das 90
Balkendiagramm, das 174
Balkon, der 40, 226
Ball, der 50
Ball halten, den 196
Ballaststoffe, die 103
Ballerina, der 33
Ballett, das 221, 226
Balljunge, der 202
Ballsportarten, die 194, 201
Banane, die 80
Band, die 232
Bandage, die 283
Bandscheibenvorfall, der 269
Bandschleifer, der 59
Bangladesch 308
Bank, die 138, 222, 279
Bankdrücken, das 222
Bankkauffrau, die 169
Bankschließfach, das 139
Bar, die 136
Bär, der 325
Barbados 302
Bärenklau, der 320
Barhocker, der 147
Barista, der 147
Barkeeper, der 147
barock 149
Barren, der 207
Bars, die 147
Bart, der 24
Baseball, der 161, 200
Baseballhandschuh, der 200
Baseballschläger, der 200
Basilikum, das 83
Basisstation, die 184
Basketball, der 161, 199
Basketballkorb, der 161
Basmatireis, der 86
Bassgitarre, die 229
Bassist, der 232
Bassschlüssel, der 231
Basteln, das 235
Batterie, die 111, 158
Bauarbeiter, der 167
Bauch, der 252
Bauchmuskel, der 256
Bauchnabel, der 252
Bauchspeicheldrüse, die 258
Bauer, der 245
Bauhaus, das 149
Bauklötzchen, das 50
Baum, der 210
Baumarkt, der 141
Baumblüte, die 323
Bäume, die 319
Baumwolle, die 240
Baustelle, die 108
Bauxit, der 317
Beachvolleyball, der 198
Beamer, der 174
Beatmung, die 275
Becher, der 93
Becken, das 230, 257
bedeckt 312
Beerdigung, die 21
Beeren, die 79
Beförderung, die 175
Befruchtung, die 262
begrenzte Zone, die 199
Begrenzungsleuchte, die 110
Begrüßen 19
begrüßen, jemanden 19
Behälter, der 54
Behandlung, die 264
Behandlungslampe, die 270
behindert 268
Behindertenparkplatz, der 106
Behinderungen, die 268
beide 339
Beifahrerseite, die 110
Beifahrersitz, der 112
Beilage, die 101, 188
Beilagensalat, der 100
Bein, das 252
Beipackzettel, der 277
Beistellschrank, der 42
Beiwagen, der 117
Bekannte, der/die 18
Belag, der 203
belästigen 285
belegte Brötchen, das 88
Belgien 299
Belize 302
Benin 304
Benutzerkonto, das 182
Benzin, das 113
Benzintank, der 111, 117
bequem 30
Berg, der 315
Berghang, der 315
Bergpark, der 150
Bergwacht, die 287
Bericht, der 174
Berichterstatter, der 187
Berichterstatterin, die 187
Berliner, der 90
Bernstein, der 318
Beruf, der 154
Berufe, die 166
Berufseinstieg, der 21
Berufserfahrung, die 165
Berufsfachschule, die 164
Berufsverkehr, der 107
Beruhigungsmittel, das 277
Beschneidung, die 260
Besen, der 60
Besetzung, die 227
Bespannung, die 201
Besprechung, die 174
Besprechungsraum, der 174
Besprechungstisch, der 174
Besteck, das 102
bestellen 99
Bestellung, die 101
Besuchszeiten, die 273
Betonmischer, der 121
Betrag, der 139
Betriebsrat, der 171
Betriebssystem, das 181
Betriebswirtschaftslehre, die 162
Bett machen, das 51
Bettbezug, der 49
Bettdecke, die 49
Bettgestell, das 49
Bettruhe, die 274
Beweisstück, das 285
Bewerberin, die 165
Bewerbung, die 165
Bewerbungsgespräch, das 165
Bewerbungsunterlagen, die 165
bewusstlos 275, 282
bezahlen 145
Bezahlfernsehen, das 185
Bezahlung, die 102
Beziehungen, die 18
BH, der 30
Bhutan 308
Biathlon, das 218
Biberratte, die 327
Bibliothek, die 133, 163
Bibliothekar, der 163, 169
Bibliothekarin, die 163
Bibliotheksausweis, der 163
Biene, die 332
Bier, das 94
Bikini, der 30
Bild, das 188
Bildband, der 189
Bildbearbeitung, die 243
Bilderrahmen, der 42, 52
Bildhauer, der 169
Bildhauerei, die 234
Bildschirm, der 178
Bildschirm für das Bordprogramm, der 125
Bildung, die 154
Billion, eine 337
Bindehautentzündung, die 265
Bindung, die 219
Binnenmeer, das 295
Biobaumwolle, die 27
Bioladen, der 140
Biologie, die 156
Bioprodukt, das 69
Bioprodukte, die 145
Birdie, das 205
Birke, die 319
Birne, die 79
Birnenmelone, die 80
Biskuit, das 90
Bitte ein Glas ... 147
Bitte eine Tasse ... 147
Bitte hinterlassen Sie eine Nachricht nach dem Signalton. 184
bitter 75
Bizeps, der 256

Bizepsübung, die 222
Blase, die 269
Blasenentzündung, die 265
blass 24
Blatt, das 74, 244, 319, 321
Blattgemüse, das 76
Blau, das 237
blauen Augen, die 24
Blazer, der 31
Bleichmittel, das 56
bleifrei 113
Bleistift, der 155, 173
Bleistiftspitzer, der 173
Bleistiftzeichnung, die 236
Blendenregler, der 242
blind 268
Blinddarm, der 258
Blindenhund, der 268
Blindenstock, der 268
Blinker, der 117
Blinkerhebel, der 112
Blinklicht, das 110
Blitz, der 313
(ausklappbare) Blitz, der 242
Blitzschuh, der 242
blocken 198
blond 23
Blues, der 231
Bluetooth®-Headset, das 183
blühen 321, 323
Blumenbeet, das 63
Blumenkelle, die 64
Blumenkohl, der 76
Blumenladen, der 140
Blumenvase, die 43
Blumenwiese, die 323
Bluse, die 31
Blut, das 269
Blutdruck messen, den 264
Blutdruckmessgerät, das 264
Blüte, die 321
bluten 269
Blütenblatt, das 321
Blutkreislauf, der 259
Blutorange, die 81
Blutrot, das 237
Blutspende, die 283
Blutung, die 269
Blutvergiftung, die 266
Blutwurst, die 97
BMX-Rad, das 119
Bobfrisur, die 23
Bobsport, der 219
Bodenturnen, das 207
Body, der 27
Bodyboarden, das 212
Bodypump, das 223
Bogen, der 149, 229
Bogenschießen, das 221
Bogey, das 205
bohren 59
Bohrer, der 59
Boje, die 129
Bolivien 303
Bombenalarm, der 289
Bonbon, das 98
Bongos, die 230
Booster, der 293
Bootsrumpf, der 211
Bordkarte, die 126
Bordstein, der 106
Borke, die 319
Börse, die 139
Börsenkurs, der 139
Bosnien und Herzegowina 299
botanische Garten, der 150
Botschaft, die 134
Botswana 304
Boule, die/das 221
Boulevard, der 132
Boulevardzeitung, die 188
Boutique, die 141
Bowling, das 221
Boxball, der 213
Boxen, das 213
Boxershorts, die 29
Boxhandschuh, der 213
Brandbekämpfung, die 286
Brandung, die 247
Brandungsangeln, das 217
Brandwunde, die 269
Brasilien 303
braten 69, 77, 95
Bratengabel, die 48
Brathähnchen, das 100
Bratkartoffeln, die 100
Bratpfanne, die 48
Braun, das 237
braunen Augen, die 24
Brausetablette, die 276
Braut, die 21
Bräutigam, der 21
Brautkleid, das 21
bremsen 118
Bremshebel, der 118
Bremshebel für die Vorderrad-bremse, der 117
Bremsleuchte, die 111
Bremspedal, das 112
Brennnessel, die 320
Brettspiel, das 245
Brezel, die 88
Brie, der 72
Brief, der 190
Brief beantworten, einen 190
Brief einwerfen, einen 190
Brief erhalten, einen 190
Brief schicken, jemandem einen 190
Briefkasten, der 38, 190
Briefmarke, die 190
Briefmarken sammeln 234
Brieföffner, der 173
Brieftasche, die 33
Briefträgerin, die 167
Briefumschlag, der 173, 190
Brille, die 32, 272
Brillengestell, das 272
Brillenglas, das 272
Brise, die 313
Brokkoli, der 76
Brombeere, die 79
Bronchitis, die 265
Bronze, die 207
Bronzer, der 35
Brot, das 88, 96
Brotaufstriche, die 98
Brötchen, das 88, 96
Brotteller, der 102
Browser, der 182
Bruchzahlen, die 338
Brücke, die 106, 132
Bruder, der 17
Brunei 308
brünett 23
Brunnen, der 150
Brunnenkresse, die 74
Brust, die 69, 252
Brustbein, das 257
Brustkorb, der 252, 257
Brustmuskel, der 256
Brustschwimmen, das 208
Brustwarze, die 252
Brutkasten, der 263
B-Säule, die 111
Bube, der 244
Buch, das 146
Buchdeckel, der 189
Buche, die 319
Bücherregal, das 42, 51, 163
Bücherschrank, der 52
Buchhaltung, die 170
Buchladen, der 141
Buchrücken, der 189
buchstabieren 157
Bucht, die 295, 316
Buchungsnummer, die 127
Buchweizen, der 86
Bug, der 124, 128, 210, 211
Bügelbrett, das 56
Bügeleisen, das 56
bügeln 56
Bügelsäge, die 58
Bugfahrwerk, das 124
Bugwulst, der 128
Bühne, die 226
Bühnenbild, das 227
Bulgarien 299
Bulgur, der 86
Bullauge, das 128
Bungalow, der 38
Bungeespringen, das 220
Bunker, der 204
Bunsenbrenner, der 159
Buntstift, der 235
Burg, die 134
Bürgersteig, der 106
Burkina Faso 304
Büro, das 172
Büroalltag, der 175
Bürobedarf, der 173
Bürogebäude, das 134
Bürokauffrau, die 168
Büroklammer, die 173
Büromöbel, die 172
Bürostuhl, der 172
Bürste, die 57
Burundi 304
Bus, der 115
Busbahnhof, der 115
Busfahrer, der 168
Bushaltestelle, die 115, 135
Businessklasse, die 124
Büstenhalter, der 30
Butter, die 73, 96
Butterblume, die 320
Butterbrotdose, die 160
Buttermilch, die 73
Butternusskürbis, der 77

C

Cabrio, das 109
Caddie, der 205
Cafés, die 147
Camembert, der 73
Campingbus, der 248
Campingplatz, der 248
Campingstuhl, der 248
Campingtoilette, die 249
Campus, der 162
Capoeira, die 213
Cappuccino, der 93, 96
Carport, der 39
Cashewkern, der 82
CD/DVD auswerfen, eine 181
CD/DVD-Laufwerk, das 178
CD-ROM, die 179
CD-Spieler, der 233
Cello, das 229
Celsius 312
Chamäleon, das 330
Champagner, der 94
Champignon, der 74
Check-in-Automat, der 126
Check-in-Schalter, der 126
Cheddar, der 73
Chef, der 175
Chemie, die 156
Chemikalienhandschuh, der 158
Cherimoya, die 80
Chicorée, der/die 76
Chile 303
Chiliflocken, die 84
Chilischote, die 77, 84
China 308
chinesische Neujahr, das 20
Chipkartenterminal, das 138
chippen 205
Chips, die 98
Chirurg, der 166, 274
Chirurgie, die 274
Cholesterin, das 103
Chopper, der 116
Chor, der 228
Chrysantheme, die 322
Citrin, der 318
Clementine, die 81
Cockpit, das 116, 124, 210
Cocktail, der 94
Cocktailshaker, der 147
Cola, die 92
Collage, die 236
Comic, der/das 146
Commonwealth, das 311
Compact-Flash-Karte, die 243
Computer, der 178
Computergehäuse, das 178
Computerraum, der 154
Computertomographie, die 275
Concierge, der/die 137
Containerhafen, der 129
Containerlager, das 129
Containerschiff, das 129
Controlling, das 170
Cornflakes, die 96
Costa Rica 302
Couchtisch, der 42
Countrymusik, die 231
Couscous, der/das 86
Cousine, die 17
Crème brûlée, die 91
Crêpe, die 91
Crew, die 210
Croissant, das 88, 96
Crosstrainer, der 222
Curling, das 219

Curry, das 100
Currypulver, das 84
Cyan, das 237

D

Dach, das 40, 110
Dachboden, der 39
Dachdecker, der 167
Dachfenster, das 40
Dachgarten, der 63
Dachgaube, die 40
Dachrinne, die 40
Dachs, der 325
Dachziegel, der 40
Dame, die 244, 245
Damenabteilung, die 143
Damenkleidung, die 30
Damespiel, das 244
Dampfbad, das 279
Dampfgarer, der 45
Dampflok, die 122
Dänemark 299
Darlehen, das 138
Darmgrippe, die 265
Darts, das 221
Das Gleiche noch einmal. 147
Das passt gut, ich nehme es. 28
Datei, die 181
Datei ausdrucken, eine 180
Datei öffnen, eine 180
Datei verschieben, eine 180
Datenspeicher, der 183
Dattel, die 82
Datum, das 343
Daumen, der 254
Deck, das 128
Decke, die 42
Deckel, der 93
decken 199
Defibrillator, der 282
Dehnung, die 223
Delfin, der 327
Deltamuskel, der 256
Demenz, die 267
Demokratische Republik Kongo, die 304
Denkmal, das 135
Deo, das 34
Deodorant, das 277
Depression, die 267
der 9. September 2014 342
Der Motor springt nicht an. 114
Desinfektionsmittel, das 283
Desktop-Computer, der 178
Dessertlöffel, der 102
Desserts, die 91
Deutschland 299
Dezember, der 343
Dezimalpunkt, der 339
Diabetes, der 267
Diagnose, die 264
Diagnose stellen, eine 275
Dialyse, die 267
Diamant, der 318
Diaphragma, das 261
Diät, die 103
Dichtstoff, der 60
dick 24
Dickdarm, der 258
dickköpfig 26
Diebstahl, der 285
Diele, die 41
Dienstag, der 343
Dienstgürtel, der 284
Diesel, der 113
digitale Bilderrahmen, der 243
Digitalempfänger, der 185
Digitalkamera, die 242
Dill, der 83
Dinar, der 345
Dinkel, der 86
Diphtherie, die 266
Diplom, das 162
Dirigent, der 228
Dirigentenpult, das 228
Disko, die 231
Diskus- und Hammerwurf, der 206
Display, das 184
Disqualifikation, die 197
Dissertation, die 162
Distel, die 320
dividieren 339
DJ, der 187, 232
Dokumentarfilm, der 186
Dollar, der 345
Dom, der 132
Dominica 302
Dominikanische Republik, die 302
Dominostein, der 244
Döner, der 99
Donner, der 313
Donnerstag, der 343
Doppel, das 202
Doppelbett, das 49
Doppeldecker, der 115
Doppeldribbling, das 199
Doppelhaus, das 38
Doppelpaddel, das 211
doppelt 339
Doppelzimmer, das 136
Dorn, der 321
Dosenfisch, der 71
Dosenöffner, der 47
Dosierung, die 276
Download, der 182
Dozentin, die 162
Drachenfliegen, das 220
Draht, der 60
Drahtnetz, das 159
Drama, das 156
Drehstuhl, der 52
Drehzahlmesser, der 114
drei 336
drei Uhr 340
drei Viertel 338
Drei-/Vier-Sterne-Hotel, das 137
dreifach 339
Dreifuß, der 159
dreihundertste(r, s) 338
dreimal 339
Drei-Punkte-Linie, die 199
Dreirad, das 119
dreißig 336
dreißigste(r, s) 338
dreitürig 109
dreiundzwanzig 336
dreiundzwanzig Uhr 341
dreizehn 336
dreizehn Uhr 340
dreizehnte(r, s) 337
Dreizimmerwohnung, die 40
Dressurreiten, das 215
dritte(r, s) 337
Drittel, ein 338
driven 205
Drogerie, die 141
Druckluftflasche, die 211
Drüse, die 258
Dschibuti 304
Du bist dran. 245
Dudelsack, der 230
duften 321
düngen 65
Dünger, der 65
Dunk, der 199
dunkel 23
Dunkelblau, das 237
Dunkelkammer, die 243
dunkle Bier, das 94
Dünndarm, der 258
Dunstabzugshaube, die 44
Durchfall, der 265
Durchschwung, der 205
Dürre, die 314
Dusche, die 53
duschen 55
Duschen und Toiletten, die 248
Duschgel, das 34
Duschkabine, die 53
Duschkopf, der 55
Duschschwamm, der 55
Duschvorhang, der 55
Dutt, der 23
Duty-free-Laden, der 126
Dutzend, ein 339
DVD, die 185
DVD-Player, der 185
Dynamo, der 118

E

Ebbe, die 247
Ebene, die 316
E-Book-Reader, der 183
EC-Karte, die 138
Eckbogen, der 194
Eckstoß, der 195
Eckzahn, der 270
Eclair, das 90
Economyklasse, die 124
Ecuador 303
Edelsteine, die 318
Efeu, der/das 323
Ehefrau, die 16
ehemalige jugoslawische Republik Mazedonien 299
Ehemann, der 16
Ehepaar, das 17
Eiche, die 319
Eichel, die 260
Eichhörnchen, das 324
Eidechse, die 330
Eier, die 72
Eierkarton, der 73
Eierschale, die 72
Eierschneider, der 47
Eierstock, der 261
eifersüchtig 26
Eigelb, das 72
Eigenkapital, das 139
Eigentum, das 38
Eigentümer, der 40
Eigentümerin, die 40
Eigentumswohnung, die 38
Eilbrief, der 190
Eileiter, der 261
Eimer, der 57, 246
ein Uhr, ein 340
ein-/auschecken 137
Ein/Aus-Schalter, der 178
Einbahnstraße, die 106, 108
Einband, der 189
Einbauküche, die 44
Einbauleuchte, die 44
Einbiegen nach links verboten 108
Einbiegen nach rechts verboten 108
Einbruch, der 285
Eine einfache Fahrt nach ..., bitte. 123
Eine Portion Pommes rot-weiß, bitte. 99
eineiigen Zwillinge, die 263
einfach 339
Einfädler, der 239
Einfahrt, die 107
Einfahrt verboten 108
Einfamilienhaus, das 38
einfügen 180
Eingabetaste, die 178
Eingang, der 41
eingeben 180
einholen 217
einige 339
einjährig 323
Einkaufen, das 140
Einkaufskorb, der 144
Einkaufsliste, die 144
Einkaufstüte, die 143
Einkaufsviertel, das 133
Einkaufswagen, der 144
Einkaufszentrum, das 142
einlochen 204
einloggen, sich 180
einmal 339
Einrad, das 119
eins 336
Einsatzkraft, die 287
Einschienenbahn, die 122
einschlafen 51
Einschreiben, das 190
Einschulung, die 21
Einstand, der 202
einsteigen 123
einstellen, jemanden 165
Einstellrad, das 159
Einstellungen, die 181
Eintopf, der 100
eintopfen 65
Eintrittsgeld, das 148
Eintrittskarte, die 227
einundzwanzig 336
einundzwanzig Uhr 341
einundzwanzigste(r, s) 337
Einwegkamera, die 242
Einwurf, der 195
Einzel, das 202
Einzelbett, das 51
Einzelhaus, das 40
Einzelzimmer, das 136, 273
Eis, das 313
Eisbär, der 325
Eisbecher, der 91

Eisbergsalat, der 76
Eiscreme, die 91
Eisen, das 205
Eisenerz, das 317
Eishockey, das 200
Eiskaffee, der 92
Eiskugel, die 91
Eiskunstlauf, der 219
Eislutscher, der 98
Eisportionierer, der 47
Eisprung, der 261
Eisschnelllauf, der 219
Eisschokolade, die 92
Eistee, der 92
Eiswaffel, die 91
Eiweiß, das 72, 103
Eizelle, die 262
Ekzem, das 265
El Salvador 302
Elefant, der 326
Elektriker, der 167
elektrische Gitarre, die 229
elektrische Schlag, der 269
Elektrobohrer, der 59
Elektroboiler, der 54
Elektrofachmarkt, der 141
Elektrofahrrad, das 119
Elektrogrill, der 45
elf 336
elf Uhr 340
Elfenbeinküste, die 304
Elfmeter, der 196
Elfmeterpunkt, der 194
elfte(r, s) 337
Ellbogen, der 253
Elle, die 257
Eltern, die 17
Elternabend, der 157
Elternzeit, die 175
E-Mail-Adresse, die 182
Embryo, der/das 262
Emmentaler, der 73
empfangen 182
Empfänger, der 190
Empfängnis, die 262
Empfängnisverhütung, die 261
Empfangsbestätigung unterschreiben, die 190
Empfangsdame, die 136, 166
Endiviensalat, der 76
endokrine System, das 259
Energiesparlampe, die 62
eng 28
Enkel, der 16
Enkelin, die 16
Ente, die 69, 329
Entfernungstafel, die 107
Entführung, die 285
Entgiftung, die 278
Enthaarung, die 34
entlassen werden 175, 273
Entschuldigen Sie bitte, wie komme ich nach ...? 135
Entschuldigung, ich habe mich verwählt. 184
Entsorgungsstation, die 249
Entspannung, die 278
Entziehungskur, die 278
Entzündung, die 266
Epidemie, die 289
Epilepsie, die 267
Erdbeben, das 314
Erdbeere, die 79
Erde, die 292, 295
Erdgeschoss, das 40, 142
Erdkruste, die 295
Erdkunde, die 156
Erdmännchen, das 325
Erdmantel, der 295
Erdnuss, die 82
Erdnussbutter, die 89
Erdrutsch, der 314
Erdspeer, der 217
Erdung, die 62
Ereignisse im Leben, die 21
Erektion, die 260
Erfrischungsgetränke, die 92
Ergebnisse, die 264
Ergometer, das 222
Eritrea 305
Erkältung, die 266
Ermäßigung, die 148
Ermittlung, die 284
Ernährung, die 103
ernten 65
Ersatzreifen, der 114
Ersatzspieler, der 197
erste Etage, die 142
Erste Hilfe, die 282
erste Hilfe leisten 282
erste Klasse, die 122, 124
erste Liga, die 195
erste Rang, der 226
erste Stock, der 40
erste(r, s) 337
Erste-Hilfe-Kasten, der 283
Erste-Hilfe-Kurs, der 283
ertrinken 288
Erwachsene, der 18
Erzählliteratur, die 189
Es ist ein Unfall passiert! 289
Es ist schön/trüb/nasskalt. 312
Escapetaste, die 178
Esche, die 319
Esel, der 326
Espresso, der 93
Essen 68
Essen auftauen, das 44
Essensausgabe, die 160
Essig, der 85
Esslöffel, der 344
Essstörung, die 267
Essteller, der 102
Esstisch, der 43
Esszimmer, das 43
Estland 299
Estragon, der 83
Etagenbett, das 51
Ethikunterricht, der 156
etliche 339
etwas auf Rechnung setzen 147
Eukalyptus, der 319
Eule, die 329
Euro, der 345
Europa 299
Europäische Union (EU), die 311
Evakuierung, die 289
Exotische Früchte 80
Explosion, die 289

F

Fabrik, die 134
Fachbereich, der 164
Fächerfisch, der 331
Fäden, die 274
Faden einfädeln, einen 239
Fadenführung, die 238
Fadenhebel, der 238
Fagott, das 229
Fahne, die 204
Fähre, die 129
Fahrenheit 312
Fahrerseite, die 110
Fahrersitz, der 112, 116
Fahrkarte, die 115
Fahrkartenautomat, der 115, 123
Fahrkartenschalter, der 123
Fahrplan, der 115
Fahrpreis, der 115
Fahrrad, das 118
Fahrradhelm, der 118
Fahrradkorb, der 118
Fahrradschlauch flicken, einen 118
Fahrradschloss, das 119
Fahrradständer, der 119
Fahrradweg, der 106
Fahrspur, die 106
Fahrsteig, der 127
Fahrtrage, die 275
Fahrwerk, das 124
Fahrzeuge, die 121
Fahrzeugkran, der 121
Fahrziel, das 115
Fairway, das 204
Fallschirmspringen, das 220
Falte, die 22
Familie, die 16, 18
Familie gründen, eine 21
Familienzimmer, das 137
Fang, der 217
fangen 199, 217
Fangnetz, das 287
Fans, die 232
Farbdose, die 61
Farbe, die 61, 237
Farbmuster, das 61
Farbpalette, die 35
Farbroller, der 61
Farbwanne, die 61
Fassade, die 149
fasten 103
Fastfood, das 99
faulig 81
Faultier, das 327
Faxgerät, das 184
Februar, der 343
Fechten, das 221
Feder, die 328
Federball, der 161, 201
Federmäppchen, das 155
fegen 57
Fehler, der 202
Fehlermeldung, die 181
Fehlgeburt, die 263
Fehlstart, der 208
Feier, die 20
Feiertag, der 20, 342
Feige, die 80
feilen 59
Feinkost, die 145
Feldsalat, der 76
Feldspieler, die 197
Felge, die 111, 118
Felgenbremse, die 118
Fell, das 324
Felsen, der 315
Fenchel, der 74, 83, 84
Fenster, das 40, 124, 181
Fenster minimieren, ein 181
Fensterbank, die 51
Fensterbrett, das 43
Ferien, die 157, 246
Fernbedienung, die 185
Fernlicht, das 110
Fernsehbank, die 42
Fernsehen, das 185
fernsehen 185
Fernseher, der 185
Fernsehserie, die 185
Fernsehturm, der 132
Ferse, die 253, 254
Fersenbein, das 257
Festanstellung, die 165
Feste, die 20
festkochend 75
Festnahme, die 285
(externe) Festplatte, die 179
Feststelltaste, die 178
Feta, der 72
Fett, das 103
fettarm 73
feucht 312
Feuchtgebiet, das 316
Feuchtigkeitscreme, die 34
Feuchttuch, das 277
Feueranzünder, der 248
Feuerlöscher, der 113, 286
Feuerwache, die 133, 286
Feuerwehr, die 286
Feuerwehrfahrzeug, das 121
Feuerwehrhelm, der 286
Feuerwehrmann, der 286
Feuerwehrschlauch, der 286
Feuerwehrschutzjacke, die 286
Feuerzeug, das 146
Fichte, die 319
Fidschi 310
Fieber, das 266
Fieberthermometer, das/der 277
Film, der 243
Filme drehen 234
Filmplakat, das 241
Filter, der 242
Filzstift, der 235
Finanzberater, der 139
Fingerabdruck, der 284
Fingerhut, der 239, 320
Fingerknöchel, der 254
Fingerkuppe, die 254
Fingernagel, der 254
Finimeter, das 211
Fink, der 328
Finnland 299
Fisch, der 70
Fisch entgräten, einen 71
Fisch fangen, einen 216
Fisch mit Pommes, der 99
Fische, die 331
Fischer, der 167
Fischgeschäft, das 140

Fischkorb, der 217
Fischrogen, der 70
Fischschwarm, der 331
Fischsteak, das 70
Fischtheke, die 145
Fitness, die 194, 222
Fitnessball, der 222
Fitnessraum, der 136
Fitnessstudio, das 222
FKK-Strand, der 247
Flachbettauflieger, der 120
Flachpinsel, der 61
Flachrennen, das 215
Fladenbrot, das 88
Flamingo, der 329
Fläschchen, das 263
Flaschenöffner, der 48
Flatrate, die 183
flattern 328
Flauschdecke, die 50
Flechte, die 320
Fleckenentferner, der 56
Fledermaus, die 324
Fleisch, das 68
Fleisch und Geflügel, das 145
Fleischklopfer, der 47
Fleischtheke, die 144
Flickzeug, das 119
Flieder, der 321
Fliege, die 29, 332
fliegen 125
Fliegende Fisch, der 331
Fliegenfischen, das 217
fliehen 285
Fließhecklimousine, die 109
Flip-Flop®, der 33, 246
Floh, der 333
Flosse, die 331
Flug buchen, einen 127
Flugbegleiterin, die 125, 168
Flügel, der 69, 149, 230, 328
Fluggastbrücke, die 126
Fluggasttreppe, die 126
Fluggesellschaft, die 124
Flughafen, der 126
Fluglotse, der 126
Flugsteig, der 126
Flugzeug, das 124
Flugzeugtür, die 124
Flur, der 39
Fluss, der 132, 315
Flussfahrt, die 148
flüssige Honig, der 89
Flusskrebs, der 71
Flussmündung, die 315
Flut, die 247
Fock, die 210
Föderierten Staaten von Mikronesien, die 310
Föhn, der 55
Folge, die 185
Folie, die 174
Food Court, der 142
Football, der 161
Forelle, die 70
Formel 1®, die 220
Formschnitt, der 323
Forschung, die 162
Forschungsinstitut, das 162
Fortschrittsbalken, der 181
Foto, das 52
Foto machen, ein 243
Fotoalbum, das 243
Fotograf, der 169
Fotografieren, das 242
fotografieren lassen, sich 243
Fotostudio, das 243
Foul, das 195
Foyer, das 226
Fracht, die 129
Franc, der 345
Frankreich 299
Frau, die 18, 252, 253
Frau ... 18
Free-TV, das 185
freie Jahr, das 164
freie Rippe, die 257
freilassen 217
Freilufttheater, das 226
Freiraum, der 198
Freistil, der 219
Freistoß, der 195
Freitag, der 343
Freiwurflinie, die 197, 199
Freizeit, die 226
Fremdenführerin, die 148
Fremdsprachen, die 156
Frequenz, die 187
Frettchen, das 324
Freund, der 18
Freunde, die 18
Freundin, die 18
freundlich 25
Friedhof, der 135
Frikadelle, die 100
Frisbee®, das 221
frisch 71, 81
frisch gepresste Grapefruitsaft, der 92
frische Obst, das 96
Frischhaltefolie, die 46
Frischkäse, der 73
Friseurin, die 168
Friseursalon, der 141
frittieren 95
Frontlader, der 56
Frontmann, der 232
Frosch, der 330
Frost, der 313
Frozen Yogurt, der 98
fruchtbar 261
Fruchtblase, die 262
Früchtejoghurt, der 96
Fruchtgemüse, das 77
Fruchtshake, der 97
Fruchtwasser, das 262
Frühchen, das 263
Frühgeburt, die 263
Frühling, der 342
Frühlingsblume, die 321
Frühlingszwiebel, die 75
Frühstück, das 96
Frühstücksbuffet, das 137
Frühstücksflocken, die 96, 145
Frühstückstheke, die 44
Fruktose, die 103
Fuchs, der 325
Führerstand, der 122
Füller, der 155
fünf 336
fünf nach zwölf 341
fünf Uhr 340
fünf und drei Achtel 338
fünffach 339
fünfte(r, s) 337
Fünftel, ein 338
fünfundfünfzigtausend 337
fünfzehn 336
fünfzehn Uhr 341
fünfzehnte(r, s) 337
fünfzig 336
fünfzigste(r, s) 338
fünfzigtausend 337
Funkantenne, die 128
Funkloch, das 183
Fürstentum, das 298
Fusilli, die 87
Fuß, der 159, 252, 254, 344
Fuß verstauchen/brechen, sich den 269
Fußabtreter, der 38
Fußball, der 161, 194, 196
Fußballschuh, der 196
Fußbodenheizung, die 62
Fußgängerampel, die 106, 135
Fußgängerzone, die 135
Fußgelenk, das 254
Fußgewölbe, das 254
Fußraste, die 116
Fußreflexzonenmassage, die 278
Fußrücken, der 254
Fußschalthebel, der 116
Fußsohle, die 254
Fußstütze, die 112, 268
Fußweg, der 150

G

Gabel, die 118
Gabelstapler, der 121
Gabun 305
Galaxie, die 294
Gallenblase, die 258
Galopp, der 215
Gambia 305
Gang, der 125, 144
Gans, die 69, 329
Gänseblümchen, das 320
Gänseei, das 72
Garage, die 39
Garam masala, das 84
Garderobenständer, der 41
Garnele, die 71
Garnrollenstift, der 238
Garten, der 63
Gartenanlage, die 150
Gartenarbeit, die 65
Gartenbank, die 63
Gartenerbse, die 78
Gartengeräte, die 64
Gartenhandschuh, der 64
Gartenhaus, das 63
Gartenmauer, die 63
Gartenmöbel, die 63
Gartenpflanzen, die 323
Gartenschlauch, der 64
Gartenteich, der 63
Gartenweg, der 63
Gartenzaun, der 63
Gärtner, der 168
gärtnern 234
Gasbrenner, der 248
Gasdrehgriff, der 117
Gasflasche, die 248
Gaspedal, das 112
Gasse, die 132
Gast, der 101
Gastroenterologie, die 273
Gas-Wandheizgerät, das 54
Gaumen, der 255
Gebäck, das 90
gebackenen Bohnen, die 97
Gebärdensprache, die 268
Gebärmutter, die 261
Gebärmutterhals, der 261
Gebäude in der Innenstadt 134
Gebäudereiniger, der 167
geben 244
Gebirge, das 315
Gebirgsbach, der 316
Gebirgskette, die 295
gebratenen Nudeln, die 99
gebundene Buch, das 189
Geburt, die 21, 262
Geburtstag, der 20
Geburtstagskerze, die 90
Geburtstagskuchen, der 90
Gecko, der 330
gedämpfte Gemüse, das 74
Gedenkstätte, die 149
geduldig 25
Gefahr, die 289
Gefälle, das 108
Gefängnis, das 285
Geflügel, das 69
Gefrierbeutel, der 46
Gefrierschrank, der 44
Gefühle, die 25
(schräg) gegenüber 135
Gegenverkehr, der 108
gegrillte Tomate, die 97
Gehalt, das 175
Gehirn, das 255
Gehirnerschütterung, die 269
gehörlos 268
Gehweg, der 132
Geige, die 229
Geisteswissenschaften, die 162
gekocht 77
gekochte Ei, das 96
gelähmt 268
Geländemotorrad, das 116
Geländer, das 123
Geländewagen, der 109
gelangweilt 26
Gelb, das 237
gelbe Karte, die 195
Gelbgrün, das 237
Gelborange, das 237
Geld abheben 138
Geld einzahlen 138
Geldautomat, der 138
Geldschein, der 139
gemahlen 85
Gemälde, das 42
Gemeinschaftskunde, die 156
Gemüse, das 74
Gemüsegarten, der 63
Gemüseladen, der 140
Generalprobe, die 227
Genesung, die 274
geöffnet 148
geografische Breite, die 298
geografische Länge, die 298
Georgien 308
Gepäckablage, die 122, 137
Gepäckband, das 127
Gepäckfach, das 125

Gepäckkontrolle, die 127
Gepäckraum, der 115, 124
Gepäckträger, der 118
Gepard, der 325
geparkte Auto, das 106
gepolsterte Hocker, der 42
Geranie, die 322
geraspelt 85
geräuchert 69, 71
Gerbera, die 322
Gerichte, die 96
Gerichtsgebäude, das 133
geriebene Käse, der 73
geröstet 82
Gerste, die 86
Geruchssinn, der 259
gesalzen 82
Gesangstück, das 233
Gesäß, das 253
Gesäßbacke, die 253
Gesäßmuskel, der 256
Gesäßspalte, die 253
Geschäft, das 142
Geschäfte, die 140
Geschäftsfrau, die 174
Geschäftsführung, die 170
Geschäftsmann, der 174
Geschäftsreise, die 174
Geschäftsviertel, das 132
geschält 81
Geschenkeladen, der 141
Geschichte, die 156
geschieden 17
Geschirr, das 102
Geschirrtuch, das 44
Geschlechtskrankheit, die 260
Geschlechtsorgane, die 260
Geschlechtsverkehr, der 260
geschlossen 148
Geschmackssinn, der 259
Geschmacksverstärker, der 103
Geschwindigkeit, die 114
Geschwindigkeitsbegrenzung, die 108
Geschwindigkeitsüberschreitung, die 107
Geschwür, das 267
Gesellschaft mit beschränkter Haftung (GmbH), die 170
Gesellschafter, der 171
Gesicht, das 22
Gesichtsbehandlung, die 279
Gesichtscreme, die 34
Gesichtsmaske, die 279
gestern 342
gestresst 26
gesund 266
gesunde Ernährung, die 103
Gesundheit, die 252
Getränk, das 241
Getränke, die 92, 145
Getreide, das 86
Getriebe, das 111, 116
Gewächshaus, das 63
Gewalt, die 285
Gewebe, das 258
gewellt 23
Gewicht, das 191, 345
Gewichtsscheibe, die 222
gewinnen 245
Gewitter, das 313
Gewürze, die 83
Geysir, der 316
Ghana 305
Gibbon, der 327
gießen 65
Gießkanne, die 64
Gift, das 330
Giftzahn, der 330
Gin Tonic, der 94
Gipfel, der 315
Giraffe, die 326
Girokonto, das 138
Gitarrist, der 232
Gitterbettchen, das 50
Gitterstab, der 50
glänzend 243
Glas, das 89
glasieren 95
glatt 23
Glätteisen, das 55
Glatze, die 23
Gleisnummer, die 123
Gleitsichtbrille, die 272
Gletscher, der 315
Glück, das 245
glücklich 25
Glühbirne, die 62
Glühfaden, der 62
Glühwein, der 93
Glukose, die 103
glutenfrei 103
GmbH & Co. KG, die 170
Gold, das 207, 317
Goldfisch, der 331
Golf, das 204, 295
Golfball, der 204
Golfcart, das 205
Golfplatz, der 204
Golfschläger, die 205
Golfspieler, der 205
Golftasche, die 205
Golftrolley, der 205
Gong, der 228
Gorgonzola, der 72
Gorilla, der 327
gotisch 149
Gottesanbeterin, die 332
Gouache, die 235
Gouda, der 73
Grabmal, das 149
Grad, der 312
Graffiti, das 236
Grafikerin, die 169
Grafit, der 317
Gramm, das 345
Granat, der 318
Granatapfel, der 80
Granit, der 317
Grapefruit, die 81
Grasland, das 316
Gräte, die 71
Grau, das 237
grau meliert 23
Graubrot, das 88
graue Star, der 272
grauen Augen, die 24
gravieren 234
Great Barrier Reef, das 297
Greifreifen, der 268
Grenada 302
Griechenland 299
Griff, der 201, 203
Grille, die 332
grillen 69, 95
Grillpfanne, die 48
Grillplatz, der 151
Grillrost, der 248
Grimasse schneiden, eine 22
Grippe, die 266
Gros, ein 339
groß 24, 28
Größe, die 30
große Trommel, die 228
große Zeh, der 254
Großeltern, die 17
großformatige Zeitung, die 188
Großhirn, das 255
Großmutter, die 17
Großraumabteil, das 122
Großsegel, das 210
Großvater, der 17
Grübchen, das 22
Grün, das 204, 237
Grundierung, die 35
Grundlinie, die 198, 199, 202, 203
Grundriss, der 39
Grundschule, die 154
Grundstück, das 38
grüne Bohne, die 78
grüne Linse, die 78
grüne Star, der 272
grünen Augen, die 24
Grußkarte, die 146
Guatemala 302
Guave, die 80
Gugelhupf, der 90
Guinea 305
Guinea-Bissau 305
Gummibärchen, das 98
Gummihandschuh, der 57
Gummistiefel, der 33
Gummiwischer, der 57
Gurke, die 77
Gürtel, der 33
Gürtelrose, die 266
Guten Abend! 19
Guten Appetit! 102
Guten Morgen! 19
Güterzug, der 122
Guthaben, das 183
Guyana 303
Gymnasium, das 154
Gynäkologie, die 273

H

Haar, das 22, 23
Haarbürste, die 34
Haare föhnen, sich die 34
Haare glätten, sich die 34
Haargummi, der/das 34
Haarprodukt, das 34
Haarspange, die 34
Haben Sie das auch eine Nummer größer/kleiner? 28
Haben Sie ein Zimmer frei? 136
Habicht, der 328
Habilitation, die 162
Hacke, die 64
Hackfleisch, das 68
Hackmesser, das 47
Hafen, der 129
Hafer, der 86
Haferbrei, der 97
Haftnotiz, die 173
Haftstreifen, der 173
Hagel, der 313
Hahn, der 329
Hahn auf-/zudrehen, den 55
Hähnchen, das 69
Hähnchenkeule, die 69
Haiti 302
häkeln 240
halb elf 341
halbe Stunde, eine 340
Halbedelsteine, die 318
halber/halbes/eine halbe, ein 338
halbes Dutzend, ein 339
Halbfeld, das 202
Halbinsel, die 295
Halbmond, der 292
Halbpension, die 137
Halfpipe, die 219
Hallo! 19
Halloween, das 20
Hals, der 252
Halskette, die 32
Halsschmerzen, die 265
Halswirbel, der 257
Halteknopf, der 115
Halteschlaufe, die 115
Halteverbot, das 108
Haltung, die 204
Hamburger, der 99
Hammer, der 58
hämmern 59
Hamster, der 324
Hand, die 253, 254
Hand geben, sich die 19
Handball, der 161, 197
Handbremse, die 112
Handfeger, der 57
Handfläche, die 254
Handfunkgerät, das 284
Handgelenk, das 253, 254
Handgepäck, das 125
Handicap, das 205
Handrad, das 238
Handrechen, der 64
Handrührgerät, das 45
Handsäge, die 58
Handschaltung, die 109
Handschellen, die 284
Handschuh, der 32
Handschuhfach, das 112
Handstand, der 207
Handtasche, die 33
Handtuch, das 53
Handtuchhalter, der 53
Handwerker, der 61
Handy, das 183
Handytasche, die 32, 183
Hängelampe, die 51
Hangelgerüst, das 151
Hängematte, die 248
Hängeregister, das 173
Hängeschrank, der 44
Hanukkah, die 20
Hardware 179
Harfe, die 229
Harnblase, die 259, 260, 261
Harnleiter, der 259
Harnröhre, die 260, 261
Harnsystem, das 259

Harpune, die 217
Haselnuss, die 82
Hasenglöckchen, das 320
hässlich 24
Hauptgericht, das 101
Hauptmahlzeit, die 100
Hauptstadt, die 298
Haus, das 40
Hausarbeit, die 164
Hausaufgabe, die 157
Hausbriefkasten, der 191
Hausmeister, der 39
Hausnummer, die 38
Hauspost, die 172
Hausschlüssel, der 38
Hausschuh, der 28
Haustür, die 40
Hauswirtschaft, die 157
Haut, die 22
Hautausschlag, der 265
Hautpflege, die 277
Havarie, die 288
Heavy Metal, das 231
Hebamme, die 262
Heberglocke, die 54
Hechtabwehr, die 198
Heck, das 124, 210, 211
Hecke, die 63
Heckenschere, die 64
Heckscheibe, die 111
Hefe, die 87
Hefeweizen, das 94
heften 240
Heide, die 316
Heidekraut, das 320
Heidelbeere, die 79
Heilbutt, der 70
Heimtextilienabteilung, die 143
Heimwerkstatt, die 58
heiraten 21
Heiratsantrag machen, jemandem einen 21
heiß 312
heiße Schokolade, die 97
Heißgetränke, die 93
Heizdecke, die 49
Heizkörper, der 62
Heizung, die 62
Heizung anschalten/ausschalten, die 62
Heizungsregler, der 112
Hektar, der/das 344
Hellbraun, das 237
Hellgelb, das 237
Helm, der 287
Hemd, das 29
Herbst, der 342
Herd, der 44
Hering, der 249
Herr ... 18
Herrenabteilung, die 143
Herrenkleidung, die 29
Herz, das 74, 244, 258, 259
Herzdruckmassage, die 282
Herzinfarkt, der 267
Herz-Kreislauf-System, das 259
Herzlich willkommen! 19
Herzlichen Glückwunsch! 20
Herzmonitor, der 275
Herzmuschel, die 71
Heuschnupfen, der 266
Heuschrecke, die 332
heute 342
Hi-Hat, die/das 230
Hilfe! 289
Himalaja, der 297
Himbeere, die 79
Himmel und Hölle spielen 160
hin und zurück 123
hinken 268
hintere Aufschlaglinie Doppel, die 201
hintere Aufschlaglinie Einzel, die 201
hintere Backenzahn, der 270
Hinterrad, das 118
Hinterzwiesel, der 214
Hip-Hop, der 231
Hirnhautentzündung, die 266
Hirnstamm, der 255
Hirse, die 86
Hitparade, die 187
Hitzewelle, die 314
HIV-positiv/negativ 267
Hobbys, die 234
hobeln 59
Hochformat, das 243
Hochgeschwindigkeitszug, der 122
Hochschulabschluss, der 164
Hochseeangeln, das 217
Hochsprung, der 206
Hochstuhl, der 43
Hochzeit, die 20
Hochzeitstag, der 20
Hocker, der 49
Hockey, das 200
Hockeyschläger, der 200
Hoden, der 260
Hodensack, der 260
Hof, der 38
hohe Blutdruck, der 266
hohe Stiefel, der 33
Höhenleitwerk, das 124
Höhle, die 315
Hole-in-one, das 205
Holunderbeere, die 79
Holz, das 205
Holzboden, der 43
Holzbrett, das 60
Holzhammer, der 58
Holzkohle, die 248
homogenisiert 73
homöopathische Heilmittel, das 278
Honduras 302
Honig, der 89
Honigmelone, die 81
Hörer, der 184
Hörgerät, das 268
Hormon, das 260
Horn, das 229, 324
Hornhaut, die 272
Hornhecht, der 331
Hornisse, die 332
Horrorfilm, der 241
Hörsaal, der 162
Hörsinn, der 259
Hörspiel, das 187
Hortensie, die 322
Hose, die 29, 196
Hosenträger, die 32
Hot Dog, der/das 99
Hotel, das 136
Hotelanlage, die 136
hübsch 24
Huf, der 214, 324
Hufeisen, das 215
Hüfte, die 252
Hügel, der 316
Huhn, das 329
Hühnerei, das 72
Hülse, die 78
Hülsenfrüchte, die 78
Hummel, die 332
Hummer, der 71
Hummerfalle, die 217
Hund, der 324
hundert 336
Hundertfüßer, der 333
hundertste(r, s) 338
hunderttausend 337
Hundeschlittenfahren, das 219
Hürde, die 206
Hürdenlauf, der 206
Hurrikan, der 314
Husten, der 266
Hustenbonbon, das/der 277
Hustensaft, der 276
Hut, der 32
Hüttenkäse, der 72
Hyazinthe, die 322
Hydrant, der 135, 286
Hypnose, die 278
Hypothek, die 138

I

Ich bin verärgert/froh/traurig. 25
Ich habe ein Zimmer unter dem Namen ... gebucht. 136
Ich habe eine Panne. 114
Ich habe empfindliche/trockene Haut. 279
Ich habe fettige/normale Haut. 279
Ich hätte gern ... 147
Ich hätte gerne die Rechnung, bitte. 102
Ich hätte gerne ein Doppelzimmer für eine Nacht. 136
Ich heiße ... 19
Ich möchte bitte ... sprechen. 184
Ich möchte gerne ein Konto eröffnen. 139
Igel, der 324
Ihr Flug ist jetzt zum Einsteigen bereit. 124
im Aus sein 199
im Chor singen 234
im Internet surfen 182
Imbissbereich, der 143
immergrüne Baum, der 319
Immobilienmaklerin, die 168
Impfung, die 263
Implantat, das 271
impotent 260
In den Bergen 287
in der Nähe (von) 135
in die Pedale treten 118
in einem Buch blättern 189
in einen höheren/niedrigeren Gang schalten 118
in Ohnmacht fallen 269
in Rente gehen 21, 175
in Seenot geraten 288
Inbusschlüssel, der 60
Index, der 189
Indianerzelt, das 248
Indie-Musik, die 231
Indien 308
Indische Ozean, der 296
Indonesien 308
Industriegebiet, das 133
Infekt, der 265
Informatik, die 156
Informatiker, der 166
Infusionsständer, der 273
Ingenieurin, die 167
Ingenieurwesen, das 162
Ingwer, der 84
Inhalator, der 267
Inhaltsverzeichnis, das 189
Inlandsflug, der 127
Inlineskaten, das 220
Innenausstattung, die 112
Innendienst, der 171
Innenhof, der 149
Innenstadt, die 131
Innenverteidiger, der 195
Innenzelt, das 249
innere Erdkern, der 295
Innereien, die 69
inneren Organe, die 258
ins Bett gehen 51
Insekten, die 332
Insektenspray, der/das 248
Insektenstich, der 269
Insel, die 295, 316
Instrument stimmen, ein 228
Instrumentalstück, das 233
Intensivstation, die 275
Internat, das 154
Internationale Organisationen 311
Internet, das 182
Interview, das 186
Interviewpartner, der 186
intolerant 26
Irak, (der) 308
Iran, (der) 308
Iris, die 272, 322
Irland 299
Irrgarten, der 151
ischiocruralen Muskeln, die 256
Island 299
Isomatte, die 249
Israel 308
Ist dieser Platz noch frei? 123
ist gleich 339
Italien 299
IT-Leitung, die 170

J

Jachthafen, der 210
Jade, der 318
Jagd, die 221
Jagdrennen, das 215
Jaguar, der 325
Jahr, das 343
Jahresurlaub, der 175
Jamaika 302
Januar, der 343
Japan 308

Jazz, der 231
Jeans, die 31
jeder/jede/jedes 339
Jemen, (der) 308
Jenga®, das 245
Jetski®, der 212
Jiu-Jitsu, das 213
jobben 164
Jochbein, das 257
Jockey, der 215
joggen 151
Joghurt, der 72
Joker, der 244
Jordanien 308
Journalistin, die 169
Judo, das 213
jugendfrei 241
Jugendliche, die 18
Jugendstil, der 149
Jugendzimmer, das 51
Juli, der 343
jung 24
Junge, der 18
Jungtier, das 327
Juni, der 343
Jupiter, der 293
Juweliergeschäft, das 141

K

Kabel, das 184
Kabelfernsehen, das 185
Kabeljau, der 70
Kabine, die 128
kacheln 61
Kaffee, der 93, 101
Kaffee zum Mitnehmen, der 93
Kaffeebohnen, die 93
Kaffeemaschine, die 45, 147
Kai, der 129
Kaiserschnitt, der 263
Kajak, der/das 211
Kajalstift, der 35
Kakadu, der 329
Kalbfleisch, das 68
Kalender, der 343
Kalkstein, der 317
Kalorien, die 103
Kalorien verbrennen 223
kalt 312
Kaltwasserzulauf, der 54
Kambodscha 308
Kamel, das 326
Kameragehäuse, das 242
Kameratasche, die 243
Kamerun 305
Kamille, die 320
Kamillentee, der 93
Kamin, der 42
Kaminofen, der 62
Kaminsims, der 42
Kamm, der 34
Kammmuschel, die 71
Kampfsport, der 213
Kanada 302
Kanadier, der 211
Kanal, der 133
Kanaldeckel, der 135
Kanarienvogel, der 328
Kandare, die 214
Känguru, das 327
Kaninchen, das 68, 324
Kann ich das bitte umtauschen? 142
Kann ich hier mein Zelt aufschlagen? 249
Kante, die 218
Kanter, der 215
Kap Verde 305
Kapitel, das 189
Kapsel, die 276
Kapuzenmuskel, der 256
Kapuzenpullover, der 28
Karabiner, der 287
Karaffe, die 102
Karamellpudding, der 91
Karate, das 213
Kardamom, der/das 84
Kardinalzahlen, die 336
Kardiologie, die 273
Karibische Meer, das 296
Karies, die 271
Karneval, der 20
Karo, das 244
Karotte, die 75
Karottensaft, der 92
Karpfen, der 70
Karriere, die 165
Karten mischen, die 244
Kartoffel, die 75
Kartoffelspalten, die 100
Kartoffelstampfer, der 47
Karton, der 236
Kartuschenpistole, die 60
Kasachstan 308
Käse, der 96
Käsekuchen, der 90
Käsemesser, das 101
Käseteller, der 101
Käsetheke, die 144
Kaspische Meer, das 296
Kasse, die 144
Kassenzettel, der 145
Kassette, die 233
Kassierer, der 144
Kassiererin, die 138
Kastagnetten, die 230
Kastanie, die 82
Katakomben, die 149
Katamaran, der 128, 210
Katar 309
Katze, die 324
Kaufhaus, das 143
kaufmännische Bereich, der 170
kaufmännische Leitung, die 170
Kaugummi, der/das 98, 146
Kaulquappe, die 330
Kaution, die 39
Kehle, die 255
Kehlkopf, der 255
Kehrschaufel, die 57
Keilabsatz, der 33
Keilbeinhöhle, die 255
Keilriemen, der 113
keimen 321
Keks, der 98
Keller, der 39
Kellner, der 101, 168
Kendo, das 213
Kenia 305
kentern 210, 288
Kern, der 78
kernlos 81
Kernspintomographie, die 275
Kerze, die 43
Kesselpauke, die 230
Ketchup, der/das 85
Kette, die 118
Kettenschutz, der 118
Keuchhusten, der 266
Keule, die 68
Key-Account-Management, das 171
Kfz-Mechanikerin, die 167
Kichererbse, die 78
Kickboxen, das 213
kicken 196
Kidneybohne, die 78
Kiemen, die 331
Kilogramm, das 345
Kilometer, der 344
Kilometerstand, der 114
Kind, das 18
Kinderabteilung, die 143
Kinderanhänger, der 119
Kinderbuch, das 189
Kindergarten, der 21, 154
Kinderkrankheit, die 266
Kinderlähmung, die 266
Kinderschaufel, die 246
Kindersitz, der 119
Kinderstation, die 273
Kinderwagen, der 50
Kinderzimmer, das 50
Kinn, das 22, 252
Kino, das 134, 241
Kinokasse, die 241
Kinoleinwand, die 241
Kinosaal, der 241
Kiosk, der 135, 146
Kipper, der 121
Kirche, die 134
Kirgisistan 308
Kiribati 310
Kirsche, die 79
Kirschtomate, die 77
Kissenbezug, der 49
Kitesurfen, das 212
Kittel, der 158
Kiwano, die 80
Kiwi, die 80
Klappe, die 186
Klapptisch, der 122
Klarinette, die 229
Klasse, die 154
Klassenarbeit, die 154
Klassenfahrt, die 157
Klassenzimmer, das 155
klassische Musik, die 231
klassizistisch 149
Klausur, die 163
Klebeband, das 191
Klebepistole, die 59
Klebstoff, der 235
Klee, der 320
Kleid, das 31
Kleiderbügel, der 41
Kleiderhaken, der 41
Kleiderschrank, der 49
Kleidung, die 27
klein 24, 28
klein/mittelgroß/groß 99
Kleinabteil, das 122
Kleinbus, der 115
kleine Finger, der 254
kleine Geschenk, das 19
kleine Trommel, die 228
kleine Zeh, der 254
Kleinhirn, das 255
Kleinstwagen, der 109
Kleintransporter, der 109
Kleinwagen, der 109
Klempner, der 167
Klettergerüst, das 151
Klettern, das 220
Kletterpflanze, die 323
klicken 180
Klimaanlage, die 109
Klimmzug, der 223
Klingel, die 136
klingeln 184
Klingelton, der 183
Klippe, die 315
Klitoris, die 261
Klobürste, die 53
klopfen 95
Kloschüssel, die 53
Klostein, der 53
Knabbereien, die 98
Knäckebrot, das 88
knackig 81
kneten 87
Knicks machen, einen 19
Knie, das 252
Kniebeuge, die 223
Kniekehle, die 253
Kniescheibe, die 257
Knirscherschiene, die 271
Knoblauch, der 75
Knoblauchknolle, die 75
Knoblauchpresse, die 47
Knoblauchzehe, die 75
Knöchel, der 253
Knochenbruch, der 269
Knock-out, der 213
Knopf, der 28, 239
Knopfloch, das 28
Knorpel, der 258
Knospe, die 321
Koala, der 325
Koch, der 168
köcheln lassen 95
Kochen, das 95
kochen 95, 234
Kochlöffel, der 48
Kochtopf, der 48
Kochutensilien, die 46
Köder, der 217
Koffer, der 32
Kofferkuli, der 123
Kofferraum, der 111
Kofferwagen, der 137
Kohle, die 317
Kohlenhydrat, das 103
Kohlrabi, der 74
Koi, der 331
Kokosnuss, die 80
Kolibri, der 328
Kollege, der 175
Kollegin, die 175
Kolonie, die 298
Kolumbien 303
Kolumne, die 188
Koma, das 275
Kombiwagen, der 109
Kombizange, die 58

Komet, der 294
Komiker, der 226
Kommanditgesellschaft (KG), die 170
Kommode, die 49
Kommunikation, die 178
Komödie, die 226, 241
Komoren, die 305
Komposition, die 233
Komposter, der 63
Kondensmilch, die 73
Konditorei, die 140
Kondom, das 261
Konfitüre, die 89
König, der 244, 245
Königreich, das 298
Können Sie mich bitte zurückrufen? 184
Könnte ich das mal anprobieren? 28
Könnten Sie bitte den Pannendienst anrufen? 114
Könnten Sie mir beim Reifenwechseln helfen? 114
Könnten Sie mir bitte ... zeigen? 142
Könnten Sie mir bitte sagen, wo ... ist? 135
Könnten Sie mir das bitte wechseln? 139
Könnten Sie uns bitte die Weinkarte bringen? 102
Konserven, die 145
Kontaktlinse, die 272
Kontaktlinsenbehälter, der 272
Kontinent, der 295
Kontonummer, die 138
Kontrollturm, der 126
konzentrieren, sich 52
Konzern, der 170
Konzert, das 232
Konzerthalle, die 232
Kopf, der 238, 252, 255
köpfen 196
Kopfhörer, der 184, 233
Kopfkeil, der 279
Kopfkissen, das 49
Kopflehne, die 122
Kopfsalat, der 76
Kopfschmerzen, die 265
Kopfschutz, der 213
Kopfstütze, die 112
Kopfteil, das 49
kopieren 180
Koppel, die 215
Korallenriff, das 316
Korb, der 199
Korbbrett, das 161, 199
Korbring, der 199
Koriander, der 83, 84
Korkenzieher, der 48, 147
Körper, der 252
Körperpflege, die 34
Körpersysteme, die 259
Körperverletzung, die 285
Kosmetikabteilung, die 143
Kosmetikerin, die 168, 279
Kotelett, das 68
Kraftstofftank, der 120
Krafttraining, das 222
Kragen, der 29
Krähe, die 328
Krake, der 71
Kralle, die 324, 328
Krampf, der 265
Kran, der 129
krank 266
Krankenhaus, das 133, 273
Krankenhausbett, das 273, 275
Krankenkasse, die 264
Krankenpfleger, der 166
Krankentisch, der 273
Krankenzimmer, das 273
Krankheiten, die 265
kraulen 208
Kräuter, die 83
Kräuterheilkunde, die 278
Kräutertee, der 93
Krawatte, die 29
Krawattennadel, die 32
kreative Schreiben, das 234
Krebs, der 71, 267
Kreditkarte, die 139
Kreide, die 155, 235, 317
Kreissäge, die 59
Kreißsaal, der 263
Kreisverkehr, der 106, 108
Kresse, die 74
Kreuz, das 231, 244
Kreuzfahrtschiff, das 128
Kreuzstich, der 240
Kreuzung, die 107
Kreuzworträtsel, das 247
Kricket, das 200
kriechen 330
Kriminalbeamte, der 284
Kriminalbeamtin, die 284
Kroatien 299
Krocket, das 221
Krokodil, das 330
Krokus, der 321
Krone, die 271, 319, 345
Kronleuchter, der 43
Kröte, die 330
Krücke, die 268
Kuba 302
Kubikmeter, der/das 344
Küche, die 44
Kuchen, der 90
Kuchendekoration, die 90
Küchengeräte, die 45
Küchenhocker, der 44
Küchenkräuter, die 63
Küchenmaschine, die 45
Küchenmesser, das 47
Küchenpapier, das 46
Küchensieb, das 47
Küchenwaage, die 45
Küchenwecker, der 46
Küchenzange, die 48
Kugelfisch, der 331
Kugelschreiber, der 173
Kuh, die 326
Kühler, der 111
Kühlergrill, der 110, 120
Kühlerhaube, die 120
Kühlmitteltemperaturanzeige, die 114
Kühlregal, das 145
Kühlschrank, der 44
Kuhmilch, die 73
Küken, das 328
Kulisse, die 226
Kulturbeutel, der 34
Kumquat, die 81
Kundenakquise, die 171
Kundendienst, der 142, 171
Kundin, die 144
Kung-Fu, das 213
Kunst, die 156, 235
Kunstfliege, die 216
Kunstgeschichte, die 162
Kunsthalle, die 134
Kunsthochschule, die 164
Künstlergarderobe, die 227
Kunstmalerin, die 169
Kunstspringen, das 209
Kunststoff, der 60
Kupfer, das 317
Kuppel, die 149
Kupplungshebel, der 116
Kupplungspedal, das 112
Kur, die 278
Kurbel, die 216
Kürbis, der 77
Kürbiskerne, die 86
Kurierdienst, der 191
Kurkuma, die 84
Kurpark, der 150
Kurs, der 164
Kurve, die 107
kurz 28
kurze Hose, die 29
Kurzhaarschnitt, der 23
Kurzhantel, die 222
kurzsichtig 272
Kurzwaren, die 143
Kurzwelle, die 187
Kuscheltier, das 50
Kuss geben, jemandem einen 19
Küste, die 246, 315
Küstenwachboot, das 288
Küstenwache, die 129
Kuwait 309

L

Labor, das 158
Laborausrüstung, die 158
Laborwaage, die 158
lächeln 25
lachen 19
Lachs, der 70
Lack, der 60
Lackfarbe, die 235
Lacrosse, das 221
Läden, die 140
Lageplan, der 142
Lagerfeuerstelle, die 248
Laib, der 89
Laken, das 49
Lakritze, die 98
laktosefrei 103
Lama, das 326
Lammfleisch, das 68
Lampe, die 42, 159
Lampensockel, der 62
Land, das 295, 298
landen 125
Landschaft, die 315
Landschaftsgärtner, der 167
Landschaftsmalerei, die 236
Landschaftspark, der 150
Landwirt, der 167
lang 28
Langhantel, die 222
Langlauf, der 218
Langlaufloipe, die 218
Langstreckenflug, der 127
Langwelle, die 187
LAN-Kabel, das 182
Laos 309
Lapislazuli, der 318
Laptop, der 52, 179
Laptoptasche, die 179
Lasagne, die 100
Laserdrucker, der 179
Lastkraftfahrzeug, das 120
Latte, die 206
Latte macchiato, der/die 93
Lätzchen, das 27
Latzhöschen, das 27
Latzhose, die 61
Laub, das 319
Laub rechen, das 65
Laubrechen, der 64
Lauch, der 75
Laufband, das 222
Läufer, der 245
Laufstall, der 50
Lautsprecher, der 179
Lautsprecherbox, die 233
Lautstärke, die 185
Lautstärkeregler, der 181, 233
Lavendel, der 83, 321
Lawine, die 287, 314
Lawinenschutz, der 287
Lawinenwarnschild, das 287
Lebenslauf, der 165
Lebensmittelabteilung, die 143
Lebensmittelgeschäft, das 140
Lebensmittelintoleranz, die 103
Lebensphasen, die 18
Leber, die 68, 258
Lebkuchen, der 90
Lederhandschuh, der 117
Lederjacke, die 33, 117
Lederwaren, die 33
ledig 17
Leertaste, die 178
leger 30
Leggings, die 30
Leguan, der 330
Lehrer, der 169
Lehrerin, die 154
Lehrerpult, das 155
Lehrplan, der 157
leicht ausgestellte Hose, die 31
Leichtathletik, die 206
Leihfahrrad, das 119
Leinen, das 240
Leinwand, die 236
Leiste, die 252
Leitartikel, der 188
Leiter, die 61
Leitung, die 62
Leitungswasser, das 92
Lende, die 253
Lendenwirbel, der 257
Lenker, der 117, 118
Lenkergriff, der 116
Lenkrad, das 112
Leopard, der 325
lernen 164
Lerngruppe, die 164

Lesebändchen, das 189
Lesebrille, die 272
Leselampe, die 125
lesen 157, 234
Lesesaal, der 163
Lesezeichen, das 182
Lesotho 305
Lettland 300
letzte(r, s) 338
Leuchtrakete, die 210
Leuchtturm, der 129
Leukoplast®, das 283
Libanon, (der) 309
Libelle, die 332
Liberia 305
Libero, der 195, 198
Libyen 305
Lichthof, der 142
Lichtjahr, das 294
Lichtleiste, die 285
Lichtmaschine, die 113
Lichttherapie, die 278
Lidschatten, der 35
Liebesfilm, der 241
Liebstöckel, das/der 83
Liechtenstein 300
Lied, das 232
Liedtext, der 232
liefern 99, 191
Lieferservice, der 99
Liegerad, das 119
Liegestuhl, der 246
Liegestütz, der 223
Liegewiese, die 150
Liga, die 195
Likör, der 94, 101
Lila, das 237
Lilie, die 322
Limabohne, die 78
Limette, die 81
Limonade, die 92
Limousine, die 109
Linde, die 319
Lineal, das 155
Linie, die 208
Linienbus, der 115
Liniennummer, die 115
Linienrichter, der 198, 202
linke Aufschlagfeld, das 201
linke Flügel, der 197
links abbiegen 135
Linse, die 272
Linzer Torte, die 90
Lipgloss, der/das 35
Lippe, die 22
Lippenpflegestift, der 277
Lippenstift, der 35
Lira, die 345
Litauen 300
Liter, der/das 344
Literanzeige, die 113
Litschi, die 80
Liveaufzeichnung, die 187
Livesendung, die 186
Lobby, die 136
Loch, das 204
Locher, der 173
Lockenstab, der 55
lockig 23
Loge, die 226
Lokalanästhesie, die 274
Longboardfahren, das 220
Lorbeerblatt, das 84
löschen 180
Löschfahrzeug, das 286
Lösungsmittel, das 61
löten 59
Lötkolben, der 60
Lottoschein, der 146
Lötzinn, das 60
Löwe, der 325
Löwenzahn, der 320
Luftdüse, die 125
Lufteinlass, der 117
Luftfilter, der 110
Lufthorn, das 120
Luftkanal, der 62
Luftmatratze, die 249
Luftpumpe, die 118, 249
Luftröhre, die 258
Lunchpaket, das 160
Lunge, die 258
Lungenautomat, der 211
Lupe, die 158
Lutscher, der 98
Luxemburg 300
LVS-Gerät, das 287
lymphatische System, das 259

M

Macadamianuss, die 82
Madagaskar 305
Mädchen, das 18
Magen, der 258
Magenschmerzen, die 265
Magnesia, die 207
Magnet, der 158
Mahlzeiten, die 96
Mähne, die 214
Mai, der 343
Maiglöckchen, das 320
Maikäfer, der 332
Mail weiterleiten, eine 182
Mais, der 77, 86
Maismehl, das 87
Majoran, der 83
Makrele, die 70
Makrone, die 90
Malawi 305
Malaysia 309
Malediven, die 309
Maler, der 167
Mali 305
Malta 300
Manager, der 170
Managerin, die 175
manche 339
manchmal 339
Mandel, die 82
Mangelerscheinung, die 266
Mango, die 80
Mangold, der 74
Mangostanfrucht, die 80
Maniküre, die 279
Mann, der 18, 252, 253
männliche Fortpflanzungssystem, das 259
männlichen Geschlechtsorgane, die 260
Mannschaft, die 200
Mannschaftsaufstellung, die 195
Manschette, die 264
Manschettenknopf, der 32
Marathon, der 206
Margarine, die 89
Marienkäfer, der 333
marinieren 85
mariniert 69
Markenemblem, das 110
Marker, der 155
Marketingabteilung, die 171
Marketingleitung, die 171
markieren 180
Markt, der 140
Marktstand, der 140
Marmelade, die 89, 96
Marmeladentörtchen, das 90
Marmor, der 317
Marokko 306
Mars, der 292
Marshallinseln, die 310
Martinshorn, das 285
März, der 343
Marzipan, das 90
Maschen, die 203
Masern, die 266
Massage, die 278
Maßband, das 58, 238
Maße 344
Mast, der 210, 212
Mastdarm, der 260
Master, der 162
Mathematik, die 156
Matratze, die 49
matt 243
Matte, die 206, 222
Maul, das 324
Maulwurf, der 324
Mauretanien 306
Mauritius 306
Maus, die 178, 324
Mauspad, das 179
Mauszeiger, der 181
Mautstelle, die 107
Mayonnaise, die 85
Medaille, die 207
Medien, die 185
Medikament, das 276
Meditation, die 278
Medizin, die 162
medizinische Nachversorgung, die 274
Meer, das 246, 288, 295
Meerenge, die 295
Meeresfrüchte, die 71
Meeresströmung, die 210
Meerschweinchen, das 324
Mehl, das 86
mehrfach 339
Mehrfachsteckdose, die 62
Mehrfamilienhaus, das 38
mehrjährig 323
Mehrkornbrot, das 88
mehrmals 339
Meile, die 344
Meisterschaft, die 195
melden, sich 157
Melodie, die 233
Melone, die 96
Melonen, die 81
Mensa, die 163
Mensch ärgere dich nicht®, das 245
Menschen, die 15
Menschen beschreiben 22
Menstruation, die 261
Merkur, der 292
Messbecher, der 48, 276
messen 59
Messerschärfer, der 46
Messlöffel, der 48, 263
Metall, das 60
Meteor, der 294
Meter, der/das 344
Metzgerei, die 140
Metzgerin, die 168
Mexiko 302
Miesmuschel, die 71
Miete, die 39
mieten 39
Mieter, der 39
Mieterin, die 39
Mietvertrag, der 39
Mietwohnung, die 38
Migräne, die 265
Mikrofasertuch, das 60
Mikrofon, das 184, 186, 232
Mikroskop, das 159
Mikrowelle, die 45
Milch, die 72, 96
Milchkaffee, der 93
Milchprodukte, die 72, 145
Milchpulver, das 263
Milchpumpe, die 263
Milchschaum, der 93
Milchschokolade, die 98
Milchshake, der 92
Milchstraße, die 294
Milliarde, eine 337
Milliliter, der/das 344
Millimeter, der/das 344
Million, eine 337
millionste(r, s) 338
Milz, die 258
Mineralbad, das 279
Mineralien, die 317
Mineralwasser mit Kohlensäure, das 92
Minibar, die 137
Minute, die 340
Minze, die 83
Minztee, der 93
Mischpult, das 232
Mistgabel, die 64
mit dem Netz fangen 217
mit der Flasche füttern 263
mit Eis 94
mit kurzen/langen Ärmeln 28
mit Stretchanteil 30
mit Zahnseide reinigen 271
mitsingen 232
Mittag, der 342
Mittagspause, die 160
Mittelamerika 302
Mittelangreifer, der 198
Mittelfeldspieler, der 195
Mittelfinger, der 254
Mittelkonsole, die 112
Mittelkreis, der 194, 199
Mittellinie, die 194, 199, 201, 203
Mittelmeer, das 296
Mittelohrentzündung, die 265
Mittelstreifen, der 107
Mittelstürmer, der 195
Mitternacht 341, 342

mittlere Schulabschluss, der 154
Mittwoch, der 343
Mixer, der 45
Möbel restaurieren 234
Möbelgeschäft, das 141
Mobile, das 50
Mobile Endgeräte 183
möbliert 40
Modellbau, der 234
Modelleisenbahn, die 234
modellieren 234
Moderator, der 186
Moderatorin, die 169, 186
modisch 30
Mohnblume, die 323
Moldawien 300
Monaco 300
Monat, der 343
Monatskarte, die 115
Mondphasen, die 292
Mondsichel, die 292
Mongolei, die 309
Monopoly®, das 245
Monsun, der 314
Montag, der 343
Montenegro 300
Moos, das 320
Mord, der 285
Morgen, der 342, 344
morgen 342
Morgendämmerung, die 342
Mörser, der 47
Mosaik legen 234
Mosambik 306
Moschee, die 134
Moskitonetz, das 249
Motocross, das 220
Motor, der 111
Motorboot, das 128
Motorhaube, die 111
Motorjacht, die 128
Motorrad, das 116
Motorradgespann, das 117
Motorradhelm, der 117
Motorradkombi, die 117
Motorradrennen, das 220
Motorroller, der 116
Mountainbike, das 119
Mountainbiken, das 220
Mousse, die 91
Möwe, die 328
Mozzarella, der 73
MP3-Player, der 183, 233
Mückenspray, der/das 277
müde 26
Muffin, der 90
Muffinförmchen, das 46
Müllbeutel, der 60
Mullbinde, die 283
Mülleimer, der 44
Müllmann, der 167
Mülltrennung, die 44
Müllwagen, der 120
Multimedia-Abteilung, die 143
multiple Sklerose, die 267
multiplizieren 339
Mumps, der 266
Mund, der 22
Mundharmonika, die 230
Mundhygiene, die 271
mündliche Prüfung, die 163
Mundschutz, der 213, 270, 274
Mundspülbecken, das 270
Mundwasser, das 55, 271
Mund-zu-Mund-Beatmung, die 282
Münze, die 139
Museum, das 134
Musik, die 156, 228
Musik hören, das 233
Musikerin, die 169
Musikfestival, das 232
Musikhochschule, die 164
Musikinstrumente, die 229
Muskatnuss, die 84
Muskelkater, der 223
Muskeln, die 256
muskulös 24
Müsli, das 96
Müsliriegel, der 96
Mutter, die 17, 58
Muttermal, das 22
Mutterschaftsurlaub, der 175
Muttertag, der 20
Mütze, die 27, 32
Myanmar 309

N

Nabelschnur, die 262
Nachbar, der 18
Nachbarin, die 18
nachdenklich 25
Nachhilfe, die 155
Nachmittag, der 342
Nachricht, die 182
Nachrichten, die 186
Nachrichtensprecherin, die 186
Nachtblüher, der 321
Nachtfalter, der 332
Nachtisch, der 101
Nachttisch, der 49, 273
Nachttischlampe, die 49
Nacken, der 253
Nacktschnecke, die 333
Nadel, die 238
Nadelbaum, der 319
Nadelkissen, das 239
Nagel, der 58
Nagelfeile, die 34, 277
Nagelhaut, die 254
Nagellack, der 35
Nagellackentferner, der 34
Nagelschere, die 34
Nähen, das 238
nähen 240
Nähfuß, der 238
Nähfußdruckregler, der 238
Nähgarn, das 238
Nähkästchen, das 239
Nähmaschine, die 238
Nähnadel, die 239
Nahrungsergänzungsmittel, das 277
Naht, die 30
Nahtauftrenner, der 239
Namibia 306
Narbe, die 24, 274
Narzisse, die 322
Nase, die 22
Nasenbein, das 255
Nasenbluten, das 265
Nasenhöhle, die 255
Nasenloch, das 22
Nasenriemen, der 214
Nashorn, das 326
Nation, die 298
Nationalpark, der 150
Natrium, das 103
Natur, die 292
Naturkatastrophen, die 314
Naturreis, der 86
Naturwissenschaften, die 162
Nauru 310
Navigationsgerät, das 112
Nebel, der 294
Nebelscheinwerfer, der 110
Nebenwirkung, die 277
neblig 312
Neffe, der 17
neidisch 26
Nektarine, die 79
Nelke, die 322
Nelken, die 84
Nepal 309
Neptun, der 293
Nerv, der 271
Nervensystem, das 259
nervös 26
nett 25
Netz, das 198, 199, 202, 203
Netzhalter, der 203
Netzhaut, die 272
Netzkante, die 198
Netzoberkante, die 203
Neubau, der 40
Neugeborene, das 263
neugierig 25
neun 336
neun Uhr 340
neunte(r, s) 337
neunzehn 336
neunzehn Uhr 341
neunzehnte(r, s) 337
neunzig 336
neunzigste(r, s) 338
Neurologie, die 273
Neuseeland 310
Neustart, der 180
Nicaragua 303
Nicht knicken! 191
Nichte, die 17
Nichtraucherflug, der 125
Nichtschwimmerbecken, das 209
Niederlande, die 300
niedlich 25
niedrige Blutdruck, der 266
niemals 339
Niere, die 68, 258, 259
Niesen, das 266
nieten 59
Nietenzange, die 59
Niger, (der) 306
Nigeria 306
Nilpferd, das 326
Nordamerika 302
Nordhalbkugel, die 298
Nordkorea 309
nördliche Polarkreis, der 298
nördliche Wendekreis, der 298
Nordpol, der 295
Nordpolarmeer, das 296
Nordsee, die 296
Norwegen 300
Notarzt, der 282
Notärztin, die 282
Notation, die 231
Notaufnahme, die 275
Notausgang, der 125, 286
Note, die 154, 231
Noten, die 228
Notenlinie, die 231
Notenständer, der 228
Notfälle, die 282
Notizbuch, das 146, 173
Notlandung, die 125, 289
Notrufknopf, der 273
Notrufnummer, die 289
Notrufsäule, die 106
Notsituationen, die 289
November, der 343
Nudelholz, das 48
Nugget, das 99
nukleare Katastrophe, die 289
null 336
Nummernschild, das 110
Nuss knacken, eine 82
Nüsse, die 82
Nussknacker, der 82
Nussschale, die 82
Nylon®, das 240
oben 191

O

Oberarm, der 253
Oberärztin, die 275
Oberkiefer, der 255
Oberleitung, die 122
Oberschenkel, der 252
Oberschenkelknochen, der 257
Oberschenkelmuskel, der 256
Oberteil, das 31
Objektiv, das 159, 242
Objektivdeckel, der 242
Objektivrevolver, der 159
Objektklemme, die 159
Objekttisch, der 159
Objektträger, der 159
Oboe, die 229
Obst, das 79
Obst und Gemüse, das 145
Obstbaum, der 323
Obstsalat, der 91
Obsttorte, die 90
Ocker, das 237
Ofen, der 279
Ofen vorheizen, den 44
offen 25
offene Handelsgesellschaft (OHG), die 170
Öffnungszeiten, die 148
Offroadfahren, das 220
ohne Eier 103
ohne Sattel reiten 215
Ohr, das 22
Ohrring, der 32
Ohrstöpsel, der 277
Okraschote, die 77
Oktober, der 343
Okular, das 159
Oldtimer, der 109
Ölfarbe, die 235
Olive, die 77
Olivenöl, das 85
Olivgrün, das 237
Ölkreide, die 235

Ölmalerei, die 236
Ölmessstab, der 110
Oman 309
Omelett, das 97
Onkel, der 17
Onkologie, die 273
Onlinebanking, das 138
Online-Check-in, der/das 127
Online-Einkauf, der 182
Onyx, der 318
Opal, der 318
Oper, die 228
Operation, die 274
Operationsbesteck, das 274
Operationsleuchte, die 274
Operationssaal, der 274
Operationstisch, der 274
Opernhaus, das 134
Opernsängerin, die 228
OP-Mantel, der 274
OP-Schwester, die 274
Optiker, der 141
Optikerin, die 166, 272
Orange, die 81, 237
Orangensaft, der 92, 96
Orang-Utan, der 327
Orbiter, der 293
Orchester, das 228
Orchidee, die 322
Ordinalzahlen, die 337
Ordner, der 173, 180
Oregano, der 83
Organigramm, das 170
Organisation des Nordatlantik-vertrags (NATO), die 311
organisieren 174
Organspende, die 283
Origami, das 234
Orthopäde, der 166
Orthopädie, die 273
örtliche Betäubung, die 271
Öse, die 216
Osteopathie, die 278
Ostern, das 20
Österreich 300
östliche Hemisphäre, die 298
Ostsee, die 296
Osttimor 309
Otter, der 327
Ouvertüre, die 228
Overlock, die 238
Ozeanien 310
Ozon, der 313
Ozonschicht, die 313

P

Paar, ein 339
paar, ein 339
Paar, das 18
Päckchen, das 191
Pädagogik, die 162
Paddelbrett, das 212
Paket, das 190
Paketzusteller, der 168
Pakistan 309
Palau 310
Palette, die 235
Palliativmedizin, die 278
Palme, die 323
Panama 303
Pandabär, der 325
Pandemie, die 314
Panflöte, die 230
Paniermehl, das 89
panierte Schnitzel, das 100
Panna cotta, die 91
Panzer, der 330
Papagei, der 329
Papaya, die 80
Papierkorb, der 172, 180
Paprika, der/die 77, 84
Papua-Neuguinea 311
Par, das 205
Paraguay 303
Paranuss, die 82
Parfüm, das 34
Parfümerie, die 141
Park, der 133, 150
Parkbank, die 150
Parkett, das 226
Parkinsonkrankheit, die 267
Parkour, der/das 221
Parkplatz, der 142
Parkscheinautomat, der 106
Parkverbot, das 108
Parmesan, der 73
Passah, das 20
Passionsfrucht, die 80
Pastellkreide, die 235
Pastete, die 100
pasteurisiert 73
Pastinake, die 75
Patchwork, das 240
Patenonkel, der 18
Patentante, die 18
Patientenumhang, der 270
Patientin, die 264, 270
Pauke, die 228
Pauschenpferd, das 207
Pause, die 160, 227
Pause machen, eine 52
Pausenbrot, das 160
Pausetaste, die 185
Pavian, der 327
Pavillon, der 150
Pazifische Ozean, der 296
Pech, das 245
Pedal, das 118
Pediküre, die 279
Peeling, das 279
Pekannuss, die 82
Penholdergriff, der 203
Penis, der 260
Penne, die 87
per Luftpost 191
Perle, die 318
Personal, das 175
Personalabteilung, die 171
Personalleitung, die 171
Personalreferentin, die 165
Persönlichkeit, die 25
Peru 304
Perücke, die 23
Peso, der 345
Petersilie, die 83
Petrischale, die 159
Petroleumlampe, die 249
Petunie, die 321
Pfahlwurzel, die 319
Pfannenwender, der 48
Pfannkuchen, der 91, 97
Pfau, der 329
Pfeffer, der 84, 85
Pfefferminzbonbon, der/das 146
Pfeffermühle, die 85
Pfeife, die 146
pfeifen 232
Pferd, das 214, 326
Pferdepfleger, der 215
Pferderennen, das 215
Pferdeschwanz, der 23
Pfifferling, der 74
Pfirsich, der 79
pflanzen 65
Pflanzen, die 319
Pflaster, das 283
Pflaume, die 79
pflücken 65
Pfote, die 324
Pfund, das 345
Philippinen, die 311
Physalis, die 80
Physik, die 156
Physiotherapeut, der 166
Pickel, der 22
Picknick, das 151
Pick-up, der 109
Pik, das 244
Pikkoloflöte, die 229
Pilates, das 223
Pille, die 261
Pilot, der 124, 168
Pilotin, die 124
Pils, das 94
Pilz, der 320
Pilze, die 97
Pinguin, der 329
Pinienkern, der 82
Pink, das 237
Pinne, die 210
PIN-Nummer, die 138
Pinnwand, die 172
Pinsel, der 235
Pint, das 344
Pinzette, die 34, 158, 277
Pipette, die 159
Piranha, der 331
Pistazie, die 82
Pistole, die 284
Pitahaya, die 80
Pizza, die 99
Planet, der 294
Planierraupe, die 121
Planschbecken, das 151
Plateau, das 316
Platte, die 295
Plattenspieler, der 233
Platz, der 133
Platzanweiserin, die 227
Platzverweis, der 194
Plazenta, die 262
Pokal, der 195
Poker spielen 244
Polen 300
polieren 57
Politikwissenschaft, die 162
Polizei, die 284
Polizeiabsperrung, die 285
Polizeiabzeichen, das 284
Polizeiauto, das 285
Polizeiwache, die 133
Polizeiwagen, der 121
Polizist, der 284
Polizistin, die 284
Pollenflug, der 313
Poller, der 129
Polo, das 215
Polohemd, das 29
Pommes frites, die 99
Pony, der 23
Pool, der 136
Poolbillard, das 221
Popcorn, das 98, 241
Popmusik, die 231
Portemonnaie, das 33
Porto, das 191
portofrei 190
Porträtmalerei, die 236
Portugal 300
Posaune, die 229
Pose, die 216
Post, die 133, 190
Postanweisung, die 191
Postausgang, der 182
Posteingang, der 182
Postfach, das 172, 190
Postkarte, die 190
Postleitzahl, die 190
Poststempel, der 190
potent 260
PR-Abteilung, die 171
Praktikum, das 164
Praline, die 98
Präsentation, die 174
Praxissemester, das 164
Preis, der 145
Preisanzeige, die 113
Preiselbeere, die 79
Preisschild, das 145
Premiere, die 227, 241
Prepaidkarte, die 183
pressen 262
primäre Geschäftsfeld, das 170
Primel, die 322
Printmedien, die 188
pritschen 198
Privatschule, die 154
Probe, die 227
Produktion, die 171
Produktionsleitung, die 171
Professor, der 162
Profisportler, der 169
Programm, das 181, 227
Programm deinstallieren, ein 181
Programm installieren, ein 181
Programmwählscheibe, die 242
Prokurist, der 171
Promotion, die 162
Propangas, das 248
Prostata, die 260
Prothese, die 268
protokollieren 174
Provinz, die 298
Provision, die 139
Prozent, das 339
Prozessor, der 179
Prüfung, die 154
Psychologin, die 166
Publikum, das 186, 227
Puck, der 161, 200
Puderdose, die 35
Pullunder, der 29
Puls, der 282
Pulsmessung, die 282

Pulsuhr, die 223
Pulverschnee, der 218
Puma, der 325
Pumps, der 33
pünktlich 123
Pupille, die 272
Puppe, die 50, 332
Püree, das 77
Pürierstab, der 45
püriert 77
Pusteblume, die 320
Pute, die 69
Putenfleisch, das 69
Putter, der 205
putzen 57
Putzlappen, der 46
Puzzle, das 244

Q
Quad, das 116
Quadratfuß, der 344
Quadratmeter, der/das 344
Quadratwurzel, die 339
quaken 330
Qualifikation, die 165
Quarantäne, die 273
Quark, der 72
Quartett, das 228
Quarz, der 318
Quecksilber, das 317
Querflöte, die 229
Querformat, das 243
Querlatte, die 196
Querruder, das 124
Quiche, die 100
Quinoa, die 86
Quitte, die 79
Quizshow, die 186

R
Rabe, der 328
Rachen, der 255
Rachitis, die 266
Raclettegrill, der 45
Raclettekäse, der 73
Racquetball, der 201
Rad, das 110
Radarantenne, die 128
Radaufhängung, die 110, 116
Radfahren lernen 118
Radiergummi, der 173
Radieschen, das 75
Radio, das 187, 233
Radiosender, der 187
Radioteleskop, das 294
Radkappe, die 111
Radmutternschlüssel, der 114
Radsport, der 220
Rafting, das 212
Rahmen, der 201
Rail, das 219
Rallyefahren, das 220
Ramadanfest, das 20
Rambutan, die 80
Rap, der 231
Rasen, der 323
Rasen mähen, den 65
Rasen sprengen, den 65
Rasenmäher, der 64
Rasensprenger, der 64
Rasentrimmer, der 64
Rasierapparat, der 55
rasieren, sich 55
Rasierer, der 55
Rasierschaum, der 55
Rasierwasser, das 55
Rassel, die 27, 230
Raststätte, die 107
Rathaus, das 133
Ratte, die 324
Raubüberfall, der 285
Räucherfisch, der 71
Rauchmelder, der 39, 286
Rauchverbot, das 113
Raumduft, der 53
Raumschiff, das 293
Raumstation, die 294
Raupe, die 332
Raureif, der 313
Rave, der/das 232
Ravioli, die 87
Reagenzglas, das 158
Real, der 345
Rebound, der 199
Rechen, der 64
rechnen 157
Rechner herunterfahren, den 181
Rechner hochfahren, den 181
Rechnung, die 139
Rechnung übernehmen, die 147
rechte Aufschlagfeld, das 201
rechte Flügel, der 197
rechts abbiegen 135
Rechtsabteilung, die 171
Rechtsanwalt, der 166
Rechtswissenschaft, die 162
Reck, das 207
Referat halten, ein 163
Reflektor, der 118
Reflektorstreifen, der 117
Reflexstreifen, der 286
Refrain, der 233
Regen, der 313
Regenbogen, der 313
Regenhaut®, die 249
Regenjacke, die 28
Regenschirm, der 32
Region, die 298
Regisseur, der 227
Regler, der 54
regnerisch 312
Reh, das 326
Rehabilitation, die 274
Reibe, die 47
reiben 95
reif 81
Reifen, der 111, 118
Reifen wechseln, den 114
Reifendruck, der 113
Reifenfüllgerät, das 113
Reifenpanne, die 114
Reifenprofil, das 110
Reihenhaus, das 38
Reiki, das 278
reinigen 279
Reinigungsartikel, der 57
Reinigungsmittel, das 57, 145
Reis, der 86
Reisebus, der 115
Reiseführer, der 148
Reisende, der 123
Reisepass, der 126
Reisescheck, der 139
Reisetasche, die 32
Reiseziel, das 127
Reiskocher, der 45
Reisnudeln, die 87
Reißverschluss, der 32, 240, 249
Reißzwecke, die 173
Reiterin, die 214
Reitgerte, die 215
Reithelm, der 214
Reithose, die 214
Reitsport, der 214
Reitstiefel, der 214
Rekord brechen, einen 206
Religionsunterricht, der 156
Renaissance, die 149
Rennmaschine, die 116
Rennpferd, das 215
Rennrad, das 119
Rennrodeln, das 219
Renovieren, das 61
Rentier, das 326
Reportage, die 186
Reporterin, die 186
Reptilien, die 330
Republik, die 298
Republik Kongo, die 306
Reservebank, die 198
Reserverad, das 114
Restaurant, das 101, 136
retten 289
Rettungsboje, die 288
Rettungsboot, das 128, 210, 288
Rettungsdienst, der 282
Rettungseinsatz, der 287
Rettungshubschrauber, der 287
Rettungshund, der 287
Rettungsring, der 210, 288
Rettungsschlitten, der 287
Rettungsschwimmer, der 288
Rettungsstau, das 288
Rettungswagen, der 282
Rezept, das 264
Rezeption, die 136
Rhabarber, der 74
Rheuma, das 267
rhythmische Sportgymnastik, die 221
Richterin, die 166
Riemen, der 33
Rigatoni, die 87
Rindfleisch, das 68
Ring, der 32
Ringe, die 161, 207
Ringelblume, die 322
Ringen, das 213
Ringfinger, der 254
Rinnstein, der 106
Rippe, die 257
Rochen, der 331
Rock, der 31, 231
Rockkonzert, das 232
Rocky Mountains, die 297
Rodeo, der/das 215
Rogen, der 331
Roggenmehl, das 87
roh 75, 77
rohe Ente, die 69
rohe Gans, die 69
rohe Wachtel, die 69
Röhrenglocken, die 228
Röhrenhose, die 31
Rohrzange, die 58
Rokoko, das 149
Rollator, der 268
Rollcontainer, der 52
Rollkoffer, der 127
Rollkragenpullover, der 29
Rollo, das 43
Rollrasen verlegen 65
Rollstuhl, der 268
Rolltreppe, die 123, 142
Roman, der 189
romanisch 149
Römersalat, der 76
Röntgenaufnahme, die 271
Röntgenbild, das 275
Röntgengerät, das 275
Rosa, das 237
Rose, die 321
Rosenkohl, der 76
Rosenquarz, der 318
Rosenschere, die 64
Rosenstrauch, der 322
Roséwein, der 94
Rosine, die 82
Rosmarin, der 83
rösten 95
rostfreie Stahl, der 60
Rösti, die 97
Rot, das 237
Rote Bete, die 75
rote Karte, die 194
rote Linse, die 78
Rote Meer, das 296
rote Zwiebel, die 75
Rote-Augen-Effekt, der 243
Röteln, die 266
roten Johannisbeeren, die 79
rothaarig 23
Rotkehlchen, das 328
Rotkohl, der 76
Rotwein, der 94
Rotweinglas, das 101
Rouge, das 35
Rough, das 204
Router, der 182
Ruanda 306
Rübe, die 75
Rubel, der 345
Rubin, der 318
Rücken, der 253
Rückenlehne, die 52
Rückenmuskel, der 256
Rückenschwimmen, das 208
Rückfahrscheinwerfer, der 111
Rückgabedatum, das 163
rückgängig machen 181
Rückhand, die 202
Rückleuchte, die 111, 116
Rücklöschtaste, die 178
Rucksack, der 32, 127, 249
Rückspiegel, der 110, 116
Rückwärtsnähtaste, die 238
Rucola, der 76
Ruder, das 210
Rudergerät, das 222
Rudern, das 212
Rufen Sie die Feuerwehr! 289
Rufen Sie die Polizei! 289

Rufen Sie einen Rettungswagen! 289
Rufknopf, der 275
Rugby, das 200
Ruheraum, der 279
Rührei, das 97
Rührschüssel, die 46
Ruine, die 134
Rum, der 94
Rumänien 300
Rumpf, der 124, 128, 210
Rumpfbeuge, die 223
Rupie, die 345
Rüsche, die 30
Russland 300
Rutsche, die 151

S

Sachbuch, das 189
Sachliteratur, die 189
säen 65
Safe, der 172
saftig 81
Saftpresse, die 92
Sägeblatt, das 59
sägen 59
Sahara, die 297
Sahne, die 72
Sakko, der/das 29
Salamander, der 330
Salami, die 68
Salat, der 101
Salatsoße, die 85
Salbe, die 276
Salbei, der 83
Salomonen, die 311
Salsa, die 85
Salto, der 207
Salz, das 85
Salzbrezel, die 98
salzen 95
salzig 99
Salzstreuer, der 85
Sambia 306
Samen, der 78
Samenbläschen, das 260
Samenerguss, der 260
Samenleiter, der 260
Sämling, der 65
Sammelpunkt, der 288
Samoa 311
Samstag, der 343
sämtliche 339
San Marino 300
Sand, der 246
Sandale, die 33
Sandburg, die 247
Sandkasten, der 151
Sandsack, der 213
Sandstein, der 317
Sanduhr, die 46, 181
Sandwich, das 89
Sandwichgrill, der 45
Sängerin, die 169
Sangria, die 94
Sanitäre Anlagen, die 54
Sanitäter, der 168, 282
Sanitäterin, die 282
São Tomé und Príncipe 306
Saphir, der 318
Sardine, die 70
Satellit, der 294
Satellitenschüssel, die 185
Sattel, der 118, 214
Sattelgurt, der 214
Sattelschlepper, der 120
Sattelstütze, die 118
Satteltasche, die 119
Sattelzug, der 120
Saturn, der 293
Satz, der 202
Saudi-Arabien 309
sauer 26, 81
Sauerstoffmaske, die 125, 282
Sauerteigbrot, das 88
Säugetiere, die 324
Säugling, der 263
Säule, die 149
Sauna, die 223, 279
Saxofon, das 229
Scanner, der 144, 179
Schabe, die 333
Schach, das 245
Schachbrett, das 245
Schädel, der 257
Schaf, das 326
Schaffnerin, die 123
Schaft, der 201
Schal, der 32
Schale, die 81
schälen 77, 95
Schäler, der 47
Schallplatte, die 233
Schalotte, die 75
Schalter, der 62, 138
Schalthebel, der 112, 118
Schamgegend, die 252
Schamlippe, die 261
scharf 75
Scharlach, der/das 266
Schaufenster, das 140
Schaufensterpuppe, die 143
Schaukel, die 151
Schauspieler, der 186, 227
Schauspielerin, die 169, 227
Scheck ausstellen, einen 138
Scheibe, die 89
Scheibenwischer, der 110
Scheide, die 261
scheiden lassen, sich 21
Scheidung, die 21
Scheinwerfer, der 111, 120, 232
Schellenrassel, die 230
Schenkel, der 69
Schere, die 58, 173, 239
Schichtarbeit, die 165
schick 30
Schiebegriff, der 268
Schiedsrichter, der 194, 202
Schiedsrichterin, die 202
Schiefer, der 317
Schienbein, das 252
Schienbeinschoner, der 196
Schiene, die 122
schießen 196
Schiff, das 128
Schiffbruch, der 288
Schilddrüse, die 258
Schilddrüsenkrankheit, die 267
Schildkröte, die 330
Schimpanse, der 327
Schinken, der 68, 96
Schirmständer, der 38, 41
Schlafanzug, der 28
Schlafbrille, die 49
Schlafcouch, die 42
Schläfe, die 22
schlafen 51
Schlafkabine, die 120
Schlafsack, der 249
Schlafstörung, die 267
Schlaftablette, die 277
Schlafzimmer, das 49
Schlaganfall, der 267
schlagen 95
Schlagfläche, die 203
Schlagholz, das 200
Schlaghose, die 31
Schlagsahne, die 91
Schlagstock, der 284
Schlagwurf, der 197
Schlagzeile, die 188
Schlagzeug, das 230
Schlagzeuger, der 232
Schlagzeugstock, der 230
Schlange, die 330
schlank 24
Schleife, die 31
Schleifpapier, das 58
Schleudertrauma, das 269
Schlitten fahren 219
Schlittschuh laufen 219
Schloss, das 134
Schlosspark, der 150
Schlucht, die 316
Schlüsselbein, das 257
Schlüsselbrett, das 41
Schlüsselkarte, die 136
Schmerzmittel, das 277
Schmetterling, der 332
Schmetterlingsschwimmen, das 208
schmettern 198
schminken, sich 55
Schminksachen, die 35
schmoren 69
Schmortopf, der 48
Schmuck herstellen 234
Schmutzwäschekorb, der 56
Schnabel, der 328
Schnalle, die 33
Schnaps, der 94
schnarchen 51
Schnecke, die 333
Schnee, der 313
Schnee- oder Eisglätte, die 108
Schneeanzug, der 27
Schneebesen, der 47
Schneefräse, die 120
Schneeglöckchen, das 321
Schneehose, die 28
Schneekette, die 113
Schneemobil, das 287
Schneeschuhwandern, das 219
Schneesturm, der 314
Schneidebrett, das 47
schneiden 59, 77, 95, 240
Schneiderei, die 141
Schneiderin, die 169
Schneiderpuppe, die 239
Schneidezahn, der 270
Schnellkochtopf, der 45
Schnittlauch, der 83
Schnittmuster, das 239
Schnittwunde, die 269
Schnitz, der 81
schnitzen 234
Schnorchel, der 211
schnorcheln 247
Schnuller, der 27
Schnupfen, der 266
schnurlose Telefon, das 184
Schnurrbart, der 24
Schnurrhaar, das 324
Schnürschuh, der 33
Schnürsenkel, der 33
Schock, der 283
Schokoladenaufstrich, der 89
Schokoladentorte, die 90
Schokoriegel, der 98, 146
Scholle, die 70
schön 24
Schöpfkelle, die 47
Schornstein, der 40, 128
Schote, die 78
Schothorn, das 212
Schraube, die 58
schrauben 59
Schraubenschlüssel, der 58
Schraubenzieher, der 58
schreiben 157
Schreibtisch, der 51, 52, 172
Schreibtischlampe, die 51, 172
Schreibunterlage, die 172
Schreibwarenabteilung, die 143
Schreibwarengeschäft, das 140
Schreiner, der 167
Schriftart, die 181
Schritt, der 215
schrubben 57
Schubkarre, die 64
Schublade, die 44, 51, 172
schüchtern 25
Schuhabteilung, die 143
Schuhe, die 33
Schuhgeschäft, das 141
Schuhlöffel, der 41
Schulabschlussball, der 21
Schulbuch, das 155
Schulbus, der 115
Schule, die 133, 154
Schüler, der 155
Schülerin, die 155
Schulfach, das 157
Schulfächer, die 156
Schulglocke, die 160
Schulheft, das 155
Schulhof, der 160
Schulleiterin, die 154
Schulranzen, der 50
Schultasche, die 155
Schulter, die 252
Schulterblatt, das 253
Schulterpolster, das 31
Schuluniform, die 154
Schuppe, die 71
Schuppen, die 330
Schuppenflechte, die 266
Schürfwunde, die 269
Schürze, die 46
Schüssel, die 102
Schutzblech, das 116, 118
Schutzbrille, die 60, 158
Schutznetz, das 206
Schutzumschlag, der 189
Schwager, der 16

Schwägerin, die 16
Schwalbe, die 328
Schwamm, der 57
Schwammtuch, das 55
Schwan, der 329
schwanger 262
Schwangerschaft, die 21, 262
Schwangerschaftsabbruch, der 261
Schwangerschaftstest, der 262
Schwanz, der 324
Schwarz, das 237
Schwarzaugenbohne, die 78
Schwarzbraun, das 237
Schwarzbrot, das 88
schwarze Bohne, die 78
schwarze Brett, das 164
schwarze Feld, das 245
schwarze Gürtel, der 213
schwarze Loch, das 294
Schwarze Meer, das 296
schwarzen Johannisbeeren, die 79
schwarzfahren 123
Schwarztee, der 93
Schwarzwälder Kirschtorte, die 90
Schwebebalken, der 207
Schweden 301
Schwefel, der 317
Schwein, das 326
Schweinefleisch, das 68
Schweiz, die 301
schwerbehindert 268
schwerhörig 268
Schwerkraft, die 294
Schwertwal, der 327
Schwester, die 17
Schwiegermutter, die 16
Schwiegersohn, der 16
Schwiegervater, der 16
Schwimmanzug, der 209
Schwimmbrett, das 209
Schwimmbrille, die 209
Schwimmen, das 208
schwimmen 209
Schwimmerbecken, das 209
Schwimmerin, die 209
Schwimmflosse, die 211
Schwimmflügel, der 209
Schwimmleine, die 208
Schwimmnudel, die 209
Schwimmring, der 209
Schwimmweste, die 209, 288
schwingen 205
Science-Fiction-Film, der 241
Scrapbooking, das 234
Scrollbalken, der 181
scrollen 180
Scrollrad, das 178
sechs 336
sechs Uhr 340
sechsfach 339
sechste(r, s) 337
sechzehn 336
sechzehn Uhr 341
sechzehnte(r, s) 337
sechzig 336
sechzigste(r, s) 338
See, der 150, 295, 315
Seebarsch, der 70
Seefisch, der 331
Seegang, der 210
Seehund, der 327
Seelöwe, der 327
Seepferdchen, das 331
Seerose, die 321
Seetang, der 247
Seeteufel, der 70
Seewetterbericht, der 288
Seezunge, die 70
Segel, das 212
Segelboot, das 128
Segeln, das 210
Segler, der 210
Sehenswürdigkeiten, die 148
Sehne, die 258
Sehnerv, der 272
Sehsinn, der 259
Sehtest, der 272
Seide, die 30, 240
Seife, die 34
Seifenspender, der 53
Seil, das 287
Seilbahn, die 218
sein Studium abschließen 163
seine Stelle kündigen 175
Seit gestern. 341
Seit wann? 341
Seite, die 189
Seitenfenster, das 111
Seitenleitwerk, das 124
Seitenlinie, die 194, 198, 199, 203
Seitenlinie Doppel, die 201
Seitenlinie Einzel, die 201
Seitenlinie für das Doppelspiel, die 202
Seitenlinie für das Einzelspiel, die 202
Seitenschneider, der 59
Seitenschutzleiste, die 111
Seitenspiegel, der 111, 112
Seitenständer, der 116
Seitenstraße, die 132
Seitenwurzel, die 319
Seitenzahl, die 189
Sekretariat, das 170
Sekt, der 94
sekundäre Geschäftsfeld, das 170
Sekunde, die 340
Selbstauslöser-Lichtsignal, das 242
Selbstbedienungskasse, die 144
selbstbewusst 25
selbstständig sein 52
Selbstverteidigung, die 213
Semester, das 164
Seminar, das 163
senden 182, 187
Sendung, die 187
Senegal, (der) 306
Senf, der 85
sensibel 26
September, der 343
Serbien 301
Servierlöffel, der 48
Serviette, die 102
Sessel, der 41, 42, 52
Set, das 186
Seychellen, die 306
Shakehandgriff, der 203
Shampoo, das 34
Sherry, der 94
Shorts, die 31
Sicherheitsanweisung, die 125
Sicherheitsdienst, der 142
Sicherheitsgurt, der 112, 125
Sicherheitskontrolle, die 126
Sicherheitsnadel, die 239
Sicherheitsventil, das 54
Sicherung, die 62
Sicherungskasten, der 62
Sicherungskopie erstellen, eine 180
Sichtverpackung, die 276
Siebdruck, der 236
sieben 87, 95, 336
sieben Uhr 340
siebeneinhalb 338
Siebenmeter, der 197
siebte(r, s) 337
siebzehn 336
siebzehn Uhr 341
siebzehnte(r, s) 337
siebzig 336
siebzigste(r, s) 338
Sieger, der 200
Sierra Leone 306
Silber, das 207, 317
Silvester, der/das 20
Simbabwe 306
SIM-Karte, die 183
Sinfonieorchester, das 228
Singapur 309
singen 232
Siphon, der 54
Sit-up, der 223
Sitz, der 122, 211
Sitzabstand, der 125
Sitzbein, das 257
Sitznummer, die 125
Sitzplatz, der 125, 226
Sitzplatzreservierung, die 122
Sitzreihe, die 125, 226, 241
Sitzung, die 174
Skalpell, das 158
Skateboardfahren, das 220
Skelett, das 257
Ski, der 218
Skianzug, der 218
Skibrille, die 219
Skifahren, das 219
Skihang, der 218
Skihütte, die 219
Skiläufer, der 218
Skipiste, die 218
Skispringen, das 218
Skistiefel, der 218
Skistock, der 218
Skizze, die 236
Skorpion, der 333
Slacklining, das 151
Slalom, der 218
Slip, der 30
Slipeinlage, die 277
Slowakei, die 301
Slowenien 301
Smaragd, der 318
Smaragdgrün, das 237
Smartphone, das 183
Smog, der 313
SMS, die 183
Snackbar, die 241
Snacks, die 98
Snooker, das 221
Snowboard, das 219
Snowboardfahrer, der 219
Snowboarding, das 219
Social Media, die 182
Söckchen, das 27
Socke, die 33
Sofa, das 42
Sofakissen, das 42
Sofortbildkamera, die 242
Softball, der 200
Sohle, die 33
Sohn, der 16
Sojabohne, die 78
Sojamilch, die 73
Sojasoße, die 85
Sojasprossen, die 78
Solarheizung, die 62
Solarium, das 279
Soldatin, die 167
Solistin, die 228
Somalia 306
Sommer, der 342
Sommerreifen, der 113
Sommersprossen, die 22
Sonate, die 228
Sonderangebot, das 144
Sonne, die 292
sonnen, sich 247
Sonnenaufgang, der 342
Sonnenblume, die 322
Sonnenblumenkerne, die 86
Sonnenbrand, der 247, 269
Sonnenbrille, die 32
Sonnencreme, die 34, 247
Sonnenfinsternis, die 294
sonnengebräunt 24
Sonnenhut, der 27, 32
Sonnenschein, der 313
Sonnenschirm, der 247
Sonnenschutzmittel, das 277
Sonnensystem, das 292
Sonnenterrasse, die 147
Sonnenuntergang, der 246, 342
sonnig 312
Sonntag, der 343
Sorbet, der/das 101
Soßen, die 85
Soul, der 231
Souvenir, das 148
Soziussitz, der 116
Spachtel, der/die 61
spachteln 61
Spagat, der 207
Spaghetti, die 87
Spaghetti Bolognese, die 100
Spammail, die 182
Spanien 301
Spannung, die 62
Spanplatte, die 60
Spargel, der 74
Sparkonto, das 138
spastische Lähmung, die 268
Spaten, der 64
Spatz, der 328
spazieren gehen 151
Specht, der 328
Speck, der 97
Speerfischen, das 217
Speerwurf, der 206

Speiche, die 118, 257
Speicherkarte, die 243
speichern 180
Speisekarte, die 101
Speiseröhre, die 255
Speisesaal, der 160
Spermium, das 262
Spiegel, der 35, 41, 42, 53
Spiegelei, das 97
Spiegelreflexkamera, die 242
Spiele, die 244
Spielfeld, das 194
Spielkarte, die 244
Spielpatz, der 150
Spielplatz, der 151
Spielstand, der 200
Spielzeug, das 50
Spielzeugladen, der 141
Spieß, der 47
Spinat, der 76
Spind, der 160
Spinne, die 333
Spinnennetz, das 333
Spinnerkasten, der 217
Spinning®, das 223
Spirale, die 261
Spitze, die 30, 74, 218
Spitze klöppeln 240
Sport, der 156, 194
Sportabteilung, die 143
Sportarten, die 220
Sport-BH, der 30
Sportfest, das 157
Sporthalle, die 161
Sportplatz, der 154
Sportwagen, der 109
Spray, der/das 276
Sprechanlage, die 38
Sprechstunde, die 264
Sprechzimmer, das 264
springen 209
Springer, der 245
Springform, die 46
Springreiten, das 215
Springseil, das 161
Sprint, der 206
Spritzbeutel, der 46
Spritze, die 276
Spritze bekommen, eine 265
Spritze geben, jemandem eine 265
spritzen 65
Sprossenwand, die 161
Sprühflasche, die 57
Sprung, der 214
Sprungball, der 199
Sprungbrett, das 209
Sprunggrube, die 206
Sprungtisch, der 207
Sprungturm, der 209
Sprungwurf, der 197
Spülbecken, das 44
Spule, die 216, 238
Spuler, der 238
Spülkasten, der 53, 54
Spüllappen, der 47
Spülmaschine, die 44
Spülmaschine laufen lassen, die 44
Spülmittel, das 57
Spülung, die 34
Squash, das 201
Sri Lanka 309
St. Kitts und Nevis 303
St. Lucia 303
St. Vincent und die Grenadinen 303
Staat, der 298
Stab, der 206
Stäbchen, das 101
Stabhochsprung, der 206
stabile Seitenlage, die 282
Stachelbeere, die 79
Stadion, das 194
Stadt, die 132
Stadtbesichtigung, die 148
Stadtmauer, die 149
Stadtplan, der 148
Stadtrundfahrt, die 148
Staffellauf, der 206
Stall, der 215
Stamm, der 319
Stammbaum, der 16
stampfen 95
Standstreifen, der 107
Stängel, der 321
Stangensellerie, der/die 74
Start- und Landebahn, die 125
Startblock, der 206, 208
starten 125
Starthilfekabel, das 114
Startlinie, die 206
Startpistole, die 206
Startsprung, der 208
Station, die 273
stationäre Patient, der 273
Stativ, das 159, 242
Stau, der 107, 108
Staubsauger, der 57
Staubwedel, der 57
Stauraum, der 120
Steak, das 68, 100
Steakmesser, das 102
Stechmücke, die 332
Stechpaddel, das 211
Steckdose, die 62
Stecker, der 62
Stecknadel, die 239
Steg, der 247
Steigbügel, der 214
Steine, die 317
Steingarten, der 63
Steinobst, das 79
Steinpilz, der 74
Steinstrand, der 247
Steißbein, das 257
Stellenanzeige, die 165
Stellenmarkt, der 188
stellvertretende Geschäftsführung, die 171
Stemmeisen, das 59
Steppbrett, das 223
sterben 21
Stereoanlage, die 112, 233
steril 261, 283
Stern, der 294
Sternanis, der 84
Sternfrucht, die 80
Sternwarte, die 294
Stethoskop, das 264
Steuerbordseite, die 128
Steuererklärung, die 52
Steuerungstaste, die 178
Stich, der 240
Stichbreitenwähler, der 238
Stichplatte, die 238
Stichsäge, die 59
Stichwähler, der 238
sticken 240
Stiefbruder, der 18
Stiefelette, die 31
Stiefmutter, die 18
Stiefmütterchen, das 322
Stiefschwester, die 18
Stiefvater, der 18
Stiel, der 321
Stier, der 326
Stiftehalter, der 173
stille Mineralwasser, das 92
stillen 263
Stillleben, das 236
Stinktier, das 325
Stinkwanze, die 333
Stipendium, das 164
Stirn, die 22
Stirn runzeln, die 26
Stirnhöhle, die 255
Stirnlampe, die 248
Stirnmuskel, der 256
Stirnriemen, der 214
Stockteller, der 218
Stockwerk, das 40
Stoff, der 239
Stoffwindel, die 27
Stollen, der 196
stolz 25
Stone (= 6,35 kg), das 345
stopfen 240
Stopptaste, die 185
Stoppuhr, die 158, 206
Storch, der 329
Stößel, der 47
Stoßfänger, der 120
Stoßstange, die 110
Strafraum, der 194
Straftat, die 285
Strafzettel, der 107
Strahlung, die 275
Strähnchen, die 23
Strampler, der 27
Strand, der 246
Strandbar, die 247
Stranddüne, die 246
Strandgut, das 247
Strandhäuschen, das 247
Strandkorb, der 246
Strandmuschel, die 247
Strandpromenade, die 246
Strandresort, das 247
Strandtuch, das 246
Straße, die 106, 132
Straßenbahn, die 122
Straßenbeleuchtung, die 132
Straßencafé, das 147
Straßenkehrmaschine, die 120
Straßenkünstler, der 148
Straßenlaterne, die 106, 135
Straßenmarkierung, die 106
Straßenmusiker, der 148
Stratosphäre, die 313
Strauß, der 329
streichen 59
Stretchlimousine, die 109
streuen 95
Strichcode, der 144
Stricken, das 238
stricken 240
Strickjacke, die 31
Strickleiter, die 161
Stricknadel, die 239
Strom, der 62
Stromanschluss, der 248
Stromkabel, das 179
Stromnetz, das 62
Stromstärke, die 62
Strömung, die 247
Stromzähler, der 62
Strumpf, der 30
Strumpfhose, die 30
Strunk, der 74
Stück Pizza, das 99
Student, der 163
Studentenausweis, der 164
Studentenwohnheim, das 163
Studienabschluss, der 21
Stufenbarren, der 207
Stufenschnitt, der 23
Stuhl, der 43, 51
stumm schalten 185
Stunde, die 340
Stundenplan, der 157
Sturm, der 288, 314
stürmisch 312
Sturzhelm, der 218
stutzen 65
Stutzen, der 196
Styroporflocken, die 191
subtrahieren 339
Suche, die 288
suchen 180
Suchmannschaft, die 289
Sucht, die 267
Südafrika 307
Südamerika 303
Sudan, der 307
Südhalbkugel, die 298
Südkorea 310
südliche Polarkreis, der 298
südliche Wendekreis, der 298
Sudoku, das 247
Südpol, der 295
Südpolarmeer, das 296
Südsudan, der 307
Suite, die 137
Sultanine, die 82
Supermarkt, der 140, 144
Suppe, die 100, 101
Suppenlöffel, der 102
Surfbrett, das 212
Surfen, das 212
surfen 212
Surfer, der 212
Surfstick, der 183
Suriname 304
Sushi, das 99
süß 99
Süßigkeiten, die 145
Süßkartoffel, die 75
Süßspeisen, die 91
Süßwasserangeln, das 217
Süßwasserfisch, der 331
Swasiland 307
sympathisch 25
Symptome, die 265
Synagoge, die 134
Synchronschwimmen, das 209
Syrien 310
Szene, die 186

T

Tabak, der 146
Tablet-Computer, der 183
Tablett, das 46, 147, 160
Tablette, die 276
Tabloidformat, das 188
Tabulatortaste, die 178
Tachometer, der/das 114, 117
Tacker, der 173
Taco, der 99
Tadschikistan 310
Taekwondo, das 213
Tafel, die 155
Tafelgabel, die 102
Tafelmesser, das 102
Tafelwasser, das 92
Tag, der 343
Tag und Nacht 342
Tagesdecke, die 49
Tageslicht, das 52
Tagesordnung, die 174
Tageszeitung, die 188
Tagliatelle, die 87
Tai-Chi, das 213, 278
Taille, die 253
tailliert 30
Takelage, die 210
Taktangabe, die 231
Taktstock, der 228
Taktstrich, der 231
Tal, das 315
Talkshow, die 186
Tamburin, das 230
Tampon, der 277
Tandem, das 119
Tankanzeige, die 114
Tankdeckel, der 113, 117
tanken 113
Tankleuchte, die 114
Tankstelle, die 113
Tankwagen, der 120
Tanne, die 319
Tansania 307
Tante, die 17
Tante-Emma-Laden, der 140
Tänzer, der 169
Tapete entfernen, die 61
Tapetenrolle, die 61
tapezieren 61
Tapeziertisch, der 61
Taschenabteilung, die 143
Taschenbuch, das 189
Taschendiebstahl, der 285
Taschenlampe, die 211, 249
Taschenmesser, das 60, 248
Taschenrechner, der 155, 339
Taschentuch, das 55
Tasse, die 344
Tastatur, die 178
Tastenfeld, das 138, 184
Tastsinn, der 259
Tatort, der 284
Taube, die 328
Tauchanzug, der 211
Tauchen, das 211
Tauchmaske, die 211
Tauchstiefel, der 211
Taufe, die 20
tausend 337
tausendste(r, s) 338
Taxi, das 121
Taxi herbeiwinken, ein 121
Taxifahrer, der 168
Taxistand, der 121
Team, das 170
Teamleiter, der 174
Teamleitung, die 170
technische Zeichnen, das 157
Techno, der/das 231
Teddy, der 50
Tee, das 204
Teebeutel, der 93
Teeblätter, die 93
Teekanne, die 93
Teeküche, die 172
Teelöffel, der 344
Teig, der 87
Teigrad, das 46
Teigschaber, der 48
Teilkreis am Strafraum, der 194
Teilnehmer, der 174, 186
Teilzeit, die 165
Teint, der 279
Telefon, das 184
Telefonbuch, das 184
Telefonhörer, der 184
Teleprompter®, der 186
Tellerlinse, die 78
Tempel, der 134
Temperatur, die 312
Tennis, das 202
Tennisball, der 161, 202
Tennisschläger, der 202
Teppich, der 49
Teppich knüpfen, einen 240
Teppichboden, der 42, 51
Teppichmesser, das 58
Tequila, der 94
Termin, der 172, 264
Terminal, das 126
Terminkalender, der 172
Termite, die 333
Terrasse, die 40, 63
Territorium, das 298
Terrorangriff, der 289
Tesafilm®, der 173
Textmarker, der 173
Thailand 310
Thanksgiving, das 20
Theater, das 134, 226
Theaterkasse, die 227
Theaterkostüm, das 227
Theaterstück, das 227
Theke, die 147
Therapie, die 278
Thermalquelle, die 316
Thermometer, das 158
Thermoskanne®, die 47
Thermostat, das 54
Thermowäsche, die 249
Thriller, der 241
Thymian, der 83
Ticketkontrolle, die 126
Tiebreak, der/das 202
tief schlafen 51
Tiefenmesser, der 211
Tiefgarage, die 135
tiefgefroren 71
Tiefkühlkost, die 145
Tiefseetier, das 331
Tierarzt, der 166
Tiere, die 324
Tierfutter, das 145
Tierhandlung, die 140
Tierische Produkte 68
Tiger, der 325
Tigerauge, das/der 318
Tigerhai, der 331
Tintenfisch, der 71
Tintenpatrone, die 179
Tintenstrahldrucker, der 179
tippen 180
Tipp-Ex®, das 173
Tiramisu, das 91
Tisch für zwei Personen, der 101
Tischdecke, die 102
Tischdekoration, die 43
Tischläufer, der 43
Tischtennis, das 203
Tischtennisball, der 203
Tischtennisschläger, der 203
Tischtennistisch, der 203
Titelseite, die 188
Toastbrot, das 88, 97
Toaster, der 45
Tochter, die 16
Tod, der 274
Todesanzeige, die 188
Togo 307
Toilette, die 53
Toilettenartikel, die 137
Toilettenbrille, die 53
Toilettendeckel, der 53
Toilettenpapier, das 53
Toilettenspülung, die 53
tolerant 25
Tomate, die 77
Tomatensaft, der 92
Tonaufnahme, die 187
Tonerkartusche, die 179
Tonga 311
Tonhöhe, die 228
Tonicwater, das 92
Tonne, die 345
Topas, der 318
Töpfchen, das 50
töpfern 234
Topfhandschuh, der 46
Topfpflanze, die 64
Tor, das 195
Torlinie, die 194
Tornado, der 314
Tornetz, das 196
Torpfosten, der 196
Torraum, der 194, 197
Torraumlinie, die 197
Törtchenform, die 46
Tortellini, die 87
Tortendiagramm, das 174
Tortilla, die 88
Tortilla-Chips, die 99
Torwart, der 195
Torwartgrenzlinie, die 197
Torwarthandschuh, der 196
tot 274
Touchscreen, der 183
Tourenfahrrad, das 119
Tourer, der 117
Touristeninformation, die 148
Trabrennen, das 215
Trabrennsport, der 215
traditionelle chinesische Medizin, die 278
Trage, die 282
trägerlos 30
Trägertop, das 31
Tragfläche, die 124
Tragödie, die 226
Trainer, der 200
Trainerin, die 200
trainieren 222
Trainingsanzug, der 28
Traktor, der 121
Trampolin, das 161
Transplantation, die 267
traumatisiert 283
träumen 51
traurig 26
Trekkingsandale, die 33
Trekkingstock, der 249
Trennvorhang, der 273
Treppe, die 41, 132
Treppenabsatz, der 41
Treppengeländer, das 41
Treppenhaus, das 39
Treppenstufe, die 41
Tresor, der 137, 139
Triangel, die/der/das 230
Triathlon, das 221
Trichter, der 48
Trieb, der 323
Triebwerk, das 124
Trikot, das 196
Trillerpfeife, die 200
Trinidad und Tobago 303
Trinken 68
Trinkgeld, das 102
Trittstufe, die 120
Trizeps, der 256
Trockenobst, das 82
Trompete, die 229
Tropen, die 298
Tropfen, die 276
Troposphäre, die 313
Trüffel, die/der 74
Truthahn, der 329
Tschad, der 307
Tschechien 301
Tschüss! 19
T-Shirt, das 29
Tsunami, der 288, 314
Tuba, die 229
Tuberkulose, die 266
Tubus, der 159
Tukan, der 328
Tulpe, die 322
Tunesien 307
Tunfisch, der 70
Tunnel, der 106, 108
Türanhänger "Bitte nicht stören", der 137
Turbulenzen, die 125
Türgriff, der 111
Türkei, die 301
Türkis, der 318
Türklingel, die 38
Turkmenistan 310
Turm, der 132, 245
Turmalin, der 318
Turnanzug, der 207
Turnen, das 207
Turnerin, die 207
Turnhalle, die 207
Turnier, das 200
Turnschuh, der 28, 33, 223
Türöffner, der 112

Türschloss, das 38
Türschwelle, die 40
Tusche, die 235
Tuschezeichnung, die 236
Tuvalu 311

U

U-Bahn, die 122
Übelkeit, die 265
überbelichtet 243
Überfall, der 285
Überführung, die 107
Übergepäck, das 127
Überholspur, die 107
Überlauf, der 54
überleben 283
übermorgen 342
überrascht 25
Überschwemmung, die 314
Überstunde, die 52
Überwachungskamera, die 289
Überweisung, die 264
Überweisungsschein, der 139
U-Boot, das 129
Übung, die 157
Uganda 307
Uhr, die 32
Uhrzeit, die 340
Ukraine, die 301
Ulme, die 319
Ultraschallaufnahme, die 262
Ultraschalluntersuchung, die 262
um eine Stelle bewerben, sich 165
Um sieben Uhr. 340
Um wie viel Uhr? 340
umarmen, sich 19
umgraben 65
Umkleidekabine, die 142, 223
Umlaufbahn, die 294
umschalten 185
Umschalttaste, die 178
Umstandsmode, die 30
umsteigen 123
umziehen 21
Unentschieden, das 196
UNESCO, die 311
Unfall, der 282
Unfallopfer, das 282
Unfallort, der 282
Unfallstation, die 275
Ungarn 301
ungeduldig 26
Uniform, die 284
Unisex-Kleidung, die 28
Universität, die 133, 162
Universum, das 294
Unkraut, das 323
Unkraut jäten 65
Unkrautvernichter, der 65
UN-Mitgliedsstaaten 299
unscharf 243
unsympathisch 26
Unterarm, der 253
unterbelichtet 243
Unterfangkescher, der 216
Unterführung, die 107
Unterhose, die 29
Unterkiefer, der 22, 255
Unterlage, die 52
Unternehmensberaterin, die 166
Unterschenkel, der 252
Untersetzer, der 48
Untersuchungsliege, die 264
Unterwäsche, die 143
Unterwegs 105
Unze, die 344, 345
Uranus, der 293
Uruguay 304
Usbekistan 310
USB-Schnittstelle, die 178, 233
USB-Stick, der 179
UV-Strahlen, die 313

V

Valentinstag, der 20
Vanuatu 311
Varieté, das 226
Vater, der 17
Vatertag, der 20
vegan 103
vegetarisch 103
Vene, die 259
Venezuela 304
Ventilator, der 42, 111
Venus, die 292
Venusmuschel, die 71
verabschieden, sich 19
verabschieden 19
Verandatür, die 52
verängstigt 26
verärgert 26
Verband, der 283
Verbandschere, die 283
Verbandszeug, das 283
verbeugen, sich 19
verbleit 113
Verbrecher, der 284
Verbrecherin, die 284
Verbrennung, die 269
Verdächtige, der/die 284
Verdauungssystem, das 259
verdienen 175
Verdünnungsmittel, das 61
Vereinigte Königreich, das 301
Vereinigten Arabischen Emirate, die 310
Vereinigten Staaten, die 303
Vereinten Nationen (UN), die 311
vereist 312
Verfallsdatum, das 277
Vergewaltigung, die 285
Vergiftung, die 269
Vergnügungspark, der 151
Vergrößerung, die 243
verheiratet 17
Verkäufer, der 168
Verkäuferin, die 142
Verkehr, der 106
Verkehrsflugzeug, das 124
Verkehrsnachrichten, die 187
Verkehrspolizist, der 107
Verkehrsschilder, die 108
Verkehrsunfall, der 114
verlängern 163
Verlängerung, die 196
Verlängerungskabel, das 62
verlegen 25
Verletzte, der 289
Verletzung, die 289
Verletzungen, die 269
verlieben, sich 21
verliebt 25
verlieren 245
Verlierer, der 200
verloben, sich 21
verlobt 17
vermieten 39
Vermieter, der 39
Vermisste, der/die 288, 289
Verpackung, die 44
verputzen 61
verrühren 87
versandkostenfrei 191
Verschlüsselung, die 182
verschneit 312
Versiegelungsmittel, das 61
Verspätung, die 123
Verstärker, der 232
Verstauchung, die 269
Versuch, der 158
Vertäuung, die 129
Verteidigung, die 195
Verteidigungszone, die 198
Vertrag, der 174
Vertretung, die 175
Vertrieb, der 171
Vertriebsleitung, die 171
Verwandte, der/die 17
Verwarnung, die 197
verwelken 321, 323
verwirrt 25
verwitwet 17
verzweifelt 26
Videospiel, das 185
viele 339
vielfach 339
vier 336
vier Uhr 340
vierfach 339
viermal 339
vierte(r, s) 337
Viertel, ein 338
Viertel nach neun 341
Viertel vor zwölf 341
viertürig 109
vierzehn 336
vierzehn Uhr 341
vierzehnte(r, s) 337
vierzig 336
vierzigste(r, s) 338
Vietnam 310
Violett, das 237
Violinschlüssel, der 231
Virus, das 265
Visier, das 117, 286
Visitenkarte, die 175
Visum, das 127
Vitamintablette, die 276
Vitrine, die 42, 43
Vögel, die 328
Vögel beobachten 234
Volleyball, der 161, 198
volljährig werden 21
Vollkornbrot, das 88
Vollkornmehl, das 87
Vollmilch, die 73
Vollmond, der 292
Vollnarkose, die 274
Vollpension, die 137
Vollzeit, die 165
Volontariat, das 164
Volt, das 62
von Bord gehen 129
vor Nässe schützen 191
Vor/in zehn Minuten. 341
Voraufführung, die 241
vorbestellen 163
vordere Aufschlaglinie, die 201
vordere Backenzahn, der 270
vordere Schienbeinmuskel, der 256
Vorderrad, das 118
Vordersteven, der 211
Vorderzwiesel, der 214
Vorfahrt, die 107
Vorfahrt gewähren! 108
vorgestern 342
Vorhand, die 202
Vorhang, der 42, 226
Vorlesung, die 163
vorletzte(r, s) 338
Vorschule, die 154
Vorspann, der 188
Vorspeise, die 101
vorspulen 185
Vorstadt, die 132
Vorstand, der 171
vorstellen, jemanden 19
Vorzeichen, das 231
Vulkan, der 316
Vulkanausbruch, der 314

W

Waage, die 191
wach sein 51
Wachsenthaarung, die 279
Wachsmalstift, der 235
Wachtel, die 69, 329
Wachtelei, das 72
Wachturm, der 288
Wackelpudding, der 91
Wade, die 253
Wadenmuskel, der 256
Waffel, die 97
Waffeleisen, das 45
Wagenheber, der 113
Waggon, der 122
wählen 184
Währung, die 139, 345
Währungsumtausch, der 127
Wahrzeichen, das 149
Wakeboarden, das 212
Wald, der 315
Waldbrand, der 314
Waldhonig, der 89
Walnuss, die 82
Walross, das 327
Wandern, das 220
Wanderschuh, der 249
Wanderstiefel, der 33
Wandmalerei, die 236
Wanduhr, die 43
Wange, die 22
Wann? 341
Ware, die 144
Warenregal, das 144
Warentransportband, das 144
warm 312
Wärmflasche, die 49
Warmwasserablauf, der 54
Warnblinkschalter, der 112
Wartehäuschen, das 115
Warteraum, der 275

Wartehäuschen, das 115
Warteraum, der 275
Warteschlange, die 148
Wartezimmer, das 264
Was kostet das Zimmer, bitte? 136
Waschbär, der 325
Waschbecken, das 53, 54
Waschbeckenunterschrank, der 53
Wäsche waschen, die 56
Wäsche zum Trocknen aufhängen, die 56
Wäscheklammer, die 56
Wäschekorb, der 56
Wäscheleine, die 56
waschen, sich 55
Wäscheständer, der 56
Wäschetrockner, der 56
Waschküche, die 56
Waschlappen, der 55
Waschmaschine, die 56
Waschmaschine füllen, die 56
Waschmittelkammer, die 56
Waschpulver, das 56
Wasser, das 92, 208
Wasserball, der 209, 246
Wasserfall, der 315
Wasserfarbe, die 235
Wasserglas, das 102
Wasserhahn, der 53
Wasserhindernis, das 204
Wasserkanister, der 249
Wasserkocher, der 45
Wasserläufer, der 333
Wassermelone, die 81
Wasserpark, der 209
Wasserschildkröte, die 330
Wasserski, der 212
Wasserspender, der 172
Wassersport, der 208
Wasserwaage, die 58
Watstiefel, der 216
Watt, das 62
Wattepad, das 55
Wattestäbchen, das 55
wattieren 240
WC-Reiniger, der 57
Webcam, die 179
weben 240
Wechselkurs, der 139
Wechselstube, die 139
Weckanruf, der 137
Wecker, der 49
Wecker stellen, den 49
Wedge, der 205
Wegweiser, der 123
Wegwerfwindel, die 27
Wehen, die 262
weibliche Fortpflanzungssystem, das 259
weiblichen Geschlechtsorgane, die 261
Weichspüler, der 56
Weide, die 319
Weihnachten, das 20
Weinbrand, der 94
weinen 19
Weinglas, das 102
Weinhandlung, die 140
Weinkühler, der 147
Weinschorle, die 94
Weintraube, die 79
Weisheitszahn, der 270
Weiß, das 237
Weißbrot, das 88
weiße Feld, das 245
Weiße Hai, der 331
weiße Schokolade, die 98
Weißkohl, der 76
Weißrussland 301
Weißwein, der 94
weit 28
Weit- und Dreisprung, der 206
weiterführende Schule, die 154
weitsichtig 272
Weizen, der 86
Weizenkeime, die 96
Weizenmehl, das 87
Welches Datum haben wir heute? 342
Welle, die 212
Wellness 279
Wels, der 331
Weltkarte, die 296
Weltmeister, der 200
Weltraum, der 292
Wende, die 208
Wendehinweis für Rückenschwimmer, der 208
Wendeltreppe, die 39
wenden verboten 108
Wendepunkte, die 21
wenige 339
Wer ist dran? 245
Werbeprospekt, der 188
Werbespot, der 187
werfen 199
Werkbank, die 60
Werkunterricht, der 156
Werkzeugkasten, der 60
Wertpapier, das 139
Wesakfest, das 20
Wespe, die 332
Weste, die 29
westliche Hemisphäre, die 298
Wetter, das 312
Wetterbedingungen, die 288
Wetterbericht, der 187
Wettervorhersage, die 312
Wettkampf, der 207
Wettkampfbecken, das 208
Whisky, der 94
Wickelauflage, die 50
Wickelraum, der 142
Wickeltasche, die 50
Wickeltisch, der 50
Widerhaken, der 216
Wie heißen Sie? 19
Wie heißt du? 19
Wie ist das Wetter? 312
Wie ist der aktuelle Wechselkurs? 139
Wie viel kostet es? 142
Wie viel Uhr ist es? 340
wieder gesund werden 275
wieder zu Bewusstsein kommen 275
Wiederbelebung, die 282
wiederherstellen 181
Wiese, die 316
Wildpark, der 150
Wildpflanzen, die 320
Wildreis, der 86
Wimper, die 22
Wimperntusche, die 35
Wimpernzange, die 35
Wind, der 210, 313
Windgeschwindigkeit, die 313
windig 312
Windpocken, die 266
Windsack, der 124
Windschutzscheibe, die 110, 120
Windsurfen, das 212
Windsurfer, der 212
Wing Chun, das 213
Winkelmesser, der 155
winken 19
Winter, der 342
Winter-Fünfkampf, der 219
Wintermantel, der 28
Winterreifen, der 113
Wintersport, der 218
Wippe, die 151
Wirbel ausrenken, sich einen 269
Wirbelsäule, die 257
(tropische) Wirbelsturm, der 314
Wirsing, der 76
Wirtschaftsprüfer, der 166
wischen 183
Wischmopp, der 57
Wissenschaftler, der 169
WLAN, das 182
Wo sind bitte die Toiletten? 147
Wobbler, der 217
Woche, die 343
Wochenende, das 343
Wochentag, der 343
Wochenzeitung, die 188
Wodka, der 94
Wohnblock, der 132
Wohngebiet, das 133
Wohnmobil, das 121, 248
Wohnung, die 38
Wohnungstür, die 41
Wohnwagen, der 121, 248
Wohnzimmer, das 42
Wok, der 48
Wolf, der 325
Wolkenkratzer, der 134
wolkig 312
Wolle, die 239
Wörterbuch, das 155
Wrap, der 99
Wunde, die 269
Wundstarrkrampf, der 266
Würfel, der 245
würfeln 245
Wurfkreis, der 206
Wurm, der 333
Wurmfortsatz, der 258
Wurst, die 68, 97
Wurzel, die 75, 319
Wurzelbehandlung, die 271
Wurzelbürste, die 57
Wurzelgemüse, das 75
würzen 85
Würzmittel, die 85
Wüste, die 316
wütend 26

X

Xylophon, das 228

Y

Yard, das 344
Yen, der 345
Yoga, das 278
Yuan, der 345

Z

Zahlen, die 336
zählen 157
Zahlwörter 339
Zahn, der 22, 271
Zahn ziehen, einen 271
Zahnarzt, der 166, 270
Zahnarztbesteck, das 270
Zahnarzthelferin, die 270
Zahnarztstuhl, der 270
Zahnbelag, der 271
Zahnbürste, die 55
Zähne putzen, sich die 55
Zahnfleisch, das 271
Zahnfüllung, die 271
Zahnpasta, die 34
Zahnprothese, die 271
Zahnrad, das 118
Zahnschmelz, der 271
Zahnschmerzen, die 265
Zahnseide, die 55
Zahnspange, die 24, 271
Zahnstocher, der 102
Zahnwurzel, die 271
Zander, der 70
Zäpfchen, das 276
Zapfhahn, der 147
Zapfpistole, die 113
Zapfsäule, die 113
Zapfschlauch, der 113
zappen 185
Zartbitterschokolade, die 98
Zauberkünstler, der 226
Zaumzeug, das 214
Zebra, das 326
Zebrastreifen, der 106
Zecke, die 333
Zehennagel, der 254
zehn 336
zehn Uhr 340
zehnmillionste(r, s) 338
zehntausend 337
zehntausendste(r, s) 338
zehnte(r, s) 337
Zeichendreieck, das 155
Zeichenkohle, die 235
Zeichentrickfilm, der 241
zeichnen 157
Zeigefinger, der 254
Zeit, die 340
Zeitarbeit, die 165
Zeitnehmer, der 197
Zeitschrift, die 146
Zeitschriftenregal, das 146
Zeitung, die 146, 188
Zeitungsspalte, die 188
Zelt, das 248
Zelt aufschlagen, ein 249
Zeltboden, der 249
Zelteingang, der 249
Zelten, das 248
Zeltplatz, der 248
Zeltstange, die 249
Zentimeter, der/das 344
Zentralafrikanische Republik, die 307

Zentralheizung, die 62
zerbrechlich 191
zerstoßen 85, 95
Zeuge, der 284
Zeugin, die 284
Zeugnis, das 157
Ziege, die 326
Ziegenkäse, der 72
Ziegenmilch, die 73
Ziel, das 208
zielen 199
Ziellinie, die 206
Zierblumen, die 321
Ziffer, die 339
Zigarette, die 146
Zigarettenanzünder, der 112
Zigarre, die 146
Zikade, die 332
Zimmer mit Frühstück, das 137
Zimmermädchen, das 137
Zimmernummer, die 137
Zimmerpflanze, die 43, 52
Zimmerservice, der 137
Zimtrinde, die 84
Zinssatz, der 138
Zirkeltraining, das 223
zischen 330
Zitrone, die 81
Zitronenaufstrich, der 89
Zitronenmelisse, die 83
Zitrusfrüchte, die 81
Zoll, der 126, 344
Zone, die 298
Zoo, der 150
Zoom, der/das 242
Zopf, der 23
Zu Hause 37
zu verkaufen 38
Zubereitung, die 95
Zucchini, die 77
züchten 65
Zucker, der 103
Zuckererbse, die 78
zuckerfrei 103
Zuckermelone, die 81
Zug, der 122, 245
Zugabe, die 232
Zügel, der 214
Zuleitung, die 54
Zum Wohl! 102
Zündung, die 109
zunehmende Mond, der 292
Zunge, die 255
zurückschneiden 65
zurückspulen 185
zusammengelegte Wäsche, die 56
Zuschauer, die 194
Zuschauertribüne, die 194
Zustellbett, das 137
Zustellung, die 191
zwanzig 336
zwanzig Uhr 341
zwanzig vor sieben 341
zwanzigste(r, s) 337
zwanzigtausend 337
zwei 336
zwei Fünftel 338
zwei Siebzehntel 338
zwei Uhr 340
Zweibettzimmer, das 136
zweieiigen Zwillinge, die 263
zweifach 339
Zweigstelle, die 170
zweihunderterste(r, s) 338
zweihundertfünfundzwanzigste(r, s) 338
zweihundertzweiundzwanzig 337
zweijährig 323
zweimal 339
zweite Etage, die 142
zweite Klasse, die 122
zweite Rang, der 226
zweite(r, s) 337
zweitürig 109
zweiundzwanzig 336
zweiundzwanzig Uhr 341
zweiundzwanzigste(r, s) 337
Zwerchfell, das 258
Zwetschgenkuchen, der 90
Zwiebel, die 75
Zwillinge, die 18
Zwischenlandung, die 127
zwitschern 328
zwölf 336
zwölf Uhr mittags 340
zwölfte(r, s) 337
Zypern 301

نَقَر 180
نَقَش 234
نُقطة تَجَمُّع 288
نُقطة مُنتَصَف المَرْمى 194
نُقطة نِصْف خط الوَسَط 194
نَقيق 330
نَكَّاشات تَنْظيف الآذان 55
نَكَّاشَة أسْنان 102
نِكاف 266
نَمِر 325
نِمْس 324
نَمَش 22
نَمْلَة 333
نَمْلة بَيْضاء 333
نَموذج قِصَّة 239
نَموذج قِطار 234
نِهايَة الأسْبوع 343
نَهْر 132، 315
نَهْر جَليدي 315
نَواة خارِجيَّة 295
نَواة داخِلِيَّة 295
نَوبَة قَلْبِيَّة 267
نوتَة موسيقيَّة 228
نَوْرَس 328
نَوع الإيقاع 231
نَوْع الخَط 181
نَوْم وَ قِيمَة أكْل كامِلَة 137
نَوْم وَ نِصْف قِيمَة الأكْل 137
نِيابَة الإدارَة العامَّة 171
نيبال 309
نيجيريا 306
نيسان 343
نيكاراجوا 303
نيوزيلندا 310
نَيئ 75، 77

ه

هاتف جَوَّال 183
هاتِف داخِلي 38
هاتِف ذَكي 183
هاتِف طَوارِئ 106
هاتِف لاسِلْكي 184
هاجَم 195
هارمونيكا 230
هامستر 324
هاوِن 47
هايتي 302
هَبَط 125
هُبوط اِسْتِراحَة 127
هُبوط اِضْطِراري 125، 289
هُبوط بِحَبْل مُثَبَّت 220
هُجوم إرهابي 289
هَدَف 195، 208
هَدِيَّة صَغيرَة 19
هَذا مَقاسُه مُناسِب، سَآخُذُه 28
هَذَب 215
هَرَّاسَة بَطاطا 47
هَرَّاسَة ثوم 47
هَرَّاسَة كَهْرَبائيَّة 45
هِراوَة شُرْطي 284
هَرَب 285
هَرَس 95
هَرِس 77
هُرمون 260
هَرْوَلة 215
هَزَة أرْضيَّة 314
هَضَبَة 316
هَل تَسْتَطيعُ الاتِّصال بخِدْمَة الصِّيانَة؟ 114
هَل تَسْتَطيع مُساعَدَتي في تَغْيير العَجَلَة؟ 114
هَل لَدَيْكَ غُرْفَة فارِغَة؟ 136
هَلْ لَدَيْكَ هَذا بِمَقاسٍ أكْبَر/ أصْغَر؟ 28
هَل هَذا المَكان فارِغ؟ 123
هَل يُمكِنُكَ إخْباري، أيْنَ...؟ 135
هَل يُمكِنُكَ الاتِّصال بي مَرَّة أخرى؟ 184
هَل يمكنكَ أن تُريني ...، مِن فَضْلك؟ 142
هَل يُمكِنُكَ أن تَصَرف لي؟ 139
هَل يُمكِنُني إسْتِبْدال هَذا؟ 142
هَل يُمكِنُني أن أجَرِّب هَذا؟ 28
هِلال 292
هِلْيون 74
هَمبَرغر 99
هِنْدِباء 76
هَنْدَسَة 162
هندوراس 302
هَوائي 110، 187
هَوائي رادار 128
هَوائي راديو 128
هوكي 200
هوكي جَليد 200
هولَندا 300
هيب هوب 231
هيت هات 230
هيكْتار 344
هَيْكَل 210
هَيْكَل القارِب 211
هَيْكَل سَرير 49
هَيْكَل نَظارَة 272

و

واثِق مِن نَفْسِه 25
واجِب مَدْرَسي 157
واجِب مَنْزِلي 164
واجِهَة 140، 149
واحِد 336
واحِد وَعِشْرون 336
وادي 315
واسِع 28
واط 62
وافِل 97
واقي السَّاق 196
واقي السَّلاسِل 118
واقي الوَجْه 286
واقي أُنْثوي 261
واقي جَت الأسْنان 271
واقي ذَكَري 261
واقي رَأس 213
واقي فَم 213، 270، 274
واقي مِن الشَّمس 277
واقي مِن الطين 116، 118
واقي مِن المَطَر 249
والِدان 17
واي فاي 182
وَباء 289
وَتَد 249
وَتَر 258
وَتَر عَقِبي 256
وَثْب حَواجِز 206
وَثْب طَويل وَوَثْب ثُلاثي 206
وَثْب عالي 206
وَثيقَة 52
وَجْبَة بَطاطا مَعَ كَتْشَب ومايونيز، مِن فَضْلك. 99
وَجْه المَضْرَب 203
وَجْه كِتاب 189
وِجْهَة السَّفَر 115
وَحْدَة أدْراج على عَجَلات 52
وَحيد القَرْن 326
وَخز بالإبَر 278
وَداعاً! 19
وَدَّع 19
وَدود 25
وَرْدَة 321
وَرْدي 237
وَرَق ألمِنيوم 46
وَرَق خُبْز 46
وَرَق زُجاج 58
وَرَق غار 84
وَرَق مِرْحاض 53
وَرَق مُقَوى 236
وَرَق مُلاحَظات لاصِق 173
وَرَقَة 74، 319، 321
وَرَقَة الزَّهْرَة 321
وَرَقَة لَعِب 244
وَرِك 69، 252
وَرْنيش 60
وَريد 259
وَزَّة 69
وَزَّة نَيِّئة 69
وَزَع 244
وَزَّع 330
وَزْن 191
وَزن زائِد 127
وَزير 245
وِسادَة تَغْيير 50
وَسائِل إعْلام اِجْتِماعيَّة 182
وُسْطى 254
وِشاح 32، 295
وَصْفَة 264
وَصَّل 99
وَصْلَة 62
وُصول 126
وَضْع الإفاقَة 282
وَضَع شَيْئاً على الفاتورَة 147
وَضَع ماكْياج على وَجْهِه 55
وَضْعيَّة الجِسم 204
وَظَّف شَخْصاً 165
وِعاء خَلْط 46
وِعاء فُرْن صَغير 48
وَقْت إضافي 52
وَقْت مُسْتَقْطَع 197
وَقَّع إقْرار بالاسْتِلام 190
وَقَع في الحُب 21
وُقوف على اليَدَيْن 207
وَكيل 171
وِلادَة 21، 262
وِلادَة قَيْصَريَّة 263
وِلادَة مُبَكِّرَة 263
وَلاعَة 146
وَلاعَة سَجائِر 112
وَلَد 18
وَنْش 129
وِيسْكي 94
وينغ تشون 213

ي

يارْدَة 344
ياقَة 29
ياقوت أحْمَر 318
ياقوت أزْرَق 318
يانسون نَجْمي 84
يائِس 26
يَحْتَوي جُزْء مَطاطي 30
يَخْت 128
يَد 253
يَد الهاوِن 47
يُدْخِل خَيْط بالإبْرَة 239
يُرْجى تَرْك رِسالَة بَعْدَ سَماع الصافِرَة. 184
يَرَقَة 332
يُساوي 339
يَشْب 318
يَعْسوب 332
يَعْمُر لِسَنَتين 323
يَعْفور 325
ين 345
يوان 345
يوجا 278
يورو 345
يَوْم 343
يَوْم الميلاد 20
يَوم عُطْلَة 20، 342
يوم عَمَل 343
يونِسْكو 311

مُنْذُ البارِحَة 341
مُنْذُ مَتى؟ 341
مَنْزِل لِعائِلَة واحِدَة 38
مَنْزِل لِعائِلَتَيْن 38
مَنْزِل مُلْتَصِق 38
مَنْزِل مِن طابِق واحِد 38
مِنْشار تَخْرِيم 59
مِنْشار دائِرِي 59
مِنْشار مُقَوَّس 58
مِنْشار يَدَوِي 58
مِنْشَفَة شاطِئ 246
مِنْشَفَة يَد 53
مَنْصَب شِواء 248
مَنْصَب غَسِيل 56
مَنَصَّة 159
مَنَصَّة عَرْض 148
مَنَصَّة قائِد الأورْكِسْترا 228
مَنَصَّة قَفْز 207، 209
مِنْطَقَة 298
مِنْطَقَة إرْسال يُسْرى 201
مِنْطَقَة إرْسال يُمْنى 201
مِنْطَقَة الأمازون 297
مِنْطَقَة العانَة 252
مِنْطَقَة المَرْمى 197
مِنْطَقَة بِدايَة 204
مِنْطَقَة تِجارِيَّة 132
مِنْطَقَة تَسَوُّق 133
مِنْطَقَة جَزاء 194
مِنْطَقَة حُرَّة 198
مِنْطَقَة خَضْراء حَوْلَ الحُفْرَة 204
مِنْطَقَة دِفاعِيَّة 198
مِنْطَقَة سَكَنِيَّة 133
مِنْطَقَة صِناعِيَّة 133
مِنْطَقَة غَيْر مَقْصورَة 204
مِنْطَقَة قُطْبِيَّة جَنوبِيَّة 298
مِنْطَقَة قُطْبِيَّة شَمالِيَّة 298
مِنْطَقَة لَهْو 133
مِنْطَقَة مَحْظورَة 199
مِنْطَقَة مَرْمى 194
مِنْطَقَة مُشاة 135
مِنْطَقَة هُجوم 198
مِنْطَقَة وَجَبات خَفِيفَة 143
مُنَظِّف 57
مُنَظِّف مِرْحاض 53، 57
مُنَظِّم 54
مُنَظِّم الصَّوْت 233
مُنَظِّم تَدْفِئَة 112
مُنَظِّم تَنَفُّس 211
مُنَظِّم صَوْت 181
مُنَظِّم فَتْحَة العَدَسَة 242
مُنَظَّمَة حِلْف شَمال الأطْلَسي (النّاتو) 311
مُنْعَطَف 107
مَنْغولْيا 309
مُنْفَتِح 25
مَنْفَث هَواء 125
BSU مَنْفَذ 178، 233
مِنْفَضَة غُبار 57
مُنْفَعِل 25
مِنْقار 328
مُنْقِذ 209، 287، 288
مُنْقِذَة 209
مِنْقَلَة 155
مَنْهَج دِراسَة 157
مُهاجِم 195
مُهاجِم جَناح 195، 198
مُهاجِم خَط وَسَط 198
مِهْبَل 261
مَهْد 50
مَهْدًا 277
مَهْروس 77
مُهَنْدِسَة 167
مُهَنْدِس مِعْمارِي 167
مَواد تَنْظِيف 145
مُوازِن الطّائِرَة 124
مَواعِيد العِيادَة 264
مَوْت 274
مَوْجَة 212
مَوْجَة جَزْر شَدِيد 314
مَوْجَة طَوِيلَة 187
مَوْجَة قَصِيرَة 187
مُؤَجِّر 39
مُوَجِّه الخَيْط 238
مُؤَخِّرَة 211
مُؤَخِّرَة 210
مُؤَخِّرَة القارِب 211
مُؤَخِّرَة شِراع 212
مورِيتانيا 306
مورِيشْيوس 306
مَوْز 80
موزامْبِيق 306
مُوَزِّع صابون 53
مُوَزِّع ماء 172
موسْلي 96
موسِيقى 156
موسِيقى إفْتِتاحِيَّة 228
موسِيقى صاخِبَة 231
موسِيقى كْلاسِيكِيَّة 231
موسِيقى هادِئَة 231
موسِيقي رُباعِيَّة 228
موسِيقِي شَوارِع 148
موسِيقِيَّة 169
مُؤَشِّر إتِّجاه الرِّياح 124
مُؤَشِّر الفَأْرَة 181
مُؤَشِّر السِّعْر 113
مُؤَشِّر تَصْوِير ذاتي 242
مُؤَشِّر حَرارَة المُبَرِّد 114
مُؤَشِّر كَمِّيَّة الوَقود 113
مُؤَشِّر وَقود 114
BSU مَوْصِل 179
مُوَصِّل طاقَة 248
مُوَصِّل طُرود 168
مَوْضَة لِلحَوامِل 30
مَوْضِع نار المُخَيَّم 248
مُوَظَّف 170
مُوَظَّفَة إسْتِقْبال 136، 166
مُوَظَّفَة بَنْك 169
مَوْعِد 172، 264
مَوْقِد 44
مَوْقِد بَنْزِين 159
مَوْقِد غاز 248
مَوْقِف حافِلات 135
مَوْقِف حافِلَة 115
مَوْقِف سَيّارات 142
مَوْقِف سَيّارَة 39
مَوْقِف مُعاقِين 106
مُوَلِّد 113
مُوَلِّد كَهْرُبائي 118
مولْدافْيا 300
مُوَلِّع نار 248
موناكو 300
مونْتِينِيغْرو 300
مونوبولي 245
مُؤَهِّلات 165
مَيِّت 274
مِيدالِيَّة 207
مَيْدان 133
مِيزان 191
مِيزان زِئْبَقِي 58
مِيزان مَخْبَرِي 158
مِيزان مَطْبَخ 45
مِيكانِيكِي سَيّارات 167
مِيكْروفون 184، 186، 232
مِيكْرونِيزْيا 310
مِيل 344
مِيناء 271
مِيناء حاوِيات بَضائِع 129
مِيناء يُخوت 210

ن

ناب 270، 330
نادِل 101، 147، 168
نادي لِياقَة بَدَنِيَّة 222
ناضِج 81
ناطِحَة سَحاب 134
نافِذَة 40
نافِذَة 124، 128، 181
نافِذَة بارِزَة من سَقْف مائِل 40
نافِذَة جانِبِيَّة 111
نافِذَة سَقْف 40
ناقِلَة سَيّارات 120
ناقوس 228
نامَ 51
نامَ بِعُمْق 51
نامِيبيا 306
ناورو 310
ناي 229
ناي بان 230
نايْلون 240
نايْلون حِفْظ المَأْكولات 46
نَبات الهِرَقْلِيَّة 320
نَبات شائِك 320
نَباتِي 103
نَباتِي صِرْف 103
نَبْت 321
نَبْتَة إصِّيص 64
نَبْتَة مُتَسَلِّقَة 323
نَبْتَة مَنْزِلِيَّة 43، 52
نِبْتون 293
نَبْض 282
نَبْع ماء حار 316
نَبِيذ أبْيَض 94
نَبِيذ أحْمَر 94
نَبِيذ ساخِن 93
نَبِيذ سانْجِرِيا 94
نَبِيذ مَع صودا 94
نَبِيذ وَرْدِي 94
نَتائِج 264
نَتِيجَة مَبْدَئِيَّة 200
نَجا 283
نَجّار 167
نَجْدَة الجِبال 287
نَجَر 59
نَجْم 294
نَحّات 169
نُحاس 317
نَحام وَرْدي 329
نَحْت 234
نَحْلَة 332
نَحْلَة طَنّانَة 332
نَحِيف 24
نَخْلَة 323
نَدَبَة 24
نَدَبَة 274
نَرْجِس 322
نَزّاعَة سَدّادات 147
نَزْع وَرَق الحائِط 61
نَزْف 269
نَزَلَ 123، 129
نُزْهَة 151
نَزِيف 269
نَزِيف أنْفي 265
نِسْبَة مِئَوِيَّة 339
نَسْج 240
نَسْج سِجّاد 240
نَسَخ 180
نَسْر 329
نَسِيم 313
نَشْر 59
نَشْر الغَسِيل 56
نَشْرَة 277
نَشْرَة تَرْوِيج مَبِيعات 188
نَشْرَة جَوِّيَّة 312
نَشْل 285
نَص أغْنِيَّة 232
نُصُب تِذْكاري 135، 149
نَصْب خَيْمَة 249
نِصْف 338
نِصْف الكُرَة الجَنوبي 298
نِصْف الكُرَة الشَّرْقي 298
نِصْف الكُرَة الشَّمالي 298
نِصْف الكُرَة الغَرْبي 298
نِصْف المَيْدان 202
نِصْف دَزِينَة 339
نِصْف دَوام 165
نِصْف ساعَة 340
نِصْف كِيلو غِرام 345
نَصْل مِنْشار 59
نَظّارات واقِيَة 219
نَظّارَة 32، 272
نَظّارَة سِباحَة 209
نَظّارَة شَمْسِيَّة 32
نَظّارَة قِراءَة 272
نَظّارَة لِلْقُرْب وَالبُعْد 272
نَظّارَة نَوْم 49
نَظّارَة واقِيَة 60، 158
نَظافَة الفَم 271
نِظام تَشْغِيل 181
نَظَّفَ 57، 279
نَظَّفَ الأسْنان بِالخَيْط 271
نَظْم 174
نَعامَة 329
نَعْل 33
نَعْناع 83
نَفْخ مِن الفَم لِلْفَم 282
نَفَق 106، 108
نَفْل 320
نَقّار الخَشَب 328
نَقّالَة 64، 275، 282

مُعالَجَة صورَة 243
مَعْبَد 134
مَعْبَر مُشاة 106
مُعْجَبون 232
مَعْجَن 61
مُعَجَّنات 90
مَعْجون أَسْنان 34
مُعِدّات صَيْد 216
مُعِدّات مَخْتَبَر 158
مَعِدَة 258
مُعَدَّل فائِدَة 138
مَعْدِن 60
مَعْرِض 148
مَعْرِفَة 18
مَعْز 293
مِعْصَم 254
مُعَطِّر جَو 53
مِعْطَف شَتَوي 28
مُعَقِّم 283
مَعْكَرونَة الأَرُز 87
مَعْكَرونَة بيني 87
مَعْكَرونَة تاغْلِيافيلا 87
مَعْكَرونَة ريجاتوني 87
مَعْكَرونَة فوسيلي 87
مَعْكَرونَة مَقْلِيَّة 99
مُعَلَّبات 145
مَعْلَم 149
مُعَلِّم 169
مُعَلِّمَة 154
مَعْلومات سِياحِيَة 148
مُعَمِّر 323
مَعْهَد بُحوث عِلْمِيَّة 162
مُعَيَّن 252
مِغْرَفَة 47
مِغْرَفَة أَطْفال 246
مِغْرَفَة آيس كريم 47
مُغْلَق 148
مِغْناطيس 158
مُغَنِّيَة 169
مُغَنِّيَة أوبرا 228
مِفْتاح 62
مِفْتاح «صول» 231
مِفْتاح «فا» 231
مِفْتاح إدْخال 178
مِفْتاح البَيْت 38
مِفْتاح الخِياطَة لِلوَراء 238
مِفْتاح المَوْقِد 44
مِفْتاح أَمان 62
مِفْتاح بَراغي 58
مِفْتاح تاب 178
مِفْتاح تَغْيير 178
مِفْتاح ضَوْء التَّحْذير 112
مِفْتاح عَزَقات العَجَلَة 114
مِفْتاح كابس لوك 178
مِفْتاح كونترول 178
مِفْتاح مَحي 178
مِفْتاح مَسافَة 178
مِفْتاح مُسَدَّسي 60
مِفْتاح هُروب 178
مُفَتِّشَة تَذاكِر 123
مَفْتوح 148
مَفْتول العَضَلات 24
مَفْروش 40
مَفْصِل اليَد 253
مَفْقودون 288، 289
مِفَكّ بَراغي 58
مُفَكِّرَة مَواعيد 172
مُقابَلَة 186
مُقابَلَة تَرَشُّح لِلْعَمَل 165
مَقاس 30
مُقاطَعَة 298
مَقاعِد أَمامِيَّة 226
مَقال 154
مَقالَة 188
مَقالَة اِفْتِتاحِيَّة 188
مَقْبَرَة 135
مِقْبَس 62
مِقْبَس مُتَعَدِّد 62
مَقْبَض 203
مِقْبَض 201
مِقْبَض الباب 112
مِقْبَض القِيادَة 116
مِقْبَض باب 111
مِقْبَض دَفْع 268
مُقَبِّلات 101
مُقَدِّم بَرامِج 186
مُقَدِّمَة 124، 188، 210، 211
مُقَدِّمَة السَّفينَة 128
مُقَدِّمَة القارِب 211
مُقَدِّمَة بَرامِج 169، 186
مَقْدونْيا 299
مِقْراب راديَوي 294
مُقَرْمَشَة 81
مُقَشِّر 81
مِقْشَطَة مَطاطِيَّة 48
مِقَص 58، 173، 239
مِقَص أَظافِر 34
مِقَص تَضْميد 283
مِقَص زُهور 64
مِقَص سِياج 64
مَقْصِد الرِّحْلَة 127
مَقْصَف وَجَبات خَفيفَة 241
مَقْصورَة 128، 226
مَقْصورَة تَشَمُّس
اِصْطِناعي 279
مَقْصورَة صَغيرَة 122
مَقْصورَة قِيادَة 210
مَقْصورَة قِيادَة الطائِرَة 124
مَقْصورَة كَبيرَة 122
مَقْصورَة نَوم 120
مَقْطورَة 120، 121
مَقْطورَة أَطْفال 119
مَقْعَد 122، 125، 211، 226، 279
مِقْعَد 49، 222
مَقْعَد اِحْتِياط 198
مَقْعَد إضافي 116
مَقْعَد أَطْفال 119
مَقْعَد التَّبْديل 197
مَقْعَد السّائِق 116
مَقْعَد المُرافِق 112
مَقْعَدُ المِرْحاض 53
مَقْعَد بار 147
مَقْعَد بِذِراعَيْن 52
مَقْعَد حَديقَة 63، 150
مَقْعَد شاطِئ 246
مَقْعَد شاطِئ كَصَدَفَة 247
مَقْعَد صَغير مُنَجَّد 42
مَقْعَد مَطْبَخ 44
مَقْعَدالسّائِق 112
مِقْلاة 48
مِقْلاة لِلشِّواء 48
مِقْلاة ووك 48
مِقْلَمَة 155
مَقْهى 136
مَقْهى شاطِئ 247
مَقْهى عَلى تِراس 147
مَقْهى عَلى رَصيف 147
مِقْوَد 117، 118
مِقْياس الزَّيْت 110
مِقْياس حَرارَة 158، 277
مِقْياس ضَغْط 211
مِقْياس ضَغْط الدَّم 264
مِقْياس عُمْق 211
مِقْياس مَسافات 114
مُكافَحَة الحَريق 286
مَكان الأَمْتِعَة 111
مَكان الحادِث 282
مَكان الخَيْمَة 248
مَكان السّائِق 122
مَكان تَحْضير الطَّعام 44
مَكان تَخْزين 120
مَكان تَخْييم 248
مَكان خارِج التَّغْطِيَة 183
مَكان شِواء 151
مَكان عَمَل 172
مُكَبِّر صَوْت 179، 232
مِكْبَس رُموش 35
مَكْتَب 51، 52، 172
مَكْتَب صِرافَة 139
مَكْتَبَة 42، 52، 133، 141، 163
مُكَسِّم 30
مِكْشَطَة 61
مُكَعَّبات 50
مُكَمِّل غِذائي 277
مِكْنَسَة 60
مِكْنَسَة كَهْرُبائِيَّة 57
مِكْواة 56
مَكوك فَضائي 293
مُكَيِّف هَواء 109
مَلَأ الغَسّالَة 56
مَلابِس جِلْدِيَّة 117
مَلابِس داخِلِيَّة 143
مَلابِس داخِلِيَّة حَرارِيَّة 249
مُلاكَمَة 213
مُلاكَمَة بِالأَرْجُل 213
مُلَبَّد بِالغُيوم 312
مِلْح 95
مِلْح 85
مُلْحَق 182، 188
مَلَخ ذِرَعَة/ عَمودَهُ الفَقَري 269
مَلَّس شَعْرَهُ 34
مَلْعَب 194
مَلْعَب أَطْفال 151
مَلْعَب بِقُضْبان مُتَنَقِّل 50
مَلْعَب جولْف 204
مَلْعَب رِياضي 154
مَلْعَب كُرَة الرّيشَة 201
مِلْعَقَة تَقْديم 48
مِلْعَقَة تَقْليب 48
مِلْعَقَة حِساء 102
مِلْعَقَة حَلْوى 102
مِلْعَقَة خَشَبِيَّة 48
مِلْعَقَة صَغيرَة 344
مِلْعَقَة طَعام 344
مِلْعَقَة قِياس 48، 263
مَلَف 172، 181
مَلْفوف 76
مَلْفوف أَحْمَر 76
مِلْقَط 34، 48، 158، 277
مِلْقَط غَسيل 56
مَلِك 244، 245
مُلْكِيَّة 38
مِلّيلِتْر 344
مِلّيمِتْر 344
مُلَمِّع شِفاه 35
مِلْيار 337
مُلَبَّسَة 83
مِلْيون 337
مَلِيء بِالعَصير 81
مُمَثِّل 186
مُمَثِّل 227
مُمَثِّلَة 169، 227
مِمْحاة 173
مَمَر 39، 63، 125، 144، 204
مَمَر جَبَلي 316
مَمَر سُفْلي 107
مُمَرِّض 166
مُمَرِّضَة عَمَلِيّات 274
مَمَر مُشاة 150
مِمْسَحَة 46
مِمْسَحَة أَرْض 57
مِمْسَحَة جَلي 47
مِمْسَحَة زُجاج 57
مَمْشى مُتَحَرِّك 127
مُمَلَّح 82
مَمْلَحَة 85
مُمَلِّس شَعْر 55
مَمْلَكَة 298
مَمْنوع الاِنْعِطاف لِلْيَسار 108
مَمْنوع الاِنْعِطاف لِلْيَمين 108
مَمْنوع التَّدْخين 113
مَمْنوع التَّوَقُّف 108
مَمْنوع الدُّخول 108
مَمْنوع الدَّوَران 108
مَمْنوع صَفّ السَّيّارات 108
مُمَوَّج 23
مُمَوِّج شَعْر 55
مَناديل مَطْبَخ 46
مَنارَة 129
مُنَبِّه 49
مُنَبِّه مَطْبَخ 46
مُنْتَج عُضْوي 69
مُنْتَج لِلشَّعْر 34
مُنْتَجات أَلْبان 145
مُنْتَجات عُضْوِيَّة 145
مُنْتَجات مَخْبَز 145
مُنْتَجَع 136
مُنْتَجَع الشّاطِئ 247
مُنْتَجَع صِحّي 279
مُنْتَصَف اللَّيْل 341
مُنْتَصَف اللَّيْل 342
مُنْتَصَف النَّهار 342
مِنْحَة جامِعِيَّة 164
مُنْحَدَر تَزَلُّج 218
مُنْخُل 47
مُنْدَهِش 25
مَنْدوبَة شُؤون العامِلين 165
مِنْديل مائِدَة 102
مِنْديل مُبَلَّل 277
مِنْديل وَرَقي 55

مَدْرَسَة مِهَنِيَّة 164
مَدْغَشْقَر 305
مِدْفَأة حَطَب 42، 62
مُدِير 170
مُدِيرَة 175
مُدِيرَة مَدْرَسَة 154
مُدِيرَة مَكْتَب 168
مَدِينَة قَدِيمَة 132
مِذْراة 64
مُذْنِب 294
مُذِيعَة أَخْبار 186
مَرّ 75
مَرَّ بِنَظَرِهِ بِسُرْعَة عَلى صَفْحَة 189
مِرْآب 39
مِرْآب تَحْتَ الأَرْض 135
مِرْآة 35، 41، 42، 53
مِرْآة جانِبِيَّة 111، 112
مِرْآة خَلْفِيَّة 116
مِرْآة رُؤيَة خَلْفِيَّة 110
مَرارَة 258
مُراسِل صَحَفِي 187
مُراسِلَة صَحَفِيَّة 186، 187
مُراقِب الحَرَكَة الجَوِّيَّة 126
مُراقَبَة 170
مِران عالِي 319
مَرْبِط حِبال 129
مُرَبَّى 89، 96
مَرَّة واحِدَة 339
مَرَّتان 339
مُرَتَّب 175
مُرْتَبِك 25
مَرْج 150، 316
مَرْج زُهور 323
مِرْحاض 53
مِرْحاض مُخَيَّم 249
مَرْحَبًا! 19
مَرْدَقوش 83
مِرْساة 210
مُرْسِل 190
مَرْسَى 129
مِرَشّ 64
مِرَشّ سَقْي 64
مُرَشَّحَة لِلْعَمَل 165
مُرْشِد سِياحي 148
مِرْشَفَة 159
مَرْصَد 294
مَرَض الخُناق 266
مَرَض السِّلّ 266
مَرَض الصَّدَفِيَّة 266
مَرَض الغُدَّة الدَّرَقِيَّة 267
مَرَض بارْكِنسون 267
مَرَض جِنْسِي 260
مَرَض طُفولَة 266
مَرْعَى 316
مِرْقاق عَجِين 48
مَرْكَبَة جولْف 205
مَرْكَبَة شِراعِيَّة 128
مَرْكَز نِفايات 249
مَرْلين شِراعي 331
مَرْهَم 276
مَرْو 318
مَرْو وَرْدي 318
مِرْوَحَة 42، 111
مَرِيء 255
مُرِيح 30
مَرِيض 266
مَرِيض خارِجي 273
مَرِيض داخِلي 273
مَرِيضَة 264، 270
مِزْبَلَة 27، 46، 158، 270
مَرْيَمِيَّة 83
مِرِينْج 90
مُزارِع 167
مُزْدَوِج 339
مِزْراب 40، 106
مَزْرَعَة تَرْوِيض 215
مَزْروع عُضْوِيًّا 74
مِزْلاج 218
مِزْمار القِرْبَة 230
مَزْهَرِيَّة 43
مَزِيد 232
مُزِيل بُقَع 56
مُزِيل دُرُوز 239
مُزِيل رائِحَة العَرَق 277
مُزِيل طِلاء الأَظافِر 34
مُزِيل عَرَق 34
مَساء 342
مَساءُ الخَيْر! 19
مُسابَقَة 200
مُسابَقَة 207
مَسّاحَة زُجاج 110
مَسار تَزَلُّج 218
مَسار تَزَلُّج مُجَهَّز 218
مُساعِد طِبِّي 168، 282
مُساعِد لِلْمَشْي 268
مُساعَدَة 175
مُساعِدَة طَبِيب أَسْنان 270
مُساعِدَة طِبِّيَّة 282
مَسافَة بَيْن المَقاعِد 125
مُسافِر 123
مَسامِير 196
مُساهِم 170
مُساهَمَة 170
مَسْبَح 136
مَسْبَح تَرْفِيهي 209
مُسْتَأْجِر 39
مُسْتَأْجِرَة 39
مُسْتَشار أَعْمال 166
مُسْتَشار مالي 139
مُسْتَشْفَى 133
مُسْتَعْرِض ويب 182
مُسْتَعْمَرَة 298
مُسْتَقِل بِعَمَلِه 52
مُسْتَقِيم 260
مُسْتَلْزَمات رُضَّع 145
مُسْتَلْزَمات مَلابِس 143
مُسْتَنَدات تَرَشُّح لِلْعَمَل 165
مُسْتَوْدَع حاوِيات 129
مُسْتَيْقِظ 51
مَسْجِد 134
مَسْح 57، 183
مَسْحوق غَسِيل 56
مُسَدَّس 284
مُسَدَّس الانْطِلاق 206
مُسَدَّس تَعْبِئَة 113
مُسَدَّس خَرْطوش 60
مُسَدَّس غِراء 59
مَسْرَح 134
مَسْرَح الجَرِيمَة 284
مَسْرَح مَكْشوف 226
مَسْرَحِيَّة 227
مِسْطَرَة 155
مَسَكَ الكُرَة 196
مُسْكِرَة 35
مُسَكِّن أَلَم 277
مُسَلْسَل إِذاعِي 187
مُسَلْسَل تِلِفِزْيوني 185
مِسْمار 58
مُسَمَّر 35
مُسَمَّر بالشَّمْس 24
مَسْموح لِلْمُراهِقِين 241
مُسِنّ 24
مَسْنَد القَدَمَيْن 112
مَسْنَد جانِبِي 116
مَسْنَد ذِراع 122، 268
مِسْنَد ذِراع 52
مَسْنَد رَأْس 122، 279
مِسْنَد ظَهْر 52
مَسْنَد قَدَم 268
مَسْنَد قَدَمَيْن 116
مِسْنَد لِلرَّأْس 49
مُسَيِّر خَلَوي 183
مُشاهَدَة مَدِينَة 148
مِشْبَك تَثْبِيت 159
مِشْبَك رِباط العُنُق 32
مِشْبَك شَعْر 34
مِشْبَك وَرَق 173
مُشْتَبَه فِيه 284
مُشْتَرِك 174، 186
مِشْجَب 41
مِشْرَط 158
مِشْرَط سَجّاد 58
مَشْروب كُحولي 94
مَشْروبات 145
مُشْط 34، 64
مُشْط لَمّ الوَرَق 64
مُشْط يَدَوي 64
مِشْعاع 62
مُشَغِّل 233
مَشْغولُ الفِكْر 25
مَشْلول 268
مُشْمِس 312
مِشْمِش 79
مُشْمَئِزّ 26
مَشْهَد 186
مَشْي 215
مَشِيمَة 262
مُصابون 289
مُصارَعَة 213
مَصّاصَة 27، 98
مَصّاصَة مُثَلَّجَة 98
مَصَبّ نَهْر 315
مِصْباح 42، 51، 62، 159
مِصْباح أَمامي 120
مِصْباح جَيْب 211، 249
مِصْباح سَرِير 49
مِصْباح شارِع 135
مِصْباح طَرِيق 106
مِصْباح عاكِس 270
مِصْباح عَلى الرَّأْس 248
مِصْباح عَمَلِيّات 274
مِصْباح قِراءَة 125
مِصْباح كِيروسين 249
مِصْباح مُرَكَّب 44
مِصْباح مَكْتَب 51، 172
مِصَدّ 120
مَصَدّ 110
مَصْدوم نَفْسِيًّا 283
مِصْر 304
مَصْران أَعْوَر 258
مَصْرِف 54
مِصْعَد 39
مَصَفّ دَرّاجات 119
مِصْفاة 47
مُصَمِّمَة جْرافِيك 169
مَصْنَع 134
مُصَنَّف 173، 180
مُصَنَّف قابِل لِلتَّعْلِيق 173
مِصْنَفَرَة 59
مُصَوِّب عَدَسات 159
مُصَوِّر 169
مَصِيدَة جَراد البَحْر 217
مُضاءَة أَقَلّ مِنَ اللُّزوم 243
مُضاءَة أَكْثَر مِنَ اللُّزوم 243
مَضارِب جولْف 205
مِضَخَّة بِنْزِين 113
مِضَخَّة ثَدْي 263
مِضَخَّة جِسْم 223
مِضَخَّة هَواء 118، 249
مِضْرَب إِسْفِين 205
مِضْرَب حَدِيد 205
مِضْرَب خَشَب 205
مِضْرَب خَشَبي 200
مِضْرَب كُرَة التِّنِس 202
مِضْرَب كُرَة الرِّيشَة 201
مِضْرَب كُرَة تِنِس الطّاوِلَة 203
مِضْرَب مُسْقِط 205
مِضْمار 206
مُضِيفَة 125
مُضِيفَة طَيَران 168
مَضِيق 295
مَطّاطَة شَعْر 34
مَطْبَخ 172
مَطْبَخ مُجَهَّز 44
مَطْبوخ 77
مَطْحون 85
مَطَر 313
مُطْرِب رَئِيسي 232
مِطْرَقَة 58
مِطْرَقَة خَشَبِيَّة 58
مِطْرَقَة لَحْم 47
مُطَرّي غَسِيل 56
مَطْعَم 136
مَطْعَم الجامِعَة 163
مُطَلَّق 17
مُطْهِر 283
مَظاهِر نَقْص 266
مِظَلَّة 32
مِظَلَّة شَمْس 247
مَعَ ثَلْج 94
مُعادَلَة 205
مُعافَى 266
مُعاق 268
مُعالِج 179
مُعالِج فِيزيائي 166
مُعالَجَة 264
مُعالَجَة إِدْمان 278
مُعالَجَة الوَجْه 279
مُعالَجَة صورَة 243

لُؤلُؤة 318
لَون 61، 237
لَون أكْريلي 235
لَون زَيْتي 235
لَون مائي 235
لَوى رِجْله 269
ليبيا 305
ليبيريا 305
ليتشي 80
ليختنشتاين 300
ليرَة 345
ليسوتو 305
ليفَة اِسْتِحمام 55
ليكور 94، 101
لَيْلَك 321
لَيْلَكي 237
ليموزين 109
ليمون 81
ليمون أَخْضَر 81
ليموناضَة 92

م

ما سِعْرُ الصَّرْف اليَوْم؟ 139
ماء 92، 208
ماء أَبْيَض 272
ماء أَزْرَق 272
ماء تونِك 92
ماء مُعَبَّأ 92
ماء مَعْدَني بِدون صودا 92
ماء مَعْدَني مَع صودا 92
ماء مِن الصُّنْبور 92
ماإسْمُ حَضْرَتِك؟ 19
ماإسْمُك؟ 19
مابَعْدَ التَّزَلُّج 219
مات 21
مادَّة تَلْصيق 235
مادَّة دِراسَة 157
مادَّة عازِلة 61
مادَّة مانِعَة لِلتَّسَرُّب 60
مادَّة مُذيبَة 61
مادَّة مُمَيِّعَة 61
ماراثون 206
ماس 318
ماستَر 162
ماسِحَة 179
ماسك لِلوَجْه 279
ماسورَة إمْداد 54
ماسورَة عادِم 111
ماطِر 312
ماعِز 326
مأكولات فاخِرَة 145
ماكينَة المَطْبَخ 45
ماكينَة حلاقَة كَهْرُبائيَّة 55
ماكينَة حلاقَة يَدَويَّة 55
ماكينَة حِياكَة 238
ماكينَة خِياطَة 238
ماكينَة قَهْوَة 45، 147
مالاوي 305
مالِح 99
مالْطا 300
مالِك 40
مالِكَة 40
مالي 305
ماليزيا 309
مانْجا 80
مانِع حَمْل 261
مانْغوستين 80
مانيكير 279
ماهُو تاريخ اليَوم؟ 342
ماهُو حالُ الطَّقْس؟ 312
مأوى الحافِلات 115
مائة 336
مائة ألْف 337
مائتان وَاثْنان وَعِشْرون 337
مايونيز 85
مُباراة زَوْجيَّة 202
مُباراة فَرْديَّة 202
مُبارَزَة 221
مِبْرَد 110
مِبْرَد أظافِر 34، 277
مِبْرَد سَكاكين 46
مَبْروش 85
مُبَسْتَر 73
مِبْشَرَة 47
مِبْقاتي 197
مَبْلَغ 139
مَبْلَغ ضَمان 39
مَبْنى البَلَديَّة 133
مَبْنى أوبرا 134
مَبْنى مَكاتِب 134
مَبْولَة 50
مُبيد الأعْشاب الضَّارَة 65
مَبيض 261
مُبَيِّض 56
مَبيعات 171
مُتابَعة الرِّعايَة الطِّبيَّة 274
مُتَبَّل 69
مُتَجانِس 73
مَتْجَر 142
مَتْجَر أَدَوات بِناء 141
مَتْجَر أنْتيكات 141
مَتْجَر بَيْع خُمور 140
مَتْجَر حَيَوانات أَليفَة 140
مَتْجَر سوق حُرَّة 126
مَتْجَر هَدايا 141
مَتْجَر أثاث 141
مَتْجَر أدوت كَهْرُبائيَّة 141
مَتْجَر ألعاب 141
مَتْجَر بَيْع قِرطاسيَّة 140
مَتْجَر صَغير 140
مَتْجَر عُطور 141
مُتَجَمِّد 312
مُتْحَف 134
مِتْر 344
مِتْر مُرَبَّع 344
مِتْر مُكَعَّب 344
مُتَزَلِّج 218
مُتَزَلِّج عَلى لَوح 219
مُتَزَوِّج 17
مُتَسامِح 25
مُتَضايِق 26
مُتْعَب 26
مُتَعَدِّد الأضْعاف 339
مُتَعَفِّن 81
مُتَفَرِّجون 194
مُتَكَبِّر 26
مُتَلَقِّي 190
مُتَنَزَّه 150
مُتَنَزَّه وَطَني 150
مُتَوَتِّر 26
مُتَوَسِّط 99
مَتى؟ 341
مَثانَة 259، 260، 261
مُثَبِّت 219
مِثْقاب 59
مِثْقاب بَطاريَّة 59
مِثْقاب كَهْرُبائي 59
مِثْل 339
مُثَلَّث لِلرَّسْم 155
مُثَلَّج سوربيه 101
مَجال العَمَل الرَّئيسي 170
مَجال عَمَل ثانَوي 170
مِجْداف كانو 211
مِجْداف مُزْدَوَج 211
مِجْراف 64
مَجَرَّة 294
مِجْرَفَة 57، 64
مِجْرَفَة زُهور 64
مُجْرِم 284
مُجْرِمَة 284
مُجَعَّد 23
مُجَفِّف شَعْر 55
مُجَفِّفَة غَسيل 56
مَجَلات 146
مَجْلِس إدارَة 171
مَجْلِس العُمال 171
مُجَمَّد 71
مُجَمِّد 44
مُجَمَّع شُقَق 132
مَجْموعَة 202
مَجْموعَة أدْراج 49
مَجْموعَة ألْوان 35
مَجْموعَة تَعَلُّم 164
مَجْموعَة شَرِكات 170
مَجْموعَة طُبول 230
مُجْهَد 26
مِجْهَر 159
مَحا 180
مَحار 71
مَحار مَرْوَحي 71
مُحاسِب 166
مُحاضِر 162
مُحاضَرَة 163
مُحامي 166
مِحْبَرَة 179
مُحْتَوي عَلى الرَّصاص 113
مُحْتَوَيات 189
مُحَدِّد ضَغْط قَدَم الخياطَة 238
مُحَدِّد عَرْض الدَّرْز 238
مُحَدِّد نَوع الدَّرز 238
مُحْرَج 25
مُحَرِّك 111، 124
مُحَرِّك السَّيارَة لا يَعْمَل 114
مُحَرِّك قُرْص مَضْغوط/قُرْص رَقْمي 178
مَحَطَّة 126
مَحَطَّة إطْفاء 133
مَحَطَّة أَطْفائيَّة 286
مَحَطَّة تاكْسي 121
مَحَطَّة حافِلات 115
مَحَطَّة فَضائيَّة 294
مِحْفَظَة 33
مِحْفَظَة نُقود 33
مَحْكَمَة 133
مَحَل بِقالَة 140
مَحَل بَيْع أَحْذيَة 141
مَحَل بَيْع زُهور 140
مَحَل بَيْع سَمَك 140
مَحَل جِزارَة 140
مَحَل حَلْواني 140
مَحَل خُضْراوات 140
مَحَل خِياطَة 141
مَحَل مُجَوهَرات 141
مَحَل مُسْتَحْضَرات نَظافَة وَ تَجْميل 141
مَحَل مُنْتَجات عُضْويَّة 140
مَحَلي الإنْتاج 74
مُحَمَّص 82
مُحَمِّصَة خُبْز 45
مِحْوَر كِتاب 189
مُحيط مُتَجَمِّد جَنوبي 296
مُحيط مُتَجَمِّد شَمالي 296
مُخ 255
مُخالَفَة سَيْر 107
مُخْبِر 284
مَخْبَز 140
مُخْتَلِط بِالشَّيْب 23
مِخَدَّة 42، 49
مَخْرَج 107
مُخْرِج 227
مَخْرَج الفائِض 54
مَخْرَج الماء السَّاخِن 54
مَخْرَج طَوارئ 125، 286
مَخْزَن الأمْتِعَة 115
مَخْزَن أَمْتِعَة 124
مُخَزِّن بَيانات 183
مُخَطَّط 39
مُخَطَّط دائِري 174
مَخْطوب 17
مِخْلَب 324، 328
مُخَلَّفات 69
مُخَيْخ 255
مَد 223، 247
مَدَّ بِساط العُشْب 65
مَدار 294
مَدار الجَدي 298
مَدار السَّرَطان 298
مُدافِع خارِجي 195
مُدافِع داخِلي 195
مُدافِع قَشّاش 195، 198
مُداهَمَة 285
مُداهَمَة سَرِقَة 285
مِدْبَسَة 239
مَدْخَل 107
مَدْخَل الماء البارِد 54
مُدْخِل خَيْط 239
مَدْخَل خَيْمَة 249
مَدْخَل هَواء 117
مُدَخِّن 69، 71
مِدْخَنَة 40
مِدْخَنَة 128
مِدْخَنَة العادِم 120
مَدَد 163
مُدَرِّب 200
مُدَرِّبَة 200
مُدَرَّج 125، 194
مَدْرَسَة 133
مَدْرَسَة اِبْتِدائيَّة 154
مَدْرَسَة إعْداديَّة 154
مَدْرَسَة ثانَويَّة 154

كُرْسي مُتَحَرِّك 268
كُرْسي مُعالَجَة الأَسْنان 270
كُرْسي مَكْتَب 172
كَرَفْس 74
كُرْكُم 84
كَرَمَنْتينَة 81
كُرُنْب 74
كُرُنْب بروكْسل 76
كُرُنْب مَلْفوف 76
كَرْنَفال 20
كرواتيا 299
كرواسان 88، 96
كروس سْتْيتْش 240
كروكيت 221
كَرونَة 345
كْرَيب فْروت 81
كْريكيت 200
كريم أساس 35
كريم تَرْطيب 34
كريم تَغْطِيَة لِلوَجْه 35
كْريم كارامِل 91
كْريم واقي مِن الشَّمْس 34، 247
كْريم وَجْه 34
كْريمَة مَخْفوقَة 91
كْريمَة موس 91
كُزاز 266
كُزْبَرَة 83
كُزْبَرَة يابِسَة 84
كَسّاح 266
كَسّارَة جَوز 82
كَسِب 175
كَسْتَناء 82
كَسَّرَ 82
كَسْر 269
كَسَر رِجْلَه 269
كُسْكُس 86
كُسوف 294
كْسيلوفون 228
كَشّاف 111، 232
كَشّاف الرُّجوع لِلْخَلْف 111
كُشْتبان 239
كُشْك بَيْع 135
كَشْكَشَة 30
كِشْمِش 82
كِشْمِش أَحْمَر 79
كِشْمِش أَسْوَد 79
كِشْمِش شائِك 79
كَطَبَق مُقَبِّلات/كَطَبَق رَئيسي/
كَطَبَق تَحْلِيَة، سَآخُذ... 102
كَعْب 33
كَعْب عَريض 33
كُعْبُرَة 257
كَعْكَة 90
كَعْكَة الغابات السَّوداء 90
كَعْكَة جُبْن 90
كَعْكَة شَعْر 23
كَعْكَة شوكولاتَة 90
كَعْكَة عيد ميلاد 90
كَعْكَة مافِن 90
كُفْتَة 100
كُل 339
كُل أَحَد 339
كُلّ عام وَأَنْتَ بِخَيْر 20
كَلا 339
كلارينيت 229
كلاسيكي مُحَدَّث 149
كْلاكيت 186
كَلْب 324
كَلْب إنْقاذ 287
كَلْب مُرافِقَة المَكْفوفين 268
كَلِمات مُتَقاطِعَة 247
كُلْيَة 68، 258، 259
كُلِّيَّة فُنون 164
كُلِّيَّة موسيقى 164
كَم 30
كَم السّاعَة الآن؟ 340
كَم ثَمَن الغُرْفَة، مِن فَضْلِك؟ 136
كَمْأة 74
كَماشَة أنابيب 58
كَماشَة بَراشيم 59
كَمان 229
كَمْبوديا 308
كَمْبيوتر لَوْحي 183
كَمْبيوتر مَحْمول 179
كَناري 328
كَنَبَة مُفْرَدَة 41، 42
كَنَدا 302
كَنْزَة 29
كَنْزَة بِحَمّالات 31
كَنْزَة بِقَبَّة 29
كَنْزَة بِقَبَّة عالِيَة 29
كَنْزَة بِقُبَّعَة 28
كَنْزَة بِلا أَكْمام 31
كَنَس 57
كَنْغَر 327
كَنيسَة 134
كَنيسَة يَهودِيَّة 134
كَهْرَبائي 167
كَهْرَمان 318
كَهْف 315
كوالا 325
كواليس 226
كوب 93
كوب قِياس 48
كوبا 302
كوتيل 94
كوخ شاطِئ 246
كورال 228
كورن فليكس 96
كورنيش الشّاطِئ 246
كوريا الجَنوبِيَّة 310
كوريا الشَّمالِيَّة 309
كوسا 77
كوستاريكا 302
كوع 54، 253
كَوْكَب 294
كوكتيل حَليب 92
كوكتيل فاكِهَة 97
كولا 92
كولِسترول 103
كولومبيا 303
كولونيا 55
كومكوات 81
كومودينة جانِبية 42، 43
كوميديا 226
كَوْن 294
كَوْن عائِلَة 21
كونغفو 213
كَوى 56
كَوي 331
كُوَيْكِب 294
كيب 327
كيرلِنْج 219
كيريباتي 310
كيس الصَّفَن 260
كيس تَجْميد الطَّعام 46
كيس تَزْيين المُعَجَّنات 46
كيس تَسَوُّق 143
كيس رَمْلي لِلتَّدْريب 213
كيس سَلَوي 262
كيس قُمامَة 60
كيس نَوْم 249
كيس هَواء 112
كيلو غرام 345
كيلو مِتْر 344
كيمْياء 156
كينا 319
كيندو 213
كينوا 86
كينيا 305
كيوانو 80
كيوي 80
ل
لا تَنْثَني! 191
لاب تُوب 52
لاتفيا 300
لاته ميشياتو 93
لازانيه 100
لازَوَرْد 318
لاصِق 199
لاصِق تَصْحيح 173
لاصِق طِبّي 283
لاعِب احْتِياط 197
لاعِب جولْف 205
لاعِب خَطّ وَسَط 195
لاعِب دِفاع 197، 198
لاعِب هُجوم 197
لاعِبَة جُمْباز 207
لاعِبَة قَفْز 209
لاعِبون 197
لاكْروس 221
لاما 326
لامِع 243
لاوس 309
لائِحَة أَشْهَر الأغاني 187
لائِحَة الثَّمَن 145
لُب 78
لِباس ثَلْج 27
لِباس داخِلي 29
لِباس داخِلي لِلنِساء 30
لِباس رَضيع 27
لِباس سِباحَة 30
لُبان 98، 146
لَبْلاب 323
لَبَن 72
لَبَن بِالفَواكِه 96
لَبَن مُثَلَّج 98
لُبْنان 309
لُبَيْسَة حِذاء 41
لِتْر 344
لِتْوانيا 300
لِثَة 271
لِجام 214
لِحاف بِشَكْل كيس 27
لَحْم 59
لَحْم بَقَر 68
لَحْم خِنْزير 68
لَحْم خِنْزير مُمَلَّح 97
لَحْم ديك رومي 69
لَحْم عِجْل 68
لَحْم غَنَم 68
لَحْم فَخْذ خِنْزير 68، 96
لَحْم مَطْبوخ 68
لَحْم مَفْروم 68
لَحْن 233
لُحوم وَدَواجِن 145
لِحْيَة 24
لَدْغَة حَشَرَة 269
لَدَيَّ بَشَرَة حَسّاسَة/جافَّة. 279
لَدَيَّ بَشَرَة عادِيَّة/دُهْنِيَّة. 279
لِسان 255
لَطيف 25
لَعِب بوكَر 244
لَعِب لُعْبَة قَفْز 160
لُعْبَة 50
لُعْبَة الرَّشْق بالسِّهام 221
لُعْبَة ألواح 245
لُعْبَة تَوازُن 151
لُعْبَة فيديو 185
لُعْبَة مُتَحَرِّكَة 50
لُعْبَة مُجَسَّمَة 50
لُغات أَجْنَبِيَّة 156
لُغَة الإشارَة 268
لُفافَة مِن وَرَق الحائِط 61
لِفْت 75
لَفْحَة شَمْس 269
لَقَد حَجَزْتُ غُرْفَة بِاسْم... 136
لَقَد وَقَعَ حادِث! 289
لَقْلَق 329
لِلْبَيْع 38
لَمّ وَرَق الشَّجَر 65
لَمْبَة 62
لَمَّع 57
لوبيا 78
لوتس 321
لَوْح 19
لَوْح 212
لَوْح إعْلانات 164، 172
لَوْح الثَّلْج 219
لَوْح الكَتِف 253
لَوْح تَقْطيع 47
لَوْح خَشَبي 60
لَوْح رُكوب الأَمْواج 212
لَوْح سِباحَة 209
لَوْحَة إرْشادات 123
لَوْحَة أَلوان 235
لَوْحَة تَحْذير مِن انْهِيار
الثَّلْج 287
لَوْحَة حائِط 236
لَوْحَة خَلْفِيَّة 161، 199
لَوْحَة رَقْم السَّيّارَة 110
لَوْحَة شِطْرَنْج 245
لَوْحَة فَنِّيَّة 42
لَوْحَة قِيادَة 112
لَوْحَة مَسافات 107
لَوْحَة مَفاتيح 138، 178، 184
لَوْز 82
لوكسمبورغ 300
لَوْلَب 261

قَرْن 78، 324
قَرْن فُلْفُل حار 84
قَرْن هَواء 120
قَرَنْفُل 84، 322
قَرَنِيَّة 272
قَزَحِيَّة 272
قَسَم 339
قِسْم 164
قِسْم أَغْذِيَّة 143
قسم أطفال 143
قِسْم أَقْمِشَة مَنْزِلِيَّة 143
قِسْم التَّسْويق 171
قسم الحِسابات 170
قِسْم الشُّؤون القانونيَّة 171
قِسْم العامِلين 171
قِسْم العَلاقات العامَّة 171
قِسْم الْكِتْرونِيَّات 143
قِسْم تِجاري 170
قِسْم تَجْميل 143
قِسْم حَقائِب 143
قِسْم رِجال 143
قِسْم رِياضَة 143
قِسْم شُرْطة 133
قِسْم غِذاء 143
قِسْم قُرْطاسِيَّة 143
قِسْم نِساء 143
قَشّارَة 47
قِشْدَة 72
قَشَّر 77، 95
قِشْرَة 78، 81، 82، 319
قِشْرَة أَرْضِيَّة 295
قِشْرَة بَيْضَة 72
قَصّ 180، 240
قُصاصات تَعْليم 173
قَصَبَة السّاق 252
قَصَبَة صِنّارَة 216
قَصَبَة هَوائِيَّة 258
قَصَّة بوب 23
قَصَّة شَعْر قَصيرَة 23
قَصَّة شَعْر مُتَدَرِّجَة 23
قِصَّة مُصَوَّرَة 146
قَصْر 134
قِصَر نَظَر 272
قَصير 24، 28
قِضاعَة 327
قُضْبان 319
قَضيب 50، 260
قَضيب سِباحَة مُتَحَرِّك 209
قَضيب عَجَلَة 118
قضيب قصدير لِلِحام 60
قِطار 122
قِطار أَنْفاق 122
قِطار بُخاري 122
قِطار عالي السُّرْعَة 122
قِطار علي قَضيب أحادي 122
قِطار بَضائِع 122
قِطاعَة بَيْض 47
قُطْب 274
قَطِّب الجَبين 26
قُطْب جَنوبي 295
قُطْب شَمالي 295
قِطَّة 324
قُطْر 309
قَطْرَة 276
قَطْرَة عَيْن 272
قَطَّع 59، 77، 95
قَطْع اِتِّصال 184
قَطْع بِالقالِب 95
قِطَع دَجاج مَقْلِيَّة 99
قِطْعَة بيتْزا 99
قِطْعَة شوكولاتَة 98
قِطْعَة غِنائِيَّة 233
قِطْعَة قِماش اِسْفَنْجِيَّة 55
قِطْعَة موسيقِيَّة 228، 233
قَطْف ثِمار 65
قُطْن 240
قُطْن طِبِّي 55
قُطْن طَبيعي 27
قُفاز 32
قُفاز الثَّعْلَب 320
قُفاز بيسْبول 200
قُفاز رَضيع 27
قُفاز فُرْن 46
قُفاز مَطاطي 57
قُفازات جِلْدِيَّة 117
قُفازات حارِس مَرْمى 196
قُفاز حَديقَة 64
قُفاز مُلاكَمَة 213
قُفاز مَواد كيماوِيَّة 158
قَفْز 214
قَفْز بالخَيْل 215
قَفْز بالزّانَة 206
قَفْز بالمَظَلَّة 220
قَفْز بَنْجي 220
قَفْز تَزَلُّجي 218
قَفْزَة البِدايَة 208
قَفَص صَدْري 252، 257
قِفْل الباب 38
قِفْل دَرّاجَة 119
قُلاب 121
قَلْب 74، 244، 258، 259
قَلْب قَنَوات 185
قِلَّة 339
قَلَص وَجْهُهُ 22
قَلْع سِن 271
قَلْعَة 134، 245
قَلْعَة رَمْلِيَّة 247
قَلَم 65
قَلَم تَخْطيط 235
قَلَم تَرْطيب الشّفاه 277
قَلَم تَعْليم 155، 173
قَلَم تَلْوين 235
قَلَم تَلْوين شَمْع 235
قَلَم حِبْر 155
قَلَم حِبْر جاف 173
قَلَم رَصاص 155، 173
قلم كُحْل 35
قَلي 69، 95
قَليل الدَّسَم 73
قُماش 239
قُماش لِلرَّسْم 236
قُماشَة لِلْغَسْل 55
قُماشَة مِيكروفايْبَر 60
قِمَّة 315، 319
قَمْح 86
قَمَر صِناعي 294
قَمْرَة القِيادَة 116
قَمْع 48
قَمْل الخَشَب 333
قَميص 29
قَميص داخِلي 27
قَناة 133
قَناة البَوْل 260، 261
قَناة المانْش 296
قَناة فالوب 261
قِناع أوكْسِجين 125، 282
قِناع غَوْص 211
قِناع واقي 117
قُنْفُذ 324
قِنينَة غاز 248
قَهْوَة 93، 101
قَهْوَة اِسْبْريسو 93
قَهْوَة بالحَليب 93
قَهْوَة عالماشي 93
قَهْوَجي 147
قَوالِب تَقْطيع كَعْك 46
قَوالِب خُبْز المافِنز 46
قَوْس 149، 229
قَوْس القَدَم 254
قَوْس تَقْويم الأَسْنان 271
قَوْس زاوِيَة 194
قَوْس قُزَح 313
قَوْس مِنْطَقَة الجَزاء 194
قوطي 149
قِياس النَّبْض 282
قيثارَة 229
قَيْقَب 319

ك

كابْتْشينو 93
كابْتْشينو 96
كابل تَمْديد 62
كابوس 51
كابويرا 213
كابينَة تَبْديل مَلابِس 223
كابينَة دُش 53
كاتاماران 210
كاتامَران 128
كاجو 82
كاحِل 253، 254
كارِثة ذَرِّيَّة 289
كاري 84، 100
كازاخِسْتان 308
كَأْس 344
كَأْس 195
كَأْس آيس كريم 91
كَأْس قِياس 276
كَأْس ماء 102
كَأْس نَبيذ 102
كَأْس نَبيذ أَحْمَر 101
كَأْس...،مِن فَضْلِك. 147
كاسْتانيت 230
كاسيت 233
كاشِف دُخان 39
كاشِم 83
كاكادو 329
كامِل الدَّسَم 73
كاميرا أُحادِيَّة الاِسْتِخْدام 242
كاميرا أنالوج 242
كاميرا رَقْمِيَّة 242
كاميرا عاكِسَة 242
كاميرا فورِيَّة 242
كاميرا ويب 179
كاميرة مُراقَبَة 289
كان خارِج الحُدود 199
كانو كَنَدي 211
كانون الأَوَّل 343
كانون الثّاني 343
كاياك 211
كَبِد 68، 258
كِبْريت 317
كَبْس الكُرَة مِن الأَعلى 199
كَبْسولَة 276
كَبْل 184
كَبل كَهْرُباء 179
كَبْل لان 182
كَبْل مُساعَدَة تَشْغيل 114
كَبير 28، 99
كِتاب 146
كِتاب أَطْفال 189
كِتاب جَيْب 189
كِتاب غَيْر روائي 189
كِتاب مَدْرَسي 155
كِتاب مُصَوَّر 189
كِتاب مُغَلَّف 189
كِتابَة إِبْداعِيَّة 234
كَتافِيَّة 31
كَتّان 240
كُتُب 157، 180
كُتُب شيك 138
كَتِدْرائيَّة 132
كَتْشَب 85
كَتِف 252
كُتْلَة البِدايَة 206، 208
كَتْم الصَّوْت 185
كَثير 339
كَثير الأَضْعاف 339
كَراتيه 213
كُرّاث 75
كُرّاث أَنْدَلُسي 75
كَرْبوهيدْرات 103
كُرَة 50
كُرَة التِّنِس 202
كُرَة الرّاح 201
كُرَة الرّيشَة 201
كُرَة القَدَم الأَسْترالِيَّة 221
كُرَة الماء 209
كُرَة آيس كريم 91
كُرَة بيسْبول 161
كُرَة تَمْرين 222
كُرَة تِنِس 161
كُرَة تِنِس الطّاوِلَة 203
كُرَة جولْف 204
كُرَة ريشَة 161
كُرَة سَلَّة 161
كُرَة شاطِئ 246
كُرَة طائِرَة 161
كُرَة قَدَم 161، 196
كُرَة قَدَم أَمْريكِيَّة 161، 200
كُرَة قَفْز 199
كُرَة لِلْمُلاكَمَة 213
كُرَة لَيِّنَة 200
كُرَة يَد 161
كُرَة يَد الشّاطِئ 198
كَرَز 79
كُرْسي 43، 51
كُرْسي تَخْييم 248
كُرْسي دَوّار 52
كُرْسي شاطِئ 246
كُرْسي طَعام لِلأَطْفال 43

غوريلا 327
غويانا 303
غَيْبوبَة 275
غَيْر 123
غَيْر العَجَلَة 114
غَيْر لامِع 243
غَيْر مُتَسامِح 26
غَيْر القَناة 185
غينيا 305
غينيا الاِسْتِوائيَّة 304
غينيا بيساو 305
غَيور 26

ف

فاتورَة 139، 145
فاحِ بِعِطْره 321
فَأر 324
فَأرَة 178
فارِس سِباق خُيول 215
فارِسَة 214
فَأس 286
فاصِلَة عِشْرِيَّة 339
فاصولْياء بَيْضاء صَغيرَة 78
فاصولْياء بَيْضاء عَريضَة 78
فاصولْياء حَمْراء 78
فاصولْياء خَضْراء 78
فاصولْياء سَوداء 78
فاصولْياء مَطْهُوَّة بالفُرْن 97
فاكِهَة التِّنين 80
فاكِهَة النَّجْمَة 80
فاكِهَة طازَجَة 96
فانواتو 311
فاهرنهايت 312
فاول 195
فائِز 200
فَتّاحَة زُجاجات 48
فَتّاحَة سِدّادات 48
فَتّاحَة عُلَب 47
فَتْح التَّدفِئَة 62
فَتْح الحَنَفِيَّة 55
فَتْح مَلَف 180
فَتْحَة الأَنف 22
فَتْحَة الرَّقَبَة 30
فَتْحَة الشَّرْج 261
فَتَق 240
فَتيلَة 62
فَجْر 342
فِجْل 75
فِجْل أَبْيَض 75
فَحْ 330
فَحْص 154
فَحْص التَّذاكِر 126
فَحْص حَمْل 262
فَحْص نَظَر 272
فَحْم 248، 317
فَحْم تَلْوين 235
فَخْذ 68، 69، 252
فَخور 25
فَدّان 344
فِراش 49
فِراش قابِل لِلَّف 249
فِراش قابِل لِلنَّفخ 249
فَراشَة 332
فَرامِل العَجَلات 118
فَرامِل اليَد 112
فَراوْلَة 79
فَرْد 95
فَرَس البَحْر 331
فَرَس النَّبي 332
فَرَس النَّهْر 326
فُرْشاة 57
فُرْشاة أَسْنان 55
فُرْشاة شَعْر 34
فُرْشاة لِفَرْك الأَرْض 57
فُرْشاة مِرْحاض 53، 57
فُرْشاة مُسَطَّحَة 61
فُرْشاة مُعَجَّنات 48
فَرْشَخَة 207
فَرْشى أَسْنانه 55
فَرْع 170
فِرْقَة موسيقِيَّة 232
فَرْك 57
فَرْمَل 118
فُرْن 44، 279
فُرْن ميكروويف 45
فَرَنسا 299
فرنك 345
فَرْو 324
فريسبس 221
فَريق 200
فَريق بَحْث 289
فَريق عَمَل 170
فُسْتان 31
فُسْتان زِفاف 21
فُسْتُق حَلَبي 82
فَشار 241
فَصْل 189
فَصْل القُمامَة 44
فَصْل دِراسي 164
فَصْل عَمَلي 164
فِضَّة 207، 317
فُضولي 25
فَطائِر مُرَبَّى صَغيرَة 90
فِطْر 97
فُطور 74، 320
فُطور حَجَري 74
فَطيرَة 91، 100
فَطيرَة بان كيك 97
فَطيرَة تُفاح 91
فَطيرَة خوخ 90
فَطيرَة فاكِهَة 90
فَطيرَة فَرَنسِيَّة 100
فَطيرَة ليبَنز 90
فَظ 327
فُقاعَة جِلْدِيَّة 269
فِقْرات عُنُقِيَّة 257
فِقْرات قَطَنِيَّة 257
فِقْرَة مُتَكَرِّرَة 233
فُقْمَة 327
فَكّ تَجميد الطَّعام 44
فَكّ سُفْلي 22، 255
فَكّ عُلوي 255
فْلاش 242
فْلاش مُنْفَصِل 242
فِلْتَر 242
فِلْتَر هَواء 110
فُلْفُل 85
فُلْفُل أَسْوَد 84
فُلْفُل حار 77
فُلْفُل حُلو 84
فُلَيْفُلَة 77
فَم 22، 324
فَن 156
فَن عاري 236
فَن قَص الشَّجَر 323
فَنّان شَوارِع 148
فَنّان هَزْلي 226
فِنْجان... مِن فَضْلِك. 147
فُنْدُق تَزَلُّج 219
فُنْدُق ثَلاث/أَرْبَع نُجوم 137
فَنزويلا 304
فِنلَندا 299
فَهْد 325
فَهْد صَيّاد 325
فِهْرِس 189
فَواشات ذِراع 209
فودكا 94
فوشار 98
فوطَة مَطْبَخ 44
فوطَة نِسائِيَّة 277
فَوق السَّوِيَّة 205
فول سوداني 82
فول صويا 78
فولت 62
في السّاعَة السّابِعَة. 340
في الوَقْت المُحَدَّد 123
في أَيَّة ساعَة؟ 340
فيتنام 310
فيجي 310
فَيْروز 318
فَيْروس 265
فيزا 127
فيزياء 156
فَيَضان 314
فيل 245، 326
فيلْم 243
فيلْم إثارَة 241
فيلْم ثُلاثي الأَبْعاد 241
فيلْم خَيال عِلْمي 241
فيلْم رُسوم مُتَحَرِّكَة 241
فيلْم رُعْب 241
فيلْم غَرامي 241
فيلْم فُكاهي 241
فيلْم وَثائِقي 186
فيليه 68

ق

قابِس 62
قابِل لِلْكَسْر 191
قابِلَة 262
قادِر 260
قارِب إنْقاذ 288
قارِب خَفَر السَّواحِل 288
قارِب سَريع 128
قارِب نَجاة 128
قارِب نَجاة 210
قارَّة 295
قارِئ كُتُب إلِكْتروني 183
قاس 59
قاس ضَغْط الدَّم 264
قاضِيَة 166
قاطِرَة وَمَقْطورَة 120
قاطِعَة أَسْلاك 59
قاعَة احْتِفالات 154
قاعَة الطَّعام 142
قاعَة حَفَلات موسيقِيَّة 232
قاعَة مُحاضَرات 162
قاعِدَة 159
قاعِدَة العَصا 218
قاعِدَة الفَلاش 242
قاعِدَة المِصْباح 62
قاعِدَة ثابِتَة 184
قاعِدَة قِدْر 48
قاعِدَة كُرَة الجولْف 204
قاعِدَة لِلْفَأرَة 179
قاعِدَة لِلْكِتابَة 172
قام 51
قاموس 155
قائِد أوركِسْترا 228
قائِد فَريق 174
قائِمَة الطَّعام 101
قائِمَة مَرْمى 196
قائِمَة مُشْتَرَيات 144
قُبَّة 149
قُبْرُص 301
قَبْضَة المُصافَحَة 203
قَبْضَة الوَقود 117
قَبْضَة حامِل القَلَم 203
قُبَّعَة 32
قُبَّعَة رُكوب 214
قُبَّعَة سِباحَة 209
قُبَّعَة شَمْس 27
قُبَّعَة شَمْسِيَّة 32
قُبَّعَة صوفِيَّة 27، 32
قُبَّعَة واقِيَة 218
قَبْل الأَخير 338
قَبْل البارِحَة 342
قَبْل عَشْر دَقائِق 341
قَبو 39
قَبيح 24
قَتْل 285
قَحْط 314
قِدْر ضَغْط 45
قِدْر طَهْي 48
قَدَم 344
قَدَم إسْعافات أَوَّلِيَّة 282
قَدَم الخِياطَة 238
قَدَم حَيَوان 324
قَدَم مُرَبَّع 344
قَذَف 260
قَرَأ 157، 234
قُراد 333
قُراص 320
قِرْبَة ماء ساخِن 49
قَرْبوس مُقَدِّمَة السَّرْج 214
قَرْبوس مُؤَخِّرَة السَّرْج 214
قَرْحَة 267
قِرْش بَبْري 331
قُرْص 200
قُرْص تَحْديد البَرْنامَج 242
قُرْص صُلْب خارِجي 179
قُرْص فَوّار 276
قُرْص لُعْبَة الهوكي 161
قُرْص مَضْغوط 179
قَرْض 138
قَرْع جَوْز 77
قَرْع عَسَلي 77
قِرْغيزسْتان 308
قِرْمِزي 237
قِرْميد 40

عَرَبَة 122
عَرَبَة إِضافيَّة 117
عَرَبَة أَطْفال 50
عَرَبَة الأَمْتِعَة 123
عَرَبَة أَمْتِعَة 137
عَرَبَة تَسَوُّق 144
عَرَبَة ثَلْج 287
عَرَبَة جُولْف 205
عَرَبَة كارافان 121، 248
عَرَج 268
عَرْض 174، 226
عَرْض اِفْتِتاح 227
عَرْض خاص 144
عَرْض مُسْبَق 241
عَرْض موسيقي مُتَنَوِّع 226
عُرْف 214
عَرَفَ (عَلى) 19
عِرْق سوس 98
عُرْوَة 28
عَروس 21
عَريس 21
عَزْفَة 58
عَسَل 89
عَسَل بَرِّي 89
عَسَل سائِل 89
عُشْب 323
عُشْب بَحْري 247
عُشْبَة ضارَّة 323
عَشَرَة 336
عَشَرَة آلاف 337
عِشْرون 336
عِشْرون أَلْف 337
عَصا المَكوفين 268
عَصا بيسْبول 200
عَصا تَزَلُّج 218
عَصا رُكوب 215
عَصا قِيادَة 228
عَصا مَشْي 249
عَصا هوكي 200
عَصّارَة 92
عَصَب 271
عَصَب بَصَري 272
عُصعُص 257
عَصير بُرْتُقال 92
عَصير بُرْتقال 96
عَصير تُفّاح 92
عَصير تُفّاح مع صودا 92
عَصير جريب فروت طازَج 92
عَصير جَزَر 92
عَصير طَماطِم 92
عَضّ 217
عَضُد 253
عَضَلات أَوتار الرُّكْبَة 256
عَضَلَة الجَبْهَة 256
عَضَلَة الظَّهْر 256
عَضَلَة الفَخْذ 256
عَضَلَة أَلْوِيَّة كُبْرى 256
عَضَلَة بَطْن السّاق 256
عَضَلَة بَطْنِيَّة 256
عَضَلَة دالِيَّة 256
عَضَلَة شِبْه مُنْحَرِفَة 256
عَضَلَة صَدْرِيَّة 256
عَضَلَة ظُنْبوبِيَّة أَمامِيَّة 256
عُضْو اِصْطِناعي 268
عُطارِد 292
عُطاس 266
عِطْر 34
عُطْل بالعَجَلَة 114
عُطْلَة 157
عَظْم الإِسْك 257
عَظْم الأَنْف 255
عَظْم عَقِبي 257
عَظْم فَخْذ 257
عَظْم وَجْني 257
عَظَمَة القَص 257
عَقِب 253، 254
عَقْد 174
عِقْد 32
عَقْد أَجار 39
عُقْدَة 31
عَقْرَب 333
عُقْلَة 207
عَقيق 318
عَقيق يَماني 318
عَقيم 261
عُكّاز 268
عِلاج 278
عِلاج بالضَّوْء 278
عِلاج مِثْلي 278
عَلاقَة باب «رَجاءً عَدَم الإِزْعاج» 137
عَلاقَة ثِياب 41
عَلاقَة قابِلَة لِلإِغْلاق 287
عَلاقَة مَفاتيح 41
عَلامات الطَّريق 106
عَلامَة رَفْع 231
عَلامَة قِراءَة 189
عَلامَة موسيقيَّة 231
عُلْبَة الصَّوْت 233
عُلْبَة العَدَسات 272
عُلْبَة بودْرَة 35
عُلْبَة خِياطَة 239
عُلْبَة طَعام 160
عُلْبَة طِلاء 61
عَلَم 180
عَلَم 204
عِلْم الأَحْياء 156
عِلْم الفَلَك 294
عُلوم اِجْتِماعيَّة 156
عُلوم إِنسانيَّة 162
عُلوم سِياسيَّة 162
عُلوم طَبيعيَّة 162
عُلوم كُمْبيوتَر 156
عَلى الجانِب المُقابِل 135
عَلى الجانِب اليَميني/اليَساري 135
عَلى الزّاوِيَة 135
عَلى المَوضَة 30
عَم 17
عِمارَة 38
عُمان 309
عَمَّة 17
عَمَل 52، 164
عَمَل بالتَّناوُب 165
عَمَل في الحَديقَة 234
عَمَل مَكْتَبي 171
عَمَل مُؤَقَّت 165
عَمَل مَيْداني 171
عَمَل نُسْخَة اِحْتِياطيَّة 180
عُمْلَة 139
عُمْلَة مَعْدَنيَّة 139
عُمْلَة وَرَقيَّة 139
عَمَلي 30
عَمَليَّة 274
عَمَليَّة إِنْقاذ 287
عَمود السَّرْج 118
عَمود خَيْمَة 249
عَمود فِقْري 257
عُمولَة 139
عِنان 214
عِنايَة بالبَشَرَة 277
عِنايَة مُرَكَّزَة 275
عِنَب 79
عِنَب أَحْراش 79
عِنَب الثَّور 79
عُنْف 285
عُنُق 253
عُنُق الرَّحِم 261
عَنْكَبوت 333
عُنْوان 190
عُنْوان بَريد إِلِكْتْروني 182
عُنْوان رَئيسي 188
عَنيد 26
عَوّامَة 129، 288
عود الطَّبْل 230
عيد الأَب 20
عيد الأُم 20
عيد التَّدْشين 20
عيد الحُب 20
عيد الشُّكْر 20
عيد الفِصْح 20
عيد الفِصْح لِلْيَهود 20
عيد الفِطْر 20
عيد الهالووين 20
عيد رَأس السَّنَة 20
عيد ميلاد المَسيح 20
عيد ميلاد بوذا 20
عَيْن 22، 216، 272
عَيْن النَّمِر 318
عَيِّنَة مِن الأَلْوان 61
عُيون الشَّبَكَة 203
عُيون بُنِّيَّة 24
عُيون خَضْراء 24
عُيون رَماديَّة 24
عُيون زَرْقاء 24

غ

غابَة 315
غارام ماسالا 84
غاز بروبان 248
غاضِب 26
غامْبيا 305
غامِق 23
غانا 305
غائِب عَن الوَعي 275، 282
غائِم 312
غَثَيان 265
غَداً 342
غُدَّة 258
غُدَّة دَرَقيَّة 258
غُراب 328
غرافيت 317
غرام 345
غرانيت 317
غَرْبَل 95، 87
غُرَّة 23
غَرْد 328
غَرْزَة 240
غُرْفَة اِسْتِرْخاء 279
غُرْفَة الطَّوارئ 275
غُرْفَة المَرْضى 273
غُرْفَة الوِلادَة 263
غُرْفَة اِنْتِظار 264، 275
غُرْفَة إِنْعاش 274
غُرْفَة بِسَريرَيْن 136
غُرْفَة تَبْديل مَلابِس المُمَثِّلين 227
غُرْفَة تَجْرِبَة مَلابِس 142
غُرْفَة تَغْيير حِفاضات 142
غُرْفَة عائِليَّة 137
غُرْفَة عَمَليّات 274
غُرْفَة كُمْبيوتَر 154
غُرْفَة لِياقَة بَدَنيَّة 136
غُرْفَة مُزْدَوَجَة 136
غُرْفَة مُظْلِمَة 243
غُرْفَة مَع إِفْطار 137
غُرْفَة مُعايَنَة 264
غُرْفَة مُفْرَدَة 136، 276
غَرِق 288
غَرِق سَفينَة 288
غُروب الشَّمْس 246، 342
غَرير 325
غَسّالَة 56
غَسّالَة صُحون 44
غَسَل الغَسيل 56
غُسول الفَم 55
غُسول فَم 271
غَسيل الكِلى 267
غَسيل مَطْوي 56
غُصْن 319
غُضْروف 258
غِطاء 93، 203
غِطاء الخَزّان 117
غِطاء العَدَسَة 242
غِطاء المُحَرِّك 120
غِطاء المِرْحاض 53
غِطاء بالوعَة 135
غِطاء خَزّان الوَقود 113
غِطاء خَفيف 49
غِطاء رَضيع 27
غِطاء سَرير 49
غِطاء طاوِلَة 43
غِطاء عَجَلَة 111
غِطاء مائِدَة 102
غِطاء مُحَرِّك 111
غِطاء مِخَدَّة 49
غِطاء واقي 61
غَطْس 209
غَفا 51
غِلاف جَوِّي 295
غِلاف كِتاب 189
غِلاف واقي 189
غَلّايَة ماء 45
غَلْيون 146
غَمّازَة 22
غِنى 232
غِنى في جَوْقَة 234
غِنى مَع 232
غواتيمالا 302
غَوّاصَة 129

ضَرْبَة رُكْنِيَّة 195
ضَرْبَة طَوِيلَة 205
ضِرس العَقْل 270
ضِرس ضاحِكَة 270
ضِرس طاحِنَة 270
ضَرَم 321
ضَرِيح 149
ضِعْفَين 339
ضَغْط 262
ضَغْط الإطار 113
ضَغْط دَم مُرْتَفِع/مُنْخَفِض 266
ضِفْدَع 330
ضِفْدَع الطِين 330
ضَفِيرَة 23
ضِلَع 257
ضِلَع كاذِب 257
ضِمادَة 283
ضَمان أَفْضَلِيَّة المُرور! 108
ضَوْء الشَمْس 313
ضَوْء الفَرْمَلَة 111
ضَوْء جانِبِي 110
ضَوْء خافِت 110
ضَوْء خَزّان الوَقود 114
ضَوْء خَلْفِي 111، 116
ضَوْء ضَباب 110
ضَوْء عالِي 110
ضَوْء غَمّاز 117
ضَوْء غَمّاز 110
ضَوْء نَهار 52
ضَيْف 101
ضَيِّق 28
ضيق تَنَفُّس 267

ط

طابِع بَرِيدِي 190
طابِعَة لَيزَر 179
طابِعَة نافِثَة لِلْحِبْر 179
طابَق 40
طابَق أَرْضِي 40، 142
طابَق أَوَّل 40، 142
طابَق ثانِي 142
طاجيكِسْتان 310
طاحونَة فُلْفُل 85
طار 125
طارَة إِنْقاذ 210، 288
طارَة سِباحَة 209
طازَج 71، 81
طاقَم مِلاحَة 210
طالِب 163
طاهِي أَرُز 45
طاهِي طَعام بِالبُخار 45
طاوِلَة اِجْتِماعات 174
طاوِلَة الزَهْر 244
طاوِلَة الطَلَب 147
طاوِلَة الفَحْص 264
طاوِلَة المَرِيض 273
طاوِلَة بَيْع جُبْن 144
طاوِلَة بَيْع سَمَك 145
طاوِلَة بَيْع لَحْم 144
طاوِلَة تَغْيِير 50
طاوِلَة تِلْفاز 42
طاوِلَة جانِبِيَّة 41، 273
طاوِلَة سَرِير جانِبِيَّة 49
طاوِلَة طَعام 43
طاوِلَة عُدَّة 60
طاوِلَة عَمَلِيّات 274
طاوِلَة غُرْفَة الجُلوس 42
طاوِلَة فُطور 44
طاوِلَة قابِلَة لِلطَيّ 122
طاوِلَة كَوِي 56
طاوِلَة لِشَخْصَيْن 101
طاوِلَة لِصَقّ وَرَق الحائِط 61
طاوِلَة مُعَلِّم 155
طاووس 329
طائِرَة إِنْقاذ مَرْوَحِيَّة 287
طائِرَة رُكّاب 124
طائِرَتُك جاهِزَة لِلإِقْلاع. 124
طِبّ 162
طِبّ الأَعْشاب 278
طِبّ الأَعْصاب 273
طِبّ الجِهاز الهَضْمِي 273
طِبّ السَرَطان 273
طِبّ العِظام 273
طِبّ القَلْب 273
طِبّ النِساء وَالتَوْلِيد 273
طِبّ صِينِي تَقْلِيدِي 278
طَبّاخ 168
طَباشِير 155، 235
طَباشِير زَيْتِيَّة 235
طِباعَة بِالشاشَة الحَرِيرِيَّة 236
طَبّال 232
طَبْخ 95، 234
طَبْشور 207، 317
طَبْع مَلَفّ 180
طَبَق اِسْتِقْبال فَضائِيّات 185
طَبَق تَحْلِيَة 101
طَبَق جانِبِي 101
طَبَق رَئِيسِي 101
طَبَق زُجاجِي 159
طَبَقَة الأوزون 313
طَبَقَة الصَوت 228
طَبْل صَغِير 228
طَبْل كَبِير 228
طَبْلَة 228، 230
طَبْول بونجو 230
طَبِيب 166
طَبِيب أَسْنان 166، 270
طَبِيب بَيْطَرِي 166
طَبِيب تَخْدِير 274
طَبِيب طَوارِئ 282
طَبِيب عَظْمِيَّة 166
طَبِيب نَفْسِي 166
طَبِيبَة 264
طَبِيبَة مُشْرِفَة 275
طَبِيعَة صامِتَة 236
طِحال 258
طُحْلُب 320
طِراز النَهْضَة 149
طَرَح 339
طَرْخَشْقون 320
طَرْخون 83
طَرْد 194
طَرْد بَرِيدِي 190
طَرْد صَغِير 191
طَرْز 240
طَرَف 218
طَرِيق دَرّاجات 106
طَرِيق سَرِيع 107
طَرِيق عُلْوِي 107
طَرِيق مُشاة 132
طَعام اِسْتِراحَة 160
طَعام مَطْهو بِالفُرْن 100
طَعام مَطْهو بِالمَرَق 100
طُعْم 217
طُعْم صِناعِي 217
طَفّايَة حَرِيق 113، 286
طَفّايَة سَجائِر 147
طَفْح جِلْدِي 265
طِفْل 18
طَقْم أَسْنان 271
طِلاء 235
طِلاء أَظافِر 35
طِلاء زَيْتِي 61
طَلاق 21
طَلَب 101
طَلَب 99
طَلَب اليَد 21
طَلَب رَقْماً 184
طَلْق 21
طَلْق 262
طُلوع الشَمْس 342
طَلْي 59
طَلِيق فِي المَراعِي 69
طَماطِم 77
طَماطِم صَغِيرَة 77
طَماطِم مَشْوِيَّة 97
طَن 345
طَنّان 328
طَهْي عَلَى نار هادِئَة 95
طَوّافَة 216
طَوْق الأَنْف 214
طَوْق الجَبْهَة 214
طَوْق السَلَّة 199
طَوْق عَجَلَة 118
طَوْق مَعْدِنِي 111
طوقان 328
طون 70
طَوِيل 24
طَوِيل 28
طَيّ الوَرَق 234
طَيّار 124، 168
طَيّارَة 124
طَيَران شِراعِي 220
طِين 61

ظ

ظاهِر القَدَم 254
ظَرْبان 325
ظَرْف 173
ظَرْف بَرِيدِي 190
ظَرْف شاي 93
ظُروف جَوِّيَّة 288
ظَرِيف 25
ظُفْر 254
ظِلّ عُيون 35
ظَهْر 253

ع

عاجِز 260
عارِضَة 196، 206، 210
عارِضَة تَوازُن 207
عازِب 17
عازِف بِيس 232
عازِف جِيتار 232
عازِف مُنْفَرِد 228
عاشِر 337
عاشِق 25
عاصِف 312
عاصِفَة 288، 314
عاصِفَة ثَلْجِيَّة 314
عاصِمَة 298
عاكِس 118
عالِم 169
عامِل 175
عامِل بِناء 167
عامِل تَنْظِيف 167
عامِل قُمامَة 167
عامِلون 175
عامود 149، 188
عامود صَحِيفَة 188
عائِق 19
عائِق 219
عائِق رَمْلِي 204
عائِق مائِي 204
عَبّا بَنْزِين 113
عَبّارَة 129
عَتَبَة البَيْت 40
عُثَّة 332
عَجَّة بَيْض 97
عَجَلات تَحْرِيك الكُرْسِي 268
عَجَلات شَتَوِيَّة 113
عَجَلات صَيْفِيَّة 113
عَجَلات لِكُلّ طَقْس 113
عَجَلات هُبوط أَمامِيَّة 124
عَجَلَة 110
عَجَلَة إِحْتِياطِيَّة 114
عَجَلَة أَمامِيَّة 118
عَجَلَة بَدِيلَة 114
عَجَلَة تَدْوِير 178
عَجَلَة تَعْيِين 159
عَجَلَة تَوازُن 238
عَجَلَة خَلْفِيَّة 118
عَجَلَة صِنّارَة 216
عَجَلَة قِيادَة 112
عَجِن 87
عَجول 26
عَجِين 87
عَدّ 157
عَدّاد الدَّوْرات 114
عَدّاد سُرْعَة 114، 117
عَدّاد كَهْرَباء 62
عِدَّة 339
عِدَّة التَضْمِيد 283
عُدَّة تَرْقِيع 119
عِدَّة مَرّات 339
عَدَد صَفَحات 189
عَدَس أَحْمَر 78
عَدَس أَخْضَر 78
عَدَس بُنّي 78
عَدَسَة 159، 242، 272
عَدَسَة زُجاجِيَّة 272
عَدَسَة عَيْنِيَّة 159
عَدَسَة لاصِقَة 272
عَدَسَة مُكَبِّرَة 158
عَدو 206
عَدْوَى 265
عُذْراً، أَخْطَأْتُ الاتِّصال. 184
عُذْراً، كَيْف أَصِلُ إِلَى...؟ 135
عَرّاب 18
عَرّابَة 18

شِدَّة الصَّوْت 185
شَذَب 65
شَراب 241
شَراب سُعال 276
شَراب شوكولاتَة بارِدَة 92
شَراب فاتِح شَهِيَّة 101
شَراب قَيْقَب 89
شِراع 212
شِراع أمامي 210
شِراع رَئيسي 210
شَرْشَف 49
شُرْطي 284
شُرْطي مُرور 107
شُرْطِيَّة 284
شُرْغوف 330
شُرْفَة 40، 226
شُرْفَة دائِرِيَّة 226
شَرِكَة تِجارَة حُرَّة 170
شَرِكَة طَيَران 124
شَرِكَة مَحْدودَة 170
شَرِكَة مَحْدودَة المَسْؤولِيَّة 170
شَرِكَة مُساهِمَة 170
شَرْنَقَة 332
شُروط العَمَل 165
شِرْيان 259
شَريحَة 89
شَريحَة MIS 183
شَريحَة زُجاجِيَّة 159
شَريحَة سَمَك 70
شَريحَة كوتْليت 68
شَريحَة لَحْم 68، 100
شَريط تَسْيير بَضائِع 144
شَريط تَسْيير الأمْتِعَة 127
شَريط تَقَدُّم 181
شَريط تَمْرير 181
شَريط حِمايَة جانِبِيَّة 111
شَريط عاكِس 117، 286
شَريط عاكِس لِلضَّوْء 285
شَريط قِياس 58، 238
شَريط لاصِق 173، 191
شَريط واقِي 61
شَريطَة تَمَسُّك 115
شَريك 171
شَريك في جِوار 186
شِطْرَنْج 245
شَطْف المِرْحاض 53
شِعاب مُرْجانِيَّة 316
شِعار مارْكَة السَّيَّارَة 110
شُعاع 118
شَعْر 22
شَعْر مُسْتَعار 23
شُعْلَة ضَوئِيَّة 210
شَعير 86
شَغَّلَ 185
شَغَّلَ الكُمْبيوتَر 181
شَغَّلَ غَسَّالَة الصُّحون 44
شِفاء 274
شَفَّاط رائِحَة 44
شَفَة 22
شُفْر 261
شَفَق 342
شَفْنين 331
شُفِيَ 275
شَقّ بَيْن الأرْداف 253
شَقَّة أجار 38
شَقَّة تَمليك 38
شَقَّة ثَلاث غُرَف 40
شَكَّالَة 239
شَكْل 234
شَكيمَة 214
شَلّال 315
شَلَل أطْفال 266
شَلَل تَشَنُّجي 268
شَمَّاعَة 41
شَمَّام 81، 96
شَمام عَسَلي 81
شِمْبانْزي 327
شَمْس 292
شَمْعَة 43
شَمْعَة عيد ميلاد 90
شَنابِس 94
شَنْطَة سَفَر 32
شَنْطَة مَدْرَسَة 155
شِهاب 294
شَهادَة 157
شَهادَة جامِعِيَّة 164
شَهادة دِراسَة إعْدادِيَّة 154
شَهادة دِراسَة ثانَوِيَّة 154
شَهْر 343
شِوا 69
شَوَّايَة راكْليت 45
شَوَّايَة سَنْدويْش 45
شَوَّايَة كَهْرُبائِيَّة 45
شَوَّايَة وافِل 45
شوح 319
شورْت 29، 31، 196
شورْت داخِلي 29
شورْت سِباحَة 29
شَوْط كَسْر التَعادُل 202
شوفان 86
شوفان مَطبوخ 97
شَوْكَة 102، 321
شَوْكَة طَهي 48
شوكولاتَة بِالحَليب 98
شوكولاتَة بَيْضاء 98
شوكولاتَة ساخِنَة 97
شوكولاتَة مُرَّة 98
شومَر 74، 83، 84
شَوَنْدَر 75
شَوى 95
شيبْس 98
شيري 94
شيريموِيا 80
شيفْرَة خَيْطِيَّة 144
شيك سِياحي 139
شيلي 303

ص

صابون 34
صاحِب العَمَل 175
صادَ 217
صادَ سَمَكَة 216
صافَحَ 19
صالَة تَدْريب 207
صالَة سينَما 241
صالَة طَعام 160
صالَة فُنون 134
صالون حِلاقَة 141
صامَ 103
صَباح 342
صَباحُ الخَيْر! 19
صَبور 25
صَبي جَمْع الكُرات 202
صَحْراء 316
صَحَفِيَّة 169
صَحْن 102
صَحْن الإبْرَة 238
صَحْن جُبْن 101
صَحْن خُبْز 102
صَحيفَة 188
صَحيفَة أسْبوعِيَّة 188
صَحيفَة شَعْبِيَّة 188
صَحيفَة كَبيرَة الأبْعاد 188
صَحيفَة يَوْمِيَّة 188
صَخْرَة 315
صُداع 265
صُداع نِصْفي 265
صَدْر 69
صُدْرِيَّة 29
صُدْرِيَّة سِباحَة 209
صُدْرِيَّة صَيَّاد 216
صُدْغ 22
صَدَفَة 330
صَدْمَة 283
صَدْمَة كَهْرُبائِيَّة 269
صَديق 18
صَديقَة 18
صَرَّاف آلي 138
صِرافَة عُمْلَة 127
صِرْبِيا 301
صَرْصور 333
صَرَع 267
صَعَد 129
صَغير 28، 99
صَغير السِّن 24
صَف 154
صَف إنْتِظار 148
صَف تَحْضيري 154
صَف مَقاعِد 125، 226، 241
صَفار بَيْض 72
صَفَّارَة 200
صَفَّارَة إنْذار 285
صَفْحَة 189
صَفْحَة رَئيسِيَّة 188
صَفَد بَيْض 73
صَفَر 232
صِفْر 336
صَفْصاف 319
صَفيحَة 295
صَقيع 313
صَلْصَة 85
صَلْصَة سَلَطَة 85
صَلْصَة صَويا 85
صَلَعَة 23
صِمام أمان 54
صِمام إيقاف 54
صَمَّمَ كِتاب صوَر 234
صِنَّارَة 216
صِناعَة مُجَوهَرات 234
صِناعَة نَماذِج 234
صُنْبور 135، 286
صَنْج 230
صَنْدَل 33
صَنْدَل رِحْلات 33
صُنْدوق إسْعافات أوَّلِيَّة 283
صُنْدوق التابْلوه 112
صُنْدوق التُروس 111
صُنْدوق العُدَّة 60
صُنْدوق الكُمْبيوتَر 178
صُنْدوق المَفاتيح 62
صُنْدوق بَريد 38
صُنْدوق بَريد مَنْزِلي 191
صُنْدوق تُروس 116
صُنْدوق رَمْل 151
صُنْدوق عِدَّة 217
صُنْدوق غِداء 160
صُنْدوق مُحاسَبَة 144
صُنْدوق مُحاسَبَة ذاتي 144
صُنْدوق وَدائِع 139
صُنْع أفْلام 234
صُنْع خَزَف 234
صُنْع دانْتيل 240
صَنَوبَر 82
صُنْبور بيرَة 147
صَوَّب 199
صوديوم 103
صَوَّر صورَة 243
صورَة 52، 188
صورَة أشِعَّة إكْس 271
صورَة أشِعَّة إكْس 275
صورَة بِالمَوجات فَوْق الصَوْتِيَّة 262
صوص 328
صوف 239
صَيَّاد 216
صَيَّاد سَمَك 167
صَيْد 217، 221
صَيْد بِالرُّمْح 217
صَيْد بِذُباب اصْطِناعي 217
صَيْد في أعْماق البَحْر 217
صَيْد في ماءٍ حُلْو 217
صَيْد مِن الشاطِئ 217
صَيْدَلانِيَّة 276
صَيْدَلِيَّة 141، 166
صَيْف 342
صينِيَّة 46، 147، 160
صينِيَّة خُبْز 46
صينِيَّة طَلاء 61
صينِيَّة قَوالِب الكَعْك 46
صينِيَّة كَعْك 46

ض

ضاحِيَة 132
ضَبابي 312
ضَبْخان 313
ضَبَط آلَة موسيقِيَّة 228
ضَبَط المُنَبِّه 49
ضَجِر 26
ضَحِكَ 19
ضَحِيَّة حادِث 282
ضَرَب 339
ضَرَب بِالرَّأس 196
ضَرَب بِعُنْف 198
ضَرْبَة إرْسال 198
ضَرْبَة إرْسال رابِحَة 202
ضَرْبَة أمامِيَّة 202
ضَرْبَة جَزاء 196
ضَرْبَة حُرَّة 195
ضَرْبَة خَلْفِيَّة 202
ضَرْبَة دِفاع 198

سَراديب مَوتى 149
سِرب سَمَك 331
سُرَّة 252
سَرج 240
سِرج 118، 214
سَردين 70
سَرَطان 71، 267
سَرَطان النَهْر 71
سُرعَة 114
سُرعَة الرِّياح 313
سُرَقاط 325
سَرِقة 285
سَرير إضافي 137
سَرير رَضيع بِقُضْبان 50
سَرير مُزدَوِج 49
سَرير مُستَشفى 273، 275
سَرير مُفرَد 51
سَرير بِطابِقَين 51
سريلانكا 309
سَطح 128
سَطح المَكتَب 178
سَطو 285
سُعال 266
سُعال ديكي 266
سِعْر الصَرْف 139
سِعْر مُوَحَّد 183
سُعْرات حَرارِيَّة 103
سِعْر السُوق 139
سَعيد 25
سِفارَة 134
سَفح جَبَل 315
سَفَرجَل 79
سَفينَة حاوِيات 129
سَفينَة سِياحِيَّة 128
سَفينَة فَضاء 293
سَقف 40، 42، 110
سَقى 65
سَقي العُشب 65
سَقيفَة 39
سَكاكِر 98
سَكاكِر بالنَّعْناع 146
سَكاكِر خاصَّة بالسُّعال 277
سِكَّة 122
سَكْتَة دِماغيَّة 267
سُكَّر 103
سُكَّر العِنَب 103
سُكَّر الفاكِهَة 103
سِكْرِيتارِيَة 170
سَكَن جامِعي 163
سكواش 201
سكوتر 116
سِكِّين 102
سِكِّين تَقْطيع اللَّحْم 102
سِكِّين جَيْب 60، 248
سِكِّين فَتح رَسائِل 173
سِكِّين مَطْبَخ 47
سِكِّينَة جُبْن 101
سَلَّة 144، 172، 199
سَلَّة دَراجَة 118
سَلَّة سَمَك 217
سَلَّة غَسيل 56
سَلَّة غَسيل مُتَّسِخ 56
سَلَّة قُمامَة 44، 135
سَلَّة كُرَة السَّلَّة 161
سَلَّة مُهْمَلات 180
سَلَّة نِفايات 172
سُلَحْفاة 330
سُلَحْفاة بَحْرِيَّة 330
سِلسِلَة 118
سِلسِلَة ثَلْج 113
سِلسِلَة جَبَلِيَّة 295، 315
سَلَطَة 101
سَلَطَة فاكِهَة 91
سَلَطَة مَع الطَّعام 100
سِلق 74
سِلك 60
سُلَّم 61
سُلَّم حَبْل 161
سَلَمون 70
سَلَمون مُرَقَّط 70
سلوفاكيا 301
سلوفينيا 301
سَم 330
سَماد 63، 65
سَمّاعَة 184، 264
سَمّاعَة أُذُن 268
سَمّاعة الرّاس 233
سَمّاعَة بْلوتوث 183
سَمّاعَة هاتِف 184
سَمّاعَة هاتِف 184
سَمان 329
سَمّان 69
سَمّان نَيّئ 69
سَماوي 237
سُمِحَ لَه بالخُروج 273
سَمَّد 65
سِمسار عَقارات 168
سَمْعي 233
سَمَك إسْقُمْري 70
سَمَك البَكَلاه 70
سَمَك الضَّفادِع 70
سَمَك ثُعبان الماء 70
سَمَك ذَهَبي 331
سَمَك زَنْدَر 70
سَمَك شَبّوط 70
سَمَك مُدَخَّن 71
سَمَك مَع بَطاطا مَقْلِيَّة 99
سَمَك مُعَلَّب 71
سَمَك مُفَلْطَح 70
سَمَك موسى 70
سَمَكَة الخَرْمان 331
سَمَكَة السَّلّور 331
سَمَكَة بَحْر 331
سَمَكَة بَخّاخَة 331
سَمَكَة بيرانا 331
سَمَكَة طائِرَة 331
سَمَكَة مِياه عَذبَة 331
سَمْن صِناعي نباتي 89
سَمَنْدَر 330
سَمين 24
سِن 22، 271
سِن ثوم 75
سِن قاطِع 270
سَنَة 343
سَنَة ضَوْئيَّة 294
سَنَة عَمَل تَطَوُّعي 164
سَنْتيمِتر 344
سِنجاب 324
سَنْدويش 89
سَنْدويش بِخُبْز مَكْسيكي 99
سَنْدويش صَغير 88
سَنْدويشَة سُجُق 99
سِنْدِيان 319
سِنغافورَة 309
سنوكر 221
سُنونو 328
سَنَوي 323
سَهْل 316
سوء حَظ 245
سِوار 264
سوازيلَنْد 307
سوبَرمارْكيت 140
سودوكو 247
سور 123
سور حَديقَة 63
سور مَدينَة 149
سوريا 310
سورينام 304
سَوسَن 322
سُوشي 99
سوق 140
سُوق عَمَل 188
سَوِيَّة 205
سويسْرا 301
سُوَيْقَة 321
سِياج عُشْبي 63
سَيّارَة إزاحَة الثَّلج 120
سَيّارَة أَسْتَيْشِن 109
سَيّارَة إسْعاف 282
سَيّارَة إطفاء 121، 286
سَيّارَة بِدون صُنْدوق 109
سَيّارَة جَبَلِيَّة 109
سَيّارَة رِياضِيَّة 109
سَيّارَة سَحْب سَيّارات 121
سَيّارَة شُرْطَة 121، 285
سَيّارَة صالون 109
سَيّارَة صَغيرَة 109
سَيّارَة صَغيرَة جِدًّا 109
سَيّارَة عَتيقَة 109
سَيّارَة قُمامَة 120
سَيّارَة كَنْس الطَريق 120
سَيّارَة مَصْفوفَة 106
سَيّارَة مَكْشوفَة 109
سَيّارَة مَنْزِل مُتَنَقِّل 121
سَيّارَة مَنْزِل مُتَنَقِّل 248
سَيّارَة نَقْل صَغيرَة 109
سيتْرين 318
سيجار 146
سيخ 47
سَيِّد 18
سَيِّدَة 18
سَيِّدَة أَعْمال 174
سَيْر 205
سَيْر الحَياة المِهَنِيَّة 165
سيراليون 306
سيرَة ذاتِيَّة 165
سَيْر مُعاكِس 108
سيشِل 306
سيلْزيوس 312
سينما 134

ش

شابَّة 18
شاحِب 24
شاحِنَة بيك آب 109
شاحِنَة حِمْل مَقْطورَة 120
شاحِنَة نَقْل صَهْريجيَّة 120
شارِب 24، 324
شارَة الشُّرْطَة 284
شارِع 132
شارِع بِاتِّجاه واحِد 106، 108
شارِع جانِبي 132
شارَك 157
شاش طِبِّي 283
شاشَة 125، 178
شاشَة تَلْقين 186
شاشَة سينما 241
شاشَة عَرْض 184
شاشَة لَمْس 183
شاشَة مُراقَبَة القَلْب 275
شاشَة مَعْلومات 127
شاطِئ 246
شاطِئ حَجَري 247
شامْبانيا 94
شامْبو 34
شامْبو الجِسم 34
شامَة 22
شاهِد 284
شاهَدَ تِلْفاز 185
شاهِدَة 284
شاورما 99
شاي أسْوَد 93
شاي أعْشاب 93
شاي بابونِج 93
شاي نَعْناع 93
شِبْ 244
شُباط 343
شُبّاك 138
شُباك 196
شُباك تَذاكِر 241
شُبّاك تَذاكِر 123
شُبّاك تَسْجيل 126
شُباك قَطع التَّذاكِر 227
شَبَت 83
شِبْشِب 28
شِبْشِب شاطِئ 33، 246
شَبِع نَوْماً 51
شَبَكَة 198، 199، 202، 203
شَبَكَة أَسْلاك 159
شَبَكَة المُبَرِّد 120
شَبَكَة أمان 287
شَبَكَة حِمايَة مِن الحَشَرات 249
شَبَكَة صَيْد 216
شَبَكَة عَنْكَبوت 333
شَبَكَة كَهْرُبائِيَّة 62
شَبَكَة واقِيَة 206
شَبَكِيَّة 272
شِبْه جَزيرَة 295
شِتاء 342
شَتْلَة 65
شَجَرَة دائِمَة الخُضْرَة 319
شَجَرَة صَنَوبَرِيَّة 319
شَجَرَة فاكِهَة 323
شُجَيْرَة وَرْد 322
شَحْن مَجاني 191
شِجْر 51
شَخْصِيات العَرْض 227
شَدَّ البُرْغي 59
شِدَّة التَيّار 62

رَقَم خَط السَّيْر 115
رَقْم سِري 138
رَقَم طَوارئ 289
رَقَم مَقْعَد 125
رِكاب 214
رَكِبَ 123
رَكِبَ بدون تَذْكَرَة 123
رَكِبَ بَرْنامَج 181
رَكِبَ بلا سَرْج 215
رَكِبَ بَلاط 61
رَكِبَ زَلّاقَة 219
رَكِبَ فَسَيْفَساء 234
رُكْبَة 252
رَكَز 52
رَكَضَ 151
رَكَلَ 196
رُكوب الأَمْواج 212
رُكوب الأَمواج بالتَمَدُّد 212
رُكوب الأَمْواج بالطَّوّافَة 212
رُكوب أَمْواج 247
رُكوب أَمْواج شِراعي 212
رُكوب دَراجة جَبَلِيَّة 220
رُكوب سكيت بورد 220
رُكوب لَوح بِعَجَلات 220
رُم 94
رَمادي 237
رُمّان 80
رُمْح لِصَيْد الحيتان 217
رَمْز بَريدي 190
رَمْز صَنْدوق البَريد 190
رِمْش 22
رَمْل 246
رَمى 199
رَمى الزَّهْر 245
رَمى الصِّنارَة 217
رَمي الرُّمْح 206
رَمي القُرْص وَالمِطْرَقَة 206
رَمي بالقَوْس وَ السَّهْم 221
رَمْيَة بِيَد واحِدَة 197
رَمْيَة تَماس 195
رَمْيَة قَفْز 197
رَنَّ 184
رَنَّة 183، 326
رَهْن عَقاري 138
رُواق رَدْهَة 41
رَواندا 306
رِوايَة 189
رَوبِل 345
روبِيَة 345
روديو 215
روستي 97
روسْيا 300
روسْيا البَيْضاء 301
رَوْضَة أَطْفال 154
رَوْضَة أَطفال 21
روك 231
روكوكو 149
روماتِزم 267
رومانسكي 149
رومانْيا 300
رِياح مَوْسِمِيَّة 314
رِياضَة 156
رِياضَة دَراجَة 220
رِياضي مُحْتَرِف 169
رِياضِيات 156
رِيال 345
رِئَة 258
رِيح 210، 313
رَيْحان 83
ريش 328
ريشَة 235
رِيفِيَّة أَمْريكِيَّة 231
رَئيس 175

ز

زامْبيا 306
زان 319
زانَة 206
زائِدَة دودِيَّة 258
زُبْدَة 73، 96
زُبْدَة فُسْتُق العَبيد 89
زُبْدِيَّة 102
زَبونَة 144
زَبيب 82
زُجاج أَمامي 120، 110
زُجاج خَلْفي 111
زُجاج قَديم 44
زُجاجَة رِضاعَة 263
زُجاجَة هَواء مَضْغوط 211
زَحافات ثَلْجِيَّة 219
زَحَفَ 330
زُحَل 293
زُحْليقَة 151
زِر 28، 115، 239
زِر اِسْتِدْعاء 275
زِر اِسْتِراحَة 185
زِر اِلْتِقاط الصُّورَة 242
زِر إيقاف 185
زِر تَشْغيل/إطْفاء 178
زِر طَوارِئ 273
زِر كُم مَعْدَني 32
زِراعَة أَسْنان 271
زِراعَة الأَعْضاء 267
زَرافَة 326
زَرَعَ 65
زَرَعَ في أَصيص 65
زَعْتَر 83
زَعْتَر بَرِّي 83
زَعْفَران 321
زَعْنَفَة 331
زَعْنَفَة سِباحَة 211
زِفاف 20
زُكام 266
زَلّاجَة إنْقاذ 287
زُمُرُّد 318
زُمُرُّدي 237
زَميل 175
زَميلَة 175
زَنْبَق 322
زَنْبَق الوادي 320
زُنْبور 332
زَنْجَبيل 84
زَند 257
زَهْر 245
زَهْرَة 76، 321
زَهْرَة إبْرَة الرَّاعي 322
زَهْرَة الجَوْذان 320
زَهْرَة الشَّجَر 323
زَهْرَة اللَّبَن 321
زَهْرَة رَبيع 321، 322
زَهْرَة كوب الماء 322
زَهْرَة لَيْلِيَّة 321
زَهْرَة هِنْدِباء 320
زَهْري 237
زَوْبَعَة 314
زَوْبَعَة (اِسْتِوائيَّة) 314
زَوْج 16، 339
زَوْج إبْنَة 16
زَوْج أم 18
زَوْجان 17، 18
زَوْجَة 16
زَوْجَة أَب 18
زَوْجَة أَخ 16
زِي كُرَة قَدَم 196
زِي مَدْرَسي 154
زِي مَسْرَح 227
زِي مُوَحَّد 284
زِئْبَق 317
زَيْت زَيْتون 85
زَيْتونَة 77
زَيْتي 237
زير 332
زيرْفون 319
ذَيْل حِصان 23
زيمبابوي 306
زينَة الطاوِلَة 43
زينَة الكَعْكَة 90

س

سابِع 337
سابِع عَشَر 337
ساحِر 226
ساحِل 246، 315
ساحِل العاج 304
سادِس 337
سادِس عَشَر 337
سارِيَة 210، 212
ساطور 47
ساعَة 32
ساعَة 340
ساعَة توقيف 206
ساعَة تَوْقيف 158
ساعَة حائط 43
ساعَة رَمْلِيَّة 46، 181
ساعَة نَبْض 223
ساعِد 253
ساعِيَّة بَريد 167
ساق 74، 201، 252، 321
ساكسافون 229
ساموا 311
سان ماريو 300
سانْت فنسنت والجرينادين 303
سانْت كيتْس ونيفيس 303
سانت لوسيا 303
ساو تومي وَبرينْسيب 306
ساوْنا 223، 279
سائِق تاكْسي 168
سائِق حافِلَة 168
سائِل جَلي 57
سائِل سَلوي 262
سَبّابَة 254
سَبّاحَة 209
سِباحَة حُرَّة 208
سِباحَة صَدْر 208
سِباحَة ظَهْر 208
سِباحَة فَراشَة 208
سِباحَة مُتَزامِنَة 209
سْباغيتي 87
سِباق الجُبَب 215
سِباق الخُماسي الشَّتَوي 219
سِباق الطُرُق الوَعِرَة 220
سِباق الفورمولا وان 220
سِباق تَتابُع 206
سِباق ثُلاثي 221
سِباق جَوائِل 215
سِباق خُيول 215
سِباق دَرّاجات نارِيَّة 220
سِباق سَيّارات جَبَلي 220
سِباق موتو كروس 220
سَبّاك 167
سْباكيتي بِصَلْصَة بولونيز 100
سَبانِخ 76
سَبَح 209
سَبْعَة 336
سَبْعَة عَشَر 336
سَبْعَة وَنِصْف 338
سَبْعون 336
سَبّورَة 155
سِتار فاصِل 273
سِتارَة 42، 226
سِتارَة الدُّش 55
سِتار على بَكَرَة 43
سِتانِلِس سْتيل 60
سِتَّة 336
سِتَّة أَضْعاف 339
سِتَّة عَشَر 336
سِتراتوسْفير 313
سُتْرَة جِلْدِيَّة 33، 117
سُتْرَة صوفِيَّة 31
سُتْرَة مَطَر 28
سُتْرَة نَجاة 288
سُتْرَة واقِيَة مِن الحَريق 286
سِتّون 345
سِتّون 336
سْتيريو 233
سِجّادَة 42، 49، 51
سِجّادَة الباب 38
سِجّادَة حَمّام 55
سَجائِر 146
سُجُق 97
سِجِق 68
سُجُق الدَّم 97
سِجِق مُدَخَّن 68
سَجَّلَ 185
سَجِّل الخُروج 180
سَجِّل الدُّخول 180
سِجْن 285
سَحاب 32، 240، 249
سَحَبَ سَيّارَة 107
سَحَبَ لِلْخارِج 217
سَحَبَ نُقود مِن حِسابِه 138
سَحَق 85، 95
سِجْلِيَّة 330
سَخّان غاز حائِطي 54
سَخّان كَهْرَبائي 54
سَخَّنَ عَضَلاتَه 223
سَدَّ 198
سَدّادات أُذْن 277
سَدَّد 196
سَديم 294

دُخول إلى المَدْرَسة 21
دُخول في مَجال العَمل 21
دَرابْزين الدَّرَج 41
دَراجة إسْتِلْقاء 119
دَراجة بِأرْبَع عَجَلات 116
دَراجة بِثَلاث عَجَلات 119
دَراجة بِعَجَلة واحِدة 119
دَراجة بي إم إكس 119
دَراجة تِجْوال 119
دَراجة جَبَلِيّة 119
دَراجة سِباق 116، 119
دَراجة عَجين 46
دَراجة كَهْرَبائيّة 119
دَراجة لِراكِبَيْن 119
دَراجة لِلاِسْتِعارة 119
دَراجة لِلطُرُق الوَعِرة 116
دَراجة نارِيّة بِمَقْطورة 117
دَراجة نارِيّة سِياحِيّة 117
دُراق 79
دُراق أمْلَس 79
دُراما 156
دَرْب التَّبانة 294
دَرَج 41، 132
دُرْج 44، 51، 172
دُرْج المُسافِرين 126
دُرْج أمْتِعة 125
دَرَج لَوْلَبي 39
دَرَج مُتَحَرِّك 123
دَرَج مُتَحَرِّك 142
دَرَجات 41
دَرَجة 154
دَرَجة أولى 122، 124
دَرَجة ثانِية 122
دَرَجة حَرارة 312
دَرَجة رِجال أعْمال 124
دَرَجة سِياحِيّة 124
دَرَجة صُعود 120
دَرَجة لِلتَّدْريب 223
دِرْدار 319
دَرْزة 30
دَرْس تَقْوِيّة 155
دَزينة 339
دُش 53
دِعامة وُسْطى 111
دَعْسوقة 333
دِفاع 195
دِفاع عَن النَّفْس 213
دَفّة 210
دَفْتَر 146
دَفْتَر مَدْرَسي 155
دَفْتَر مُلاحَظات 173
دَفْع 145
دَفْع 102
دَفْع الفاتورة 147
دَفْع عَن قُرْب 205
دَفْع قَبل كُل مُشاهَدة 185
دَفْن 21
دَق 59، 95
دَقيق أبْيَض 87
دَقيق الجاوْدار 87
دَقيق بُقْسُمات 89
دَقيق ذُرة 87
دَقيق مِن حُبوب كامِلة 87
دَقيقة 340
دُكْتوراه 162

دَلْفين 327
دَلْو 57، 246
دَلْو تَبْريد النَّبيذ 147
دَلْو صَب الماء 279
دَليل 285
دَليل سِياحي 148
دَليل مَقام 231
دَليل هاتِف 184
دَليلة 227
دَم 269
دِماغ 255
دُمْية 50
دُمْية خَيّاط 239
دُمْية دُب 50
دُمْية عَرْض 143
دَهّان 167
دِهْن 95
دُهْن 103
دَهْنة شوكولاتة 89
دَهْنة لَيْمون 89
دَواء 276
دُوار 106، 108
دُوار الشَّمس 322
دَوّاسة 118
دَوّاسة تَشْغيل 116
دَوّاسة دِبْرِياج 112
دَوّاسة سُرْعة 112
دَوّاسة فَرامِل 112
دَوام كامِل 165
دودة 333
دَوْر مَن؟ 245
دَوَران 208
دَوَران الدَّم 259
دَوْرة 164
دَوْرة إسْعاف أوَّلي 283
دَوْر عُلوي 226
دَوْرَق 245
دَوْري 328
دُوري 195
دَوْري أوَّل 195
دَوْس الدَّوّاسات 118
دُوَل الكومِنْولث 311
دولار 345
دَوْلة 298
دومينيكا 302
دي جي 187، 232
دي في دي 185
ديزِل 113
ديسْكو 231
ديك 329
ديك رومي 69، 329
ديكور مَسْرَح 227
دينار 345
ديناري 244

ذ

ذات الرَّأسَيْن 256
ذاكِرة كُمْبيوتَر 179
ذُبابة 332
ذُبابة اِصْطِناعيّة 216
ذَبُل 321، 323
ذِراع 252، 253
ذِراع الدَّفّة 210
ذِراع الضَّوء الغَمّاز 112
ذِراع الفَرامِل 118
ذِراع تَدْوير 216
ذِراع تَعْشيق 112
ذِراع تَغْيير التَّعشيق 118
ذِراع دِبْرِياج 116
ذِراع فَرامِل العَجَلات الأمامِيّة 117
ذُرة 77، 86
ذَقْن 22، 252
ذِكْرى يَوْم الزَّواج 20
ذَهاب وَإياب 123
ذَهَب 207، 317
ذَهَب إلى السَّرير 51
ذَهَب إلى المِرْحاض 53
ذِئْب 325
ذَيْل 124، 324
ذَيْل تَوازُن أفُقي 124
ذَيْل تَوازُن عامودي 124

ر

راب 231
رابِع 337
رابِع عَشَر 337
راحة اليَد 254
راحة في الفِراش 274
راديو 187، 233
رَأس 74، 238، 252
رَأس الدُّش 55
رَأس السَّنة الصّينيّة 20
رَأس المال 139
رَأس ثوم 75
راعي خَيْل 215
رافِعة 54، 113، 121
رافِعة الخَيْط 238
رافِعة ذات شَوْكة 121
رافيولي 87
راقِب الطُيور 234
راقِص 169
راقِص صاخِب 232
راكِب أمْواج 212
راكِب أمْواج شِراعي 212
راكون 325
رامبوتان 80
راوتِر 182
راوَنْد 74
راي كي 278
رائد فَضاء 294
رَباح 327
رِباط حِذاء 33
رِباط عُنُق 29
رِبْح 245
رُبْع 338
رَبْو 267
رُبى 65
رَبيع 342
رَتَّب السَّرير 51
رَتْق 240
رَجَبي 200
رَجُل 18
رِجْل 252
رِجْل 252
رِجْل 253
رَجُل إطْفاء 286
رَجُل أعْمال 174
رَحَّب (بِ) 19
رِحْلة 148
رِحْلة طَيَران داخِلِيّة 127
رِحْلة طَيَران دَوْلِيّة 127
رِحْلة طَيَران طَويلة 127
رِحْلة عَمَل 174
رِحْلة غَيْر مُدَخِّنين 125
رِحْلة مَدْرَسِيّة 157
رِحْلة نَهْرِيّة 148
رَحِم 261
رُخام 317
رَدّ (على) 184
رِداء عَمَلِيّات 274
رَدْف 253
رَدْهة 142
رَدْهة 226
رَسا 129
رِسالة 182، 190
رِسالة مُسْتَعْجِلة 190
رِسالة نَصِّيّة قَصيرة 183
رَسّامة 169
رَسَم 157
رَسْم أشْخاص 236
رَسْم الطَّبيعة 236
رَسْم بِالرّيشة 236
رَسْم بِقَلَم رَصاص 236
رَسْم بَياني 174
رَسْم تَجْريدي 236
رَسْم تَخْطيطي 236
رَسْم دُخول 148
رَسْم زَيْتي 236
رَسْم على الحائِط 236
رَسْم مائي 236
رَسْم هَنْدَسي 157
رَش 65، 95
رَشّاد 74
رَشْح 266
رَصيد 183
رَصيف 106، 123، 129
رِضْفة 257
رَضيع 18، 263
رُطَب 312
رِعاية تَلْطيفيّة 278
رَعْد 313
رَغْوة حِلاقة 55
رَغْوة حَليب 93
رَف أمْتِعة 122
رَف بَرّاد 145
رَف بِضائع 144
رَف كُتُب 51، 163
رَف مَجَلّات 146
رَف مِدْفَأة الحَطَب 42
رَفْرَف 328
رَق 230
رُقاقة 174
رَقائق إفْطار 145
رَقائق بوليسْتِرين 191
رَقائق بورْتيلا 99
رَقائق فُلْفُل حار 84
رَقَبة 252
رُقَع الإطار الدّاخِلي 118
رَقْم 339
رَقْم البَيْت 38
رَقْم الرَّصيف 123
رَقْم الغُرْفة 137
رَقْم حَجْز 127
رَقْم حِساب 138

حَلَوِيَّات 145
حَليب 72، 96
حَليب بِالزُبْدَة 73
حَليب بَقَر 73
حَليب بودْرَة 263
حَليب صويا 73
حَليب ماعِز 73
حَليب مُكَثَّف 73
حَم 16
حَماة 16
حِمار 326
حِمار وَحْشي 326
حَمَّال مُعِدات 205
حَمَّالَة بَنْطَلون 32
حَمالَة صَدْر 30
حَمالَة صَدْر رِياضيَّة 30
حَمَّام بُخار 279
حَمامات وَمَراحيض 248
حَمامَة 328
حِمايَة مِن اِنْهِيار الثَّلْج 287
حَمَّة 316
حمَّر 69، 77، 95
حَمَّص 95
حُمُّص 78
حَمْل 21
حُمَّى 266
حَمَّى الفُرن مُسْبَقاً 44
حَمَّى قِرْمِزِيَّة 266
حَمي مِن الرُّطوبَة 191
حِمْيَة 103
حُنْجُرَة 255
حِنْطَة 86
حِنْطَة سَوْداء 86
حَنَفِيَّة 53
حَنَك 255
حِوالَة بَريديَّة 191
حوت أَبْيَض 331
حوت قاتِل 327
حَوْض 44، 257
حَوض اِسْتِحْمام 53
حَوْض المِرْحاض 53
حَوْض المُسابَقَة 208
حَوْض زُهور 63
حَوض سَبَّاحين 209
حَوض سَمَك 148
حَوْض غَسْل 53، 54
حَوْض غَسْل الفَم 270
حَوض غَيْر السَّبَّاحين 209
حَوض لَعِب بِالماء 151
حُوَيْصِلَة مَنَوِيَّة 260
حَيْض 261
حَيَوان أَعْماق البَحْر 331
حَيَوان مَنَوي 262

خ

خاتِم 32
خادِمَة 137
خارِج البُؤْرَة 243
خارِج طَريق التَّزَلُّج 218
خاسِر 200
خال 17
خالَة 17
خالي مِن البَيْض 103
خالي مِن الرَّصاص 113
خالي مِن السُّكَّر 103
خالي مِن الغلوتين 103
خالي مِن اللاكتوز 103
خام حَديد 317
خامِس 337
خامِس عَشَر 337
خائِف 26
خَبَّاز 168
خَبَب 215
خِبْرَة عَمَل 165
خُبْز 87
خُبْز 96
خُبْز أَبْيَض 88
خُبْز أَسْمَر 88
خُبْز أَسْوَد 88
خُبْز أَفْرَنْجي 96
خُبْز بحبوب مُتَعَدِّدَة 88
خُبْز بَكيت 88
خُبْز تورتيلا 88
خُبْز توست 88، 97
خُبْز سَندويش صَغير 88
خُبْز عِبْري 88
خُبْز عَجين مُخَمَّر 88
خُبْز عَرَبي 88
خُبْز فَرَنسي مُحَمَّص 97
خُبْز كامِل 89
خُبْز مُجَفَّف سويدي 88
خُبْز مُمَلَّح 88
خُبْز مِن حُبوب كامِلَة 88
خَبيرَة تَجْميل 168، 279
خَبير كُمْبيوتَر 166
خِتان 260
خَتْم بَريدي 190
خَجول 25
خَد 22
خَدْج 263
خَدْش 269
خَدَمات مَصْرِفيَّة
عَبْرَ الإنْتَرْنِت 138
خِدْمَة اِتِّصال لِلإيقاظ 137
خِدْمَة إسْعاف 282
خِدْمَة الغُرَف 137
خِدْمَة أَمْن 142
خِدْمَة تَوصيل 99
خِدْمَة تَوصيل 191
خِدْمَة زَبائِن 142
خِدْمَة عُمَلاء 171
خَزَّازَة 173
خَرْدَل 85
خَرْطوشَة حِبْر 179
خُرْطوم إطْفاء 286
خُرْطوم تَعْبِئَة 113
خُرْطوم رَي 64
خَرَف 267
خَروف 326
خَريطَة مَدينَة 148
خَريطَة مَوقِع 142
خَريف 342
خُزامى 83، 322
خَزّان 54
خَزّان بَنْزين 117
خَزّان ماءالشَّطْف 53
خَزّان ماءالشَّطْف 54
خَزّان وَقود 111، 120
خَزّان وَقود خارِجي 293
خِزانَة 160
خِزانَة بِواجِهَة زُجاجيَّة 42
خِزانَة بِواجِهَة زُجاجيَّة 43
خِزانَة تَحْتَ الحَوض 53
خِزانَة مُصَنَّفات 172
خِزانَة مُعَلَّقَة 44
خِزانَة مَلابس 49
خَزَن 180
خَزْنَة 137، 139، 172
خَس أَفْرَنْجي 76
خَس الهِنْدَب 76
خَس ايزْبيرغ 76
خَس روماني 76
خَسِرَ 245
خَشَب مَضْغوط 60
خَشَبَة مَسْرَح 226
خَشْخاش 323
خَشْخاشَة 27
خَشْخاشَة سَريعَة 230
خَشْخاشَة ماراكس 230
خِصْر 253
خُصَل 23
خَصيب 261
خِصْيَة 260
خُضار مَطْبوخَة بِالبُخار 74
خُضار وَفواكِه 145
خَضاضَة كوكْتيل 147
خَط 208
خَط إرْسال 202
خَط إرْسال أَمامي 201
خَط إرسال خَلْفي مُزْدَوَج 201
خَط إرسال خَلْفي مُنفَرِد 201
خَط أل7 مِتر 197
خَط الإرْسال الأَوْسَط 202
خَط الاِسْتِواء 298
خَط البِدايَة 206
خَط التَّبْديل 197
خَط الرَّمْيَة الحُرَّة 197
خَط الرَّمْيَة الحُرَّة 199
خَط السِّباحَة 208
خَط القاعِدَة 199، 202، 203
خَط النِّقاط الثَّلاث 199
خَط النِّهايَة 206
خَط تَماس 194
خَط جانِبي 198، 199، 203
خَط جانِبي لِلَّعِب الزَّوجي 202
خَط جانِبي لِلَّعِب الفَرْدي 202
خَط جانِبي مُزْدَوَج 201
خَط جانِبي مُنفَرِد 201
خَط حارِس المَرْمى 197
خَط رَئيسي 198
خَط طول 298
خَط عَرْض 298
خَط كَهْرُبائي 62
خَط مَرمي 194
خَط مَنطِقَة المَرْمى 197
خَط موسيقي 231
خَط هُجوم 198
خَط وَسَط 194، 199، 201، 203
خَطَأ 202
خُطّاف صِنارَة 216
خُطّاف مَعْقوف 216
خَطَب 21
خَطِر 289
خُفّاش 324
خَفّاق كَهْرُبائي 45
خَفَّاقَة 47
خَفَق 95
خَل 85
خَلّاط 45
خَلّاط اِسْمَنْت 121
خُلْد 324
خَلَط 87
خَلَط الأوراق 244
خَلَنج 320
خَليج 295، 316
خِمان 79
خُمْس 338
خَمْسَة 336
خَمْسَة أَضْعاف 339
خَمْسَة عَشَر 336
خَمْسَة وَثَلاثَة أَثْمان 338
خَمْسَة وَخَمْسونَ أَلْف 337
خَمْسون 336
خَمْسونَ أَلْف 337
خُمْسَيْن 338
خَميرَة 87
خَميرَة الخُبْز 87
خِنْزير 326
خِنْصَر 254
خُنفساء 332
خَوخ 79
خَوخ مُجَفَّف 82
خوذَة 286، 287
خوذَة دَرَّاجَة 117، 118
خِيار 77
خَياشيم 331
خِياطَة 169
خَيَّط 240
خَيْط 238
خَيْط تَنْظيف الأَسْنان 55
خَيْط صَيْد 216
خَيْمَة 248
خَيْمَة الهُنود الحُمْر 248
خَيْمَة خارِجيَّة 249
خَيْمَة داخِلِيَّة 249

د

داء الزَّهايمَر 267
داء السُّكَري 267
دافِئ 312
دامَّة 244
دانِمارْك 299
دائِرَة الوَسَط 194
دائِرَة رَمِي 206
دائِرَة قُطْبيَّة جَنوبيَّة 298
دائِرَة قُطْبيَّة شَماليَّة 298
دائِرَة وَسَط 199
دُب 325
دُب باندا 325
دُب قُطْبي 325
دُب كَسْلان 327
دَبابيس تَعْليق 173
دِبْلوم 162
دَبّور 332
دَبّوس 239
دَجاج مَقْلي 100
دَجاجَة 69، 329
دَحْرَج 180
دَحْرِيج 71
دُخْن 86

جهاز مَشي 222
جهاز مِلاحَة 112
جهاز نَفخ الإطارات 113
جهاز هَضمي 259
جهاز إتلاف وَرَق 172
جهاز الدَّوَران 259
جهاز إنذار الدُّخان 286
جهاز تَبريد 111
جهاز دَفع بالبِطاقَة 138
جهاز سْتيريو 112
جهاز لَحْم كَهْرُبائي 60
جهاز مَسح 144
جِهَة السّائِق 110
جِهَة المُرافِق 110
جُهد التَّيّار 62
جَوارِب 196
جَوارِب صَغيرَة 27
جَواز سَفَر 126
جَوّافَة 80
جَوّافَة الأناناس 80
جَورَب 30، 33
جورجيا 308
جَوز 82
جَوز الطِّيب 84
جَوز بيكان 82
جَوز هِند 80
جَوف الأنف 255
جوكِر 244
جَولَة في مَدينَة 148
جَيب جَبهي 255
جَيب وَتَدي 255
جيبوتي 304
جيبون 327
جيتار بيس 229
جيتار صَوتي 229
جيتار كَهْرُبائي 229
جيدو 213
جير الأسنان 271
جيله 91
جيْنجا 245
جينز 31
جيو جيتسو 213

ح

حاجِب 22
حاجِز 206
حاجِز الإيقاع 231
حاجِز شُرطَة 285
حادِث 282
حادِث سَيّارَة 114
حادِث في البَحر 288
حادي عَشَر 337
حاذي الرَّصيف 129
حار 75، 312
حارَة 106، 132، 206، 208
حارَة تَجاوُز 107
حارَة تَحمِيَة 206
حارَة تَوَقُّف 107
حارَة وُسطى 107
حارِس مَرمى 195
حاسَّة بَصَر 259
حاسَّة تَذَوُّق 259
حاسَّة سَمع 259
حاسَّة شَم 259
حاسَّة لَمس 259
حاضِنَة صِناعيَّة 263
حافَة 218
حافَة الشَّبَكَة 198
حافَة الشَّبَكَة العُليا 203
حافَة نافِذَة 51
حافَة نافِذَة 43
حافِر 214، 324
حافِلَة تَخييم 248
حافِلَة سَفَر 115
حافِلَة صَغيرَة 115
حافِلَة مَدرَسيَّة 115
حافِلَة مِن طابِقَين 115
حافِلَة نَقل 115
حاكِمَة 202
حالِب 259
حالَة الطَّقس 187
حامِض 81
حامِل 159، 262
حامِل أقلام 173
حامِل الأمتِعَة 118
حامِل البَكَرَة 238
حامِل الشَّبَكَة 203
حامِل الصِّنارَة 217
حامِل المِنشَفَة 53
حامِل النّوتَة المُوسيقيَّة 228
حامِل أمتِعَة 137
حامِل ثُلاثي 242
حامِل ثُلاثي قَوائِم 159
حامِل دَرّاجَة 110
حامِل سيرون 273
حامِل مِظَلّات 38، 41
حامِلَة مَركَزيَّة 112
حاوِيَة ماء 249
حائِط حَديقَة 63
حائِط ذو عَوارِض 161
حَب هال 84
حَبّار 71
حِياكَة 240
حِبال تَثبيت 210
حَبَّة 276
حَبَّة فيتامين 276
حَبَّة مُنَوِّمَة 277
حِبر 235
حَبك صوف 240
حَبل 287
حَبل السُّرَّة 262
حَبل إنقاذ 288
حَبل غَسيل 56
حَبل قَفز 161
حُبوب قَهوَة 93
حُبوب مَنع الحَمل 261
حِجاب حاجِز 258
حَجَر دومينو 244
حَجَر رَملي 317
حَجَر صِحّي 273
حَجَر كِلسي 317
حُجرَة مَسحوق الغَسيل 56
حَجز 163
حَجز رِحلَة 127
حَجز مَقعَد 122
حَد السُّرعَة 108
حَدَث عُطل لِسَيّارَتي 114
حَدَقَة 272
حَدوَة 215
حَديث الوِلادَة 263
حَديقَة اِستِجمام 150
حَديقَة جَبَليَّة 150
حَديقَة حَجَريَّة 63
حَديقَة حَيَوانات 150
حَديقَة حَيَوانات سَفاري 150
حَديقَة خُضراوات 63
حَديقَة طَبيعيَّة 150
حَديقَة عامَّة 133
حَديقَة علي السَّطح 63
حَديقَة قَصر 150
حَديقَة مَتاهَة 151
حَديقَة مَلاهي 151
حَديقَة نَباتيَّة 150
حِذاء بِرِباط 33
حِذاء بِكَعب عالي 33
حِذاء تَمرين 223
حِذاء ذو كَعب مُسَطَّح 33
حِذاء رَضيع 27
حِذاء رياضي 28
حِذاء رياضي 33
حِذاء كُرَة قَدَم 196
حِذاء مَشي 33، 249
حَرارَة 312
حَراشِف 71، 330
حِرباء 330
حَرث 65
حَرَس سَواحِل 129
حِرَفي 61
حَرق 269
حَرق وَحَدات حَراريَّة 223
حَرَكَة 245
حَرَكَة ذِراع 208
حَرَم الجامِعَة 162
حَرَنكَش 80
حُروق شَمس 247
حَرير 30، 240
حَريق غابات 314
حَز 81
حِزام 33
حِزام أسوَد 213
حِزام الخِدمَة 284
حِزام أمان 112، 125
حِزام سَرج 214
حِزام مِروَحَة 113
حِزام ناري 266
حُزَيران 343
حَزين 26
حِساء 100، 101
حِساب تَوفير 138
حِساب جاري 138
حِساب شَخصي 182
حَسّاس 26
حَساسيَّة 265
حَساسيَّة الأنف 266
حَساسيَّة مِن الأطعِمَة 103
حَسَب 157
حَسَكَة 71
حَسود 26
حَسّون 328
حَشَفَة القَضيب 260
حَشو 271
حِصان 214، 245، 326
حِصان المَقابِض 207
حِصان سِباق 215
حَصبَة 266
حِصَّة ألمانيَّة 266
حِصَّة أشغال يَدَويَّة 156
حِصَّة تَربيَة أخلاقيَّة 156
حِصَّة تَربيَة دينيَّة 156
حَصيرَة 206، 222
حُطام سَفينَة 247
حَطم رَقم قياسي 206
حَظ 245
حَفّارَة 121
حِفاض قُماشي 27
حِفاض لِمَرَّة واحِدَة 27
حَفر بالإزميل 59
حَفر بالخَشَب 234
حُفرَة 204
حُفرَة القَفز 206
حَقل 20
حَقل رياضي 157
حَفل موسيقى الرُّوك 232
حَفل موسيقي 232
حَفلَة تَخَرُّج مِن المَدرَسَة 157
حَفلَة تَخَرُّج مِن المَدرَسَة 21
حَفيد 16
حَفيدَة 16
حَقائِب يَد 125
حَقل أبيَض 245
حَقل أسوَد 245
حُقوق 162
حَقيبَة أدَوات 34
حَقيبَة بِعَجَلات 127
حَقيبَة تَغيير 50
حَقيبَة سَرج 119
حَقيبَة سَفَر 32
حَقيبَة ظَهر 32، 127، 249
حَقيبَة كاميرا 243
حَقيبَة كُمبيوتَر مَحمول 179
حَقيبَة مَدرَسيَّة 50
حَقيبَة مَضارِب 205
حَقيبَة موبايل 32
حَقيبَة هاتِف جَوّال 183
حَقيبَة وَثائِق 33
حَقيبَة يَد 33
حَكَم 194، 202
حَكَم الخُطوط 198، 202
حَلّاقَة 168
حَلَزون 333
حَلَزون صَدَفي 71
حَلق 32، 207
حَلق 55
حَلق 255
حَلَقات 161
حَلَقَة 185
حَلَقَة دِراسيَّة 163
حُلم 51
حَلَمَة 252
حُلو 99
حَلوى إكلير 90
حَلوى باللَّوز 90
حَلوى باناكوتا 91
حَلوى بِرلينر 90
حَلوى بروليه 91
حَلوى تيراميسو 91
حَلوى جيلاتين 98
حَلوى زَنجَبيل 90
حَلوى كِرب 91
حَلوى لَوز 90

تَمْرير رِسالَة 182
تَمْرين 157
تَمْرين الضَّغْط 223
تَمْرين الضَّغْط عَلى المِقْعَد 222
تَمْرين المَعِدَة 223
تَمْرين اِنْحِناء إلى الأَمام 223
تَمْرين سُقوط لِلأَمام 223
تَمْرين عَضَلَة الذِّراع 222
تَمْرين قُرْفُصاء 223
تِمْساح 330
تِمْساح إسْتِوائي 330
تَمَشّى 151
تَمّوز 343
تَنَبُّؤ بِأَجْواء البَحْر 288
تَنْتَنَة 30
تَنْزانْيا 307
تَنْزيلات 142
تِنِس الطّاوِلَة 203
تَنْطيط مُزْدَوَج 199
تَنَفُّس صِناعي 275
تَنّوب 319
تَنّورَة 31
تَنْويم مِغْناطيسي 278
تَهانيّ القَلْبِيَّة! 20
تَهَجّى 157
تَوازُن على حَبْل 151
تَوْأَم 18
تَوْأَم حَقيقي 263
تَوْأَم غَيْر حَقيقي 263
توبا 229
توباز 318
توت أَحْمَر 79
توت أَسْوَد 79
تورتوليني 87
تورْمالين 318
تَوْزيع طَعام 160
تَوْظيف ثابِت 165
توغو 307
توفالو 311
تَوَقَّف 107
توليب 322
تونِس 307
تونْغا 311
تي شيرت 29
تَيّار بَحْري 210
تيشْنو 231
تيكونْدو 213
تيكيلا 94
تيمور الشَّرْقِيَّة 309
تين 80

ث

ثالِث 337
ثالِث عَشَر 337
ثامِن 337
ثامِن عَشَر 337
ثاني 337
ثاني عَشَر 337
ثانِيَة 340
ثَدْي 252
ثُرَيّا 43
ثُعْبان 330
ثُعْبان الماء 331
ثَعْلَب 325
ثَقّابَة 173
ثَقَبَ 59
ثُقْب أَسْوَد 294
ثِقَل 222
ثَقيل السَّمع 268
ثَقيلُ الظِّل 26
ثَلاث مَرّات 339
ثَلاثَة 336
ثَلاثَة أَرْباع 338
ثَلاثَة أَضْعاف 339
ثَلاثَة عَشَر 336
ثَلاثَة وَعِشْرون 336
ثَلاثون 336
ثُلاثِيَّة الرُّؤوس 256
ثَلّاجَة 44
ثُلْث 338
ثَلْج 313
ثَلْج ناعِم 218
ثَلْج و صَقيع 108
ثَلْجي 312
ثَمانون 336
ثَمانِيَة 336
ثَمانِيَة عَشَر 336
ثَمَرَة الآلام 80
ثُمْن 338
ثَمَن 145
ثَمَن الطَّوابِع 191
ثُنائِيَّة الرِّمايَة وَ التَّزَلُّج لِمَسافات بَعيدة 218
ثَوْر 326
ثَوَران بُرْكاني 314
ثوم 75
ثوم مُعَمَّر 83

ج

جادَّة 132
جاذِبِيَّة أَرْضِيَّة 294
جار 18
جارَة 18
جاز 231
جاكيت 29، 31
جامايْكا 302
جامِعَة 133
جامِعَة الدُّوَل العَرَبِيَّة 311
جانِب أَيْسَر 128
جانِب أَيْمَن 128
جانِب عُلْوي 191
جائِحَة 314
جِبال الأَلْب 297
جِبال الأَنْديز 297
جِبال الهيمالايا 297
جِبال روكي 297
جَبَل 315
جُبْن 96
جُبْن طازَج 73
جُبْن قَريش 72
جُبْن مَبْشور 73
جُبْنَة إيمِنتالار 73
جُبْنَة بَرمازان 73
جُبْنَة بري 72
جُبْنَة جورجونْزولا 72
جُبْنَة راكْليت 73
جُبْنَة شيدَر 73
جُبْنَة غاودا 73
جُبْنَة فيتا 72
جُبْنَة كاميمبيرت 73
جُبْنَة ماعِز 72
جُبْنَة موزاريلا 73
جَبْهَة 22
جَد 17
جَد وَ جَدَّة 17
جَدَّة 17
جُدْجُد 332
جُدَري الماء 266
جَدْوَل أَعْمال 174
جَدْوَل المَواعيد 115
جَدْوَل جَبَلي 316
جَدْوَل مَواعيد الحِصَص 157
جَذّاب 24
جَذْر 75، 247، 271، 319
جَذْر تَرْبيعي 339
جَذْر رَئيسي 319
جَذْر فَرْعي 319
جِذْع 319
جَرّاح 166، 274
جَراد البَحْر 71
جَرّار 121
جَرّار نِصْف المَقْطورَة 120
جَرّافَة 121
جْرافيتي 236
جِرْبارَة 322
جَرْجير 76
جَرْجير الماء 74
جُرْح 269
جُرَذ 324
جَرَس 136
جَرَس الباب 38
جَرَس مَدْرَسَة 160
جُرْعَة 276
جُرْف 315
جِرْم 285
جَرْو الثَّعْلَب 327
جَريدَة 146
جَريس 320
جرينادا 302
جَزّ العُشْب 65
جَزّارَة 168
جَزّازَة عُشْب 64
جَزَر 75
جُزُر البَهاما 302
جُزُر القَمَر 305
جُزُر المالديف 309
جُزُر سُلَيْمان 311
جُزُر مارْشال 310
جَزْمَة تَزَلُّج 218
جَزْمَة خَوْض 216
جَزْمَة رُكوب 214
جَزْمَة عالِيَة 33
جَزْمَة غَوْص 211
جَزْمَة قَصيرَة 31
جَزْمَة مَطّاطِيَّة 33
جَزيرَة 295، 316
جِسْر 106، 132
جِسْر عُبور 247
جِسر عُبور المُسافِرين 126
جِسْم 128
جِسْم الطّائِرَة 124
جِسْم الكاميرا 242
جُغْرافيا 156
جَفِّف شَعْرَهُ 34
جِلْد 22
جِلْد الظُّفْر 254
جَلْسَة 174
جَليد 313
جَمارِك 126
جِماع 260
جُمْباز أَرْضي 207
جُمْباز إيقاعي 221
جَمْبَري 71
جُمْجُمَة 257
جَمَع 339
جَمْع طَوابِع 234
جَمَل 326
جُمْهور 186، 227
جُمْهورِيَّة 298
جُمْهورِيَّة أَفْريقْيا الوُسْطى 307
جُمْهورِيَّة الدومينيكان 302
جُمْهورِيَّة الكونْغو 306
جُمْهورِيَّة الكونغو الدِّيمُقْراطِيَّة 304
جَميع 339
جَميل 24
جِن تونِك 94
جَناح 137، 149، 273، 328،
69، 124
جَناح أَطْفال 273
جَناح أَيْسَر 197
جَناح أَيْمَن 197
جُنْدُب 332
جُنْدي 245
جُنْدِيَّة 167
جَنوب أَفْريقْيا 307
جَنوب السّودان 307
جَنى 65
جَنين 262
جِهاز اِسْتِقْبال رَقْمي 185
جِهاز اِسْتِقْبال وَإرْسال 287
جِهاز اِسْتِنْشاق 267
جِهاز إسْقاط فيدْيو 174
جِهاز أَشِعَّة إكْس 275
جِهاز التَّكاثُر الأُنْثوي 259
جِهاز التَّكاثُر الذَّكَري 259
جِهاز الرَّد عَلى المُكالَمات 184
جِهاز الغُدَد الصُّم 259
جِهاز إم بي ثري 183، 233
جِهاز بَوْلي 259
جِهاز تَجْديف 222
جِهاز تَحَكُّم عَن بُعْد 185
جِهاز تَذاكِر الصَّف الآلي 106
جِهاز تَذاكِر آلي 115، 123
جِهاز تَسْجيل آلي 126
جِهاز تَسَلُّق 151
جِهاز تَكاثُر أُنْثوي 261
جِهاز تَكاثُر ذَكَري 260
جِهاز تَمْرين شامِل 222
جِهاز تَنَفُّسي 259
جِهاز دي في دي 185
جِهاز سي دي 233
جِهاز عَصَبي 259
جِهاز فاكْس 184
جِهاز قِياس قُدْرَة الجِسْم 222
جِهاز لاسِلْكي مَحْمول 284
جِهاز لِمْفاوي 259
جِهاز مُراقَبَة الطِّفْل 50
جِهاز مَزْج الأَلْحان 232
جِهاز مُزيل الرَّجَفان 282

بَنطَلون 29
بَنطلون أُسطواني 31
بَنطلون بِحمَّالات 27
بَنطلون ثَلج 28
بَنطلون جَورَبي 30
بَنطلون مطاطي 30
بَنطلون واسِعُ القَدمَين 31
بَنطلون واسِع قَليلاً 31
بَنغلادِش 308
بَنفسَجي 237
بَنكرِياس 258
بَنما 303
بُني 237
بُني الشَّعر 23
بُني غامِق 237
بُني فاتِح 237
بَهو 38، 136
بَهو المَحطَّة 123
بَهو داخِلي 149
بوّاب 39
بوّاب/ة 137
بوّابَة 126
بوّابَة الرُسوم 107
بوب 231
بوتان 308
بوتسوانا 304
بوتيك 141
بورصَة 139
بوركينا فاسو 304
بورما 309
بوروندي 304
بوري آيس كريم 91
بوصَة 344
بوفيه إفطار 137
بوق 229
بوق فَرَنسي 229
بوكسيت 317
بول 221
بولَندا 300
بولو 215
بوليفيا 303
بولينج 221
بومَة 329
بُوَيضَة 262
بَياض بَيض 72
بَياضات سَرير 49
بَيان ضَريبي 52
بيانو 230
بَيت الدَّرَج 39
بَيت بلاستيكي 63
بَيت خَشَبي صَغير 63
بَيت شاطِئ صَغير 247
بَيت مُنفَرد 40
بيتزا 99
بيتونيا 321
بيجامَة 28
بِئر 150
بيرة 94
بيرة خالِيَة مِن الكُحول 92
بيرة داكِنة 94
بيرة قَمح 94
بيرو 304
بيزو 345
بيسبول 200
بَيض سَمَك 70، 331
بَيض مَخفوق 97
بَيضَة دَجاجَة 72
بَيضَة سُمّان 72
بَيضَة مَسلوقَة 96
بَيضَة مَقلِيَّة 97
بَيضَة وَزَّة 72
بيكولو 229
بيكيني 30
بَيِّنَة 58
بينين 304

ت

تأثير العين الحمراء 243
تاج 271
تأخير 123
تاريخ 156
تاريخ 343
تاريخ الإرجاع 163
تاريخ الفُنون 162
تاريخ إنتِهاء صَلاحيَّة 277
تارِيض 62
تاسِع 337
تاسِع عَشَر 337
تاكسي 121
تاكو 99
تأليف موسيقي 233
تامبون 277
تأمُّل 278
تأمين صِحّي 264
تاي تشي 278
تاي تشي 213
تايلاندا 310
تَبختُر 215
تَبَرُّع بالأعضاء 283
تَبَرُّع بالدَّم 283
تَبَضُّع بالإنتَرنت 182
تَبغ 146
تَبَل 85
تَبَّل بالصَلصَة 85
تَبليغ عَن خطأ 181
تَجاوُز إلى الأمام 185
تَجاوُز سُرعَة 107
تَجديف 212
تَجرِبَة 158
تَجعيدَة 22
تَجَوُّل بأحذِيَة الثَّلج 219
تَجَوُّل بالحِصان 215
تَجَوُّل عَلى الجِبال 220
تَحت السَّوِيَّة 205
تَحذير مِن وُجود قُنبُلَة 289
تَحقيق 284
تَحَمُّم 55
تَحميل 182
تَحميلَة 276
تَحويل 264
تَخدير عام 274
تَخدير مَوضِعي 271، 274
تَخَرُّج مِن الجامِعَة 163
تَخَرُّج مِن الجامِعَة 21
تَخفيض 148
تَدَرُّب 222
تَدريب 164
تَدريب جَماعي عَلى دَرّاجات ثابِتَة 223
تَدريب على عارِضَة أُفُقِيَّة 223
تَدريب قُوَّة 222
تَدريب مُتَسَلسِل 223
تَدريبات رِياضِيَّة إيقاعِيَّة 223
تَدَفُّق 247
تَدفِئَة بالطّاقَة الشَّمسِيَّة 62
تَدفِئَة تَحت البَلاط 62
تَدفِئَة مَركَزِيَّة 62
تَدليك 278
تَدليك القَدَم العِلاجي 278
تَدليك قَلبي 282
تَدوين موسيقي 231
تِذكار 148
تَذكِرَة دُخول 227
تَذكِرَة ذَهاب إلى...،مِن فَضلِك 123
تَذكِرَة رُكوب الحافِلَة 115
تَذكِرَة شَهرِيَّة 115
تَذكِرَة يانَصيب 146
تراجيديا 226
تِراس 40، 63
تِرام 122
تِرامبولين 161
تُربَة 295
تَربِيَة 162
تَربيع 292
تَرَدُّد 187
تُرس 118
تَرقُوَة 257
تَرقِيَة 175
تَرقيع 240
تُركمانستان 310
تُركيا 301
تُرمُس 47
تِرموستات 54
تَرميم أثاث 234
تَرومبون 229
تَرويض 215
ترينيداد وَتوباجو 303
تَزَلُّج بالشَد مِن طائِرَة شِراعِيَّة 212
تَزَلُّج بالشَّد مِن قارِب 212
تَزَلُّج بالعَجَلات 220
تَزَلُّج بلَوح الثَّلج 219
تَزَلُّج بمَركَب نَفّاث 212
تَزَلُّج جَر 219
تَزَلُّج سَريع 219
تَزَلُّج عَلى الثَّلج 219
تَزَلُّج عَلى الجَليد 219
تَزَلُّج عَلى الماء 212
تَزَلُّج فَنّي عَلى الجَليد 219
تَزَلُّج في زَلّاجَة جَماعِيَّة 219
تَزَلُّج لِمَسافات طَويلَة 218
تَزَلُّج مُتَعَرِّج 218
تَزَلُّج نَحوَ الأسفَل 218
تَزَوُّج 21
تَسجيل بالإنتَرنت 127
تَسجيل حَي وَ مُباشَر 187
تَسجيل صَوت 187
تَسجيل وَقائِع 174
تِسعَة 336
تِسعَة عَشَر 336
تِسعون 336
تَسَلُّق 220
تَسَلُّل 196
تَسليم 191
تَسَمُّم 269
تَسَمُّم الدَّم 266
تَسَوُّس 271
تسونامي 288، 314
تَشاد 307
تَشخيص 264
تِشرين الأوَّل 343
تِشرين الثاني 343
تَشغيل 109
تَشفير 182
تَشَقُّلُب 207
تَشكيلَة فَريق 195
تَشَمُّس 247
تَشَنُّج 265
تَشَنُّج عَضَلي 223
تَشويش 116
تَشيك 301
تَشيلو 229
تَصريح رُكوب 126
تَصريح صَيد 217
تَصغير نافِذَة 181
تَصَفُّح الإنتَرنت 182
تَصَفُّح كِتاب 189
تَصفيق 227
تَصَلُّب مُتَعَدِّد 267
تَصميم مَنظَر العَرض 186
تَصَوُّر 243
تَصوير بالرَّنين المِغناطيسي 275
تَصوير بالموجات فَوق الصَّوتِيَّة 262
تَضاريس الإطار 110
تَطبيق 183
تَطبيق عَمَلي 164
تَعادُل 196، 202
تَعَلُّم 164
تَعَلُّم رُكوب الدَّراجَة 118
تَعليم مِهنَة 164
تَعليمات سَلامَة 125
تَعميد 20
تَغذِيَة صِحِّيَّة 103
تَغليف 44
تَغليف شَفّاف 276
تَغيير يَدَوي 109
تُفّاح 79
تَفتيش أمتِعَة 127
تَفتيش أمني 126
تَقاطُع 107
تَقاطُع طُرُق 107
تَقاعُد 21، 175
تَقرير 174، 186
تَقشير 279
تِقنِيَّة تَقويم العِظام يَدَوِيّاً 278
تَقويم أسنان 24
تَكبير 242، 243
تَل 316
تِلفاز 185
تَلفَريك 218
تَلَقّي رِسالَة 190
تَلقيح 262، 263
تِلميذ 155
تِلميذَة 155
تَمارين بيلاتس 223
تَمثيل 175
تَمديد 196

أَوْصِل 191
أوغَنْدَة 307
أوقات دَوام 148
أوْقات زِيارَة 273
أوكرانيا 301
أوَّل 337
أوَّل عَرْض 241
أونصَة 344، 345
أيّار 343
إيجار 39
أيْذِن 267
إيران 308
إيرلندا 299
آيس تي شاي مُثَلَّج 92
آيس كريم 91
آيس كوفيه قَهْوَة مُثَلَّجَة 92
آيسلندا 299
إيطاليا 299
أيْكيدو 213
أيِّل 326
أيْلول 343
أيْنَ دورات المِياه، مِن فَضْلِك؟ 147
أيورفيدا 278

ب

باب البَيْت 40
باب الشُرْفَة 52
باب الشِقَّة 41
باب الطائِرَة 124
باب أوتوماتيكي 115
باب سَيّارَة 111
باب غَسّالَة أمامي 56
بابايا 80
بابوا غينيا الجَديدة 311
بابونج 320
بابيون 29
بات 345
باحَة مَدْرَسَة 160
باديكيير 279
باذِنجان 77
باراغواي 303
باربادوس 302
بأرْبَعَة أبْواب 109
بارِد 312
بار صَغير 137
باركور 221
باروك 149
باز شَمالي 328
بازِل 244
بازِلّاء خَضْراء 78
بازِلّاء خَضْراء حُلْوَة 78
باستيل 235
باسون 229
باطِن الرُكْبَة 253
بافيليون 150
بأكْمام قَصيرَة/طَويلَة 28
بالاو 310
بالبَريد الجَوِّي 191
بالِغ 18
بالقُرْب (مِن) 135
بالهَناء والشِفاء! 102
باليه 221، 226
بامِيَة 77
بانسي 322
باوند 345
باوهاوس 149
بائِع 168
بائِع نَظّارات 141
بائِعَة 142
باينت 344
ببابَيْن 109
بَبَغاء 329
بَث 187
بَث حَي وَ مُباشَر 186
بَث عَبْر كَبْل 185
بَث مَجاني 185
بَثْرَة 22
بثَلاثَة أبْواب 109
بَجَعَة 329
بَحّار شِراعي 210
بَحَث 180
بَحْث 288
بَحْر 246، 295، 315
بَحْر البَلْطيق 296
بَحْر الشَمال 296
بَحْر العَرَب 296
بَحْر الكاريبي 296
بَحْر داخِلي 295
بَحْر قَزوين 296
بُحوث عِلْمِيَّة 162
بُحَيْرَة 150، 295
بَخّاخ 276
بَخّاخ حَشَرات 277
بَخّاخ طارِد لِلحَشَرات 248
بَخاخَة 57
بِدايَة خاطِئَة 208
بَذْر 292
بَدْلَة 29
بَدلَة تَدريب 28، 207
بَدْلَة تَزَلُّج 218
بَدْلَة سِباحَة 209
بَدْلَة غَوْص 211
بَذَر 65
بُذور 78
بُذور قَمْح 96
بَراعِم صويا 78
بْراندي 94
بَرّايَة 173
بُرْتُقال 81
بُرْتُقال أحْمَر 81
بُرْتُقالي 237
بُرْج 132
بُرْج تَحَكُّم 126
بُرْج تِلفاز 132
بُرْج قَفْز 209
بُرْج مُراقَبَة 288
بَرْجَمَة 254
بِرْجيس 245
بَرْد 313
بَرَد 59
بُرْشُم 59
بُرْعُم 321، 323
بُرْغُل 86
بُرْغوث 333
بُرْغي 58
بَرْق 313
بَرْق وَرَعْد 313
بُرْكان 316
بِرْكَة ماء 63
بَرْنامَج 181، 187، 227
بَرْنامَج إذاعي 187
بَرْنامَج حِواري 186
بَرْنامَج مُسابَقات 186
بُرْنُس حَمّام 28
بْروتين 103
بُروز 128
بْروستات 260
بْروفَة 227
بْروفَة قَبْل الافْتِتاح 227
بْروفيسور 162
بروكولي 76
بروناي 308
برونز 207
بَريد 133
بَريد داخِلي 172
بَريد صادِر 182
بَريد غَيْر مَرْغوب فيه 182
بَريد مَدْفوع 190
بَريد مُسَجَّل 190
بَريد وارِد 182
بَزّاق 333
بُزور عَباد الشَّمس 86
بُزور قَرْع 86
بُسْتاني 168
بُسْتاني أراضي عامة 167
بَسْتوني 244
بَسْطَة 140
بَسْطَة دَرَج 41
بَسْكوت مالِح 98
بَسْكويت 98
بَسْكويت أماريتو 93
بَشَر 95
بَشَرَة 279
بِشَكْل أُفُقي 243
بِشَكْل عامودي 243
بِصِحَّتِك! 102
بَصَل 75
بَصَل أحْمَر 75
بَصَل أخْضَر 75
بَصَلَة سيسائيَّة 255
بَصْمَة الإصبَع 284
بِضاعَة 144
بَضائِع 129
بَطّارِيَّة 59، 111، 158، 183
بَطّارِيَّة 59
بَطّارِيَّة 158
بَطّارِيَّة 183
بَطاطا 75
بَطاطا حُلْوَة 75
بَطاطا لِلسَّلْق 75
بَطاطا مُحَمَّرَة 100
بَطاطا مَقْلِيَّة 99
بَطاطا مَقْلِيَّة 100
بطاقَة اِئْتِمان 139
بِطاقَة بَريدِيَّة 190
بِطاقَة تَهْنِئَة 146
بِطاقَة جامِعِيَّة 164
بِطاقَة حَمْراء 194
بِطاقَة خَصْم مُباشَر 138
بِطاقَة ذاكِرَة 243
بِطاقَة صَفْراء 195
بِطاقَة عَمَل 175
بِطاقَة فلاش مُدْمَج 243
بِطاقَة مُسْبَقَة الدَّفْع 183
بِطاقَة مِفْتاح 136
بِطاقَة مَكْتَبَة 163
بَطّانِيَّة صوفِيَّة ناعِمَة 50
بَطّانِيَّة كَهْرَبائِيَّة 49
بَطَّة 69، 329
بَطَّة الرِّجْل 253
بَطَّة نَيِّئَة 69
بَطْريق 329
بَطَل العالَم 200
بَطْن 252
بَطْن بالقُطْن 240
بُطولَة 195
بَطّيخ أحْمَر 81
بَطّيخَة الإجاص 80
بَظْر 261
بَعْدَ الظُّهْر 342
بَعْدَ عَشْر دَقائِق 341
بَعْد غَد 342
بُعْد نَظَر 272
بَعْض 339
بَعوض الماء 333
بَعوضَة 332
بَقَّة 333
بَقْدونِس 83
بَقَرَة 326
بَقْشيش 102
بَقْلَة 76
بَكالوريوس 162
بَكَرَة 216، 238
بَكَرَة الخَيْط 238
بَكَرَة طِلاء 61
بَكْلَة 33
بِكَم هَذا؟ 142
بَكورِيَة طِبِّيَّة 322
بَكى 19
بِلا بُذور 81
بِلا حَمّالات 30
بَلاسْتَر 283
بْلاسْتيك 60
بَلْجيكا 299
بَلَح 82
بَلَح البَحْر 71
بَلَد 298
بِلِز 94
بَلْسَم 34
بُلْعوم 255
بُلْغارْيا 299
بْلوز 231
بْلوزَة 31
بِلْياردو 221
بَليز 302
بَلِيس مُعَمِّر 320
بِلْيون 337
بَنّاء أسْقُف 167
بِناء جَديد 40
بِناء قَديم 39
بِناء مُلْحَق 38
بَنان 254
بِنْت 18، 244
بُنْدُق 82
بُنْدُق المَكاداميا 82
بُنْدُق برازيلي 82
بِنْزين 113
بِنْصِر 254
بِنْطال رُكوب 214

أَعَدَّ الكُرَة مِن فوق الرأس 198
إعْدادات 181
أغْراض جانِبِيَّة 277
أعْشاب مَنْزِلِيَّة 63
إعْصار 314
أَعْطى إبْرَة 265
أَعْطى قُبْلَة 19
إعْلان 188
إعْلان تِجاري 187
إعْلان عن وَظيفَة 165
إعْلان فيلم 241
إعْلان وَفِيات 188
أعْمال إصْلاح 108
أعْمى 268
أعْواد الطعام 101
أعْواد قِرْفَة 84
اِغْتَسَلَ 55
اِغْتِصاب 285
أغْذِيَة 145
أغْلَبِيَّة 339
أغْلَق التَّدْفِئَة 62
أغْلَق الحَنَفِيَّة 55
أغْلَق الكُمْبيوتَر 181
أُغْمِيَ عَلَيْه 269
أغْنِيَة 232
إغْوانا 330
أفارول عَمَل 61
أفْضَلِيَّة مُرور 107
أفْغانِسْتان 307
أفوكادو 77
أقارِب 17
اِقْتِصاد 157
أقْحوان 322
إقْلاع 126
أقْلَعَ 125
إقْليم 298
أقيل 175
أكاديمِيَّة فُنون مَسْرَحِيَّة 164
اِكْتِساب عُمَلاء 171
اِكْتِئاب 267
أكْزيما 265
آكِل النَّمْل 327
إكْليل الجَبَل 83
أكْوامارين 318
أكورديون 230
الاِتِّحاد الأفْريقي 311
الاِتِّحاد الأوروبي 311
الاِثْنَيْن 343
الأحَد 343
الأخير 338
الأرْبِعاء 343
الأرْبَعون 338
الأُرْدُن 308
الأرْض 292
الإكوادور 303
الألف 338
الإمارات العَرَبِيَّة المُتَّحِدَة 310
الأمَم المُتَّحِدَة 311
الأوروغواي 304
البارِحَة 342
الباكِسْتان 309
ألبانيا 299
البَحْر الأبْيَض المُتَوَسِّط 296
البَحْر الأحْمَر 296
البَحْر الأسْوَد 296
البَحْرَيْن 307
البَرازيل 303
البُرْتُغال 300
البوسْنَة والهِرْسِك 299
ألبوم صُوَر 243
آلَة جَزّ عُشْب 64
آلَة حاسِبَة 155، 339
آلَة مُثَلَّث 230
التّاسِع مِن أيْلول 2015 342
التّاسِعَة 340
التّاسِعَة عَشَر 341
التّاسِعَة والرُّبْع 341
التِّسْعون 338
اِلْتِهاب 266
اِلْتِهاب الأذُن الوُسْطى 265
اِلْتِهاب السَّحايا 266
اِلْتِهاب المُلْتَحِمَة 265
اِلْتِهاب أمْعاء 265
اِلْتِهاب قَصَبات 265
اِلْتِهاب مَثانَة 265
اِلْتِواء 269
اِلْتِواء الرَّقَبَة 269
الثّالِثَة 340
الثّالِثَة عَشَر 340
الثّالِثَة والعِشْرون 341
الثّامِنَة 340
الثّامِنَة عَشَر 341
الثّاني والعِشْرون 337
الثّانِيَة 340
الثّانِيَة عَشْرَة إلّا رُبْع 341
الثّانِيَة عَشْرَة ظُهْراً 340
الثّانِيَة عَشْرَة وخَمْسُ دَقائِق 341
الثّانِيَة والعِشْرون 341
الثُّلاثاء 343
الثَّلاثمائَة 338
الثَّلاثون 338
الثَّمانون 338
الجُزْء السُّفْلي مِن السّاق 252
الجَزائِر 304
الجُمْعَة 343
الحادي والعِشْرون 337
الحادِيَة عَشْرَة 340
الحَذَر، خَطَر! 289
الحَيْد المَرْجاني العَظيم 297
الخامِسَة 340
الخامِسَة عَشَر 341
الخَمْسون 338
الخَميس 343
الرّابِعَة 340
الرّابِعَة عَشَر 341
الرَّأْس الأخْضَر 305
الزُّهَرَة 292
السّابِعَة 340
السّابِعَة إلّا ثُلْث 341
السّابِعَة عَشَر 341
السّادِسَة 340
السّادِسَة عَشَر 341
السَّبْت 343
السَّبْعون 338
السِّتّون 338
السُّعودِيَّة 309
السَّلْفادور 302
السِّنِغال 306
السّودان 307
السُّوَيْد 301
الصَّحْراء الكُبْرى 297
اِلْصَق وَرَق الحائِط 61
الصّومال 306
الصّين 308
الطَّلَب نَفْسه مَرَّة أُخْرى. 147
العاشِر ألف 338
العاشِر مِلْيون 338
العاشِرَة 340
العاشِرَة والنِّصْف 341
العِراق 308
العِشْرون 337، 341
الغابون 305
ألْغى 181
ألْغى بَرْنامَج 181
ألف 337
الفِلِبّين 311
ألْقى رِسالَة في صُنْدوق
البَريد 190
ألْقى مُحاضَرَة 163
الكاميرون 305
الكُوَيْت 309
ألَم أسْنان 265
ألَم الحَلْق 265
ألَم في المَعِدَة 265
ألمانيا 299
المِائَة 338
المُتَوازي 207
المُتَوازي مُخْتَلِف الاِرْتِفاع 207
المَجَر 301
المُحيط الأطْلَسي 296
المُحيط الهادِئ 296
المُحيط الهِنْدي 296
المِرّيخ 292
المُشْتَري 293
المَغْرِب 306
المِكْسيك 302
المِلْيون 338
المَمْلَكَة المُتَّحِدَة 301
المِنْطَقَة الاِسْتِوائِيَّة 298
المِئَتان 338
المِئَتان والخامِس
والعِشْرون 338
النَّجْدَة! 289
النَّرْويج 300
النِّظام الشَّمْسي 292
النِّمْسا 300
النّيجَر 306
الهِنْد 308
الواحِدَة 340
الواحِدَة والعِشْرون 341
ألْوان جَواش 235
الوِلايات المُتَّحِدَة 303
إلى اللِّقاء! 19
اليابان 308
ألياف صِناعِيَّة 27
ألياف غِذائِيَّة 103
آلِيَّة تَعْليق 116
اليَمَن 308
اليَوْم 342
اليونان 299
أُمّ 17
أُمّ أرْبَعَة وأرْبَعين 333
أماتيست 318
إمارَة 298
أمْبير 62
أُمَّة 298
اِمْتِحان 154، 163
اِمْتِحان شَفَهي 163
اِمْرَأَة 18، 252، 253
أمْسَك 199
أمْعاء دَقيقَة 258
أمْعاء غَليظَة 258
أمْغَر 237
أمْلَس 23
أمين صُنْدوق 138، 144
أمين مَكْتَبَة 163، 169
أمينَة مَكْتَبَة 163
أنا مُتَضايِق/فَرِح/حَزين 25
إناء 89
أناناس 80
أنْبوب 159
أنْبوب تَنَفُّس 247
أنْبوب هَواء 62
أنْبوب هَواء 211
أنْبوبَة اِخْتِبار 158
إنْتاج 171
إنْتَرْنِت 154
اِنْتِشار غُبار الطَّلْع 313
اِنْتِصاب 260
اِنْتَقَل 21
أنْتيغا وبارْبودا 302
اِنْحِدار 108
اِنْحَنى 19
أنْدورا 299
أنْدونيسيا 308
إنْدي 231
إنْذار 197
اِنْزِلاق غُضْروفي 269
إنْسان الغابَة 327
أنْسِجَة 258
إنْعاش 282
اِنْعَطَف نَحْوَ اليَمين/اليَسار 135
أنْغولا 304
أنْف 22
اِنْفِجار 289
إنْفْلونْزا 266
أنْقَذ 289
اِنْقَلَب 210
اِنْقَلَب 288
إنَّهُ لَطيف/مُعَكَّر/بارِد
رَطْب. 312
اِنْهِيار أرْضي 314
اِنْهِيار ثَلْجي 287
اِنْهِيار ثَلْجي 314
أنيق 30
أهْلاً وسَهْلاً! 19
أوبال 318
أوبرا 228
أوبْوا 229
أوْتار 201
أوتوماتيك 109
أوْدَع نُقود في حِسابه 138
أوْراق 319
أوْراق شاي 93
أوْراق مالِيَّة 139
أورْكِسْترا سيمْفونِيَّة 228
أورْكيد 322
أوزْبَكِسْتان 310
أوزَّة 329
أوزون 313

INDEX ARABISCH - فِهْرِس العَرَبي

7متر 197

ا

إأَرْض عُشْبِيَّة 316
أب 17
آب 343
اباضَة 261
اِبْتَسَمَ 25
أَبْحَرَ 129
أَبْحَر 129
أبَداً 339
إبْرَة 238
أَبْرَة 276
أَبْرَة حِياكَة 239
أَبْرَة خِياطَة 239
أَبْريق 102
أَبْريق شاي 93
إبْط 252
أَبْعاد الصَّحيفَة 188
اِبْن 16
اِبْن أَخ 17
اِبْنَة 16
اِبْنَة أَخ 17
اِبْنَة عَمّ/ة 17
إبْهام 254
أَبو الحِنّاء الأوروبي 328
أَبْيَض 237
اِتَّصَلَ (ب) 19
اِتَّصِل بالإطْفاء! 289
اِتَّصِل بالشُّرْطَة! 289
اِتَّصِل بِسَيّارَة الاِسْعاف! 289
اِتَّصَلَ بِشَخصٍ ما 184
أَثاث حَديقَة 63
أَثاث مَكْتَب 172
آثار 134
أَثْقال طَويلَة 222
أَثْقال قَصيرَة 222
اِثْنا عَشَر 336
اِثْنان 336
اِثْنان عَلى سَبْعَة عَشَر 338
اِثْنانِ وَعِشْرون 336
أَثيوبْيا 304
أَجابَ عَلى رِسالَة 190
اجازَة أُمومَة 175
إجازَة تَرْبِيَّة طِفْل 175
إجازَة سَنَوِيَّة 175
إجاص 79
اِجْتِماع 174
اِجْتِماع أَهْل مَسائي 157
أَجْر 39
أَجْراس أُنْبوبِيَّة 228
أُجْرَة رُكوب الحافِلَة 115
أَجْرى تَشْخيص 275
إجْهاض 261
إجْهاض تِلْقائي 263
أَجْهِزَة هُبوط 124
اِحْتِراق 269
أَحْجار حافَة الرَّصيف 106
أَحَدَ عَشَر 336
أَحْدَب مُتَزايد 292
أَحْدَب مُتَناقِص 292
أَحْضِر لَنا قائِمَة النَّبيذ، مِن فَضْلَك 102
أَحْمَر 237
أَحْمَر الشَّعْر 23
أَحْمَر خُدود 35
أَحْمَر شِفاه 35
أَحْياناً 339
أخ 17
أَخ غَيْر شَقيق 18
أَخْبار 186
أَخْبار حَرَكَة المَرور 187
أُخْت 17
أُخْت غَيْر شَقيقَة 18
اِخْتِطاف 285
أَخَذَ إبْرَة 265
أَخَذَ اِسْتِراحَة 52
أَخَذَ دُش 55
أَخْرَجَ 213
أَخْرَج قُرْص مَضْغوط/قُرْص رَقْمي 181
إخْصاب 262
أَخِصّائي نَظّارات 166
أَخِصّائِيَّة نَظّارات 272
أَخْضَر 237
أَخْضَر فاتِح 237
أُخْطبوط 71
إخْلاء 289
أَخو زَوْج 16
إدارَة أَعْمال 162
إدارَة الإنْتاج 171
إدارَة الحِسابات الرَّئيسِيَّة 171
إدارَة الشُّؤون التِّجارِيَّة 170
إدارَة المَبيعات 171
إدارَة تِقَنِيَّة المَعْلومات 170
إدارَة شُؤون العامِلين 171
إدارَة عامَّة 170
إدارَة فَريق العَمَل 170
إدارَة قِسْم التَّسْويق 171
أَدَب رِوائي 189
أَدَب غَير رِوائي 189
أَدْخَلَ 180
أَدْخَلَ لِلْعِلاج 273
أَدْرينالين 283
إدْمان 267
أَدَوات حَمام 137
أَدَوات طَبيب الأَسْنان 270
أَدَوات عَمَلِيّات 274
آذار 343
أَذْرَبيجان 307
أُذن 22
أَرانوس 293
أَرْبَعُ مَرّات 339
أَرْبَعَة 336
أَرْبَعَة أَضْعاف 339
أَرْبَعَة عَشَر 336
أَرْبَعون 336
آرت ديكو 149
آرت نوفو 149
اِرْتِجاج دِماغ 269
اِرْتِداد 199
اِرْتِفاع 207
اِرْتِفاع المَوْج 210
أَرْجَحَ 205
أَرْجِع إلى الوَراء 185
أَرْجَنْتين 303
أُرْجوحَة 151
أُرْجوحَة شَبَكِيَّة 248
أَرْدواز 317
أَرز 86
أَرز باسْماتي 86
أَرز بَرِّي 86
أَرز بُنّي 86
أَرْسَلَ 182
أَرْسَلَ رِسالَة لِشَخْصٍ ما 190
أَرض 295
أَرض الخَيْمَة 249
أَرض المَلْعَب 194
أَرض عِقار 38
أَرْضَعَت 263
أَرْضي شَوكي 74
أَرْضِيَّة خَشَبِيَّة 43
أَرَق 267
أَرْمَل 17
أَرْمينيا 307
أَرْنَب 68، 324
أَرْنَب هِنْدي 324
إريتْريا 305
أُريدُ أَن أَدْفَع، مِن فَضْلَك 102
أُريدُ أَن أُكَلِّم...مِن فَضْلِك. 184
أُريد... 147
أَريكَة 42
أَريكَة سَرير 42
أَزاحَ مَلَف 180
أَزال الأَعْشاب الضّارَّة 65
أَزال الحَراشِف 71
أَزال حَسَك السَّمَك 71
أَزال شَعْر الحاجِب 34
أَزالَة السُّموم 278
أَزالَة الشَّعْر 34
أَزالَة الشَّعْر بالشَّمْع 279
اِزْدِحام 107، 108
اِزْدِحام العَمَل 107
أَزْرَق 237
أَزْرَق غامِق 237
أَزعَج 285
إزْميل خَشَب 59
أَزْهَر 321، 323
أَسْباتي 244
إسْبانْيا 301
أُسْبوع 343
اِسْتَأْجَرَ 39
اِسْتِبْعاد 197
اِسْتِراحَة 107، 160، 227
اِسْتِراحَة الظَّهيرَة 160
أُسْتُراليا 310
اِسْتِرْخاء 278
اِسْتِشْفاء 278
اِسْتَعادَ وَعْيَه 275
اِسْتَعارَ 163
اِسْتِعارَة 163
اِسْتَقالَ مِن عَمَلِه 175
اِسْتِقْبال 136
اِسْتَقْبَلَ 182
اِسْتوديو تَصْوير 243
إسْتونيا 299
اِسْتَيْقَظ 51
أَسَد 325
أَسَد البَحْر 327
أَسَد الجَبَل 325
إسْرائيل 308
إسْطَبْل 215
أُسْطوانَة موسيقِيَّة 233
أُسْطوانَة نِصْف دائِرِيَّة 219
أَسْفَل الظَّهْر 253
أَسْفَل القَدَم 254
أَسْفَلْت 317
إسْفَنْجَة 57
إسْقاط بِضَرْبَة واحِدَة 205
أَسْقَطَ في حُفْرَة 204
اِسْكالوب 100
أَسلاك هَوائِيَّة 122
اِسْمي 19
إسْهال 265
أَسْهَر 260
أَسْوَد 237
أَشارَ لِتاكسي 121
اِشارَة الدَّوَران لِسَبّاحي الظَّهْر 208
اِشارَة مَرْجِعِيَّة 182
اِشارَة مُرور 106، 135
اِشارَة مُرور لِلْمُشاة 135
اِشارَة مُرور لِلْمُشاة 106
اِشْتِراك 188
إشْعار تَحْويل 139
إشْعاع 275
أَشِعَّة فَوق البَنَفْسَجِيَّة 313
أَشْقَر 23
أُشْنَة 320
أص 244
إصابَة جَسَدِيَّة 285
أَصابِع بَسْكَويت إسْفَنْجِيَّة 90
أَصابِع موسْلي 96
إصْبَع شوكولاتَة 146
أَصْبَع شوكولاتَة 98
أَصْبَع صَغير 254
إصْبَع كَبير 254
أَصْدِقاء 18
اِصْطادَ بِشَبَكَة 217
أَصْفاد 284
أَصْفَر 237
أَصْفَر بُرْتُقالي 237
أَصْفَر فاتِح 237
أَصَم 268
إضاءَة شَوارِع 132
أَضافَ 180
اِضْطِرابات 125
اِضْطِرابات في الأَكْل 267
إطار 52، 201
إطار صُوَر 42
إطار صورَة رَقَمي 243
إطار عَجَلَة مَطّاطي 118
إطار مَطّاطي 111
أُطْروحَة بَحْث عِلْمي 162
أَطْعَم بِزُجاجَة رِضاعَة 263
أَطْعِمَة حَيَوانات 145
أَطْلَق سَراح 217
أَطْوار القَمَر 292
أَعادَ 181
إعادَة تَأْهيل 274
إعادَة تَشْغيل 180
اِعْتِقال 285
أَعَدَّ الكُرَة مِن السُّقوط 198

BILDNACHWEIS

* – © Fotolia.com

14 */Csaba Peterdi, **16** */Alexander Raths, **16** */Jeanette Dietl, **16** */Forgiss, **16** */paulmz, **16** */fotodesign-jegg.de, **16** */mimage-photos, **16** */Syda Productions, **16** */iko, **16** */Jeanette Dietl, **16** */drubig-photo, **16** */oocoskun, **17** */damato, **17** */vbaleha, **17** */Rido, **17** */Ljupco Smokovski, **17** */Jeanette Dietl, **17** */Janina Dierks, **17** */Valua Vitaly, **17** */Rido, **17** */Andres Rodriguez, **17** */Syda Productions, **17** */Valua Vitaly, **18** */Dmitry Lobanov, **18** */Samuel Borges, **18** */DenisNata, **18** */Pavel Losevsky, **18** */Gabriel Blaj, **18** */WONG SZE FEI, **18** */vgstudio, **18** */Picture-Factory, **18** */Ariwasabi, **19** */endostock, **19** */mma23, **19** */Jasmin Merdan, **19** */Tom Wang, **19** */Michael Gray, **19** */JanMika, **19** */BeTa-Artworks, **19** */michaeljung, **19** */Savannah1969, **19** */patpitchaya, **19** */Sabphoto, **19** */Cello Armstrong, **19** */eyetronic, **20** */Danilo Rizzuti, **20** */Ruth Black, **20** */Smileus, **20** */chesterF, **20** iStockphoto/Catherine Yeulet, **20** */DenisNata, **20** */Melinda Nagy, **20** */Kaarsten, **20** */MISHELA, **20** */Eray, **20** */Unclesam, **20** */satin_111, **20** */Michael Fritzen, **21** */yanlev, **21** */BeTa-Artworks, **21** */Margit Power, **21** */Brenda Carson, **21** */Africa Studio, **21** */Piotr Marcinski, **21** */Fotowerk, **21** */AVRORA, **21** */stockyimages, **21** */Tyler Olson, **21** */ExQuisine, **21** */Glenda Powers, **21** Thinkstock/iStockphoto, **22** */Valua Vitaly, **22** */codiarts, **23** */Jaimie Duplass, **23** */krimar, **23** */magann, **23** */Stefan Balk, **23** */Kaponia Aliaksei, **23** */koji6aca, **23** */yuriyzhuravov, **23** */yuriyzhuravov, **23** */Ermolaev Alexandr, **23** */V.R.Murralinath, **23** */badmanproduction, **23** */Anton Zabielskyi, **23** */auremar, **23** */koji6aca, **24** */mimagephotos, **24** */Tiler84, **24** */velazquez, **24** */giorgiomtb, **24** */apops, **24** */dusk, **24** */Knut Wiarda, **24** */stokkete, **24** */Taiga, **24** */Taiga, **24** */Taiga, **24** */Taiga, **25** */Karramba Production, **25** */Robert Kneschke, **25** */cantor pannatto, **25** */Garrincha, **25** */Picture-Factory, **25** */bevangoldswain, **25** */WavebreakMediaMicro, **25** */Rido, **25** */Minerva Studio, **25** */cantor pannatto, **25** */Fotowerk, **25** */Fotowerk, **26** */Gelpi, **26** */stockyimages, **26** */WavebreakmediaMicro, **26** */pathdoc, **26** */Ilike, **26** */pathdoc, **26** */Andres Rodriguez, **26** */Garrincha, **26** */cantor pannatto, **26** */pressmaster, **26** */vladimirfloyd, **26** */Elnur, **26** */Klaus Eppele, **27** */boumenjapet, **27** */Vera Anistratenko, **27** */carol_anne, **27** */Andrey Armyagov, **27** Thinkstock/NikolayK, **27** */srdjan111, **27** */Zbyszek Nowak, **27** */Pamela Uyttendaele, **27** */Michaela Pucher, **27** */Katrina Brown, **28** */ghoststone, **28** */nito, **28** */zhekos, **28** */chiyacat, **28** */Alexandra Karamyshev, **28** */BEAUTYofLIFE, **28** */Lucky Dragon, **29** */Karramba Production, **29** */BEAUTYofLIFE, **29** */Khvost, **29** */Khvost, **29** */Elnur, **29** */Popova Olga, **29** */Artem Gorohov, **29** */Elnur, **29** */Ruslan Kudrin, **29** */Gordana Sermek, **29** */Alexandra Karamyshev, **30** */alaterphotog, **30** */Elnur, **30** */Elnur, **30** */Ruslan Kudrin, **30** */Alexandra Karamyshev, **30** */Alexandra Karamyshev, **30** */Oliver Preißner, **30** */Robert Lehmann, **30** */Alexandra Karamyshev, **31** */mimagephotos, **31** */Alexandra Karamyshev, **31** */Alexandra Karamyshev, **31** */ludmilafoto, **31** */okinawakasawa, **31** Thinkstock/Alexandru Chiriac, **31** */cedrov, **31** */Khvost, **31** */hifashion, **31** */Alexandra Karamyshev, **31** */Alexandra Karamyshev, **32** */Little_wine_fly, **32** */Jiri Hera, **32** */rangizzz, **32** */Jiri Hera, **32** */Andrew Buckin, **32** Thinkstock/Danny Chan, **32** */Artem Merzlenko, **32** */Cobalt, **32** */fotomatrix, **32** */Rozaliya, **32** */adisa, **32** */Kira Nova, **32** */Shariff Che'Lah, **32** */venusangel, **32** */Unclesam, **32** */srki66, **33** */adisa, **33** */adisa, **33** */lalouetto, **33** */PRILL Mediendesign, **33** */Africa Studio, **33** */adisa, **33** */Andrey Bandurenko, **33** */Nadinelle, **33** */design56, **33** */Sergey Rusakov, **33** */Jiri Hera, **33** */gemenacom, **33** */Andre Plath, **33** */Alexander Raths, **33** */Liaurinko, **33** */thaikrit, **33** */humbak, **34** */wiedzma, **34** */kontur-vid, **34** */Tharakorn, **34** */picsfive, **34** */pattarastock, **34** */NilsZ, **34** */picsfive, **34** */picsfive, **34** */ksena32, **34** */cristi180884, **34** */bpstocks, **34** */nito, **34** */Tarzhanova, **34** */bpstocks, **34** */terex, **34** */ibphoto, **35** */Gennadiy Poznyakov, **36** */stockone, **38** */JSB, **38** */stocker1970, **38** */photo 5000, **38** */Tiberius Gracchus, **38** */Ralf Gosch, **38** */visivasnc, **38** */Lasse Kristensen, **38** */Speedfighter, **38** */Bokicbo, **38** */typomaniac, **38** */O.M., **38** */designsstock, **38** */Tatty, **39** */Kurhan, **39** */selensergen, **39** */Brilliant Eagle, **39** */Iriana Shiyan, **39** */terex, **39** */Sashkin, **39** */bcdesign, **39** */pyzata, **39** */Thomas Aumann, **39** */Tiberius Gracchus, **39** */Igor Kovalchuk, **39** */Maksym Yemelyanov, **39** */pabijan, **40** */Magda Fischer, **41** */Kasia Bialasiewicz, **41** */bennnn, **41** */Bert Folsom, **41** */Aleksandar Jocic, **41** */yevgenromanenko, **41** */Aleksandr Ugorenkov, **42** */Iriana Shiyan, **42** */luchshen, **42** */sokrub, **42** */sokrub, **42** */okinawakasawa, **43** */pics721, **43** */Delphimages, **43** */arteferretto, **43** */Kitch Bain, **43** */Chris Brignell, **44** */stock_for_free, **44** */kornienko, **45** */mrgarry, **45** */mariocigic, **45** Thinkstock/Hemera, **45** */Alexander Morozov, **45** */Denis Gladkiy, **45** */Sergii Moscaliuk, **45** */sutsaiy, **45** */sutsaiy, **45** */okinawakasawa, **45** */Alexander Morozov, **45** */venusangel, **45** */bergamont, **45** */Alexander Morozov, **45** */sutsaiy, **45** */manipulateur, **45** */kmiragaya, **46** */fotyma, **46** */Denisa V, **46** */jonnysek, **46** */Kitch Bain, **46** */pholien, **46** */Alona Dudaieva, **46** */M.R. Swadzba, **46** Thinkstock/iStockphoto, **46** */bennyartist, **46** */Nikola Bilic, **46** */cretolamna, **46** */Igor Syrbu, **46** */Piotr Pawinski, **47** */cretolamna, **47** */Harald Biebel, **47** */gavran333, **47** */M.R. Swadzba, **47** */IrisArt, **47** */Diana Taliun, **47** */cretolamna, **47** */M S, **47** */nito, **47** */Bombaert Patrick, **47** */scol22, **47** */cretolamna, **47** */picsfive, **48** */Sunshine Pics, **48** */VRD, **48** */petrsalinger, **48** */cretolamna, **48** */gavran333, **48** */Uwe Landgraf, **48** */nito, **48** */Schwoab, **48** */cretolamna, **48** */Stefan Balk, **48** */karandaev, **48** */Lucky Dragon, **48** */PhotoSG, **49** */2mmedia, **50** */Andres Rodriguez, **50** */simmittorok, **50** */Liliia Rudchenko, **50** */venusangel, **50** */Ljupco Smokovski, **50** */Maksim Kostenko, **50** Thinkstock/Stockbyte, **50** */Xuejun li, **50** */Ljupco Smokovski, **50** */Coprid, **50** */Yingko, **51** */poligonchik, **52** */arsdigital, **53** */adpePhoto, **53** */Africa Studio, **53** */Tiler84, **53** */NilsZ, **53** */Africa Studio, **53** */Coprid, **54** */magraphics.eu, **54** */sommersby, **54** */ermess, **54** */AndG, **55** */ILYA AKINSHIN, **55** */Lusoimages, **55** */HamsterMan, **55** */jlcst, **55** */Foto-Ruhrgebiet, **55** */Dmytro Akulov, **55** */picsfive, **55** */ibphoto, **55** */Jonathan Stutz, **55** */Jackin, **55** */ganko, **55** */artmim, **55** */Klaus Eppele, **56** */Sashkin, **56** */Creatix, **56** */Andreja Donko, **56** */Katrina Brown, **56** */Ljupco Smokovski, **57** */Okea, **58** */kmit, **58** */luckylight, **58** */tuja66, **58** */tuja66, **58** */corund, **58** */tuja66, **58** */Rynio Productions, **58** */mick20, **58** */Denis Dryashkin, **58** */tuja66, **58** */claudio, **58** */CE Photography, **58** */tuja66, **58** */Бурдюков Андрей, **58** */vav63, **59** */Rynio Productions, **59** */Rynio Productions, **59** */Rynio Productions, **59** */PRILL Mediendesign, **59** */fefufoto, **59** */antonsov85, **60** */andersphoto, **60** */scis65, **60** */venusangel, **60** */Coprid, **60** */f9photos, **60** */tuja66, **60** */Konovalov Pavel, **60** */Freer, **60** */Nik, **60** */chungking, **60** */mariusz szczygieł, **61** */auremar, **61** */Africa Studio, **61** */ankiro, **61** */Ionescu Bogdan, **61** */piai, **61** */Denys Rudyi, **62** */Nomad_Soul, **62** */gradt, **62** */twister025, **62** */egorovvasily, **62** */womue, **62** Thinkstock/iStockphoto, **62** Thinkstock/iStockphoto, **62** */cherezoff, **62** */by-studio, **63** */coco, **63** */D. Ott, **63** */D. Ott, **63** */federicofoto, **63** */babsi_w, **63** */Stibat Studio, **63** */Kara, **63** */Jeanette Dietl, **63** */sonne fleckl, **63** */keller, **63** */miket, **63** */WoGi,

63 */M. Schuppich , **63** */Marco Becker , **63** */kobra78 , **63** */Kalle Kolodziej, **64** */mallivan, **64** */Zbyszek Nowak, **64** */opasstudio, **64** */hsagencia, **64** */photka , **64** */photka , **64** */photka , **64** */Gerald Bernard , **64** */Jaimie Duplass , **64** */steamroller , **64** */tompet80 , **64** */schankz, **64** */keerati, **65** */hopfi23, **65** */Alex Petelin, **65** */Patryssia, **65** */D. Ott, **65** */Horticulture, **65** */Kasia Bialasiewicz, **65** */mopsgrafik, **65** */B. Wylezich, **65** */fotoschab, **65** */Miredi, **65** */udra11, **65** */NinaMalyna, **65** */rupbilder, **66** */mates, **68** */unpict, **68** */Teamarbeit, **68** */Christian Jung, **68** Dreamstime/Christianjung, **68** */HLPhoto, **68** */ExQuisine , **68** */rdnzl, **68** */uckyo, **68** */ExQuisine, **68** */lefebvre_jonathan, **68** */Cornerman, **68** */Mara Zemgaliete, **68** iStockphoto/Vasko, **68** */Diana Taliun, **68** */oksix, **68** Shutterstock/marco mayer, **69** */ExQuisine, **69** */ExQuisine, **69** */fotomaster, **69** */Eric Isselée, **69** */boguslaw, **69** */Eric Isselée, **69** */nito, **69** */Irina Khomenko, **69** */Viktor, **69** */Oran Tantapakul, **69** */lightpoet, **70** */Rémy MASSEGLIA, **70** */Natalia Merzlyakova, **70** Dreamstime/Witoldkr1, **70** */Picture Partners, **70** */antonio scarpi, **70** */Gaetan Soupa, **70** */o.meerson, **70** */ExQuisine, **70** Dreamstime/Pipa 100, **70** */lunamarina, **70** */HelleM, **70** */Dalmatin.o , **70** */Witold Krasowski, **70** */Andrei Nekrassov, **70** */Dionisvera, **70** */Dionisvera, **71** */angorius, **71** */Dani Vincek, **71** */felinda, **71** */Andrey Starostin, **71** */pedrolieb, **71** */ExQuisine, **71** Dreamstime/Onepony, **71** */dulsita, **71** */Giuseppe Lancia, **71** */margo555, **71** */BSANI , **71** */womue, **71** */Jiri Hera, **72** */ExQuisine, **72** Dreamstime/Sethislav, **72** */volff , **73** */dimakp, **73** Shutterstock/Multiart, **73** Shutterstock/Krzysztof Slusarczyk, **73** */Daddy Cool, **73** */Brad Pict, **73** Dreamstime/Jack14, **73** */cynoclub, **73** */Picture Partners, **73** */Lsantilli , **73** */Coprid, **73** */Fotofermer, **73** */Brad Pict, **73** */Mara Zemgaliete, **74** */Dani Vincek , **74** */Natika, **74** */Luis Carlos Jiménez, **74** */angorius, **74** */marrfa, **74** */Natika, **74** */fotogal, **74** */Shawn Hempel, **74** */Jessmine, **74** */Daorson, **74** */Jérôme Rommé, **74** */gcpics, **74** */Picture Partners, **75** */valeriy555, **75** */valeriy555, **75** */Barbara Pheby, **75** */volga1971, **75** Dreamstime/Robynmac, **75** */Anna Kucherova, **76** */jerome signoret, **76** */boguslaw, **76** */fotomatrix, **76** */World travel images, **76** */margo555 , **76** */margo555 , **76** */margo555 , **76** */margo555 , **76** */Wolfgang Jargstorff, **77** */valeriy555, **77** */silencefoto, **77** */valeriy555, **77** */valeriy555, **77** */silencefoto, **77** */valeriy555, **77** */photocrew, **77** */valeriy555, **77** */Anna Kucherova, **77** */valeriy555, **77** */Malyshchyts Viktar, **77** */charlottelake, **77** */valeriy555, **78** */tycoon101, **78** */Zbyszek Nowak, **78** */M.R. Swadzba, **78** */Schlierner, **78** */Ekaterina Lin, **78** */Andrey Starostin, **79** */azureus70, **79** */azureus70, **79** */valeriy555, **79** */Dionisvera, **79** */valeriy555, **79** */valeriy555, **79** */Andrea Wilhelm, **79** */valeriy555, **79** */valeriy555, **79** */valeriy555, **79** */valeriy555, **79** */valeriy555, **79** */valeriy555, **79** */Anna Kucherova, **80** */Malyshchyts Viktar, **80** */Malyshchyts Viktar, **80** */Malyshchyts Viktar, **80** */Malyshchyts Viktar, **80** */Malyshchyts Viktar, **80** */Malyshchyts Viktar, **80** */Malyshchyts Viktar, **80** */Malyshchyts Viktar, **80** */Malyshchyts Viktar, **80** */Natika, **80** */Malyshchyts Viktar, **80** */Malyshchyts Viktar, f9photos, **80** */Malyshchyts Viktar, **80** */Oleksiy Ilyashenko, **80** */Tim UR, **80** */valeriy555, **80** */valeriy555, **80** */Natika, **80** */valeriy555, **81** Dreamstime/Skyper1975, **81** */Werner Fellner, **81** */marilyn barbone, **81** */nblxer, **81** */goodween123, **82** */Popova Olga, **82** */Popova Olga, **82** */mates, **82** */Popova Olga, **82** */Popova Olga, **82** */Popova Olga, **82** */Popova Olga, **82** */Popova Olga, **82** */pimponaco, **82** */Schlierner, **82** */svl861, **82** */svl861, **82** Dreamstime/Margouillat, **83** */Team 5, **83** MDB/seli8, **83** */unpict, **83** */Tomboy2290, **83** */nbriam, **83** */Vera Kuttelvaserova, **83** */Vesna Cvorovic, **83** */Maceo, **83** */scis65, **84** Thinkstock/iStockphoto, **84** Thinkstock/iStockphoto, **84** Thinkstock/iStockphoto, **84** Thinkstock/iStockphoto, **84** Thinkstock/iStockphoto, **84** Thinkstock/iStockphoto, **84** Thinkstock/iStockphoto, **84** Thinkstock/iStockphoto, **84** Thinkstock/iStockphoto, **84** Thinkstock/iStockphoto, **84** Thinkstock/iStockphoto, **84** Thinkstock/iStockphoto, **84** Thinkstock/iStockphoto, **84** Thinkstock/iStockphoto, **84** Thinkstock/iStockphoto, **84** Thinkstock/iStockphoto, **85** Dreamstime/Sergioz, **85** */Africa Studio, **85** */Orlando Bellini, **85** */Inga Nielsen, **85** */Inga Nielsen, **85** */Inga Nielsen, **85** */Boris Ryzhkov, **86** */Popova Olga, **86** */Popova Olga, **86** */Popova Olga, **86** */Popova Olga, **86** */Popova Olga, **86** */Popova Olga, **86** */Popova Olga, **86** */Popova Olga, **86** */Popova Olga, **86** */Popova Olga, **86** */Popova Olga, **86** */Popova Olga, **86** */Popova Olga, **86** */Popova Olga, **86** */Elena Schweitzer, **86** */Picturefoods.com, **87** Dreamstime/Jirkaejc, **87** Dreamstime/Glasscuter, **87** */Andrzej Tokarski, **87** Dreamstime/Pryzmat, **87** */Stefano Neri , **87** */Roxana, **87** */enzo4, **87** */Stefano Neri, **87** */akulamatiau, **87** */zorandim75, **87** */marilyn barbone, **88** */pico, **88** */Sergejs Rahunoks, **88** Dreamstime/Givaga, **88** */Piovanello, **88** */Piovanello, **88** */the_pixel, **88** */Liaurinko, **88** */nemez210769, **88** */midosemsem, **88** */Jiri Hera, **88** */juri semjonow, **88** */Brad Pict, **88** Dreamstime/Travelling-light, **88** Dreamstime/Synchronista, **88** */Julian Weber, **88** */IrisArt , **89** */BeTa-Artworks, **89** */Sergii Moscaliuk, **89** */Diana Taliun, **89** */Daniel Wiedemann, **89** Dreamstime/Nagme, **89** */lantapix, **89** */Olegich, **89** */scis65, **89** */Vidady, **89** */komar.maria, **90** */Petrov Vadim, **90** */unpict, **90** */Smart7, **90** */tycoon101, **90** */M. Schuppich, **90** */digifood, **90** */Schwoab, **90** */photocrew, **90** */chrisdorney, **90** */anakondasp, **90** */unpict, **90** */sorcerer11, **90** */Lucky Dragon, **91** */MarFot, **91** */ppi09, **91** */Kesu, **91** */Andrea Wilhelm, **91** */kehr design, **91** */gtranquillity, **91** */Corinna Gissemann, **91** */Lucky Dragon, **91** */Jiri Hera, **91** */sergojpg, **91** */Daryl Musser, **91** */robysaba, **91** */unpict, **92** */Jiri Hera, **92** */Nitr, **92** */Nitr, **92** */ExQuisine, **92** */Natika , **92** */Inga Nielsen, **92** */Nitr, **92** */Nitr, **92** */Taffi, **92** */karandaev, **92** */unpict, **92** */baibaz, **92** */Africa Studio, **93** */pabijan, **93** */amenic181, **93** */Viktor, **93** */blende40, **93** */Fotofermer, **93** */Rob Stark, **93** */gtranquillity, **93** */gtranquillity, **93** */gtranquillity, **93** */gtranquillity, **93** */gtranquillity, **93** */Inga Nielsen, **94** Thinkstock/puchkovo48, **94** */neirfy, **94** */Nitr, **94** */Nitr, **94** */Nitr, **94** */Taffi, **94** */Taffi, **94** */Taffi, **94** */Taffi, **94** */karandaev, **94** */karandaev, **94** */karandaev, **95** */Hemeroskopion, **95** */Hemeroskopion, **95** */Hemeroskopion, **95** */Hemeroskopion, **95** */Hemeroskopion, **95** */Hemeroskopion, **95** */Hemeroskopion, **95** */Hemeroskopion, **95** */Hemeroskopion, **95** */Hemeroskopion, **95** */Hemeroskopion, **95** */Hemeroskopion, **95** */Hemeroskopion, **96** */kab-vision, **96** Shutterstock/Multiart - Shutterstock.com, **96** */Volodymyr Shevchuk, **96** */Sergejs Rahunoks, **96** */sspice, **96** */Corinna Gisseman, **96** */azureus70, **96** */Popova Olga, **96** */baibaz, **97** */Whitebox Media, **97** */angorius, **97** */Andrea Wilhelm, **97** Dreamstime/Margouillat, **97** */Viktor, **97** */Kesu, **97** */Peredniankina, **97** */margo555, **97** */Aleksandar Jocic, **98** */Jiri Hera, **98** */victoria p., **98** */djama, **98** */vagabondo, **98** */Jiri Hera, **98** */scis65, **98** */blende40, **98** */MUNCH!, **98** */Africa Studio, **98** */arinahabich, **98** */Marius Graf, **98** */Marius Graf, **98** */Marius Graf, **98** */Liaurinko, **98** */Brad Pict, **98** */juniart, **99** */Dmytro Sukharevskyy, **99** */Dmytro Sukharevskyy, **99** */Dmytro Sukharevskyy, **99** */Sergejs Rahunoks, **99** */canoncam, **99** */uckyo, **99** */torsakarin, **99** */Thibault Renard, **99** */eyewave, **99** */Orlando Bellini, **99** */Blue Wren, **99** */Dmytro Sukharevskyy, **99** */Dmytro Sukharevskyy, **100** */Jacek Chabraszewski, **100** */Inga Nielsen, **100** */dusk, **100** */Road King, **100** */Jack Jelly, **100** Dreamstime/Tomislav Pinter, **100** */Jacek Chabraszewski, **100** */ExQuisine, **100** */aktifreklam, **100** */zhekos , **100** */Jess Yu, **100** */illustrez-vous, **100** */Andrea Wilhelm, **101** */Minerva Studio, **101** */Boris Ryzhkov, **101** */Nitr, **101** */unpict, **101** */Jacek Chabraszewski, **101** */photocrew, **101** */Viktor, **101** */eyewave, **101** Dreamstime/Lightzoom, **101** iStockphoto/Gordana Sermek, **102** */Africa Studio, **102** */Vitaly Korovin, **102** */Coprid,

102 */Schlierner, **102** */Fotofermer, **103** */ashka2000, **103** */womue, **103** */EM Art, **103** */ExQuisine, **103** */photocrew, **103** */jeehyun, **103** */reineg, **103** */reineg, **103** */reineg, **103** */reineg, **103** */Subbotina Anna, **103** */rangizzz, **103** */sjhuls, **104** */Fotofermer, **106** Thinkstock/Keith Levit Photography, **106** Thinkstock/iStockphoto, **106** Thinkstock/iStockphoto, **106** Thinkstock/iStockphoto, **106** Thinkstock/iStockphoto, **106** Thinkstock/iStockphoto, **106** Thinkstock/iStockphoto, **106** Thinkstock/iStockphoto, **106** Thinkstock/Fuse, **107** Thinkstock/Fuse, **107** Thinkstock/iStockphoto, **107** Thinkstock/iStockphoto, **107** Thinkstock/iStockphoto, **107** Thinkstock/Comstock, **107** */Alexandra Gl, **108** */leremy, **108** */leremy, **108** */leremy, **108** */leremy, **108** */leremy, **108** */leremy, **108** */mrtimmi, **108** */mrtimmi, **108** */mrtimmi, **108** */mrtimmi, **108** */mrtimmi, **108** */mrtimmi, **108** */Bobo, **108** */leremy, **108** */leremy, **108** */FelixCHH, **109** Thinkstock/iStockphoto, **109** */Eisenhans, **109** Thinkstock/iStockphoto, **109** Thinkstock/iStockphoto, **109** Thinkstock/Hemera, **109** Thinkstock/Hemera, **109** Thinkstock/Hemera, **109** */Bombaert Patrick, **109** */algre, **109** Thinkstock/Hemera, **109** Thinkstock/iStockphoto, **109** Thinkstock/Hemera, **110** */Vladimir Kramin, **110** */algre, **111** */algre, **111** */apttone, **112** Thinkstock/iStockphoto, **112** */Jenny Thompson, **112** */Aaron Amat, **112** */overthehill, **112** */eldadcarin, **112** */Michael Seidel, **113** Thinkstock/iStockphoto, **113** */gradt, **113** */Lasse Kristensen, **113** */Željko Radojko, **113** */golandr, **114** Thinkstock/iStockphoto, **114** Thinkstock/Stockbyte, **115** Thinkstock/iStockphoto, **115** Thinkstock/Hemera, **115** Thinkstock/iStockphoto, **115** Thinkstock/iStockphoto, **115** Thinkstock/iStockphoto, **115** */Bikeworldtravel, **116** */Idelfoto, **116** Thinkstock/iStockphoto, **116** Thinkstock/Hemera, **116** Thinkstock/Hemera, **116** Thinkstock/Hemera, **117** Thinkstock/iStockphoto, **117** Thinkstock/iStockphoto, **117** Thinkstock/iStockphoto, **118** Thinkstock/iStockphoto, **119** Thinkstock/Hemera, **119** Thinkstock/iStockphoto, **119** Thinkstock/iStockphoto, **119** Thinkstock/iStockphoto, **119** Thinkstock/iStockphoto, **119** Thinkstock/iStockphoto, **119** Thinkstock/iStockphoto, **119** Thinkstock/iStockphoto, **119** Thinkstock/iStockphoto, **119** Thinkstock/iStockphoto, **119** Thinkstock/iStockphoto, **119** Thinkstock/iStockphoto, **119** Thinkstock/iStockphoto, **119** Thinkstock/iStockphoto, **119** Thinkstock/Hemera, **119** Thinkstock/iStockphoto, **120** Thinkstock/iStockphoto, **120** Thinkstock/Hemera, **120** Thinkstock/Photos.com, **120** Thinkstock/iStockphoto, **120** */photo 5000, **120** Thinkstock/iStockphoto, **120** Thinkstock/iStockphoto, **120** Thinkstock/Hemera, **120** Thinkstock/Hemera, **121** */Eisenhans, **121** Thinkstock/iStockphoto, **121** Thinkstock/iStockphoto, **121** Thinkstock/Stockbyte, **121** Thinkstock/Hemera, **121** Thinkstock/iStockphoto, **121** Thinkstock/Julio de la Higuera Rodrigo, **121** */DeVIce, **121** */Artem Gorohov, **121** */Lukas Sembera, **121** Thinkstock/iStockphoto, **121** Thinkstock/iStockphoto, **121** */Eisenhans, **121** Thinkstock/iStockphoto, **121** Thinkstock/iStockphoto, **121** */auremar, **122** */laurenthuet, **122** */Nikolai Sorokin, **122** */Dmitry Vereshchagin, **122** */Ettore, **122** */tr3gi, **122** */12ee12, **122** Thinkstock/Vladimir Arndt, **123** */Fotito, **123** */mschick, **123** */BlueSkyImages, **123** */contrastwerkstatt, **123** Thinkstock/iStockphoto, **123** Thinkstock/Hemera Technologies, **124** */Okea, **124** */Marcus Lindström - iStockphoto.com, **125** */CandyBox Images, **125** */TMAX, **125** */michaeljung, **125** */Maygutyak, **125** */Steve Mann, **125** */nui7711, **125** */Jörg Hackemann, **126** */Sashkin, **126** */virtabo, **126** Thinkstock/iStockphoto, **126** */Ben Chams, **126** */Ben Chams, **126** */Ben Chams, **126** */mindscanner , **126** */swx, **126** */michaeljung, **126** */alexmillos, **126** Thinkstock/iStockphoto, **126** */Bergringfoto, **126** Thinkstock/iStockphoto, **126** */chalabala, **126** */Ben Burger, **127** */Tupungato, **127** */Pink Badger, **127** */HappyAlex, **127** */monticellllo, **127** */monticellllo, **127** */monticellllo, **128** */Masyanya, **128** */Dmitry Vereshchagin, **128** */Dmitry Vereshchagin, **128** */Dmitry Vereshchagin, **128** */Photobank kiev, **129** */vichie81, **129** */Uschi Hering, **129** */skampixelle, **129** */DOC RABE Media, **129** */Nadine Klabunde, **129** */AndreasJ. **130** */Farinoza, **132** */Marco2811, **132** */phant, **132** */Crobard, **132** */A.Karnholz, **132** */ermess, **133** */sborisov, **133** */XtravaganT, **133** */Mihai-Bogdan Lazar, **133** */jacek_kadaj, **133** */ArTo, **133** */hansenn, **133** */Marcel Schauer, **133** Thinkstock/iStockphoto, **133** */Jörg Lantelme, **133** */vaitekune, **133** */apops, **133** */motivation1965, **133** */steschum, **133** Thinkstock/iStockphoto, **133** Thinkstock/iStockphoto, **133** */HaywireMedia, **134** */Scanrail, **134** */anshar73, **134** */XtravaganT, **134** Thinkstock/iStockphoto, **134** Thinkstock/iStockphoto, **134** */A_Lein, **134** Thinkstock/iStockphoto, **134** */jovannig, **134** */Patryk Kosmider, **134** */Max, **134** Thinkstock/Getty Images, **134** */miket, **134** */Ciaobucarest, **134** */Paul Liu, **134** Thinkstock/iStockphoto, **134** */Adrian v. Allenstein, **135** */Pabkov, **135** Thinkstock/iStockphoto, **135** Thinkstock/iStockphoto, **135** Thinkstock/photodisc/David De Lossy, **135** */Anchels, **135** Thinkstock/Ingram Publishing, **135** */Ichbins11, **135** */MIMOHE, **135** */blas, **135** */Franz Pfluegl, **135** */Petra Beerhalter, **135** */davidundderriese, **136** */contrastwerkstatt, **136** */Berni, **136** */Berni, **136** */Berni, **136** */slava296, **136** */Berni, **136** */Berni, **136** */xy, **136** */lunamarina, **136** */Berni, **137** Thinkstock/Hemera, **137** */oranhall, **137** */Kzenon, **137** Thinkstock/iStockphoto, **137** */Margo Harrison, **137** Thinkstock/iStockphoto, **137** Thinkstock/iStockphoto, **137** */JackF, **137** */Africa Studio, **137** */Hirurg, **137** */stockyimages, **138** */qech, **138** */contrastwerkstatt, **138** Thinkstock/iStockphoto, **138** Thinkstock/iStockphoto, **138** Thinkstock/photodisc/Keith Brofsky, **138** */LVDESIGN, **138** */Santiago Cornejo, **139** */eyewave, **139** */jogyx, **139** */Joop Hoek, **139** */T. Michel, **139** Thinkstock/iStockphoto, **139** */dextroza, **139** Thinkstock/iStockphoto, **139** */lowtech24, **139** Thinkstock/iStockphoto, **139** Thinkstock/iStockphoto, **139** Thinkstock/Comstock, **139** */Picture-Factory, **139** Thinkstock/iStockphoto, **140** Thinkstock/iStockphoto, **140** Thinkstock/iStockphoto, **140** */zhu difeng, **140** */Gina Sanders, **140** */Bauer Alex, **140** */Andres Rodriguez, **140** */Kzenon, **140** */Alex Tihonov, **140** */Alex Tihonov, **140** */Christophe Fouquin, **140** */Sven Weber, **140** */mediagram, **140** */bradleyhebdon, **140** */Africa Studio, **140** */paul prescott, **140** */Tyler Olson, **141** */shotsstudio, **141** */luanateutzi, **141** */adisa, **141** */scaliger, **141** Thinkstock/Fuse, **141** Thinkstock/Andrey Burmakin, **141** Thinkstock/Digital Vision/RL Productions, **141** */Pumba, **141** */lightpoet, **141** Thinkstock/Fuse, **141** Thinkstock/iStockphoto, **141** */chamillew, **141** */gemenacom, **141** */mangostock, **141** */Tyler Olson, **141** */Kzenon, **142** */photocreo, **142** Thinkstock/photodisc/Siri Stafford, **142** */T. Michel, **142** */filtv, **142** */apops, **142** */Monkey Business, **143** */JJAVA, **143** */JJAVA, **143** */JackF, **143** */Pavel Losevsky, **143** */Pavel Losevsky, **143** */erwinova, **143** */JJAVA, **143** */Art Allianz, **143** */Sam Spiro, **143** */adisa, **143** */JackF, **143** */JackF, **143** */rufeh, **143** Thinkstock/Hemera, **143** */M. studio, **143** Thinkstock/iStockphoto, **144** */Minerva Studio, **144** */eyetronic, **144** */paul prescott, **144** */corepics, **144** */AlienCat, **144** */Thomas Francois, **144** */ag visuell, **144** */Minerva Studio, **144** */contrastwerkstatt, **145** */Art Allianz, **145** */adisa, **145** */Pumba, **145** */adisa, **145** */Vitaly Maksimchuk, **145** Thinkstock/iStockphoto, **145** */amlet, **145** Thinkstock/Brand X Pictures, **145** */Joshhh, **145** */karandaev, **145** */808isgreat, **145** Thinkstock/iStockphoto, **145** */Andres Rodriguez, **146** */ruigsantos, **146** */Pixel & Création, **146** Thinkstock/iStockphoto, **146** */robert, **146** Thinkstock/Ingram Publishing, **146** */by-studio, **146** Thinkstock/Digital Vision, **146** */viperagp, **146** */OlegDoroshin, **146** */Pixelwolf2, **146** */VL@D, **146** */rekemp, **146** */Natalia Merzlyakova, **146** */spaxiax, **146** */Sunshine Pics, **146** */eyewave, **147** */nicknick_ko, **147** Thinkstock/iStockphoto, **147** Thinkstock/iStockphoto, **147** */Mingis, **147** */nyul, **147** Thinkstock/iStockphoto, **147** */Africa Studio, **147** */Minerva Studio, **147** Thinkstock/iStockphoto, **147** */fottoo, **147** */Africa Studio, **147** Thinkstock/iStockphoto, **147** */Digitalpress, **148** Thinkstock/Hemera, **148** Thinkstock/iStockphoto,

148 */cottonfioc, **148** */goodluz, **148** */Alen Ajan, **148** */Artur Bogacki, **148** */leungchopan, **148** */Paul Vinten, **148** Thinkstock/Jupiterimages, **148** */amarok17wolf, **148** */Scott Griessel, **148** */fxegs, **148** */terex, **149** */kameraauge, **149** */LianeM, **149** */XtravaganT, **149** */vom, **149** */dbvirago, **149** */Stuart Monk, **149** */legeartispics, **149** */phant, **149** */ArTo, **149** */Sorry, **149** */bbourdages, **149** */Furan, **149** */bluclementine, **150** Thinkstock/iStockphoto, **150** */AV, **150** Thinkstock/Mikhail Markovskiy, **150** */DragonImages, **150** */piccaya, **150** */Leonid Tit, **150** */ArtHdesign, **150** */womue, **150** */Maurizio Malangone, **151** */alex200464, **151** Thinkstock/iStockphoto, **151** */Arkady Chubykin, **151** Thinkstock/iStockphoto, **151** */djama, **151** */Schulz-Design, **151** */Martinan, **151** */Ammentorp, **151** */Gerhard Seybert, **151** Thinkstock/Digital Vision, **151** */travis manley, **152** */Nika Novak, **154** */Gennadiy Poznyakov, **154** */sdenness, **154** */contrastwerkstatt, **154** */Monkey Business, **154** */Robert Kneschke, **154** */shock, **154** */Monkey Business, **154** Thinkstock/iStockphoto, **154** */Cozyta, **154** Thinkstock/Comstock, **154** */tiero, **154** */contrastwerkstatt, **154** */hues, **155** */Gennadiy Poznyakov, **155** */kritchanut, **156** */luminastock, **156** */robert, **156** */yeyen, **156** */auremar, **156** */Javier Castro, **156** */peshkova, **156** */Gennadiy Poznyakov, **156** */Kzenon, **156** */sunabesyou, **156** */gemenacom, **156** */shock, **156** */Jürgen Fälchle, **156** */Nosvos, **156** */luminastock, **156** */kartos, **156** */peshkova, **157** */Olga Galushko, **157** */AVAVA, **157** */Tyler Olson, **157** */Sven Bähren, **157** */alco81, **157** */paylessimages, **157** */Robert Kneschke, **157** */auremar, **157** */ayutaroupapa, **157** */Aiwendyl, **157** */kmiragaya, **157** */contrastwerkstatt, **157** */Tomasz Trojanowski, **158** Thinkstock/iStockphoto, **158** */Africa Studio, **158** */Zerbor, **158** */dkimages, **158** */babimu, **158** */phloxii, **158** */Africa Studio, **158** */Vlad Ivantcov, **158** */Vladyslav Danilin, **159** */ThorstenSchmitt, **159** Thinkstock/PhotoObjects.net, **159** */lily, **160** Thinkstock/iStockphoto, **160** */leszekglasner, **160** */Mat Hayward, **160** */Konstantin L, **160** */josje71, **160** */xy, **160** */Creativa, **160** */Monkey Business, **160** */Monkey Business, **160** */aidaricci, **161** Thinkstock/iStockphoto, **161** */Marius Graf, **161** */muro, **161** */BEAUTYofLIFE, **161** */ia_64, **161** */lu-photo, **162** */Jörg Lantelme, **162** */Berni, **162** */Jeanette Dietl, **162** Thinkstock/Brand X Pictures, **162** */Randall Reed, **162** */Minerva Studio, **162** */trotzolga, **162** */johannesspreter, **162** */Africa Studio, **162** */Alexander Raths, **162** */contrastwerkstatt, **162** */agenturfotografin, **162** */lightpoet, **163** Thinkstock/James Woodson, **163** */CandyBox Images, **163** */Igor Mojzes, **163** */WavebreakmediaMicro, **163** */Africa Studio, **163** */Andres Rodriguez, **163** */xy, **163** */apops, **163** */pearl, **163** */Robert Kneschke, **163** */Markus Haack, **163** */lightpoet, **164** */Minerva Studio, **164** */WavebreakmediaMicro, **164** */goodluz, **164** */lightpoet, **164** */goodluz, **164** */Kzenon, **164** */CandyBox Images, **164** */Fuse, **164** */goodluz, **164** */pearl, **164** */mangostock, **164** Thinkstock/iStockphoto, **164** Thinkstock/Digital Vision, **165** */contrastwerkstatt, **165** */A_Bruno, **165** */WavebreakmediaMicro, **165** */Geo Martinez, **165** */Geo Martinez, **165** */endostock, **166** */Minerva Studio, **166** */apops, **166** */bevangoldswain, **166** */Adam Gregor, **166** */Kzenon, **166** */Kzenon, **166** */michaeljung, **166** */ontrastwerkstatt, **166** */Tyler Olson, **166** */Valentina R., **166** */contrastwerkstatt, **166** */Iurii Sokolov, **166** */Kzenon, **166** */Picture-Factory, **166** */Rido, **166** */nyul, **167** */goodluz, **167** */Kadmy, **167** */Peter Atkins, **167** */jörn buchheim, **167** */Kadmy, **167** */Kurhan, **167** */krizz7, **167** */Kadmy, **167** */ikonoklast_hh, **167** */Marén Wischnewski, **167** */apops, **167** */goodluz, **167** */Cyril Comtat, **167** Thinkstock/Andriy Fomenko, **167** */manu, **167** */petert2, **168** */Monika Wisniewska, **168** Thinkstock/iStockphoto, **168** */goodluz, **168** */Minerva Studio, **168** */Kzenon, **168** */Kzenon, **168** Thinkstock/Photodisc, **168** */Kzenon, **168** */Claudia Nagel, **168** */Minerva Studio, **168** */Kzenon, **168** */contrastwerkstatt, **168** */CandyBox Images, **168** */Kzenon, **168** */Kzenon, **168** */Kurhan, **169** */goodluz, **169** */contrastwerkstatt, **169** */Igor Mojzes, **169** */mezzotint, **169** */claudiaveja, **169** */Andrey Kiselev, **169** */WavebreakmediaMicro, **169** */Elnur, **169** */diego cervo, **169** */Africa Studio, **169** */Africa Studio, **169** */berc, **169** */Natali_ua, **169** Thinkstock/Fuse, **169** */lightpoet, **169** */contrastwerkstatt, **172** */terex, **172** Thinkstock/iStockphoto, **172** */nikkytok, **172** */marcoprati, **172** */eyewave, **172** */Africa Studio, **173** */Africa Studio, **173** */Diana Taliun, **173** */Rulan, **173** */interklicks, **173** Thinkstock/iStockphoto, **173** Thinkstock/iStockphoto, **173** */Corwin, **173** */rangizzz, **173** */monstersparrow, **174** */Picture-Factory, **174** */Carlos Caetano, **174** */vda_82, **174** */vetkit, **174** */Jacek Fulawka, **174** */masterzphotofo, **175** */Viorel Sima, **175** */Mi.Ti., **175** */Brian Jackson, **175** */juniart, **175** */Oksana Kuzmina, **175** */Marcin Sadlowski, **176** */Gelpi, **178** */TAlex, **178** */karandaev, **179** */Maksym Yemelyanov, **179** */Vitas, **179** */romantiche, **179** */rawcaptured, **179** */AVD, **179** */Sergey Dashkevich, **179** Thinkstock/iStockphoto, **179** */Artur Synenko, **179** */dimakp, **179** */heigri, **179** */Lusoimages, **179** */Apart Foto, **179** */sonne fleckl, **179** */Manuela Fiebig, **179** */Klaus Eppele, **179** */Artur Synenko, **180** */Gina Sanders, **180** */snyfer, **180** */snyfer, **180** */Iurii Timashov, **180** */Iurii Timashov, **180** */Iurii Timashov, **180** */Iurii Timashov, **180** */Iurii Timashov, **180** */Iurii Timashov, **180** */WonderfulPixel, **180** */Iurii Timashov, **180** */Iurii Timashov, **180** */Iurii Timashov, **181** */WonderfulPixel, **181** */WonderfulPixel, **181** */WonderfulPixel, **181** */WonderfulPixel, **181** */WonderfulPixel, **181** */vasabii, **181** */grgroup, **181** */Skipio, **181** */vector_master, **181** */Scanrail, **181** */Vectorhouses, **181** */Vectorhouses, **181** */Vectorhouses, **182** */Metin Tolun, **182** */inal09, **182** */electriceye, **182** */Do Ra, **182** */Do Ra, **182** */Do Ra, **182** */Do Ra, **182** */Do Ra, **182** */Do Ra, **182** */Do Ra, **182** */Palsur, **182** */marog-pixcells, **182** */Palsur, **183** */mtkang, **183** */Taffi, **183** */pizuttipics, **183** */by-studio, **183** */Scanrail, **183** */RTimages, **183** */Aleksandr Bryliaev, **183** */JcJg Photography, **183** */Coprid, **183** */tanatat, **183** */Palsur, **183** */Andrew Barker, **184** */ashumskiy, **184** */Gewoldi, **184** */Vitas, **184** */singkham, **185** */Sebalos, **185** */tomispin, **185** */manaemedia, **185** */Niceregionpics, **185** */thanomphong, **185** */Lusoimages, **186** Thinkstock/Alexander Podshivalov, **186** */wellphoto, **186** */Stefan Körber, **186** */Pavel Losevsky, **187** */TrudiDesign, **187** */WavebreakmediaMicro, **187** */ArtHdesign, **187** */valdis torms, **187** */cirquedesprit, **187** */Alexandra Gl, **187** */Sergey Nivens, **187** */imkenneth, **187** */WavebreakMediaMicro, **188** */jfv, **188** */pressmaster, **188** */jminso679, **188** */Marco2811, **188** */Johanna Mühlbauer, **188** */A_Bruno, **189** */pedrosala, **189** */fotomatrix, **189** */Uwe Bumann, **189** */robert, **189** */Milan Surkala, **189** */the_builder, **189** */reich, **190** */Scanrail, **190** */Dron, **190** */drubig-photo, **190** */mirabella, **190** */gradt, **191** */gradt, **191** Thinkstock/iStockphoto, **191** */JiSIGN, **191** */JiSIGN, **191** */JiSIGN, **191** */Rido, **191** */auremar, **192** */Elenathewise, **194** */mirpic, **194** */KB3, **194** Thinkstock/Stockbyte, **195** */lesniewski, **195** */Lario Tus, **195** */Melinda Nagy, **195** */kostasaletras, **195** */contrastwerkstatt, **195** */beachboyx10, **196** Thinkstock/iStockphoto, **196** */Val Thoermer, **197** Thinkstock/Dorling Kindersley RF, **197** */snaptitude, **198** */Pavel Losevsky, **198** */.shock, **198** */Nicholas Piccillo, **198** Thinkstock/Photodisc, **198** Thinkstock/Photodisc, **198** Thinkstock/Photoobjects.net, **198** */.shock, **198** */micromonkey, **199** */kromkrathog, **199** Thinkstock/Fuse, **199** */Stian Iversen, **200** */Tan Kian Khoon, **200** */modestil, **200** */Igor Sokolov, **200** */piai, **200** */Will Hughes, **200** */Actionpics, **200** */Kelpfish, **200** */Africa Studio, **200** */Brocreative, **200** */karaboux, **200** */Lance Bellers, **200** */Sean Gladwell, **200** */by-studio, **201** */kanate, **201** */by-studio, **201** */Michael Pettigrew, **201** Thinkstock/Ingram Publishing, **202** */Katya Constantine, **202** */Nicholas Piccillo, **203** */Dmitry Vereshchagin, **203** */PinkBlue, **203** */PinkBlue, **203** */PinkBlue, **204** */Kris Strach, **204** */Kzenon, **204** */Kzenon, **205** */Quasarphoto, **205** */sumnersgraphicsinc, **205** */sumnersgraphicsinc, **205** */Veniamin Kraskov, **205** */Apart Foto,

205 */RTimages, **206** */zozulinskyi, **206** */Stefan Schurr, **206** */berc, **206** */mezzotint, **206** */ekarin, **206** Thinkstock/Digital Vision, **207** */Sportlibrary, **207** */lilufoto, **207** */roibu, **207** Thinkstock/TongRo Images, **207** */lilufoto, **207** Thinkstock/iStockphoto, **207** Thinkstock/iStockphoto, **207** */Michael Rosskothen, **207** */Oscar Brunet, **207** */Oscar Brunet, **207** Thinkstock/Comstock/JupiterImages, **208** */alessandro0770, **208** */Stefan Schurr, **208** */Maridav, **208** Thinkstock/moodboard, **208** */endostock, **208** */lightpoet, **208** */yanlev, **208** Thinkstock/Fuse, **208** */Wong Hock Weng, **209** */Andres Rodriguez, **209** */goldenangel, **209** */wellphoto, **209** Thinkstock/Digitial Vision, **209** */wellphoto, **209** */Cpro, **209** */Cpro, **209** */Birgit Reitz-Hofmann, **209** */Kitch Bain, **209** */Tony Taylor Stock, **209** */xy, **210** */marsyk, **210** */Sportlibrary, **210** */agentur2728.de, **210** Thinkstock/Hemera @ Getty Images, **211** Thinkstock/iStockphoto, **211** Thinkstock/iStockphoto, **211** Thinkstock/Comstock, **212** Thinkstock/iStockphoto, **212** */dima266f, **212** */Maridav, **212** */Anion, **212** */beatrice prève, **212** Thinkstock/Hemera, **212** */EpicStockMedia, **212** Thinkstock/iStockphoto, **212** Thinkstock/iStockphoto, **212** Thinkstock/Monkey Business, **213** Thinkstock/Fuse, **213** Thinkstock/iStockphoto, **213** Thinkstock/Pixland, **213** */attltibi, **213** */attltibi, **213** */belinka, **213** */Andrey Kiselev, **213** */auremar, **213** */tunedin, **213** Thinkstock/Hemera, **213** */Dmitry Vereshchagin, **213** */Elnur, **214** */Kseniya Abramova, **215** */Thierry RYO, **215** */Kseniya Abramova, **215** */Kseniya Abramova, **215** Thinkstock/Thomas Northcut @ Getty Images, **215** */Margo Harrison, **215** */fifranck, **215** */hosphotos, **215** */Heike und Hardy, **215** Thinkstock/iStockphoto, **215** */PackShot, **215** */auremar, **216** */Ljupco Smokovski, **216** */SS1001, **216** */Vadim Bukharin, **216** */Dmitry DG, **217** */ftlaudgirl, **217** */U. Woell, **217** */Anton Gvozdikov, **217** */project1photography, **217** */Volker Skibbe, **217** */Marcelo Dufflocq, **217** Thinkstock/iStockphoto, **217** */roblan, **217** */andreshka, **217** */stoonn, **217** */daseaford, **217** */sablin, **217** */garry_images, **218** */dell, **218** */Silvano Rebai, **218** */dell, **218** */victor zastol'skiy, **218** */mradlgruber, **218** Thinkstock/iStockphoto, **218** */© Olympixel, **218** */Val Thoermer, **218** */terranova_17, **219** Thinkstock/iStockphoto, **219** Thinkstock/moodboard, **219** */Galina Barskaya, **219** Thinkstock/Hemera, **219** */Dreef, **219** */Steeve ROCHE, **219** Thinkstock/iStockphoto, **219** Thinkstock/Photodisc/Ryan McVay, **219** */corepics, **219** */Lsantilli, **220** Thinkstock/iStockphoto, **220** */Netzer Johannes, **220** */Stefan Schurr, **220** */inigocia, **220** */Netzer Johannes, **220** */Jan Kranendonk, **220** */monster85, **220** */Avantgarde, **220** */photomag, **220** */storm, **220** */Fotoimpressionen, **220** */Marco2811, **220** */yanlev, **220** */lassedesignen, **220** */Stefan Schurr, **220** */Grigorenko, **221** */lilufoto, **221** */3dmentat, **221** */maxoidos, **221** */Bergringfoto, **221** */Marin Conic, **221** */Dimitar Marinov, **221** */just2shutter, **221** Thinkstock/iStockphoto, **221** */Shmel, **221** */olly, **221** Thinkstock/iStockphoto, **221** Thinkstock/Cameron Spencer @ Getty Images, **221** */ChantalS, **221** */Felix Mizioznikov, **221** Thinkstock/Digital Vision, **221** */artjazz, **222** Thinkstock/iStockphoto, **222** */okinawakasawa, **222** */VIPDesign, **222** */okinawakasawa, **222** */starush, **222** */Hetizia, **223** Thinkstock/Wavebreak Media, **223** */Lerche & Johnson, **223** */Lerche & Johnson, **223** */Lerche & Johnson, **223** */Lerche & Johnson, **223** Thinkstock/iStockphoto, **223** Thinkstock/iStockphoto, **223** */Lerche & Johnson, **223** */Wisky, **223** */nito, **223** */Kzenon, **224** */Africa Studio, **226** Thinkstock/iStockphoto, **226** Thinkstock/Digital Vision, **226** Thinkstock/iStockphoto, **226** Thinkstock/Purestock, **226** Thinkstock/iStockphoto, **226** */Andrey Burmakin, **226** */Andrey Burmakin, **226** */Nejron Photo, **226** Thinkstock/JupiterImages © Getty Images, **227** Thinkstock/Digital Vision, **227** Thinkstock/Digital Vision, **227** Thinkstock/Digital Vision, **228** Thinkstock/iStockphoto, **228** */Africa Studio, **228** */Kalim, **228** Thinkstock/iStockphoto, **228** */ysbrandcosijn, **229** */Klaus Eppele, **229** */scalaphotography, **229** */cynoclub, **229** */Brian Jackson, **229** */mekcar, **229** */by-studio, **229** */Henry Schmitt, **229** */Henry Schmitt, **229** */alephcomo1, **229** */Henry Schmitt, **229** */deusexlupus, **229** */apops, **229** */MUE, **229** */MUE, **229** */MUE, **229** thinkstock/Hemera (Cagri Oner), **230** */ReMuS, **230** */soerenkuhrt, **230** */Maruba, **230** */cjansuebsri, **230** Thinkstock/iStockphoto, **230** */Constantinos, **230** */ILYA AKINSHIN, **230** */dvs71, **230** */Jürgen Fälchle, **230** */Uros Petrovic, **230** */Distrikt3, **230** */Lucky Dragon USA, **230** */Denis Ivatin, **230** */photlook, **230** */Klaus Eppele, **230** */venusangel, **231** Thinkstock/iStockphoto, **231** */visivasnc, **231** */sumnersgraphicsinc, **231** */ArtFamily, **231** Thinkstock/iStockphoto, **231** */ysbrandcosijn, **231** */jehafo, **232** */Andrey Armyagov, **232** Thinkstock/iStockphoto, **232** */G.Light, **232** Thinkstock/Digital Vision/A J James, **232** Thinkstock/iStockphoto, **232** */bizoo_n, **233** */Bombaert Patrick, **233** */tuja66, **233** */Giuseppe Porzani, **233** */ILYA AKINSHIN, **233** */jiggo, **234** */starman963, **234** */Kirill Zdorov, **234** */tobago77, **234** */Steve Mann, **234** */Michael Flippo, **234** Thinkstock/iStockphoto, **234** */Martina Berg, **234** */st-fotograf, **234** */imagika, **234** Thinkstock/iStockphoto, **234** */WavebreakMediaMicro, **234** */jillchen, **234** */Alexander Raths, **235** */Warren Millar, **235** Thinkstock/Stockbyte, **235** Thinkstock/iStockphoto, **235** Thinkstock/iStockphoto, **235** Thinkstock/iStockphoto, **235** Thinkstock/iStockphoto, **235** */ksena32, **235** Thinkstock/iStockphoto, **235** */AllebaziB, **235** */Barbara Pheby, **235** Thinkstock/Hemera, **235** */womue, **235** */Liliia Rudchenko, **235** Thinkstock/iStockphoto, **235** */jogyx, **235** */Marius Graf, **236** */Regina Jersova, **236** */bittedankeschön, **236** Thinkstock/iStockphoto, **236** */franzgustincich, **236** */openlens, **236** */bruniewska, **236** */Amid, **236** Thinkstock/iStockphoto, **236** */Gino Santa Maria , **236** Thinkstock/iStockphoto, **236** */krimzoya46, **236** */sandis94, **236** */tsaplia, **236** */tigger11th, **236** */neirfy, **236** */bahrialtay, **237** */akekoksom, **238** Thinkstock/iStockphoto, **238** Thinkstock/iStockphoto, **238** */Sergiogen, **238** Thinkstock/iStockphoto, **238** */babimu, **239** */uckyo, **239** */RTimages, **239** */Africa Studio, **239** */Africa Studio, **239** */luiscarceller, **239** */Neyro, **239** */kornienko, **239** Thinkstock/thinstock Ablestock.com @ Getty Images, **239** */Mushy, **239** */maestria_diz, **239** Thinkstock/iStockphoto, **239** */U. Hardberck, **239** */Andreja Donko, **239** */koosen, **239** Thinkstock/iStockphoto, **239** Thinkstock/Hemera @ Getty Images, **240** */Printemps, **240** */Africa Studio, **240** Thinkstock/iStockphoto, **240** */shooarts, **240** */Vyacheslav Plyasenko, **240** */Artranq, **240** Thinkstock/JupiterImages © Getty Images, **240** */Firma V, **240** */ronstik, **240** */lunamarina, **240** */iampuay, **240** */Kuzmick, **240** */marysa03, **241** Thinkstock/Fuse, **241** Thinkstock/Creatas Images, **241** Thinkstock/Fuse, **241** */Kzenon, **241** */nyul, **241** */Sergey Nivens, **241** */Nejron Photo, **242** */Robert Neumann, **242** */ratana_k, **242** */Marius Graf, **242** Thinkstock/iStockphoto, **242** */Unclesam, **242** */indigolotos, **242** */Birgit Reitz-Hofmann, **242** */fotomanu21, **242** */Hamik, **243** */Lichtmaler, **243** */Cmon, **243** Thinkstock/iStockphoto, **243** */DoraZett, **243** */NoName, **243** */RTimages, **243** */avtor_ep, **243** Thinkstock/Comstock, **243** */Dan Race, **243** Thinkstock/Digital Vision/Ryan McVay, **243** Thinkstock/Ingram Publishing, **243** Thinkstock/iStockphoto, **243** */seen, **244** Thinkstock/Zoonar, **244** */donfiore, **244** Thinkstock/iStockphoto, **244** */eldadcarin, **244** */eldadcarin, **244** */Anja Roesnick, **244** */Anja Roesnick, **244** */Anja Roesnick, **244** */Africa Studio, **244** */Foto-Ruhrgebiet, **244** Thinkstock/Zoonar, **244** */eldadcarin, **244** */STUDIO12, **245** Thinkstock/iStockphoto, **245** */sergign, **245** */schoki_01, **245** */aleciccotelli, **245** */Fyle, **245** */frank peters, **245** */Christer Tvedt, **246** */benjaminnolte, **246** Thinkstock/iStockphoto, **246** Thinkstock/Digital Vision/Alexander Hassenstein, **246** */Aleksandar Todorovic, **247** Thinkstock/iStockphoto, **247** */f9photos, **247** Thinkstock/iStockphoto, **247** */photocrew, **247** Thinkstock/iStockphoto, **247** */Aleksandar Todorovic, **247** */mikesch112, **247** */rangizzz,

247 */chulja, **247** Thinkstock/iStockphoto, **247** */pressmaster, **247** Thinkstock/iStockphoto, **247** */arnau2098, **248** */B. Wylezich, **248** */philipus, **248** */Angus , **248** */od - pictureworks, **248** */bergamont , **248** */risto0, **248** */full image, **248** */Coprid, **248** */f9photos, **248** */sss78, **248** */federicofoto, **249** */Africa Studio, **249** */Ljupco Smokovski, **249** */Danicek, **249** Thinkstock/iStockphoto, **249** */Alexey Potapov, **249** */scphoto48 , **249** */tolism, **250** */babimu, **252** */CLIPAREA.com, **252** */CLIPAREA.com, **253** */CLIPAREA.com, **253** */CLIPAREA.com, **254** Thinkstock/Zoonar, **254** Thinkstock/Hemera @ Getty Images, **254** Thinkstock/iStockphoto, **255** */mrgarry, **255** */turhanerbas, **256** */adimas, **257** */adimas, **258** */pixelcaos, **259** */3drenderings, **259** */3drenderings, **259** */3drenderings, **259** */3drenderings, **259** */3drenderings, **259** */3drenderings, **259** */arsdigital, **259** */pixelcaos, **260** */pixelcaos, **261** */pixelcaos, **261** */Diana Taliun, **262** */vectorus, **262** */Lsantilli, **262** */Sven Bähren, **262** */Tyler Olson, **262** */GordonGrand, **262** */iStockphoto, **263** */reflektastudios, **263** Thinkstock/oksun70, **263** */Robert Angermayr, **263** */silverrobert, **263** */Popova Olga, **263** */gradt, **264** */Alexander Raths, **264** */fhmedien_de, **264** */Creativa, **264** */ISO K° - photography, **264** */Sashkin, **264** */Africa Studio, **265** */Monkey Business, **265** */dalaprod, **265** */drubig-photo, **265** */drubig-photo, **265** */vladimir-floyd, **266** */Africa Studio, **266** */iko, **266** */DoraZett, **266** */Creativa, **266** */Gina Sanders, **266** */Subbotina Anna, **266** */drubig-photo, **266** */Ocskay Bence, **266** */detailblick, **266** */Kurhan, **267** */Creativa, **267** */underdogstudios, **267** */Dmitry Lobanov, **267** */rangizzz, **267** */Dan Race, **267** */Eisenhans, **267** */smikeymikey1, **268** Thinkstock/iStockphoto, **268** */Guido Grochowski, **268** */Dmitry Vereshchagin, **268** */HBK, **268** */treetstreet, **268** */Peter Atkins, **268** */Bandika, **268** */wckiw, **269** */ksena32, **269** */Igor Mojzes, **269** */st-fotograf, **269** */Vidady, **269** */Maridav, **269** Thinkstock/iStockphoto, **269** Thinkstock/iStockphoto, **269** */Kondor83, **269** */Gelpi, **269** */Volker Witt, **269** */apops, **269** */juefraphoto , **269** */Joss, **270** */CandyBox Images, **270** */alswart, **270** */hitdelight, **270** */unclepodger, **271** */Igor Zakowski, **271** */Rade Lukovic, **271** */draw05, **271** */blende40, **271** */Kurhan, **271** */Jessmine, **271** */contrastwerkstatt, **271** */apops, **272** */Alexandr Mitiuc, **272** Thinkstock/iStockphoto, **272** */Tyler Olson, **272** */Africa Studio, **273** */malajscy, **273** */Gerhard Brée, **273** */ep stock, **273** */ksl, **274** */Gennadiy Poznyakov, **274** */Tobilander, **274** */malajscy, **274** */starman963, **274** */Jim Vallee, **275** */danutelu, **275** */spotmatikphoto, **275** */Robert Kneschke, **275** */Dmitry Vereshchagin, **275** */itsmejust, **275** */Robert Kneschke, **275** */WONG SZE FEI, **276** */Africa Studio, **276** */Africa Studio, **276** */contrastwerkstatt, **276** */khuntapol, **276** */Coprid, **276** */Anatoly Repin, **276** */adisa, **276** */Borys Shevchuk, **276** */Manuel Schäfer, **276** */Nataraj, **277** */Gordon Saunders, **277** */seen, **277** */only4denn, **277** Thinkstock/Hemera, **277** */Coprid, **277** */blondina93, **277** */by-studio, **277** */Jiri Hera, **277** */Johanna Goodyear, **277** */Nazzu, **277** */Tharakorn, **277** */Tarzhanova, **277** */terex, **278** */Tatjana Balzer, **278** */Tyler Olson, **278** */Schlierner, **278** */Kzenon, **278** */modul_a, **278** */Nikki Zalewski, **278** */Khorzhevska, **278** */bertys30, **278** */Tran-Photography, **278** */Zdenka Darula, **278** */WONG SZE FEI, **278** */pearl, **278** */Taffi, **279** */Gennadiy Poznyakov, **279** */ecobo, **279** */pukall-fotografie, **279** */goodluz, **279** Thinkstock/Dorling Kindersley RF, **279** Thinkstock/iStockphoto, **279** */Artem Merzlenko, **280** */Han van Vonno, **282** */CandyBox Images, **282** */Roman Milert, **282** */Volker Witt, **282** */AK-DigiArt, **282** */Dario Lo Presti, **282** */benjaminnolte, **283** */Michael Schütze, **283** */brozova, **283** */Rodja, **283** Thinkstock/iStockphoto, **283** */cristi180884, **283** */Lisa F. Young, **284** Thinkstock/iStockphoto, **284** Thinkstock/Photodisc, **284** */VRD, **284** */Andre Bonn, **284** */shutswis, **285** */Lukas Sembera, **285** Thinkstock/liquidlibrary, **285** */marog-pixcells, **285** Thinkstock/iStockphoto, **285** */koszivu, **285** */Photographee.eu, **285** Thinkstock/iStockphoto, **285** */Monkey Business, **285** */Photographee.eu, **285** */Gerhard Seybert, **285** */Artem Furman, **286** */PictureArt, **286** */Pavel Losevsky, **286** */davis, **286** */Arcady, **286** */playstuff, **286** */beermedia, **286** */Lucky Dragon USA, **286** */Igor Kovalchuk, **287** */Christa Eder, **287** */Svetlana Gryankina, **287** */creAtive, **287** */Berry, **287** */Maygutyak, **287** */WoGi, **287** */Tobboo, **287** */jogyx, **287** */rouakcz, **287** */Silvano Rebai, **288** */Fiedels, **288** */nupsik284, **288** */Birgit Reitz-Hofmann, **288** */Claudio Divizia, **288** */GP, **288** */S.Kobold, **288** */amorfati.art, **288** */CPJ Photography, **288** */Zacarias da Mata, **288** */Hugh McKean, **288** */aquapix, **288** */Eric Gevaert, **289** */andrewburgess, **289** Thinkstock/iStockphoto, **289** */lassedesignen, **289** */Heinz Waldukat, **289** */Sergey Kamshylin, **289** */Nazzalbe, **289** */Kalle Kolodziej, **289** */Roy Pedersen, **289** */MacX, **289** */reeel, **289** */marqs, **289** */william87, **290** */Igor Kovalchuk, **292** Thinkstock/iStockphoto, **292** */Artenauta, **293** */fergregory, **294** */Jürgen Fälchle, **294** */peresanz, **294** */magann, **294** */vencav, **294** */virtua73, **294** */Kovalenko Inna, **294** */creatifixus, **294** */cbpix, **294** */Florent DIE, **294** */ping han, **294** */peresanz, **294** */kevron2001, **294** */peresanz, **295** */jeremyculpdesign, **297** */Arid Ocean, **298** */artalis, **299** */jokatoons, **299** */Thomas Röske, **299** */jokatoons, **299** */jokatoons, **299** */jokatoons, **299** */jokatoons, **299** */jokatoons, **299** */jokatoons, **299** */jokatoons, **299** */jokatoons, **299** */jokatoons, **299** */jokatoons, **299** */jokatoons, **299** */jokatoons, **299** */jokatoons, **299** */jokatoons, **300** */jokatoons, **300** */jokatoons, **300** */jokatoons, **300** */jokatoons, **300** */jokatoons, **300** */jokatoons, **300** */jokatoons, **300** */jokatoons, **300** */jokatoons, **300** */jokatoons, **300** */jokatoons, **300** */jokatoons, **300** */jokatoons, **300** */jokatoons, **300** */jokatoons, **300** */jokatoons, **301** */jokatoons, **301** */jokatoons, **301** */Thomas Röske, **301** */jokatoons, **301** */jokatoons, **301** */Pekchar, **301** */jokatoons, **301** */jokatoons, **301** */jokatoons, **301** */jokatoons, **301** */jokatoons, **301** */jokatoons, **301** */jokatoons, **302** Thinkstock/Hemera, **302** Thinkstock/Hemera, **302** Thinkstock/Hemera, **302** Thinkstock/Hemera, **302** Thinkstock/Hemera, **302** Thinkstock/Hemera, **302** Thinkstock/Hemera, **302** Thinkstock/Hemera, **302** Thinkstock/Hemera, **302** Thinkstock/Hemera, **302** Thinkstock/Hemera, **302** Thinkstock/Hemera, **302** Thinkstock/Hemera, **302** */Route66, **302** Thinkstock/Hemera, **302** Thinkstock/Hemera, **303** Thinkstock/Hemera, **303** Thinkstock/Hemera, **303** Thinkstock/Hemera, **303** Thinkstock/Hemera, **303** Thinkstock/Hemera, **303** Thinkstock/Hemera, **303** Thinkstock/Hemera, **303** Thinkstock/iStockphoto, **303** Thinkstock/iStockphoto, **303** Thinkstock/iStockphoto, **303** Thinkstock/iStockphoto, **303** Thinkstock/iStockphoto, **303** Thinkstock/iStockphoto, **303** Thinkstock/iStockphoto, **303** Thinkstock/iStockphoto, **304** Thinkstock/iStockphoto, **304** Thinkstock/iStockphoto, **304** Thinkstock/iStockphoto, **304** Thinkstock/iStockphoto, **304** */romantiche, **304** */romantiche, **304** */romantiche, **304** */romantiche, **304** */romantiche, **304** */romantiche, **304** */romantiche, **304** */romantiche, **304** */romantiche, **304** */romantiche, **304** */romantiche, **304** */romantiche, **305** */romantiche, **305** */romantiche, **305** */romantiche, **305** */romantiche, **305** */romantiche, **305** */romantiche, **305** */romantiche, **305** */romantiche, **305** */romantiche, **305** */romantiche, **305** */romantiche, **305** */romantiche, **305** */romantiche, **305** */romantiche, **305** */romantiche, **306** */romantiche, **306** */romantiche, **306** */romantiche, **306** */romantiche, **306** */romantiche, **306** */romantiche, **306** */romantiche, **306** */romantiche, **306** */romantiche, **306** */romantiche, **306** */romantiche, **306** */romantiche, **306** */romantiche, **306** */romantiche, **306** */romantiche, **306** */romantiche, **307** */romantiche, **307** */romantiche, **307** */romantiche, **307** */romantiche, **307** */romantiche, **307** */romantiche, **307** */romantiche, **307** */romantiche, **307** */romantiche, **307** */romantiche, **307** */petra b., **307** */petra b., **307** */petra b.,

307 */petra b., **308** */petra b., **308** */petra b., **308** */petra b., **308** */petra b., **308** */petra b., **308** */petra b., **308** */petra b., **308** */petra b., **308** */petra b., **308** */petra b., **308** */petra b., **308** */petra b., **308** */petra b., **308** */petra b., **308** */petra b., **308** */petra b., **309** */petra b., **309** */petra b., **309** */petra b., **309** */petra b., **309** */petra b., **309** */petra b., **309** */petra b., **309** */Yotama, **309** */petra b., **309** */petra b., **309** */petra b., **309** */petra b., **309** */petra b., **309** */petra b., **309** */petra b., **309** */petra b., **310** */petra b., **310** */petra b., **310** */petra b., **310** */petra b., **310** */petra b., **310** */petra b., **310** */petra b., **310** */petra b., **310** */Pekchar, **310** */megastocker, **310** Thinkstock/iStockphoto, **310** */Thomas Röske, **310** Thinkstock/iStockphoto, **310** Thinkstock/iStockphoto, **310** Thinkstock/iStockphoto, **310** Thinkstock/iStockphoto, **311** Thinkstock/iStockphoto, **311** */Thomas Röske, **311** Thinkstock/iStockphoto, **311** Thinkstock/iStockphoto, **311** Thinkstock/iStockphoto, **311** Thinkstock/iStockphoto, **311** Thinkstock/iStockphoto, **311** */jokatoons, **311** */yannik LABBE, **311** */Dream Cursor, **311** */sunt, **311** Thinkstock/iStockphoto, **311** */Andreas Meyer, **311** */DomLortha, **312** */Elena Petrova, **312** */Christian Pedant, **312** */Tomas Sereda, **312** Thinkstock/Fuse, **312** */Masson, **312** */Alliance, **312** */marog-pixcells, **312** */byheaven, **312** */joda, **312** */Miredi, **312** */momanuma, **312** */pictureguy32, **312** */bugphai, **313** */Nathan Jaskowiak, **313** */Vera Kuttelvaserova, **313** */rangizzz, **313** Thinkstock/Image Source, **313** */Leonid Tit, **313** */hjschneider, **313** */tiplyashina, **313** */Serg Zastavkin, **313** */Vera Kuttelvaserova, **313** */Vera Kuttelvaserova, **313** */RyszardStelmachowicz, **313** */Hamik, **313** */rangizzz, **314** */Sunny Forest, **314** Thinkstock/iStockphoto, **314** */Minerva Studio, **314** Thinkstock/iStockphoto, **314** */steffendia, **314** */FrankBirds, **314** */Sunshine Pics, **314** */Christophe Fouquin, **314** Thinkstock/iStockphoto, **314** */lassedesignen, **314** Thinkstock/iStockphoto, **314** Thinkstock/iStockphoto, **314** */Maygutyak, **314** */mario beauregard, **314** */victor zastol'skiy, **314** */macky_ch, **315** */scattomatto74, **315** */Sabine Kipus, **315** */Cmon, **315** */Dario Bajurin, **315** */jacare35, **315** */kohy, **316** */nni94, **316** Thinkstock/Ingram Publishing, **316** */ollirg, **316** */Martin M303, **316** */mrks_v, **316** */doris oberfrank-list, **316** Thinkstock/iStockphoto, **316** */steffus, **316** */smereka, **316** */Ben Burger, **316** */kentauros, **316** */Bernd S., **316** */Dario Bajurin, **316** */acceleratorhams, **316** */Fyle, **316** */Alena Stalmashonak, **317** */siimsepp, **317** */siimsepp, **317** */siimsepp, **317** */siimsepp, **317** */siimsepp, **317** */Tyler Boyes, **317** */siimsepp, **317** */Tyler Boyes, **317** */vvoe, **317** */wlad074, **317** */Tyler Boyes, **317** */iraries, **317** */Ekaterina Fribus, **317** */Ekaterina Fribus, **317** */marcel, **317** */siimsepp, **318** */boykung, **318** */Alexander Hoffmann, **318** */Alexander Hoffmann, **318** */Atiketta Sangasaeng, **318** */byjeng, **318** */Alexander Hoffmann, **318** */Alexander Hoffmann, **318** */apttone, **318** */Alexander Hoffmann, **318** */bigjo, **318** */Rozaliya, **318** */VL@D, **318** */Alexander Hoffmann, **318** */Alex Shadrin, **318** */Alexander Hoffmann, **318** */Alexander Hoffmann, **318** */Digipic, **318** */volff, **318** */Alexander Hoffmann, **318** */Alexander Hoffmann, **319** */Alexander Potapov, **319** */Tiler84, **319** */Tiler84, **319** */Tiler84, **319** */Tiler84, **319** */lamax, **320** */vladimirkim3722, **320** */k_kron, **320** Thinkstock/iStockphoto, **320** */iko, **320** */ürgen Fälchle, **320** */ondrej83, **320** */Heinz Waldukat, **320** */termis1983, **320** */Tom, **320** */mubus, **320** */veneratio, **320** */Roman Pyshchyk, **320** */Picture-Factory, **320** */Omika, **320** */funnycreature, **320** */Almgren, **321** */Nik, **321** */Tonanakan, **321** */motorlka, **321** */Pavlo Vakhrushev, **321** */Miroslawa Drozdowski, **321** */pia-pictures, **322** */Gang, **322** */Africa Studio, **322** */felinda, **322** */sergio37_120, **322** */eyetronic, **322** */sergio37_120, **322** */VICUSCHKA, **322** */tr3gi, **322** */Tim UR, **322** */alfastudiofoto, **322** */sergio37_120, **322** */lenkusa, **322** */sergio37_120, **322** */Friedberg, **322** */Africa Studio, **322** */Roxana, **323** */anankkml , **323** */Daniel Strauch, **323** */Stefan Körber, **323** */hans klein, **323** */juiceteam2013, **323** */audioscience, **323** */keller , **323** */flucas , **323** */ijacky , **323** */Tomashko , **323** */Serghei Velusceac , **323** */Andrea Wilhelm, **323** */tab62, **323** */Ichbins11, **323** */Studio Barcelona, **323** */volkerr, **324** */Farinoza, **324** */Eric Isselée, **324** */jagodka, **324** */Azaliya Elya Vatel, **324** */Eric Isselée, **324** */Uros Petrovic, **324** */Katrina Brown, **324** */eastmanphoto, **324** */nn-fotografie, **324** */cynoclub, **324** */biglama, **324** */Eric Isselée, **324** */grafikplusfoto, **325** Thinkstock/iStockphoto, **325** */Eric Isselée, **325** */JackF, **325** */Eric Isselée, **325** */Eric Isselée, **325** */Aaron Amat, **325** */Eric Isselée, **325** */Eric Isselée, **325** */anekoho, **325** */Christian Musat, **325** */Eric Isselée, **325** */Eric Isselée, **325** */Christian Musat, **325** */ILYA AKINSHIN, **325** */Eric Isselée, **325** */Eric Isselée, **326** */Eric Isselée, **326** */StarJumper, **326** */Eric Isselée, **326** */Anatolii, **326** */Vera Kuttelvaserova, **326** */Eric Isselée, **326** */Coprid, **326** */Eric Isselée, **326** */JackF, **326** */nexusseven, **326** */EwaStudio, **326** */cynoclub, **326** */anankkml, **326** */tiero, **326** */Taalvi, **326** */Eric Isselée, **327** */Alexander Potapov, **327** */Eric Isselée, **327** */Eric Isselée, **327** */Eric Isselée, **327** Thinkstock/iStockphoto, **327** Thinkstock/iStockphoto, **327** */Mike Price, **327** */Roman Samokhin, **327** */Eric Isselée, **327** */Eric Isselée, **327** Thinkstock/iStockphoto, **327** */maz12, **327** */Eric Isselée, **327** */Smileus, **327** */XK, **327** */anankkml, **328** */Eric Isselée, **328** */Steve Byland, **328** */Eric Isselée, **328** */Eric Isselée, **328** */Eric Isselée, **328** */Eric Isselée, **328** */Eric Isselée, **328** */fotomaster, **328** */jakgree, **328** */Farinoza, **328** */Farinoza, **328** Thinkstock/iStockphoto, **328** */Eric Isselée, **329** */Uryadnikov Sergey, **329** */phant, **329** */Eric Isselée, **329** */Eric Isselée, **329** */ILYA AKINSHIN, **329** */Janis Smits, **329** */Aaron Amat, **329** */ILYA AKINSHIN, **329** */Eric Isselée, **329** */fotomaster, **329** */Roman Samokhin, **329** */shishiga, **329** */Nicolette Wollentin, **329** */sval7, **329** */Eric Isselée, **329** */Eric Isselée, **330** */eastmanphoto, **330** */eastmanphoto, **330** */Smileus, **330** */Daniel Nimmervoll, **330** */kurapy, **330** */Eric Isselée, **330** */jagodka, **330** */Richard Carey, **330** */Anatolii, **330** */antpkr, **330** Thinkstock/iStockphoto, **330** */Eric Isselée, **330** */eastmanphoto, **331** */Irochka, **331** */Giuseppe Porzani, **331** */eyeblink, **331** */manuart, **331** */Eric Isselée, **331** */lunamarina, **331** */pistol7, **331** */Richard Carey, **331** */Witold Krasowski, **331** Thinkstock/Hemera, **331** Thinkstock/iStockphoto, **331** */Coprid, **331** */tongdang, **332** */Oliver Klimek, **332** */Valeriy Kirsanov, **332** */defun, **332** */Alekss, **332** */JPS, **332** */Gewoldi, **332** */Henrik Larsson, **332** */vnlit, **332** */Klaus Eppele, **332** */xiaoliangge, **332** */VRD, **332** */Alekss, **332** */Marco Uliana, **332** */morelia1983, **332** */Zbyszek Nowak, **332** */npps48, **333** Thinkstock/iStockphoto, **333** */defun, **333** */Cosmin Manci, **333** Thinkstock/Hemear, **333** */fancyfocus, **333** */gertrudda, **333** */xjbxjhxm, **333** Thinkstock/iStockphoto, **333** */defun, **333** */emer, **333** */chungking, **333** */Coprid, **333** Thinkstock/iStockphoto, **333** */eastmanphoto, **333** */Carola Schubbel, **333** */natara, **334** */tescha555, **336** */DDRockstar, **336** */Denys Prykhodov, **336** */Denys Prykhodov, **336** */Denys Prykhodov, **336** */Denys Prykhodov, **336** */Denys Prykhodov, **336** */Denys Prykhodov, **336** */Africa Studio, **336** */Africa Studio, **336** */Africa Studio, **336** */DB, **339** */robert, **340** */magann, **340** */magann, **340** */magann, **340** */magann, **340** */magann, **340** */magann, **340** */magann, **340** */magann, **340** */magann, **340** */magann, **340** */magann, **341** */magann, **341** */magann, **341** */magann, **341** */magann, **341** */magann, **341** */magann, **341** */magann, **341** */magann, **341** */magann, **341** */magann, **341** */magann, **341** */vvoe, **341** */Lucky Dragon, **342** */tomreichner, **342** */Marco2811, **342** */merydolla, **342** */in-foto-backgrounds, **342** */Reicher, **342** */ARochau, **342** */Yahya Idiz, **342** */motorradcbr, **342** */Beboy, **342** */Dmytro Smaglov, **342** */Anton Gvozdikov, **342** */sborisov, **342** */Netzer Johannes, **343** */Maria Vazquez, **344** */Juulijs, **344** */m.u.ozmen, **344** */lucato, **344** */www.strubhamburg.de, **344** */guynamedjames, **344** */Jörg Hackemann, **344** */MaxWo, **345** */Al, **345** */hayo, **345** */ufotopixl10,

PONS

Bildwörterbuch
Arabisch – Deutsch

1. Auflage 2014

Bearbeitet von: Lanna Altakleh, Ines Balcik, Anette Dralle, Georgina Moore, Gregor Vetter, Dr. Christiane Wirth

1. Auflage 2015 (1,04 – 2015)

www.pons.de
E-Mail: info@pons.de

Projektleitung: Helen Schmidt
Gestaltung: Petra Michel, Essen
Umschlaggestaltung: Anne Helbich, Stuttgart
Satz: Satzkasten, Stuttgart
Umschlagfotos von links nach rechts: Thinkstock/PicturePartners; Thinkstock/Lekyum; Thinkstock/Perszing1982; Thinkstock/Lenar Musin
Logoentwurf: Erwin Poell, Heidelberg
Logoüberarbeitung: Sabine Redlin, Ludwigsburg
Druck: L.E.G.O. S.p.A., Lavis (TN)
Printed in Europe

ISBN: 978-3-12-517927-1